Narrative across Media

스토리텔링, 일으켜 세우다

: The Languages of Storytelling

영화와 디지털을
만나다

마리-로어 라이언 엮음

조애리 · 이봉지 · 이혜원 · 유정화 · 김진옥 · 최인환 · 윤교찬 · 박종성 · 강문순 옮김

한울
아카데미

이 도서의 국립중앙도서관 출판시도서목록(CIP)은 서지정보유통지원시스템 홈페이지(http://seoji.nl.go.kr)와 국가
자료공동목록시스템(http://www.nl.go.kr/kolisnet)에서 이용하실 수 있습니다. (CIP제어번호 : CIP2014008657)

Narrative across Media

The Languages of Storytelling

Edited by Marie-Laure Ryan

University of Nebraska Press

옮긴이 서문

스토리텔링은 문학작품뿐 아니라 연극, 영화, 컴퓨터게임, 음악, 미술에서도 중요한 요소이다. 근래 들어 스토리텔링에 대한 관심이 높아지고 있다. 그러나 스토리텔링을 언어적인 이야기 혹은 이야기 요소 정도로 간주하며 논의가 진행되는 동안, 스토리텔링의 진지한 정의나 스토리텔링과 매체의 관계에 대한 관심은 상대적으로 빈약했다. 이 책은 문학작품을 제외한 매체의 특성을 기반으로 스토리텔링의 외연을 넓힐 뿐 아니라 스토리텔링과 매체에 대한 진지한 이론적인 관심을 담고 있다.

흔히 스토리텔링을 다룰 때 언어로 표현될 수 있는 이야기가 상정된다. 또한 매체를 바꾸어도 스토리텔링의 핵심적인 특징은 그대로 남아 어떤 매체에서든 결국 같은 이야기가 전달된다는 생각이 주류를 이루었다. 그러나 1980년대 이후 매체가 어떻게 스토리의 가능성을 열어주는 동시에 스토리를 제한하는지에 대한 관심이 높아졌으며, 특히 인터넷과 컴퓨터의 출현 이후 매체의 문제로 논의의 무게중심이 옮아가고 있다. 예를 들어, 컴퓨터게임의 경우에는 스토리텔링이 이루어지기는 하지만 우리가 흔히 생각하는 스토리와는 매우 큰 차이가 있을 뿐 아니라 컴퓨터게임 고유의 특성이 있다. 이 점을 간과하고 컴퓨터게임을 열등한 예술로 취급하는 것은 경계해야 할 일이다.

우선 이 책에서 말하는 스토리텔링이 무엇인가 살펴보자. 스토리를 전달하는 가장 적합한 매체는 물론 언어이다. 예를 들면 장편소설, 단편소설, 뉴스, 역사 등의 서술 유형이 표준적인 서사성을 가장 잘 보여준다고 할 수 있다. 필립 스터게스 같은 비평가는 극단적으로 서사성은 텍스트의 언어적이고 구문적인 과정과 불가분의 관계에 있다고까지 보았다. 그러나 이 책의 출발점은 마리-로어 라이언의 서론에서 밝히고 있듯이 "내러티브 구조를 명료하게 설명하는 데 가장 적합한 매체는 언어이지만, …… 언어가 아닌 수단으로(매체로) 재현된 내러티브를 연구하는 것은 가능하다"는 것이다. 사실재현적인 서술을 하지는 않지만 영화, 연극, 춤, 오페라 같은 모방적 서술이 있는가 하면, 컴퓨터게임처럼 아바타를 통해 사용자가 스토리텔링에 참여하는 서술도 있다. 이 책은 이처럼 스토리텔링의 범위를 확대한 후 스토리텔링과 매체를 연관시킨다.

아리스토텔레스는 색, 형체, 리듬, 멜로디 그리고 언어(목소리) 같은 표현 방법들을 매체라고 여기고 어떤 매체를 사용하느냐에 따라 예술 형식을 분류했지만, 1930년경부터는 매체가 커뮤니케이션 수단을 가리키는 말이 되었다. 이런 매체란 용어에 혁명적인 의미를 부여한 사람은 마셜 매클루언이다. 그는 "매체는 메시지다"라고 선언했는데, 그 이유는 "인간의 교류와 행위의 규모와 형태를 형상화하고 제어하는 것이 매체이기 때문에 가능하다"(McLuhan, 1996: 152)는 데 있다. 인쇄 문화가 인지작용을 희생시키면서 추상적이고 제어된 사고를 선호한 데 반해, "동시발생적인 전자 흐름과 끊임없이 상호 교환되는 정보"라는 환경이 보편화됨에 따라 매체가 인지 양식 및 인지 대상의 위치를 결정하게 되었다는 것이다. 그는 메시지의 우위를 매체의 우위로 바꾸었을 뿐 아니라 매체 연구를 미학, 철학, 시학의 굴레에서 해방시켰다. 그는 엘리트 문화와 대중문화 사이의 장벽을 허물고 신문 연재만화, 광고 혹은 신문 첫 면의 구성을 본격적인 문학작품 못지않게 진지하게 분석할 가치가 있는 연구 대상으로 격상시켰다. 여기서 더 나아가 디지털 매체의 쌍방향적 특성을 강조하며 캐서린 헤일스는 "우리는 매체이고 매체가 우리가 된다"(Hayles, 2001: 37)고 보았다. 우리가 고정된 텍스트 앞에 있는 것이 아니고 오히려 디지털 매체가 우리를 시스템 안에 위치시킨 후 계속적으로 역동적인 대상을 만들어낸다는 뜻에서 이러한 표현을 쓴 것이다.

이처럼 스토리텔링과 매체의 결합은 매체의 위상에 따라 다양한 양상을 보인다. 이 책은 스토리텔링과 매체의 관계에 대한 확정된 이론을 제시하는 것이 아니라, 문학작품을 제외하고 대면 서술, 영화, 디지털 매체에서 매체와 스토리텔링이 결합된 형태를 구체적으로 분석하는 가운데 스토리텔링 연구를 비언어적 스토리텔링 연구로 확장해나가고 있다. 이 책은 끝으로 매체 전반을 아우르는 스토리텔링 연구가 경계해야 할 점을 진단한다. 이런 문제는 개별 텍스트의 특이성을 마치 매체 자체의 특징으로 여길 유혹에 빠지는 것뿐만 아니라, 특정 매체를 위해 고안된 개념을 다른 매체의 스토리텔링에 무분별하게 적용하는 매체맹(media blindness)으로 나타난다.

책의 내용을 간략하게 살펴보자. 이 책은 1부 대면 서술, 2부 영화, 3부 디지털 매체로 구성되어 있으며 8장으로 세분되어 있다. 1부 대면 서술 중 1장 「간(間)매체적 서사학을 향하여」에서 데이비드 허먼은 대면 서술에서만 가능한 청자의 역할을 강조하고 있다. 청자는 대화 속에서 질문, 말 끊기, 보충 설명 요구, 웃음, 추임새, 얼굴 표정 등을 통해 참여하므로 모든 청자가 잠재적인 스토리텔러라고 한다. 2장 카셀과 맥닐의 「제스처와 산문의 시학」에서는 대면 서술의 시각적 수단들을 전면에 부각하고 있다. 이 연구는 만화 〈실베스터와 트위티 버드〉를 여러 사람이 제각각 구두로 이야기한 것을 기초로 하여 그들의 제스처를 네 가지로 분류하고 있다. 첫째는 서술 행위를 묘사하는 도상적 제스처, 둘째는 비유적 제스처, 셋째는 담론의 구조를 제시하는 제스처, 넷째는 추상적 가리킴이다. 이뿐만 아니라 제스처는 스토리 세계를 넘나들며 다른 서술 층위, 즉 메타 서술의 기능도 한다. 카셀과 맥닐은 텍스트의 시간적 선형성을 벗어나지 못했던 내러티브 분석을 제스처를 중심으로 재구축하며, 스토리텔링의 다성성을 더욱 확연하게 입증하고 있다.

영화를 다룬 2부의 3장「신구조주의 서사학과 영화 스토리텔링의 기능」에서 데이비드 보드웰은 신구조주의 서사학에 반대하며 기능주의/인지주의 접근을 제안한다. 보드웰에게 매체는 자원과 장치를 뜻한다. 영화에서는 시각적이지 않은 장치의 특정 레퍼토리뿐 아니라 카메라 앵글과 움직임, 장면전환, 몽타주 등이 자원이 될 것이다. 보드웰에게 영화의 스토리텔링은 "이야기를 구성하기 위한 일련의 신호 배열"(Bordwell, 1985: 62)이며, 그는 매체 자원이 내러티브라는 목표에 어떻게 적용되는지에 초점을 맞추어 분석하고 있다. 스토리텔링의 개별적 특징들은 항상 그 자체가 목적일 수 없고, 설계 목적을 살펴보는 입장에서 바라볼 때 가장 잘 설명될 수 있다.

4장「문학작품의 영화 각색과 형식/내용의 딜레마」에서 카밀라 엘리엇은 에밀리 브론테의『워더링 하이츠』의 영화 버전을 구체적인 예로 들어, 문학작품의 영화 각색을 영혼과 육체에 빗대어 여섯 가지로 분류한다. 그중 흥미로운 것은 원작의 심령을 지키는 각색, 복화술로서의 각색, 영화를 우위에 두는 각색이다. 원작의 심령을 지키는 각색은 소설의 영혼이 새로운 육체인 영화로 그대로 옮겨 가는 것이다. 반대로 복화술로서의 각색은 죽어 있는 시체인 소설을 몽땅 비우고 그 자리에 새로운 내용을 복화술로 채운다는 의미다. 영화를 우위에 두는 각색은 역사적 사실을 삽입하거나 증폭시킴으로써 원작을 수정 및 보완하게 되는 각색을 뜻한다.

5장「리얼리티 TV가 보여주는 일상의 공포」에서 신시아 프리랜드는 리얼리티 TV 장르인〈긴급구조 911 *Rescue 911*〉,〈응급실의 삶 *Life in the ER*〉등을 검토한다. 프리랜드는 이런 프로그램이 연기도 허술하고 제작도 아마추어 같아서 "스스로를 패러디하는 수준까지" 내려가며 시청자는 희화화된 장면들을 "전복적이고 아이러니한 관점에서" 시청하게 된다는 점을 강조한다.

디지털 매체를 다룬 3부의 6장 「새로운 매체는 새로운 내러티브를 만들 것인가?」에서 이 책의 엮은이 마리-로어 라이언은 내러티브가 디지털 매체 안에서 어떤 형태, 어떤 상황, 어떤 양식으로 나타나는지를 탐색하고 있다. 그녀는 흔히 내러티브라고 여겨지지 않는 것, 즉 참여자들을 끌어들이기 위해 인물, 배경, 행위 등에 의존하는 컴퓨터게임까지 내러티브에 포함시키고 있다. 또한 새로운 사용자 참여, 새로운 유형의 인터페이스, 그리고 새로운 작가(또는 시스템 구축자)와 플롯(또는 복수의 플롯들)과 사용자 사이의 관계까지 분석하고 있다. 새로운 디지털 텍스트의 등장이 기존의 내러티브를 대치할 수 있는지 아니면 또 다른 하나의 실험적인 모험에 그칠지에 대해서는 판단을 보류한 채, 그녀는 풍요롭고 폭넓은 스토리텔링의 세계가 펼쳐진 것을 환영한다.

7장 「포스트-내러티브 담론으로서의 탐색게임」은 사이버텍스트 분석의 새로운 장을 연 대표적인 컴퓨터게임 이론가인 에스펜 아세스의 글이다. 그는 문학적인 모델이나 서사적 사고로부터 게임을 분리시키려고 한다. 그가 보기에는 오히려 컴퓨터게임이 "잠재성이라는 유일한 미학적 영역"(Aarseth, 1997: 17)에 속한다. 게임의 즐거움은 인물, 플롯, 고상한 주제에서 얻어지는 것이 아니라, 경쟁에 참여한다는 느낌이나 시스템을 능가하는 새로운 방법을 찾았다는 느낌, 아바타의 움직임을 통해 게임 세계의 공간을 체험하는 데서 생겨난다는 것이다. 그는 지금처럼 전통적인 스토리텔링에 초점을 맞추지 말고 탐색 행위에 더 집중할 때, 오히려 게임의 내재적 특성을 이해할 수 있을 뿐만 아니라 생산적인 컴퓨터게임 이론이 나올 것으로 생각한다. "스토리와 컴퓨터게임 사이에는 매우 중요한 담화적 차이짐들이 있으며 그것은 소설과 영화 사이의 차이보다 훨씬 더 본질적이다"(Juul, 2002

참조)라는 주장에 귀를 기울일 필요가 있다. 에스펜 아세스는 게임을 열등한 내러티브 예술로 취급하는 것은 잘못된 것이라고 단언한다.

8장 「쌍방향 영화라는 신화」에서 피터 루넨펠드는 사용자가 "스토리를 만들고 보여주는 작업에 적극적으로 참여하는 자"가 되는 쌍방향 영화는 지금껏 성공한 적도 없고 단지 신화의 영역에서만 존재한다고 지적한다. 그는 독특하게 선형적인 내러티브를 감싸고 있는 하이퍼콘텍스트를 쌍방향적 표층으로 보고, 진정으로 쌍방향 영화가 가능하려면 신기술을 영화 시스템 전반에 응용하여 새로운 하이퍼콘텍스트를 생산해내야 한다고 주장한다.

이 책은 『범매체적 내러티브: 스토리텔링의 언어*Narrative across Media: The Language of Storytelling*』를 번역한 것이다. 원저에서는 1부 대면 서술, 2부 회화, 3부 영화, 4부 음악, 5부 디지털 매체 등 더 다양한 매체와 스토리텔링의 관계를 다루고 있으나, 역자들은 대면 서술과 영화와 디지털 매체 부분만을 발췌 번역했다. 대면 서술은 스토리텔링의 가장 기본적인 형태를 보여준다는 점에서, 영화와 디지털 매체는 21세기에 가장 중요한 분야라는 점에서 선택했다. 또 하나의 이유는 음악과 미술이 역자들의 능력을 넘어선다는 판단에서였다. 아무쪼록 이 책이 스토리텔링과 매체 간 결합의 가능성과 차이에 대해 관심을 둔 독자들에게 도움이 되길 바란다.

2014년 2월

조애리·박종성

█ 차례 █

일러두기

- 옮긴이 주는 본문 하단에, 원주는 각 필자의 글 마지막에 주로 처리했다.
- 본문 이후 찾아보기(385쪽 이하)의 쪽수들은 인명과 작품명(영화, 소설, 텔레비전 프로그램, 컴퓨터
  게임 등)을 제외하면 더러 관련된 본문 내용을 지시하는 숫자들도 있다.
  예) 내러티브: 매체에서 자유로운 정신적 구성물로서의 내러티브 23, 25; 영화와 소설에서의 시간
  적 표시 185, 186. 이 항목들은 본문에 그대로 나타나지 않으나 해당 쪽수를 통해 문맥을 참조할 필
  요가 있다.

서론

마리-로어 라이언Marie-Laure Ryan

스토리텔링을 다루는 서사학(narratology)은 처음부터 범학제적, 범매체적 기획이었다. 1964년 클로드 브레몽Claude Bremond은 이렇게 말했다. "(스토리는) 그것을 전달하는 기법과 무관하다. 한 매체에서 다른 매체로 옮겨도 스토리의 핵심적인 특징은 그대로 남아 있을 수 있다. 즉, 발레에 스토리를 넣을 수도 있고, 연극이나 영화에 소설을 옮겨놓을 수도 있고, 영화를 보지 않은 사람에게 말로 영화를 설명할 수도 있다. 하지만 글로 읽든, 이미지를 통해 보든, 몸짓을 통해 해독하든 간에 우리는 이야기를 따라간다. 매체가 달라도 전달되는 이야기는 결국 같은 이야기다."[1] 이 견해는 40년 이상 이론적 동면 상태로 있었다. 때로는 형식 대 내용이라는 이분법을 함축하고 있다며 이론가들의 반박을 받기도 하고, 때로는 구체적인 비교연구에 영감을 불어넣기도 했지만, 이런 견해가 완벽한 간(間)매체적 내러티브(transmedial narrative) 이론으로는 발전하지 못했다. 거의 40년이 지난 후, 즉 비교 매체 연구 및 내러티브에 대한 관심이 점점 커지자(소위 인문학에서 내러티브를 중시하는 경향이 보여주듯이), 매체 고유의 속성이 어떻게 내러티브 형식을 만들며 내러티브 경험에 영향을 미치는가 하는 문제는 더 이상 무시할 수 없는 문제가 되었다. 범매체적 내러티브를 다룰 이 책은 학제 간 내러티브 연구는 아니다. 학제 간 연구가 주로 언어에 기초를 두고 내러티브의 중요성을 연구하는 것이라면, 범매체적 내러티브 이론은 내러티브가 어떻게 구현되는지, 다시 말해 내러티브의 특정한 의미론적 내용 및 기술적인 전달 방식에 초점을 맞춘다. 따라서 법, 의학, 과학, 문학, 역사 같은 범주보다는 오히려 언어, 이미지, 소리, 몸짓, 더 나아가 구어(口語), 글, 영화, 라디오, 텔레비전, 컴퓨터 같은 범주를 다루게 된다.

매체는 메시지를 전달하기만 하는 텅 빈 통로가 아니라 정보를 물질적으로 지원해주는 것이다. 그것은 매체가 일부러 자신의 존재를 숨기려 할 때도 마찬가지다. 해독될 수 있는 의미의 형태를 알아내려 할 때 바로 정보의 물질성 자체가 '중요해진다'. 매체가 전달 통로의 기능을 하든, 내러티브적 메시지를 각인하기 위한 물질을 제공하든, 매체에 따라 효율성과 표현력이 현격하게 차이가 난다. 슐로미스 리몬-케넌Shlomith Rimmon-Kenan에 따르면 매체의 내재적인 속성들은 "서술, 텍스트, 스토리를 …… 형성할 가능성을 열어주는 동시에 한계로 작용하기도 한다"(Rimmon-Kenan, 1989: 60). 이 책에 실린 글들은 이런 가능성과 한계 — 심리학자인 깁슨J. J. Gibson이 이른바 "행동 유도성(affordances)"이라고 한 것 — 중 몇 가지를 자세히 살피고 있다. 물론 이와 동시에 더 큰 문제, 즉 '서술한다'는 것이 무슨 의미인가 그리고 서로 다른 매체 환경에서 어떤 종류의 스토리를 말할 수 있는가 하는 문제를 염두에 두고 있다.

이 여행을 위한 준비로 내러티브와 매체를 간략하게 포괄적으로 정의하는 일부터 시작하자. 나는 서론에서 이 책에 실린 글들의 견해에 모두 적용되는 공식을 만들어낼 생각은 없다. 하지만 나만의 정의를 만들어가는 과정에서 고려했던 여러 가능성들을 비교적 포괄적으로 제시하고 싶다. 이런 가능성의 영역을 구성하는 기본 요소들 중 각각 다른 입장을 비교할 수 있는 공통분모를 제시해주는 것을 고려했다. 정의에 대한 부분 다음에는 매체에 관한 이정표적 연구들을 훑어볼 것이다. 또 이 서론에서는 서사학 전반을 개관하지는 않을 것이다. 그렇게 하지 않는 중요한 이유는 이 분야가 너무 방대해서 제한된 지면 안에서 그 일을 할 수 없다는 점도 있지만, 또 한 가지 이유는 이 책에 실린 글, 특히 데이비드 허먼David Herman의 글에 서사학의 주요 개념이 잘 제시되어 있다는 점을 들 수 있다. 개별 글에 대한 설명이나 분야별 내러티브 연구 상황을 훑어보기 위해서는 각 부에 실린 전문적인 서론을 참조하기 바란다.

내러티브: 무엇이 될 수 있는가?

내러티브라는 현상은 실존적, 인지적, 미학적, 사회학적, 기술적 방식 등 다양한 방식으로 탐구되어왔다. 내러티브는 그에 대한 폭넓은 고찰에서 제한된 정의에 이르기까지 다양하게 탐구되고 있다. 실존적 유형(대표적으로 폴 리쾨르Paul Ricoeur와 피터 브룩스Peter Brooks의 연구)에 따르면, 인간은 서술 행위를 통해 시간, 운명, 죽음에 대처할 수 있고, 자신의 정체성을 만들어내고 기획할 수 있으며, 육체적 개인으로서 자신을 마찬가지로 육체적 주체들의 세계 속에 자리매김할 수 있다는 것이다. 간단히 말해서, 내러티브 행위야말로 삶에 의미를 부여하는 하나의 방법, 아마도 유일한 방법이라는 것이다. 우리는 또한 내러티브를 통해서 물리적인 현실 세계를 넘어서서, 꿈, 환영, 환상, 가능성, 비사실성으로 이루어진 세계로 정신적 지평을 넓혀 대안적 현실을 탐색하게 된다고 한다.

실존적 접근이 내러티브를 생산하고 수용하는 일의 의미를 해명하려고 시도한다면, 인지적 접근은 이야기를 하는 정신의 작용을 묘사하려고 한다. 마크 터너Mark Turner는 서사학과 인지과학 모두에 해당하는 야심찬 프로그램을 제시한다. "내러티브적 상상, 다시 말해 스토리는 사고의 기본 도구이다.······ 그것은 인간 인지 전반에 꼭 필요한 **문학적 능력이다**"(Turner, 1996: 4~5. 강조는 필자). 왜 그렇게 내러티브가 인지에 중요한가? 인지 환경 속에서 사물이나 사건을 주목하는 순간 그것에 관한 스토리를 구성하기 시작하기 때문이다. "스토리는 무(無)가 아닌 어떤 것을 구성하는 데서 시작한다. 이야깃거리가 되는 스토리와 당연히 아는 이야깃거리가 안 되는 배경은 다른 것이다. 세계를 바라보면서 배경과 구별되는 스토리에 주목하지 않을 수 없다"(145). 핵심적인 인지 능력을 '문학적'이라고 명명한 것이 이상해 보일 수도 있다. 그것은 마치 내러티브가 미학적 대상이고 사고의 기반이 언어밖에 없다고 말하는 것처럼 보일 수도 있다. 하지만 터너가 보기에는 "문학적 정신이 따로 있는 것은 아니다. 그것은 곧 우리의 정신이다"(V). 터너가 정신에 '문학적'이라는 이름을 붙인 것은 우리가 텍스트를 읽을 때나 일상생활을 할 때 유사한 해석 원칙을 적용함을 드러내기 위해서이다.

터너가 내러티브를 인간의 사고 수단으로 간주하는 데 반해 제롬 브루너 Jerome Bruner는 좀 더 신중하다. 그는 기본적 사고방식 중 하나가 스토리이고, 나머지 하나가 논쟁적 혹은 패러다임적 방식이라고 한다. "좋은 스토리와 설득력 있는 주장은 원래 서로 다르다. 두 가지 모두 다른 사람을 설득하는 방식으로 쓰일 수 있다. 하지만 무엇을 설득하느냐 하는 문제에서는 이 두 가지가 아주 다르다. 논쟁은 진실임을 설득하는 반면 스토리는 실제로 있을 법한 일임을 설득한다"(Bruner, 1986: II). 내러티브는 특정한 것을 다루는 양식이다. 그것은 "인간의 혹은 인간다운 의도와 행동, 그것들의 흥망성쇠와 결말을 다룬다". 반면, 논쟁적 양식은 "일반적 명분 및 명분의 성립을 다루며 증명 가능한 논거인지 확인하여 경험적으로 진리인지 시험하는 절차를 거친다". 논쟁적 양식은 "특정한 것을 초월하여 점점 더 고도의 추상화에 이르려고 한다"(13). 논쟁적 양식이 과학적 사고방식과 통한다는 것은 쉽게 알 수 있다. 하지만 내러티브 양식은 그렇게 명확하지 않다.

16

부르너가 사실 여부나 증명 가능성으로 판단할 수 없다고 할 때, 그는 내러 티브를 허구적 스토리와 연관짓는 것 같다. 그러나 역사, 뉴스 보도, 무엇보 다도 법정 증언처럼 명확하게 특정한 것을 다루며 분명히 내러티브로 제시 되지만 동시에 진실이라고 주장하는 장르도 있다. 그런 장르는 내러티브/ 논쟁의 이분법 중 어디에 속하는가? 브루너는 내러티브를 전형적으로 허구 적인 것으로 간주할 뿐 아니라 미학적인 속성을 갖고 있다고 주장한다. 우 리는 "과학과 논리적인 추론 과정에 대해 방대한 지식을 갖고 있지만, 반면 좋은 **스토리**를 만드는 법에 대해서는 어떤 의미에서든 공식적으로 알려진 바가 거의 없다"(14). 터너와 브루너 두 사람 모두 다양한 내러티브에서 내 러티브의 특징으로 정의될 수 있는 것을 골라내려고 하지 않고 허구적인 문학 내러티브만을 내러티브로 간주한다.

실존적 접근이나 인지적 접근에 비해 미학적 접근은 좀 더 구체적으로 텍스트 현상을 다룬다. 이런 특징을 가지고 있는 만큼 원칙적으로는 미학 적 접근이 정의를 끌어내기가 더 쉬워야 할 것 같지만, 통합주의적 입장으 로 인해 내러티브의 공식이 거의 불가능하다. 내가 '통합주의'라고 할 때는 원칙적으로 다른 층의 의미나 전체적인 텍스트 경험으로부터 '서사성 (narrativity)'을 분리시키지 않는다는 뜻이다. 이런 접근에서는 서사성, 허구 성, 문학성(또는 미학적 요소) 같은 특징들이 분리 불가능한 것이다. 많은 문 학 비평가들이 볼 때 가장 중요한 내러티브 텍스트는 소설이다. 이들이 보 기에 소설이야말로, 행위로 가득 찬 이야기뿐 아니라 모더니스트 소설의 심 리학적 내러티브, 플롯이 없거나 자기 반영적인 포스트모더니즘 계열의 텍 스트까지 포괄하는 다각적인 장르이다. 통합주의를 옹호하는 미학자에게 만족스러운 **내러티브** 정의를 따르면, 귀스타브 플로베르Gustave Flaubert의 『보바리 부인*Madam Bovary*』이나 플란 오브라이언Flann O'Brien의 「헤엄치 는 두 마리 새*At Swim-Two-Birds*」, 제임스 조이스James Joyce의 『더블린 사 람들*The Dubliners*』과 『율리시스*Ulysses*』, 『피네간의 경야*Finnegans Wake*』

가 동등한 지위를 가져야 한다. 이런 접근 중 가장 극단적인 것 중 하나가 필립 스터게스Philip Sturgesse가 제안한 내러티브 개념이다. 『서사성: 이론과 적용Narrativity: Theory and Practice』에서 스터게스는 내러티브를 정의하려는 시도들을 비판하며, 특히 제럴드 프린스Gerald Prince와 스토리-문법학파를 비판한다. 스토리-문법학파가 심층구조, 즉 텍스트가 지닌 서사성의 원천이 되는 전(前)언어적 틀을 가정하기 때문이다. 스터게스가 보기에는 언어로 표현되지 않는 서사성은 없으며, 내러티브 텍스트에 서사적이지 않은 요소는 없다. 서사성은 텍스트의 모든 요소 하나하나가 지향하는 총체적인 효과이며, 그것은 텍스트의 "언어적이고 구문적인" 과정과 분리될 수 없다는 것이다. 스터게스는 "서사성은 내러티브를 가능하게 하는 힘이며 내러티브 도처에 존재하는 힘이다"라고 한다(Sturgesse, 1992: 29). 이 동어반복적인 정의에서 도출될 수 있는 필연적인 결론은 서사성을 미학적 목적, 혹은 스터게스의 표현대로 모든 텍스트에 있는 장치의 일관성과 구분할 수 없다(36)는 것이다. 미학적 목적은 각각의 텍스트에 주어진 유일무이한 것이며, 서사성 역시 마찬가지다. 가장 극단적 통합주의적 입장에 따르면, 내러티브는 텍스트의 언어적 직조와 너무나 깊이 얽혀 있어서 정의 내릴 수 없다.

사회학적 연구에서는 초점이 텍스트로서의 내러티브에서 이른바 텍스트의 수행성(performance), 데이비드 허먼이 이 책에서 "맥락 속에 자리매김된 실천"이라고 한 것으로 옮아간다. 서술이 발생하는 맥락을 연구하는 것이 중요한 프로젝트이기는 하지만, 이런 연구는 내러티브를 정의하는 데는 큰 도움이 되지 않는다. 언어로 된 내러티브에 제한해서 말한다고 하더라도, 소문이나, 텔레비전 뉴스나, 스포츠의 생중계나, 음유시인의 서사시 낭송이나, 친구에게 전하는 영화 이야기나, 신부에게 하는 고해나, 소설을 쓰는 일 같은 다양한 사회적 사건의 공통분모는 맥락을 초월하는 내러티브 행위의 속성에 있지, 구체적 환경이나 서사 행위의 특정한 사회적 기능에 있지는 않다. 여기서 우리는 다시 원점으로 돌아간다. 내러티브적 행위를 정의하기 위해서는 우리는 내러티브 행위로 창조된 대상을 정의해야 한다.

맥락이나 다른 텍스트적 특성 양자로부터 서사성을 분리하고자 하는 경향이 가장 강하게 나타나는 것은 기술적 접근이다. 따라서 그러한 접근을 '분리주의'라고 할 수 있을 것이다. 내가 기술적 접근이라고 할 때는, 서사학 자체, 즉 문학이론의 대부분을 차지하는 구조주의적 연구는 물론이고 민담, 실험심리학, 언어학, 담론분석 등에서 이루어진 작업까지 포함시킨다. 기술적 접근은 언어로 된 내러티브를 선호한다. 그래서 여기서 내러티브를 담론-이론의 대상으로 볼 때 부딪치게 되는 몇 가지 난점을 검토하고자 한다. 이런 검토는 매체를 고려하지 않는 정의로 이어지게 되어 있다.

기술적 접근의 주요 관심사 중 하나는 전체 담론이론 중 내러티브를 어떻게 자리매김할 것인가이다. 즉, 내러티브가 발화행위(speech act)인가, 장르인가, 아니면 문장의 한 유형인가를 묻는다. 내러티브가 발화행위임을 암시하는 사람들도 있다. 예를 들어 바버라 헌스타인 스미스Barbara Herrnstein Smith는 이렇게 말한다. "가장 최소한으로 그리고 가장 일반적으로 볼 때 내러티브 담론은 누군가가 다른 누군가에게 뭔가가 일어났다고 말하는 것으로 구성된 언어적 행위라고 할 수 있을 것이다"(Smith, 1981: 228). 존 설John Searle이 공식으로 만든 발화행위 이론의 기본적인 가정 중 하나는 언표내적 힘(illocutionary force: 발화행위 이론의 기술적인 용어)이 비교적 명제적 내용으로부터 자유롭다는 것이다. 언표내적 범주가 명제적 내용에 의해 제약을 받기는 하지만(예를 들면 "널 죽일 거야"를 충고라고 할 수 없고, 배의 이름을 지으면서 "날씨가 좋다"라고 할 수는 없다), 전적으로 명제적 내용에 좌우되는 것은 아니다. 주어인 '접시'와 서술어인 '씻다'로 구성된 명제는 서술문(접시가 씻겼다.), 의문(접시가 씻겼니?), 명령문(접시를 씻어라.), 협박하는 조건문(정오까지 접시를 씻는 게 좋을 거야. 그렇지 않으면 곤란해질 거야.) 등으로 쓰일 수 있다. 얼핏 보기에 스미스는 언표내적 범주(누군가가 다른 누군가에게 말하는 것)와 명제적 내용(뭔가가 일어났다)으로 깔끔하게 구분하는 것처럼 보인다. 그 구분에 따르면 서술한다는 것이 "뭔가가 일어났다"는 식의 명제적 내용으로 성취 가능한 몇몇 발화행위 중 하나일 것이다. 그러나 사건을 서술하는 것 외에 사건을 묘사하는 일련의 명제들은 어떻게 되는가? 서술한다는 것은 그 명제들을 정말로 혹은 그럴싸하게(예를 들면, 허구적으로) 진술하는 것이 아니겠는가? 이처럼 이른바 서술이라는 발화행위는 특정 유형의 의미를 지닌 진술임이 증명된다. 이것은 서사성이 언표내적 힘보다는 명제적 내용에 관한 문제임을 암시한다.

서술한다는 것이 서술, 명령, 의문, 약속 같은 발화행위, 즉 기술적으로 명확하게 구분되는 발화행위의 한 종류가 아니라고 가정한다면, 내러티브가 하나의 장르가 될 수 있을까? 이 문제는 전적으로 장르를 분석적으로 해석하느냐, 문화적으로 해석하느냐에 달려 있다(이런 구분은 단 벤-아모스Dan Ben-Amos에게서 따왔다). 분석적 해석에서는 장르(또는 분석적 범주)가 담론이나 텍스트 유형학을 구축하는 기준과 합치한다. 반대로 문화적 해석에서 장르는 이론가들이 말하는 텍스트 유형뿐 아니라 주어진 사회 안에서 광범위하게 인정받는 텍스트 유형까지 모두 가리킨다. 언어라는 매체 안에서 본다면 서구문화의 장르 체계는 전통적인 문학적 명칭, 예를 들어, 소설, 시, 드라마, 에세이, 단편소설 등과 합치한다. 또한 다른 매체에도 문화적으로 인정된 장르가 있다. 영화에서는 코미디, 액션, 드라마, 포르노그래피가 장르이다. 회화에는 역사화, 풍경화, 초상화, 정물화가 있다. 또한 음악에는 교향악, 협주곡, 소나타, 환상곡, 간주곡, 야상곡이 있다. 언어 텍스트로 다시 돌아오면 장르라는 개념이 문학 이외의 부문에서 훨씬 더 문제가 되기는 하지만, 현대 서구문화에서 과학담론, 역사, 법, 자기계발서, 노래 가사, 요리 방법도 장르라고 할 수 있다. 합리적으로 잘 정의된 문화적 장르는 각각 독특한 분석적 특징을 지니고 있지만, 몇몇 장르의 경우에는 하나의 특징을 공유할 수도 있다. 예를 들어, '허구적임'은 소설과 드라마에 공통된 것인 반면, '과거 사건에 대한 것'은 역사와 역사소설 양자의 공통된 특징이다. 하지만 **내러티브** 자체가 하나의 문화적 장르로 인정되지는 않는 것 같다. 사람들은 소설, 전기, 자기계발서나 하위 장르인 로맨스나 과학소설을 사기는 하지만, 누구도 서점에 가서 내러티브를 달라고 하지는 않는다. 하지만 텍스트의 한 속성인 내러티브는 다른 특징들과 마찬가지로 많은 장르의 정의에 개입한다. 그러므로 내러티브는 분석적 범주의 최고의 예다.

내러티브를 장르보다 더 광범위한 개념, 즉 담론 유형, 텍스트 유형, 혹은 거대-장르 같은 분석적 범주로 규정한다고 해도, 내러티브를 어떻게 정의할 것인가 하는 문제는 해결되지 않는다. 담론-이론의 개념은 흔히 동일한 수준에서 작동하는 범주가 무엇인지 알아내는 것으로 시작된다. 이 경우 유용하게 대조할 만한 범주가 무엇인지에 대해 합의를 할 수 없다. 시모어 채트먼Seymour Chatman은 내러티브 담론이 설득 담론이나 묘사 담론과 대조를 이룬다고 한다. 모니카 플루더닉Monika Fludernik은 '서사적, 논쟁적, 교육적, 대화적, 사유적'으로 나눈다(Fludernik, 2000: 282). 투이자 비르타넨 Tuija Virtanen은 다섯 가지 기본 유형, 즉 내러티브, 묘사, 교육, 설명, 논쟁으로 나눈다. 더욱이 모든 비평가들이 인정하듯이, 내러티브는 거시적 수준과 미시적 수준 양자 모두에 개입한다. 정치 연설처럼 설득을 위한 텍스트는 내러티브로 된 일화를 이용할 것이고, 어떤 지역의 야생동물을 묘사하는 묘사 텍스트 역시 짧은 스토리에 의존할 수밖에 없다. 반대로 내러티브 텍스트에 미시적 수준의 묘사나 논쟁이 포함되기도 한다. 서로 다른 수준에 있는 같은 범주를 동일하게 다루는 유형학에서는 위계가 엉망진창이 된다.

내러티브는 두 수준의 담론에서 나타나므로, 거시적 수준의 표현은 미시적 수준의 특징이 확대된 것으로 볼 수 있을 것이다. 서사성을 특정 문장의 수사적 유형이나 의미론적 유형 같은 소규모 담론 단위와 연관시킬 수 있을까? 여기서 서사성과 대조되는 범주로 묘사, 평가, 일반화, 논평, 판단, 논쟁 혹은 메타텍스트적 언급 등을 들 수 있을 것이다. 내러티브에 대한 이런 해석은 소설 안의 모든 문장이 플롯을 진행시키는 데 기여하지는 않는다는 직관적인 인식을 지지해준다. 텍스트의 서사성을 만드는 것은 사건이나 행동처럼 지시 대상의 시간적인 흐름을 암시하는 문장들이다. 이와는 반대로 함께 있는 사물들, 일반적인 법칙, 정적인 속성들, 화자의 개인적인 의견을 지시하는 문장에는 서사성이 없다. 하나의 텍스트의 서사성의 정도를 측정하려면 얼마나 많은 내러티브 문장이 있는가를 보면 될 것이다. 동화(童話)나 개인적 경험을 다룬 내러티브가 묘사나 철학적 구절이 많은 19세기 소설에 비해 훨씬 서사성이 높을 것이다. 19세기 소설은 아무리 플롯이 더 복잡해도 서사성은 낮다. 왜냐하면 스토리를 요약하면 전자가 후자보다 텍스트 안에 더 많은 양의 정보를 담고 있기 때문이다.

서사성의 정도라는 개념은 정말 유망해 보인다. 다시 말해 내러티브 이론이 포스트모던 문학 대부분을 구원할 수 있는 것처럼 보일 수도 있다. 하지만 내러티브를 일정한 수사적 혹은 의미론적 문장과 동일시하는 순간 독자가 생각하는 내러티브의 의미는 심하게 축소된다. 우리가 마음속으로 상상하는 플롯에는 인물의 행동을 보고하는 명제뿐 아니라 설명하는 문장("빨간 모자는 어린 소녀였다")과 적어도 몇 가지 묘사하는 문장("그녀가 그런 이름을 가진 것은 어머니가 그녀에게 빨간 모자를 만들어주었기 때문이다")이 동시에 존재한다. 행동에 연루된 개인들을 확인할 수 있는 속성을 그림 속에 포함시키지 않고 행동의 순서만 기억할 경우 무슨 뜻인지 알 수가 없다. 더욱이 데이비드 허먼이 『스토리 논리*Story Logic*』 7장에서 주장했듯이 내러티브는 시간적-공간적 구성물이다. 그것은 세계에서 일어나는 행동을 보고하며 동시에 세계가 어떤 공간인지 상상하기 위해서는 묘사하는 문장이 필요하다. 상태를 보고하는 담론 못지않게 설명하는 문장과 평가하는 문장 역시 내러티브의 의미 구성에 기여한다. 설명하는 문장은 사건 간의 인과관계를 명확하게 하기 위해서 필요한 반면(예를 들면, "여왕은 슬퍼서 죽었다."), 평가하는 문장은 사건이 주인공에게 얼마나 중요한지 보여준다("그것이 그녀의 삶을 완전히 바꿨다"). 그러므로 행위를 보고하는, 시간의 흐름을 보여주는 문장이 서사성과 특별한 관계를 갖는 것은 부인할 수 없는 사실이지만, 텍스트의 내러티브적 층위 중에서 어떤 종류의 문장도 미리 배제해서는 안 된다.[2]

내러티브를 형식적 담론 모델 속에 맞추려는 이런 시도들은 모두 같은 어려움에 봉착한다. 각 체계에서 무엇이 다른 요소인지 분명히 알 수가 없는 것이다. 내러티브가 무엇과 대조를 이루느냐보다 직관적으로 내러티브가 무엇이냐를 더 명확하게 알고 싶기 때문에, 소쉬르식으로 차이를 기준으로 언어 단위를 규정하는 프로그램은 실패할 수밖에 없다. 왜냐하면 이웃하는 요소들이 없기 때문이다. 내러티브를 언어적 패러다임의 한 요소로 간주하는 것을 대체할 수 있는 대안은 내러티브를 의미의 한 유형으로 정의하는 것이다. 그리고 내러티브가 무엇인가를 명확하게 정의하는 것이다. 의미론적 접근을 옹호한다고 해서 내러티브에 기의와 기표(서사학자들이 보통 "스토리 수준"과 "담론 수준"으로 부르는 것)가 둘 다 있음을 부정하는 것은 아니다. 다만 내러티브의 정체성이 기의의 수준에 있다고 주장하는 것이다. 나는 내러티브적 의미를 특정 유형의 문장과 연결시키려고 하는 접근에 반대한다. 내게 내러티브적 의미란 텍스트에 반응하여 해석자가 갖게 되는 인지적 구성물 혹은 정신적 이미지다. 제럴드 프린스Gerald Prince는 이 구성물을 복잡한 문법을 통해 묘사하려고 시도했다.[3] 여기서 나는 내러티브가 되기 위해서 텍스트가 염두에 두어야 하는 재현의 특징들을 비공식적으로 제시하고자 한다.

1. 내러티브 텍스트는 세계를 창조하고 그 세계를 인물과 대상들로 채워야만 한다. 논리적으로 말해서, 내러티브는 개인들의 존재를 서술

하는 명제와 이런 존재들에게 속성을 부여하는 명제에 기초를 두고 있다.

2. 텍스트가 지시하는 세계는 사고('사건들')나 의도적인 인간 행위 같은 평소와 다른 물리적 사건들로 인해 상태가 변화한다. 이 변화들은 시간적 차원을 만들어내고 서술의 세계를 역사적 흐름 속에 자리매김한다.

3. 텍스트는 서술된 사건을 둘러싼 목적, 계획, 인과관계, 심리적 동기로 이루어진 해석적 네트워크의 재구성을 허용해야만 한다. 이런 암묵적 네트워크가 물리적 사건들에 일관성을 부여하고 이해할 수 있게 만듦으로써 그 사건들이 플롯으로 변한다.

텍스트는 이런 조건들을 만족시킬, 내가 "내러티브 스크립트(narrative script)"라고 명명한 것을 만들어낸다. 이런 정의는 내러티브 스크립트가 청중의 흥미를 끌기 위해 어떠해야 하는지에 대해서는 고려하지 않는다. 완벽한 내러티브 이론이 되려면 이 정의는 적어도 윌리엄 라보프William Labov 이후 담론 분석가들이 "이야기 능력 원칙들(principles of tellability)"이라고 부른 것으로 보완될 필요가 있다. 또한 효과적인 제시의 원칙도 필요하다. 예를 들면 라보프는 구어적 서술을 여섯 가지 구성 요소, 다시 말해 요약, 지향, 행위의 얽힘, 평가, 결과 혹은 해결, 종결부로 분류하며 구조적으로 분석한다. 그러나 지겹고 자기도취적이며 횡설수설하는 스토리를 들어야만 하는 사람들은 누구나 알겠지만, 서사성은 미학과 여흥 밖에 있는 의미 유형이다. 지겨운 내러티브도 내러티브이기는 하다.

이러한 공식이 비언어적 내러티브와 양립 가능하겠는가? 나의 정의에 따르면 서사성은 이야기를 하는 행위 자체에 있는 것이 아니고 두 개의 서로 다른 영역에서 나온다. 우선 내러티브는 재현하는 텍스트적 행위다. 즉, 내러티브는 특별한 유형의 의미를 해독해내는 텍스트이다. 이렇게 정의할 때

의미 해독에 어떤 유형의 기호를 사용할지 특별히 지정하지는 않는다. 다른 한편 내러티브는 텍스트에 대한 반응으로서 해석자가 갖게 되는 정신적 이미지, 즉 인지적 구성물이다. 이 재현은, 다시 말하지만, 다양한 유형의 자극에 따라 생겨날 수 있다. 하지만 서사성을 구성하는 이런 인지적 구성물이 생기기 위해 반드시 내러티브로 제시된 재현이 필요한 것은 아니다. 재현을 통해서가 아니라 삶에 대한 반응으로서 마음속에 내러티브 스크립트를 형성할 수 있는 것도 분명하다. 이 두 양상을 묘사하기 위해서 나는 '내러티브임(being a narrative)'과 '서사성을 가짐(possessing narrativity)'을 구분하고자 한다. '내러티브임'은 관객의 마음속에 내러티브 스크립트를 생성해낼 의도로 만들어진 어떤 의미론적 물체라는 속성을 가지고 있다. 반면 '서사성을 가짐'은 그런 스크립트를 생성해낼 수 있는 능력을 말한다. '내러티브임'이 아닌데도 삶 자체와 더불어 그림, 음악, 혹은 춤이 서사성을 가질 수 있는 것이다.

텍스트 안에 암호화된 스토리와 독자가 해독해낸 스토리를 두뇌에서 꺼내 나란히 놓고 비교할 수는 없지만, 내러티브로 의도된 동시에 그렇게 해석될 만한 충분한 서사성이 있을 때 가장 완벽한 형태의 서사성이라고 할 수 있다. 하지만 '내러티브임'과 '서사성을 가짐'이라는 속성은 여러 가지 방식으로 분리될 수 있다. 가장 대표적인 사례는 스토리가 너무 재미가 없어서 청중이 무슨 말인지 이해할 수 없을 때다. 이런 텍스트는 서사성이 낮은 내러티브다. 내가 조금 전에는 이와 반대되는 사례, 실생활에서 생기는 내러티브의 사례를 언급한 바 있다. '내러티브임'의 속성은 '서사성을 가짐'의 속성보다 훨씬 더 명확하지만, 도구적으로 내러티브 스크립트를 이용하는 텍스트에서는 '내러티브임'의 속성이 애매해진다. 예를 들어보자. 설교나 철학 저작이 미시적인 수준에서 우화나 스토리를 예로 들 때나, 컴퓨터 게임에 끌어들이기 위해 사용하지만 게임에 몰두한 후에는 관심을 갖지 않게 될 스토리가 있다. 결국 컴퓨터게임은 소설이나 영화처럼 '내러티브임'

이라고 할 수 없다. '그것이 내러티브일까?' 하는 문제는 텍스트가 서사적 욕망을 일으키면서 동시에 좌절시키려는 예술적 의도를 구현하고 있을 때 훨씬 더 복잡해진다. 많은 포스트모던 텍스트들에는 내러티브적 이미지가 어느 정도 나타나기는 하지만 안정된 내러티브 스크립트를 완벽하게 재구성할 수 있을 정도는 아니다. 바로 이런 이유로 내러티브 이론은 포스트모던 문학을 포함시키거나 배제시키는 문제에 대해 늘 불편했던 것이다.

이렇게 보면, 말로 하는 언어가 내러티브의 본래 언어, 다시 말해 합당한 의미론적 토대라는 결론에 이르는 것 같다. 그러나 언어가 지닌 타의 추종을 불허하는 내러티브 능력을 부정하지 않으면서도 좀 더 섬세한 입장을 제시하고 싶다. 내러티브를 인지적 관점에서 정의한다면 그것은 언어학적 대상이 아니라 두뇌 속의 이미지가 된다. 언어만이 내러티브 스크립트를 한데 묶는 인과관계를 표현할 수 있다는 것이 맞는 말일지도 모르지만, 내러티브로 해석되기 위해 꼭 이런 인과관계가 필요한 것은 아니다. 데이비드 보드웰David Bordwell과 크리스틴 톰슨Kristin Thompson이 주장해온 바처럼, "어떤 사람이 뒤척이다 잠을 이루지 못한다. 거울이 깨진다. 전화벨이 울린다" 같은 단절적으로 보이는 일련의 영화적 이미지들은, 관객들이 똑같은 주체들과 논리적 연계성을 발견할 수만 있다면, 하나의 내러티브가 될 수 있다(Bordwell and Thompson, 1990: 55). 브라이언 리처드슨Brian Richardson은 다음과 같은 내러티브를 제안한다. "그 남자는 사장하고 싸웠기 때문에 잠을 이루지 못한 것이고, 아침이 되어서도 여전히 화가 나서 면도를 하다가 거울을 박살 낸 것이며, 그런 다음 전화벨이 울리고 사장이 사과하려고 전화를 건 것을 알게 된다"(Richardson, 2000: 170). 시각적 통로로는 인과관계를 명확하게 설명하기 어려울 수 있다. 그렇기 때문에 책에 익숙한 사람들 중 일부는 영화식 내러티브를 따라가는 데 어려움을 겪는다. 하지만 이 경우 중요한 것은 텍스트에서 인과관계를 추론해내는 관객의 능력이다. "왕이 죽자 그 슬픔으로 여왕이 죽었다"라고 구구절절 설명할 수 있는 구술적 텍스트에서조차도 보통 그런 설명을 생략한다.

내러티브를 이해하는 데는 인과관계를 추론할 능력이 중요하기는 하지만 독자가 두뇌 속에 그리는 스토리의 이미지는 텍스트 자체만큼이나 불완전할 수 있다. 내러티브는 완벽한 논리적 관계망으로 내면화되지는 않을 것이다. 정신은 곧 행동을 개시하는 것으로 악명이 높다. 즉, 자극에 대한 반응으로 새로운 연관관계를 만들기도 하고 새로운 사고 패턴을 만들기도 한다. 논리적 틀 속에 담긴 세부 사항을 모두 기억해내서 뒤죽박죽으로 만드는 것보다는 주어진 내러티브의 불완전한 모습을 저장한 후, 필요할 때마다 생생하게 살려내는 것이 훨씬 효율적이다. 이러한 이미지에 무엇이 제외되고 포함될지는 개개인이 어떻게 해석하느냐에 따라 달라진다. 스토리의 완벽하고 명시적인 재현은 하나의 관념, 즉 독자가 스토리의 인지적 청사진의 빈칸을 채워가며 향해나가는 플라톤적 관념이다.

내러티브를 인지적 구성물로 정의하는 모델은 이 구성물이 무엇으로 만들어졌는지에 관해서는 책임을 지지 않는다. 단층촬영(CAT scan) 장치로는 뇌의 내용물을 밝혀낼 수 없기 때문에 이 영역은 추측만 가능하다. 인지적 연구에 따르면 두뇌 속의 스토리의 재현은 여러 유형의 이미지들을 수반한다(여기서 이미지란 가장 광범위한 의미로 두뇌에 저장된 정보 패턴을 뜻한다).[4] 텍스트를 재생한다기보다 텍스트에서 추출된 명제들을 지배적 요소라고 가정하는 것이 무리가 없겠지만, 내러티브의 어떤 양상들은 말(예를 들어, 등장인물들의 기억할 만한 대답들) 혹은 시각적 이미지(배경, 인물들의 외모, 내러티브 세계를 보여주는 지도, 마차를 타고 루엥 거리를 관통하여 전력 질주하던 중 엠마 보바리가 레옹과 정사를 하는 장면 같은 두드러진 액션과 상황)로 저장된다는 것이다. 분위기와 감정은 리듬과 멜로디와 연관되어 있을 것이라고 상상해볼 수 있다. 역으로 그림은 시각적 용어로 혹은 명제로서 기억될 수 있다. 예를 들어, 비록 거울의 정확한 모양을 기억할 수는 없을지라도 그림의 배경에 거울이 있다는 걸 말할 수 있다.[5] 그러므로 내가 내러티브라고 부르는 인지적 재현은 '멀티미디어' 구성물의 정신적 등가물이라고 할 수 있다. 내러티브의 논리적 구조는 아마도 언어를 통해서만 번역될 수 있는 명제들로서 저장되는 반면, 다른 유형의 이미지들, 결국 다른 형태의 '머릿속 매체'는 언어로는 접근할 수 없는 방식으로 재현 전체를 풍부하게 한다. 그렇다. 언어는 그것이 스토리의 논리적 구조를 명확히 표현해주기 때문에 개요를 전달하는 특권적 매체이다. 그렇다. 언어는 그 자체로서 다른 단선적 매체보다 아주 더 다양한 내러티브를 지지할 수 있다. 이것은 언어의 논리적 우월성 때문이 아니라 단어들만이 언어와 사고를 재현할 수 있기 때문이다. 그렇다고 감각적 통로에 기반을 둔 매체가 내러티브의 의미 형성에 나름대로 독특한 기여를 하지 않는다는 뜻은 아니다. 아주 단순화하면 구술보다 시각적으로 혹은 음악적으로 더 잘 표현될 수 있는 의미가 있으며, 이런 의미가 내러티브 경험과는 선험적으로 무관하다고 해서는 안 된다.

언어와 내러티브 사이의 모호한 관계를 포착하기 위해서 우리는 이론과 적용을 구분할 필요가 있다. 이론적으로 내러티브는 특정 매체에 얽매이지 않는 의미다. 하지만 실제로 내러티브에는 최고의 매체가 있으며 그 매체가 언어다. 바로 그런 이유 때문에, 서사학에서는 예를 들어 소설, 단편소설, 뉴스, 역사 그리고 전통적 스토리텔링에 의해 예증된 서술 유형들이 무리 없이 표준적인 서사성을 잘 보여준다고 여긴다. 즉, 전해 듣는 사람들이 아직 사건에 대해 알지 못한다는 전제하에 무슨 사건이 일어났는지 말하는 것이다. 그러나 서사학이 매체에 얽매이지 않는 모델로 확대되어야 한다면, 그 첫 단계는 다른 내러티브 양식들, 즉 내러티브 스크립트를 끌어내는 다른 서술 방식들을 인정하는 것이다. 양식에 대해 이런 개념을 받아들인다면 무엇을 이해해야 하는가? 나는 다음과 같이 한 쌍의 용어를 제안하겠다. 이런 짝들을 앞으로도 더 추가해나갈 수 있을 것이다. 각각의 경우 왼쪽의 용어는 무난하다고 여겨질 수 있는데, 그 이유는 이런 특징을 보여주는 텍스트가 오른쪽 범주를 사용하는 텍스트보다 (적어도 이론가들에 의해서는) 훨씬 광범위하게 내러티브로 인정받기 때문이다. 한 예로 내러티브를 '일어난 것을 누구에게 말하는 것'으로 정의하는 서사학자들은 모방적 서사성의 예를 모두 배제하게 된다.

• **서술적**(Diegetic)/**모방적**(Mimetic): 이 구분은 플라톤의 『공화국*Republic*』으로 거슬러 올라간다. 아리스토텔레스의 『시학*Poetics*』에서도 논의되었다. 서술적 서술(diegetic narration)은 한 서술자가 말로 이야기를 하는 행위다. 정의에서 알 수 있듯이 서술적 서술은 구술 혹은 문자가 필요하다는 점을 상정한다. 그러므로 이것은 소설, 구어적 스토리텔링, 뉴스 보도 등의 전형적 양식이다. 모방적 서술(mimetic narration)은 보여주는 행위로 데이비드 보드웰이 특징지었듯이 "볼거리(spectacle)"다(Bordwell, 1985: 3). 내러티브를 해석할 때 관객이 작가의 의식을 따라가기는 하지만, 서술하는 인물이 등장하지는 않는다. 영화, 연극, 춤 그리고 오페라 같은 모든 극예술이 모방적 서술의 예이다. 그러나 서술적/모방적 양식은 각각 상대편 양식이 지배하는 내러티브에 끼어들 수 있다. 소설 속에 모방적 내러티브인 대화가 군데군데 나타날 수 있다. 그 이유는 직접 인용을 통해서 화자의 목소리가 등장인물들의 목소리 뒤로 사라지기 때문이다. 역으로 영화에서 '보이스오버 내레이션(voiced-over narration)'▸이라는 현상은 이야기식 요소를 기본적으로 모방적인 매체 내부로 다시 끌어들인 것이다.[6]

서술을 수행하는 스토리텔러의 존재가 서사성의 핵심이라고 생각하는 이론가들은 이러한 형식을 인간이 아닌 화자, 예를 들어 영화이론에서 "그랜드 이미지 메이커(grand-image-maker)"▸▸라고 하는 유령 같은 존재에 부여함으로써 모방적 내러티브를 보존한다.[7] 하지만 모방적 형식들을 가상적 이야기로 간주한다면 거기에도 서사성이 있다고 옹호할 수 있을 것이다.

▸ 화면에 등장하지 않은 채로 연기자나 내레이터의 목소리가 들리는 것을 말한다.
▸▸ 영화 속의 암묵적 화자

연극 내용을 다시 이야기할 때 우리는 보통 표준적인 서술적 내러티브를 제시한다. 그렇다면 서사성의 조건은 스토리로서 재서술할 가능성이 있느냐의 여부이고, 주어진 텍스트의 서사성은 그 가능성이 실현되느냐에 달려 있다고 말할 수 있을 것이다.

• **자율적**(Autonomous)/**재서술적**[Illustrative, **혹은 보조적**(ancillary)]: 자율적 양식에서 텍스트는 수신자에게 새로운 이야기를 전달한다. 이는 스토리의 논리적 장치를 텍스트에서 알아낼 수 있어야 한다는 뜻이다. 재서술 양식에서는 텍스트가 플롯에 대한 수신자의 사전 지식에 의존하여 스토리를 재서술하고 완결한다. 이 두 극단 사이에 있는 텍스트도 있다. 익숙한 플롯을 심하게 바꾼 새로운 판(版, version)을 보여주는 텍스트가 그 예이다.

• **수용적**(Receptive)/**참여적**(Participatory): 수용적 양식에서는 듣는 사람이 내러티브가 제공하는 사건에서 적극적인 역할을 하지 않는다. 그는 자신을 외부적 증인으로 상상하면서 내러티브에 등장하는 행위에 대한 설명을 들을 뿐이다. 참여적 양식에서는 플롯이 완벽하게 미리 정해져 있지 않다. 듣는 사람은 스토리에서 적극적인 역할을 하는 인물이 되며, 주체적으로 플롯을 만들어나간다. 이런 양식은 무대 해프닝, '즉흥' 연극, 그리고 대본이 있는 역할 게임(예를 들어 〈던전스 앤드 드래곤스*Dungeons and Dragons*〉), 쌍방향 디지털 매체 등의 출현으로 번성해왔다. 예를 들면, 많은 컴퓨터게임의 경우 사용자는 아바타를 통해 게임세계 속에 재현된다. 게임 기간 중 실시간으로 문제들을 해결함으로써 사용자는 아바타의 인생 이야기가 성공하거나 실패할지, 혹은 이 아바타가 얼마나 오래 살지 결정한다.

• **확실한**(Determinate)/**불확실한**(Indeterminate)[**혹은 실제의**(actual)/**가상의**(virtual)]: 확실한 양식에서 텍스트는 상당히 명확한 대본을 짜내기 위해 서사의 궤도 중 여러 지점들을 충분히 구체적으로 적시한다. 불확실한 양식의 경우 한두 지점만 명확히 밝히며 이런 지점을 횡단하는 하나의(혹은 그 이상의) 가상의 곡선을 상상하는 것은 해석자에게 달려 있다.

• **축어적**(Literal)/**비유적**(Metaphorical): 내러티브에 주어진 특별한 정의에 따라 축어적 혹은 비유적 서술이 무엇으로 구성되는가가 달라진다. 축어적 서술은 완벽하게 그 정의를 충족시키는 반면에, 비유적 서술은 그 정의의 특징 중 일부만 활용한다. 그러므로 내러티브가 얼마나 비유적인가는 얼마나 많은 특징들이 나타나며 이 특징들이 그러한 정의에 얼마나 중요한지에 달려 있다. 만약 개별적인 인간 주체가 연루된, 인과관계가 있는 일련의 사건에 대한 정신적이거나 텍스트적인 재현을 내러티브라고 정의한다면, 그 정의를 엄격하게 지키지 않는 다음과 같은 내러티브는 비유적인 내러티브라고 할 수 있다. 개인보다는 집단에 관한 시나리오(예를 들어 역사의 '웅대한 내러티브'나 현대 문화연구에 너무 소중한 '젠더, 계급 그리고 인종의 내러티브'), 그리고 의식이 무시되는 구체적인 개체에 관한 내러티브(예를 들어 다윈의 진화론 이야기), 그리고 추상물에다 주체성을 부여하는 드라마가 그 예이다.[8] 만약 우리가 비유를 극단까지 밀고 나가면, 우리는 이를 음악이나 건축같이 의미론적 내용이 없는 예술 형식에도 적용할 수 있다. 음악의 경우 복선, 서스펜스, 제시부의 극적 패턴, 갈등, 절정, 대파국, 혹은 심지어 블라디미르 프롭Vladimir Propp▸한테서 영감을 받은 내러티브 기능과 같은 내러티브 효과의 관점에서 작품의 구조를 비유적으로 분석할 수 있다. 건축의 경우 플롯의 시간성과 건물을 통해 걷는 경험 사이에 유사성을 부각시켜 비유적으로 해석할 수 있다. 스토리가 있는 건축물에서 ─ 예를 들면, 관통하여 걷는 것이 고난의 단계들을 재연하는 바로크 양식의 교회들 ─ 방문객이 하게 되는 발견 여행은 의미 있는 사건들의 연속이라는 플롯을 갖는다.[9]

이제까지의 논의를 요약하면 이렇다. 내러티브의 본질과 언어가 갖는 상

▸ 1895~1970. 러시아 민속학자이자 예술이론가. 주로 동화 속에 담긴 이야기의 구조를 분석했다. 저서로는 『민담의 형태학』과 『민담의 역사적 기원』 등이 있다.

관성을 세 가지 방식으로 생각할 수 있다. 이 세 가지 방식은 이 책의 연구 방향에 각각 다른 함의를 갖는다.

1. 내러티브는 오직 언어적 현상이다. 언어로 뒷받침되는 매체가 아니고 서는 내러티브에 대해서 말할 수 없다(즉, 언어로 소통하는 매체뿐 아니 라 언어를 주요 서술 양식으로 하는 매체에 의존한다). 이런 입장은 범매체 적 연구와 양립할 수 없다.

2. 모든 내러티브는 명료하지 않다. 서사성을 가장 충실히 이행하는 것 은 언어로 뒷받침되는 형식들이다. 범매체적 내러티브 연구는 언어 적 서술의 특질을 다른 매체로 전이할 수 있을 때만 가능하다. 이 말 은 대체로 발신자(작가)와 수신자(독자, 관객 등)를 포함하여 화자, 피 화자, 내러티브 메시지로 이루어진 의사소통 구조를 찾아내는 작업 을 뜻한다.

3. 내러티브는 매체와는 독립된 현상이다. 그리고 내러티브 구조를 명료 하게 설명하는 데 가장 적합한 매체는 언어이지만, 언어의 서술이라 는 의사소통 모델을 적용하지 않고 언어가 아닌 수단으로 재현된 내 러티브를 연구하는 것은 가능하다.

여기 서론에서 제안된 정의는 3을 표현한 것이다. 하지만 2 또한 범매체 적 내러티브 연구와 양립할 수 있으며, 이 책의 일부 기고자들은 공공연히 혹은 암묵적으로 이런 입장을 고수한다.

매체란 무엇인가?

사회학자나 문화비평가에게 매체를 열거하라고 해보라. 그러면 텔레비전, 라디오, 영화, 인터넷이라고 대답할 것이다. 예술비평가는 음악, 그림, 조각, 문학, 드라마, 오페라, 사진, 건축을 목록에 올릴 것이다.

현상학파의 철학자는 매체를 시각적, 청각적, 언어적 그리고 미각적, 후각적(요리와 향수는 매체일까?)으로 분류할 것이다. 미술가는 진흙, 청동, 오일, 수채물감, 직물에서 시작해 잔디, 깃털, 맥주 캔의 따개 같은 이른바 혼합매체 작업에서 사용된 특이한 품목까지 늘어놓을 것이다. 정보 이론가나 문자 역사가는 음 파동, 파피루스 두루마리, 필사본, 실리콘칩을 생각할 것이다. '뉴미디어' 이론가들은 컴퓨터가 구(舊)매체로부터 신(新)매체를 창조했다고 주장할 것이다. 즉, 필름 사진에서 디지털 사진이, 셀룰로이드(영화용 필름)에서 비디오카메라로 찍은 영화가, 고전적 이미지 포착 기법으로 창조된 영화에서 컴퓨터 조작으로 만들어진 영화가 창조되었다고 할 것이다. 컴퓨터는 또한 가상현실이라는 완전히 새로운 매체를 만들어냈다고도 할 수 있다.

매체에 관한 이런 다양한 이해들은 용어의 모호성을 반영한다. 『웹스터 사전(Webster's Dictionary)』에 수록된 **매체**(medium)라는 단어의 항목은 본 연구와 다소 무관한 여러 의미들(예를 들면, "정령과 접촉하는 어떤 사람") 중 다음 두 가지 정의를 포함한다.[10]

1. 소통, 정보나 오락의 통로 혹은 시스템
2. 예술적 표현의 물질적 수단 혹은 기술적 수단

첫 번째 정의에서는 매체를 특정 기술 혹은 정보를 전달하는 문화적 제도로 제시한다. 이런 유형의 매체에는 문화적 통로인 책과 신문뿐 아니라 기술의 한 유형인 게 분명한 텔레비전, 라디오, 인터넷, 축음기, 전화기가 포함된다. 이렇게 정의된 매체에서는 이미 만들어진 메시지가 특별한 방식으로 코드화된 후 의사소통 통로를 거쳐 전송되면, 다른 끝에서 해독되는 것이다. 예를 들면, 텔레비전은 생방송뿐만 아니라 영화를, 녹화된 연극공연뿐 아니라 뉴스를 전송할 수 있다. 그것들은 1의 의미의 매체 방식으로 해독되기 전에 메시지 중 일부가 2의 의미의 매체를 통해 실현된다. 유화는 디지털화되어 인터넷을 통해 전송되기 전에 유화로 작업이 이루어져만 한다. 음악이 녹음되어 축음기로 틀기 전에 음악이 연주되어야 한다. 따라서 1의 의미의 매체는 2의 의미에 해당하는 매체의 도움을 받은 대상들을 이차적 코드로 번역하는 과정을 수반한다.

매체에 맞추어 코드화되기 때문에 코드화의 대상과 코드화 행위 자체를 늘 구분할 수는 없다. 영화를 생각해보자. 영화가 기록하는 것은 자율적인 예술적 대상물이 아니라 필름에 담는다는 명백한 목적 달성을 위해 행해진 연출이다. 예술적 대상을 형성하는 것은 편집된 특정 장면이지 영화와 독립적으로 존재하는 그 무엇은 아니다. 이와 유사하게, 텔레비전 생중계에서 전송되는 대상은 녹화 행위 자체를 통해서 창조된다. 더구나 소통적 매체는 메시지를 코드화하고 해독하지만, 그것은 메시지들로부터 소통을 위한 여정의 끝에 있는 물질적 지원체계를 박탈하지 않는다. 텔레비전 신호는 블랙박스 속 전자회로에 의해 해독된 후 거실 중앙 작은 화면에 투사된다. 이 경험은 어두운 극장에서 대형 화면으로 영화를 보는 것과는 아주 다르며, 다른 형태의 내러티브를 요구한다. 물질적 지원체계의 도움을 받는 한, 통로로서의 매체라는 유형은 전달 양식인 동시에 표현 수단이다.

다른 분야에서처럼 매체이론에서도 연구자의 목적에 따라 연구 대상이 정해진다. 여기서 우리는 내러티브의 힘이라는 관점에서 매체를 탐구하고자 한다. 우리가 매체의 문제에서 중요하게 생각하는 것은 무슨 스토리를 생각해내거나 말하는가, 어떻게 제시되는가, 왜 그 스토리가 전달되며 어떻게 그것이 경험되는가를 구별하게 만드는 범주이다. 이런 접근은 비교 기준이 있어야 함을 암시한다. 예를 들어 "라디오는 독특한 내러티브 매체다"는 라디오가 매체로서 텔레비전, 영화 혹은 구술 대화와는 다른 내러티브적 가능성을 제공한다는 의미이다. 그리하여 '매체성(mediality 또는 medium-hood)'은 절대적 속성이라기보다는 관계적인 것이다. 내러티브와 관련하여 매체성의 상대적 속성을 시험하기 위해서 축음기와 일간신문의 위상을 고려해보자. 기술적 관점에서 보면 축음기는 모범적 매체의 자리에 있다. 19세기 말 축음기가 개발되었을 때 언어에서 글쓰기가 했던 일을 소리에서 축음기가 했다. 새 기술 덕분에 소리가 녹음될 수 있었고, 청각적 데이터를 이해하기 위해 더 이상 음원의 범위에 있을 필요가 없어졌다. 하지만 서사적 관점에서 보면 축음기라는 순수한 전송매체는 그다지 큰 영향을 미친 것 같지 않다. 무선전신이 개발되고 나서야 비로소 순수하게 청각적인 유형의 내러티브, 다시 말해 라디오 방송음이 멀리까지 전달되었다. 일간 신문은 정반대 상황을 보여준다. 즉, 기술(技術) 사학자들은 신문을 책과 똑같은 매체가 출현한 것으로 간주하려 한다. 신문이 거의 똑같은 인쇄술에 의존하기 때문이다. 그러나 서사학자들은 책과 신문의 매체적 위상이 다르다는 입장이다. 이들은 일간신문사가 뉴스를 보도하는 새로운 스타일을 장려하여 자율적인 내러티브 장르를 탄생시켰다고 지적한다. 24시간 간격으로 규칙적으로 배달되어야만 한다는 점에서 신문은 실용적인 면에서도 다른 유형의 의사소통 채널들과는 다르다. 시간이 많이 걸리는 위기상황 취재는 응당 위기가 해결되기 전에 시작되어야만 하고, 일일 보도는 완결성 및 다른 유형의 내러티브가 지닌 회고적 관점이 부족하다. 이 모든 특징들을 보면 정말로 신문이 독특한 유형의 서사성을 가지고 있음을 알 수 있다.

하지만 매체는 어디서 끝나고, 장르는 어디서 시작되는가? 매체와 장르 간 차이는 각자가 지닌 제약의 속성과 기원에 있다고 제안하고자 한다. 장르가 개인적이면서 문화적인 이유들로 선택된, 다소 자유롭게 받아들여진 관습에 따라 정의되는 반면에, 매체는 가능성과 한계를 사용자에게 떠맡긴다. 장르와 매체 둘 다 우리가 의도적으로 선택한다는 것은 맞는 말이다. 그러나 우리는 매체의 **행동유도성**(affordance)* 때문에 매체를 선택하고, 매

표 0-1 서사성에 영향을 끼치는 매체의 유형론

시간			공간	공간 - 시간	
한 가지 통로		두 가지 통로	한 가지 통로	한 가지 통로	다수 통로
언어적	청각적	언어적/청각적	시각적/정적	시각적/동적	청각 - 시각적(동적): 춤, 생음악이 곁들여진 무성영화
장거리 구두 커뮤니케이션 매체: 라디오, 전화 필사본 글쓰기 여러 가지 지원 형식으로 글 인쇄하기 디지털 글쓰기: 이메일, 인터넷 채팅, 하이퍼텍스트(텍스트로만 된)	텍스트 없는 음악	가사 있는 노래, 노래로 불리는 시	그림, 조각, 사진술, 건축(?)	판토마임, 애니메이션, 음악 없는 무성영화	언어 - 시각적(정적): 연재만화, 예술가의 책, 아동도서, 신문 언어 - 시각적(동적): 대면 구두 커뮤니케이션 언어 - 청각 - 시각(동적): 영화, 연극, 텔레비전, 오페라 모든 통로의 통합: 설치예술, 쌍방향 컴퓨터를 통한 표현 형식: 웹 페이지, 예술 CD-ROM, 컴퓨터게임, 가상현실

체의 한계를 극복하거나 관련이 없는 것으로 만들려고 애를 쓰면서 매체의 한계성 언저리에서 작업한다. 이와는 대조적으로 장르는 한계를 고의적으

▸ 대상의 어떤 속성이 유기체로 하여금 특정한 행동을 하게끔 유도하거나 특정 행동을 쉽게 해주는 성질. 사과의 빨간색은 따 먹고자 하는 행동을 유도하며, 적당한 높이의 받침대는 앉는 행동을 잘 지원한다는 것.

로 이용해서 기대치를 조정하고, 표현을 최적화하며, 의사소통을 용이하게 한다. 즉, 비극은 영웅의 몰락에 관한 것이어야만 하고 모방적 내러티브 양식을 사용해야 하며, 교향곡은 서너 개의 악장(보통은 4개)으로 구성되어야 하고 각각의 악장은 뚜렷한 무드와 템포를 지녀야 하며,[11] 장편소설은 분량이 길어야만 하고 단편은 짧아야 하며 둘 다 어느 정도의 서사성(단편의 경우에는 훨씬 더)을 갖추어야 한다. 이차적 의미체계인 이런 관습이 일차적 의미화 양식에 강요된다. 장르 관습이 인간이 명시한 진짜 규칙인 반면에, 매체의 제약과 가능성은 매체의 물질적 내용물 및 코드화 양식의 지배를 받는다. 그러나 다양한 매체가 사용되는 한, 매체는 다양한 장르를 지원한다.

매체를 정의하는 데 개입하는 척도가 다양하기 때문에 매체의 유형학을 정립하고 매체와 장르를 구분하기가 매우 어렵다. 그럼에도 나는 그런 시도를 하고자 한다. 나는 내 결정이 만장일치로 수용되지는 못하리라는 점을 잘 알고 있다. 표 0-1이 독자들이 매체라는 것을 세밀하게 구별하고 우리가 당면한 문제의 복잡성을 이해하는 데 도움이 된다면, 내 분류에 아무리 많은 수정이 가해진다 해도 나름대로 목적을 달성한 셈이 될 것이다. 나는 표현/소통 형식을 내러티브 매체로서 분류하기 위해 두 가지 주된 척도를 제안한다.

(1) 앞서 시사했듯이 그것은 무슨 종류의 내러티브 메시지가 전달될 것이며, 어떻게 이 메시지가 전달될 것인지 혹은 메시지가 어떻게 경험될 것인지에 관해서 구분해야 한다.

(2) 그것은 특성들의 독특한 결합을 제시해야만 한다. 이런 특성들은 다섯 개의 가능한 영역에서 도출될 수 있다. (a) 전달이 이루어지는 감각들, (b) 감각적 경로들 간의 우선성(그리하여 비록 동일한 감각의 영역을 포함하는 두 매체일지라도, 오페라는 드라마와는 별개의 것으로 여겨질 것이다. 왜냐하면 오페라가 드라마보다는 음악에 우위를 두기 때문이다.), (c) 공간-시간의 확장, (d)

기호의 기술적 지원체계와 물질성(materiality)(그림 대 사진, 말 대 글 대 디지털 코드화되는 언어), (e) 문화적 역할과 제작/배분의 방법들(책 대 신문).

표 0-1은 일차적 분류 범주로서 공간-시간 확장과 감각적 차원을 이용한다. 물론 기술적 지원을 무시할 수는 없지만, 이런 기준들은 확실히 기술적 지원의 차이보다는 서사성의 쟁점과 더 연관되는 것으로 보인다. 이렇게 감각적 차원을 우위에 두면, 주어진 기술이나 문화적 채널이 다른 유형의 감각적 데이터를 전달하는 데 사용될 때 목록에 두 번 올라갈 필요가 있다는 게 단점이다. 즉, 디지털 글쓰기는 컴퓨터 기술의 멀티미디어 적용과는 구분되어야 하고, 무성영화는 다감각 영화 제작과 구분되어야 한다. 매체를 시간적 그리고 공간-시간적으로 나누는 것의 또 다른 문제점이 있는데, 엄정한 기준을 적용할 때 시간에 해당하는 칸이 사실상 텅 비게 된다는 점이다. 레너드 탈미Leonard Talmy가 언급하듯이, 글쓰기란 2차원의 지원을 요구하며 독자를 위해 한꺼번에 존재하기 때문에 공간-시간 칸에 글쓰기의 모든 표현 행위들이 들어가야 하는 경우가 생길 수 있다(Talmy, 2000: 435~426). 그렇다면 테이프에 녹음된 책들만이 시간 칸에 적합한 항목이 될 것이다.

내러티브 매체 연구: 아주 간략한 역사

매체라는 용어에 대한 두 가지 정의 – 의사소통의 통로 혹은 표현의 물질적 수단 – 중에서 전자가 매체 연구 분야에서 훨씬 더 영향력 있었다. 대부분의 미국 대학 매체 관련 학과들은 20세기에 발달한 매스커뮤니케이션의 문화적 제도와 기술, 예를 들어 전화, 라디오, 텔레비전, 컴퓨터 네트워크와 언론에 관심을 갖는다. 이론가인 조슈아 메이로위츠Joshua Meyrowitz가 언급하듯이 이러한 연구들 중 대다수는 연구의 대상인 매체를 통해 전달되는 메시지의 내용에 집중한다. 매체 연구는 매체의 사회적 영향에 관한 연구가 우선이다. "전형적인 관심사는 다양한 매체에 노출될 때 사람들이(종종 어린아이들이) 어떻게 반응하는지, 그리고 매체를 통해 전달되는 것, 전달되지 않는 것에 제도적, 경제적, 정치적 요인들이 어떻게 영향을 미치는지, 그리고 매체의 메시지가 다양한 현실의 문제들을 정확하게 반영하고 있는지, 그리고 각기 다른 청중들이 같은 내용을 어떻게 다르게 해석하는지 등에 집중된다." 매체를 매스커뮤니케이션의 도구로서 연구하는 다양한 연구방법론들은 메이로위츠에 의해 [여러 매체들(media)에 관한 연구라기보다는] '매체(medium)'이론으로 발전했다. 이런 방법론은 메시지의 내용이 아니라 "개별 매체나 매체들의 개별 유형이 지닌 고유한 특징을 연구하는 데 집중한다. 대체로 매체이론가들은 이런 질문을 한다. 각각의 전달 수단이 지닌 상대적으로 고유한 특징들은 어떤 것이고, 이런 특징들로 인해 어떻게 그 매체가 다른 매체와 그리고 대면(face-to-face) 상호작용과 물리적으로, 심리적으로, 혹은 사회적으로 달라지게 되는가?"(Meyrowitz, 1994: 50) 이 점에서도 역시 연구의 일차적 초점은 사회학적이다. 즉, "거시적 차원에서 매체에 대한 질문은 현존하는 매체 망에 새로운 매체가 추가될 때 그것이 사회적 상호작용과 사회적 구조 전반을 변화시키는 방식을 다룬다"(51). 소통 기술의 발전이 인간 사회의 발전에 미친 가장 결정적인 영향 가운데 하나라는 가정으로부터 연구를 시작하는 매체이론가들은, 인류 문명사에서 세 가지(그리고 아주 최근에는 네 가지) 획기적인 사건이 있었음을 전제한다. 즉, 글쓰기의 창안, 인쇄술의 발명, 전자 커뮤니케이션(텔레비전, 라디오)의 발전, 그리고 전자 글쓰기와 컴퓨터 네트워크의 발전이다. 인류 문명사에 대한 이와 같은 개략적인 해석은 해럴드 애덤스 이니스Harold Adams Innis와 마셜 매클루언Marshall McLuhan이라는 두 명의 캐나다 출신 학자들의 선구적인 연구로부터 영향을 받았는데, 이러한 해석은 커뮤니케이션 매체 연구 또는 일반적인 매체 연구에 견고한 이론적 토대와 광대한 연구 프로그램을 제공한다.

그러나 이 책에서 논의하는 내러티브 연구는 매체의 두 번째 정의에 근거한 연구방법론을 주로 다룬다. 표현 수단으로서의 매체에 관한 비교연구는 학문적인 매체 연구와 이론적 완성이라는 두 가지 면에서 공히 소통 수단으로서의 매체에 관한 연구에 많이 뒤처져 있다. 우리에게는 영화, 음악, 문학, 그리고 전자예술과 같은 개별 매체를 연구할 발달된 분석 도구와 방법론은 있지만 메시지의 형식과 내용을 구체적으로 지원하는 매체라는 물질의 중요성에 대한 포괄적이고 널리 인정되는 이론은 없다. 기원을 시학, 수사학, 그리고 미학에 두고 있기 때문에 기호학적 매체 연구 ─ 이런 종류의 연구를 나는 이렇게 부를 것이다 ─ 는 하향적이 아니라 상향적으로, 글로벌한 원칙의 적용이라기보다는 일련의 개별적 사례연구로 진행되어왔다. 따라서 이 분야에 관한 간략한 개관은 어떤 통일된 이론의 요약이라기보다는 매체가 기호학적 분석의 대상으로 등장하는 과정에서 있었던 기념비적인 사건들에 대한 대략적인 고찰이다. 나의 관심은 서사성의 질문과 관련된 그러한 이정표들로 향할 것이다.

영어로는 매체(medium)라고 번역되는 예술과 커뮤니케이션의 영역에 관한 인식은 적어도 아리스토텔레스의 『시학』으로까지 거슬러 올라간다. 아리스토텔레스는 시를 '모방의 종(種)'으로 정의한 뒤 모방의 여러 유형을 구분하는 세 가지 방식을 언급하는데 매체, 대상, 그리고 양식(mode)이 그 세 가지다(Aristotle: 2, 3).[12] 매체라는 이름하에 아리스토텔레스는 색, 형체, 리듬, 멜로디, 그리고 언어(목소리) 같은 표현 방법들을 이해한다.[13] 아리스토텔레스는 어떤 매체를 사용하느냐에 따라 예술 형식을 개략적으로 분류한다. "예를 들어 피리와 리라 음악은 …… 멜로디와 리듬만을 사용하지만 춤은 멜로디 없이 리듬 그 자체만을 사용한다(왜냐하면 춤추는 사람들도 동작 속에 표현되는 리듬에 의해 성격, 감정, 그리고 행위를 모방하기 때문이다).…… 음악 반주 없이 언어만을 사용하는 예술은 산문이건 운문이건 …… 오늘날까지 이름이 붙여지지 않은 채로 있다.…… 또한 위에서 언급한 모든 매체(즉 리듬, 멜로디, 그리고 운문)를 사용하는 어떤 예술도 있는데, 예를 들면 디오니소스 신에게 바치는 헌시와 격언시, 비극과 희극이 그렇다. 전자는 이들 모든 매체를 동시에 사용한다면 후자는 특정 부분을 사용한다는 면에서 차이가 있다"(2.1, 4).

　두 번째의 기준인 대상은 동일한 매체를 사용하는 모방 안에서 유(類)적인 구분을 만들어낸다. 예를 들어 비극은 더 나은 사람들을 모방하지만 희극은 열등한 사람들을 묘사한다. 아리스토텔레스는 매체와 대상을 둘 다 공유하는 모방들을 구별하기 위해 세 번째 기준인 양식을 언급한다. 즉, "가끔은 서사를 행함으로써 똑같은 매체로 똑같은 대상을 모방하는 것이 가능하고…… 아니면 대행자들인 모방자들을 행위에 연루되게 하면서 모방이 가능하다"(2.3, 5). 따라서 비극과 서사시는 둘 다 "더 나은 사람들"을 다루고 언어를 통해서 그렇게 하지만, 비극은 플라톤이 모방(mimesis) 양식이라고 부르는 것을 통해 모방하는 반면 서사시는 서술(diegesis)을 통해 모방한다(내가 여기에서 이야기와 공연예술에 관한 아리스토텔레스의 대조 대신에 플라톤의 용어를 사용하는 것은 비극을 비서사적이라고 표현하지 않기 위해서이다). 아리스토텔레스가 같은 매체 속에서 양식이 구별을 만들어낸다고 주장할 때, 그는 연기하는 배우들은 시각에 호소하지만 서술적 서술은 그렇지 않다는 것을 잊는다. 양식의 차이는 불가피하게 매체에서의 차이를 초래한다.

　아리스토텔레스에 따르면 모방 양식과 서술 양식의 차이는 플롯의 전체 구조에 영향을 끼치지 않는다. 즉, "(서사시 플롯의) 구성 요소들은 (비극의 구성 요소들과) 같다. 그것도 또한 운명의 역전, 깨달음과 고통을 필요로 한다"(10.2, 39). 그러나 이들의 구별되는 양식(그 결과로 매체도 구별되는) 때문에 비극과 서사시는 다른 방식으로 이러한 추상적 구조를 완성한다. "사람들은 서사시에 사용됨 직한 재료 덩어리를 가지고 비극을 써서는 안 된다. 수많은 이야기들을 담고 있는 그런 덩어리 말이다. 트로이의 강탈을 에우리피데스처럼 조각조각으로 쓰지 않고 전체로 쓰는 사람은 모두 경쟁에서 실패했거나 아니면 형편없는 결과를 만들어냈다"(8.7, 30). 서사시의 플롯과 드라마의 플롯이 같은 내용이라고 하더라도 드라마의 플롯이 훨씬 더 촘촘히 짜여 있다. 왜냐하면 드라마 플롯의 시간 틀은 연극 상연의 길이와 대충이라도 맞아떨어져야 하기 때문이다. 반면 서사시의 플롯은 되풀이되는 다양한 삽화적 사건들을 통해 기본 구조를 길게 늘일 수 있다. 무대의 현재, 즉 바로 이 순간과 이 장소에 묶여 있지 않기 때문에 서사시는 "(플롯의 길이를) 늘이는 데 중요한 차별적 수단"을 갖고 있고, 또한 "동시에 수행되고 있는 행위의 여러 부분을 모방할" 수 있다(10.3, 39~40). 플롯을 극시와 서사시에 공통되는 구조로 보여주되, 매체에 내재된 수단들로 인해 효과적으로 표현될 수 있는 주제가 달라진다는 점을 시사하는 『시학』은 내러티브에 대한 범매체적 연구 의제를 개괄적으로 제시한다. 이를 통해 매체가 어떻게 특정한 서사성을 실현해내는지를 발견할 수 있다.

예술 매체의 개념은 18세기가 되어 레싱G. E. Lessing이 「라오쿤: 회화와 시의 한계에 관한 논문Laocoön: An Essay on the Limits of Painting and Poetry」 (1766)[14]을 출판하기까지는 주목받지 못했다. 이 글의 번역본에는 **매체**나 **내러티브**라는 말이 등장하지 않지만 레싱의 논문은 예술 매체의 내러티브 역량을 자세하고 포괄적으로 설명한 최초의 논문이다. 그 제목은 베르길리우스Vergilius의 『아이네이스Aeneis』▶에 나오는 어떤 일화적 사건, 즉 트로이의 사제인 라오쿤이 자신의 두 아들과 함께 바다뱀에게 잡아먹히는 사건을 묘사한 유명한 그리스 조각 군상을 가리킨다. 그 시대의 비평가들은 라오쿤이 왜 그런 끔찍한 죽음 앞에서 체념한 듯 평온한 모습을 보여주고 있는지 의아하게 생각했다. 레싱은 그 이유를 스토아주의 윤리학이나 남자가

▶ 트로이의 장군이었던 아이네이아스Aeneas가 트로이 패망 후 지중해의 여러 곳을 떠돌다가 로마 제국을 건국하는 과정을 다룬 서사시.

감정을 드러내는 것에 대한 그리스 사회의 문화적 금기로 설명하는 비평가들의 주장을 반박했다. 그 대신 레싱은 전적으로 심미적 원리에 기초하여 그 이유를 설명하고 있다. 레싱이 주장하기를 라오쿤의 얼굴은 찡그릴 수가 없는데, 크건 왜냐하면 조각은 시각예술이고 시각예술의 목적은 아름다움을 표현하는 것이기 때문이다. 우리는 레싱이 예술을 미와 연관시키는 것을 더 이상 받아들일 수 없지만 ―「라오쿤」을 쓰고 난 직후에 고야Goya*의 작품이 공포가 지닌 예술적 힘을 증명해 보이기 시작했다 ― 레싱은 회화의 시각적 성격을 주장함으로써 심미철학에서 중요한 전환점을 이룬다. 18세기의 예술비평은 "그림은 무언의 시고 시는 말하는 그림이다"(Lessing, 1984: 4)라고 주장하는 케오스의 시모니데스**의 철학에 상당한 영향을 받았다. 문자 그대로 받아들인다면 ― 레싱은 비유적 표현을 거의 이해하지 못하기 때문에 ― 이 공식은 두 매체의 감각적이고 시간-공간적 차원을 노골적으로 무시하고 있는데, 그림은 시각에 호소하고 시는 상상력에 호소하며, 그림은 공간적이고 시는 시간적이기 때문이다. 이런 식으로 그림과 시를 비교하면 그림과 시는 각기 다른 사상을 표현하는 매체라는 선입견을 갖게 된다. "나는 이렇게 추론한다. 만약 그것을 모방할 때 그림은 시와 완전히 다른 수단 혹은 기호를, 즉 시간 속에서 발화된 소리가 아니라 공간 속에서 형체와 색깔을 사용한다는 것이 사실이라면, 그리고 이러한 기호가 기호화된 사물과 논란의 여지 없이 적절한 관계를 지닌다면, 공간에 존재하는 기호는 그 전체 혹은 부분이 동시에 존재하는 대상만을 표현할 수 있을 뿐이고, 순차적으로 다가오는 기호들은 그 전체 혹은 부분이 순서적인 대상만을 표현할 수 있을 뿐이다"(78).

그림 기호의 공간적 차원 덕분에 그림은 육체적 아름다움을 표현하게끔

▸ Francisco José de Goya. 스페인의 화가, 1746~1828.
▸▸ Simonides of Ceos. 고대 그리스의 케오스에서 태어나 활동한 서정시인.

하는데 왜냐하면 아름다움은 다양한 부분들의 조화로운 결합으로 생겨나기 때문이다. 시는 이렇게 될 수 없다. 시는 동시에 인식되어야 하는 것들을 분리된 요소들로 나누고 그것들을 한 번에 하나씩 상상력의 '눈'에 제시한다. 호머가 사용한 "하얀 팔의 헬렌"이라고 쓴 표현은 여느 장문의 묘사보다도 아름다움을 한층 더 잘 표현한다. 역으로, 그 시간적 속성 때문에 시는 인간의 행위를 탁월하게 표현할 수 있는 반면, 그림은 과정을 하나의 화면으로 정지시킨다. 즉, "어떤 경우(시)에 행위는 눈에 보이는 진행적인 사건이며 각기 다른 부분들은 하나씩 차례로 시간 순서에 따라 생겨나고, 다른 경우(조각)에는 행위가 눈에 보이지만 정지되어 있으며 각기 다른 부분들은 공간 속에서 공존하면서 발전한다"(77).

그렇다면 우리는 시는 묘사할 수 없고 그림은 이야기할 수 없다고 결론을 내려야만 하는가? 레싱이 주장하기를, 연속된 그림조차도 『오디세이The Odyssey』의 플롯을 적절히 전달하지 못한다(71). 「라오쿤」에서 레싱은 화가와 시인들에게 매체의 힘을 이용하지 않는 소재를 피하라고 내내 충고하고 있다. 이 논문의 부제목을 회화와 시의 **한계**에 대하여라고 정한 것은 레싱이 규범적이고 분리주의적인 입장을 취하고 있다는 것을 나타낸다. 고전시대에는 예술가가 된다는 것은 선택한 매체의 한계 안에서 작업하는 것을 습득하는 과정이었다. 그러나 그의 고전주의적인 신중함에도 불구하고 레싱이 매체의 한계를 밀어내려는 예술적 추진력을 전혀 이해하지 못한 것은 아니다. 시에서 그가 인정하는 몇 안 되는 묘사적인 구절들 중 하나는 호머에서 보이는 내러티브화된 묘사 기법이다. 즉, "우리에게 주노˚의 마차를 보여주고자 한다면 호머는 헤베˚˚가 우리 눈앞에서 마차의 부분 부분을 조

▸ Juno. 신들의 왕 주피터의 아내.

▸▸ Hebe. 주피터와 주노 사이의 딸로서 청춘의 여신이며 신들의 주연에서 시중드는 역할을 했다.

립하고 있는 장면을 보여줄 것이다. 우리가 보는 것은 바퀴와 축, 좌석, 버팀목, 끄는 줄과 손잡이 끈을 결합된 상태로 부분 부분을 보는 게 아니라 헤베가 이것들을 실제로 조립하고 있는 것을 보는 것이다"(80). 묘사가 제 역할을 다하고 있는데, 왜냐하면 공간적 비전이 시간적 행위로 변형되었기 때문이다.

역으로 ─ 나는 「라오쿤」을 그토록 유명하게 만든 개념에 대해서는 이 개관의 맨 마지막 부분으로 유보한다 ─ 그림은 그 공간적인 표현을 '의미를 잉태한 순간'으로 알려진 것으로 드러냄으로써 내러티브적 한계를 극복할 수 있다(혹은 적어도 한계를 뒤로 밀어버릴 수 있다). "그림은 그 공존적인 작품 구성에서 어떤 행위의 단지 한 순간만을 사용할 수 있을 뿐이어서 무엇인가를 최고조로 시사하는 순간을 골라야 하는데, 그 순간을 통해 앞선 행위와 뒤에 오는 행위가 아주 쉽게 이해될 수 있다"(78). 입는 옷에서 접히는 부분을 표현하는 것은 바로크 예술에서 상당히 중요한 것인데, 왜냐하면 이를 통해 몸의 움직임의 자취를 포착할 수 있기 때문이다. "우리는 접힌 부분들로부터 움직임이 시작되기 전에 손이나 다리가 뒤로 가는 자세였는지 앞으로 가는 자세였는지 알 수 있고, 또는 팔다리를 뻗었는지 오므렸는지를, 아니면 지금 움직이고 있는지, 또는 조금 전에는 뻗었다가 지금은 오므렸는지 알 수 있다"(Lessing, 1984: 92의 안톤 멩Anton Meng 인용). 레싱에게는 하나의 과정에서 가장 최고로 의미를 잉태하는 순간은 클라이맥스 직전의 순간이다. "따라서, 만약 라오쿤이 한숨을 쉰다면 상상력은 그가 울부짖는 것을 들을 수 있다. 그러나 만약 그가 울부짖는다 해도, 좀 더 참을 만하고 따라서 덜 흥분된 상태에 있는 그를 보지 않고서는 상상력은 이런 재현보다 한 발자국도 높이 올라가거나 아래로 내려갈 수 없다"(20). 이 논문의 다른 부분에서 레싱은 그림은 엄밀히 시각의 예술이라고 주장하고 있는데, 이 말은 그림이 현재의 예술이라는 것을 의미한다. 그러나 묘사된 순간에 잉태되는 의미를 통해 그림은 과거와 미래에 닿을 수 있고, 이를 통해 오로지 감각에만 관련되는 예술에서 마치 시처럼 상상력에도 관련되는 예술로 스스로를 변화시킬 수 있다. 옷이 접힌 부분과 라오쿤의 얼굴에서 표현되는 것은 정지된 시간이 아니라 시간적 움직임의 가상화(virtualization)이다. 즉, 시간의 경과는 의미가 잉태되는 순간의 가능태 안에(in potentia) 보존되는데, 이는 나무가 도토리 열매 속에 보존되는 것과 같다. "스콜라 철학의 용어를 빌린다면 그림 속의 실재성(actu)에 보존되지 않는 것은 거기에 있는 가상적인 것(virtute)이다"(100)라고 레싱은 쓰고 있다. 시가 실제로 이야기를 하는 반면에 그림은 훨씬 많은 것들을 해석자에 의해 채워지게 놔두는 가상적 양식 속에서 그렇게 한다. 두 세기가 지난 후 마셜 매클루언이 제안한 한 쌍의 용어를 빌린다면, 시는 '뜨거운' 내러티브 매체이고 그림은 '차가운' 내러티브 매체라고 말할 수 있다.

자, 20세기로 빨리 가보자. 19세기에 기술이 폭발적으로 발전하자 새로운 예술 매체, 사진술 그리고 영화가 탄생했고 건축, 전화, 라디오와 텔레비전 등 주로 전송용 매체 전반이 발달하기 시작했다. 1930년경에는 매체라는 용어가 커뮤니케이션의 수단을 가리키는 말이 되었다. 20세기 중엽에는 지성계에 두 가지 중요한 사건이 일어나 인문과학의 진로를 바꿔놓고 현대의 매체 연구를 탄생시켰다. 첫 번째 사건은 인문과학에서의 이른바 언어학적 전환이라 부르는 사건이다. 페르디낭 드 소쉬르Ferdinand de Saussure의 언어학 이론을 발견한 뒤, 다양한 분야의 학자들은 언어학을 인문과학의 '길라잡이 학문'이라고 선포했고, 언어학은 곧 기호에 관한 종합적인 학문이 될 것이라는 그 거장의 예언을 실현하고자 노력하기 시작했다. 그중 프랑스 학자들의 연구는 '기호학(semiology)'으로 알려져 있는데, 이들은 언어 기호에 관한 소쉬르의 개념을 모든 의미화의 영역으로 확장하는 일에 천착했다. 따라서 기호학을 한다는 것은 기표와 기의 간의 관계에 대한 자의성을 주장하고 관계의 체계 ─ 혹은 차이점의 유희 ─ 를 발견하는 문제인데, 이 체계를 통해서 이러한 기호들은 음성적이거나 의미적인 가치를 획득하게 된다. 프랑스 학자들의 연구는 궁극적으로 해체주의, 후기구조주의 또는 단순히 '이론', 즉 대개는 매체 읽기에서 유래하는 재현에 대한 비판으로 나아간다. 자크 데리다Jacques Derrida는 문자언어 매체와 구두언어 매체 연구로, 롤랑 바르트Roland Barthes는 광고와 사진술로, 장 보드리야르Jean Baudrillard와 폴 비릴리오Paul Virilio는 텔레비전 및 다른 대중매체로, 질 들뢰즈Gilles Deleuze는 영화로 나아갔다. 한편, 기호론(semiotics)으로 알려진 분야의 주로 미국 쪽 연구자들과 나중에 합류한 이탈리아의 학자이자 소설가인 움베르토 에코Umberto Eco 같은 연구자들은 찰스 샌더스 퍼스Charles Sanders Peirce▸가 기호를 상징, 색인, 아이콘으로 나눈 연구에 많은 영향을 받았다. 프랑스 연구자들과는 대조적으로 이들은 언어적 모델을 비언어적 매체에 강요하지 않았다. 서로 다른 이론적 차이에도 불구하고 두 학파는 지금까지 간과되어온 의미화의 영역을 밝히려는 작업에 뛰어들었고, 두 학파 모두 예술 매체에 대한 연구 초점을 "이 작품이 무엇을 의미하는가?"라는 해석학적 질문에서 "이 작품이 어떻게 의미하는가?" 혹은 "이 작품이 어떻게 작용하는가?"라는 좀 더 기술적인 문제로 옮겼다.

두 번째 사건은 주로 마셜 매클루언이라는 이름과 연관되는데(그러나 발터 베냐민Walter Benjamin과 롤랑 바르트 또한 연구의 발전에 상당한 기여를 했다.) 매체 연구를 미학, 철학, 시학의 굴레에서 해방시킨 것이다. 이는 엘리트 문화와 대중문화 사이의 학문적 장벽을 허문 것을 의미했다. 매클루언에게는 신문 연재만화, 광고 혹은 신문 첫 면의 구성은 '고매한' 문학 못지않게 '시적' 분석의 가치가 있는 대상이다. 프랑스 후기구조주의자들보다 일찍 언어와의 유희를 사랑했던 재치 있고 격언적인 사상가인 매클루언은 사고의 체계적이고 선형적인 전개보다 말장난, 은유, 패러디, 그리고 갑작스러운 논리의 비약의 표출을 선호했다. 오늘날 대부분의 사람들이 그의 이름을 '지

▸ 1839~1914. 프래그머티즘을 창안한 미국 철학자.

구촌', '뜨거운 매체, 차가운 매체' 혹은 '매체는 메시지다'처럼 자유로운 해석의 여지를 주는 구호와 연관시키는 것은, 시적으로뿐만 아니라 철학적으로도 그를 온전히 인정해주는 행위인 것이다.

매클루언의 연구를 한마디로 요약하기는 어렵지만 '매체는 메시지다'라는 슬로건에 대한 매클루언 자신의 해석을 살펴보면 매체 연구에 그가 한 공헌의 본질과 방식을 알 수 있다. 오늘날과 같은 포스트모던 시대에 그 슬로건에 대한 즉각적으로 떠오르는 해석은 아방가르드 예술과 대중문화 양쪽에 만연한 자기지시성이지만, 매클루언은 더 광범위한 현상들을 심중에 두고 있다: "이 혁명[즉, 움직이는 정보의 전기적(electric) 양식]은 **우리의 인지작용을 형상화하고 재형상화하는 형식**으로서 양식과 매체를 파악하는 연구에 우리를 닥치는 대로 연루시킨다. 이것이 지금껏 내가 '매체는 메시지다'라는 말로 의도했던 것인데, 왜냐하면 매체가 인지 양식을 그리고 대상이 어디에 위치할 것이라는 가정의 기반을 결정하기 때문이다"(McLuhan, 1996: 188. 강조는 필자). 자신의 책 『구텐베르크의 은하계*The Gutenberg Galaxy*』에서 매클루언은 매체가 인지작용에 영향을 끼치고, 그 결과 매체는 말로 하는 커뮤니케이션과 글로 하는 커뮤니케이션을 다른 유형의 뇌 활동에 연결시킴으로써 사고에도 영향을 끼친다는 생각을 발전시킨다. 글이 생기기 전의 사회에서 말로 하는 커뮤니케이션은, 소리가 모든 방향에서 우리에게 오고 모든 감각이 정보에 기여하는 그런 '가청(可聽) 공간'에 의존한다. 매클루언은 이러한 효과를 우뇌와 연결시켰다. 글쓰기 기술이 발달함에 따라 강조점이 좌뇌로 옮겨갔고, 이제 모든 정보는 한 번에 한 글자씩 책을 선형적으로 따라가는 시각 행위를 통해 우리에게 온다.[15] 이것이 인쇄 문화가 공간적 인지작용을 희생하면서, 또 예술적이고, 총합적이고, 은유적이고 혹은 음악적인 종류의 상상력을 희생하면서 논리적이고 추상적이고 제어된 사고를 선호하는 이유다. 그러나 데이터를 모든 감각기관으로 전달하는 전자 매체의 발달 속에서 매클루언은 자신이 생각하기로 인간의 마음을 메마르게 하고 있는 오늘날의 경향을 역전시킬 기회를 엿본다. 즉, "동시발생적인 전자 흐름과 끊임없이 상호 교환되는 정보라는 오늘날 우리의 보편적인 환경은 우뇌가 다루는 정보를 좋아한다. 비록 점진적이긴 해도 제1세계는 점진적이긴 하지만 제3세계와 보조를 맞추고 있다"(McLuhan and Bruce, 1989: 56).

이 공식의 두 번째 해석은 막연하게나마 소쉬르적인 방식으로, 매체들이 긴밀하게 연결된 체계를 구성해야 한다는 점을 시사하고 있는데, 그 체계 속에서는 모든 요소들이 연결부의 네트워크를 통해 다른 매체와 함께 기능한다. 그러나 이 관계를 완전히 차별적인 관계라 부를 수 없다. 오히려 이는 일련의 긍정적 대체물로 구성되고 있는 관계다. 즉, "어떤 매체도 그 '내용'은 항상 또 다른 매체이다. 글쓰기의 내용은 말하기인데 그건 마치 글로 쓰인 단어가 인쇄물의 내용이고, 인쇄물은 전보의 내용인 것과 마찬가지다. 이렇게 질문할 수 있다. '말하기의 내용은 무엇인가?' 그러면 이렇게 대답할 필요가 있다. '그건 사고의 실제 과정인데, 그 자체로는 말로 하는 게 아니다'"(McLuhan, 1996: 151). 혹은 더 나아가서 "영화의 내용은 소설, 연극 또는 오페라이다"라고 말한다(159). 이 진술은 글이 말의 번역에 지나지 않고, 말은 사고의 번역에 지나지 않는다 등의 의미로 받아들여질 수 있다. 그런데 이런 해석은 매클루언이 자신의 슬로건의 의미를 해석했던 또 다른 내용과 충돌할 수 있다. 즉, "'매체는 메시지다'는 인간의 교류와 행위의 규모와 형태를 형상화하고 제어하는 것이 매체이기 때문에 가능하다"(152). 그렇다면 하나의 매체가 어떻게 또 다른 매체의 내용과 상호교환되지 않으면서도 그 매체의 내용을 이룰 수 있는가? 나는 자기 슬로건에 대한 매클루언의 해석을 기호에 대한 퍼스의 정의에 비춰 이해해야 한다고 주장한다. 퍼스에 따르면 기호는 "자기지시적인 뭔가(그것의 대상)를 언급하기 위해 다른 어떤 것(그것의 해석자)을 결정하는 모든 것이고, 이번에는 해석이 기호가 되고 계속 무한히 그렇게 된다"(Peirce, 303).[16] 따라서 매체를 형식적이고 문화적인 용어로 '이해'하는 것은 또 다른 매체를 생각하는 것인데, 이 또 다른 매체는 또다시 다른 매체를 통한 해석을 요구한다. '해석'은 항상 부분적으로만 적합하기 때문에, 이 연속되는 대체의 과정은 각 매체의 특수성들을 부정하기보다는 훨씬 더 두드러지게 한다.

새로 가꾼 밭이랑에 매클루언이 무심결에 뿌려놓은 씨를 경작하는 일은 그보다 훨씬 더 체계적이고 과학적인 사상가들의 몫이 되었다. 한때 매클루언의 제자이자 동료였던 월터 옹Walter Ong은 의식, 인지작용, 그리고 문화생활을 살펴보기 위해 말/청각 문화로부터 필법/인쇄술 문화로의 이행 효과에 대한 철저한 연구를 진행했다. 이 책의 목표에 걸맞게도 그는 언어의 물질적 지원체계가 내러티브 형태에 미치는 영향력을 연구함으로써 매체 연구를 문학이론과 재결합시켰다. 옹의 연구를 요약하면 다음과 같다. 말/글의 대비는 세 영역에서 감지된다. 첫째는 내러티브의 화용론적인 혹은 문화적인 역할, 두 번째는 플롯의 형태, 마지막은 내러티브의 주제인데, 특히 등장인물의 제시 영역이다. 말 문화에서는 내러티브가 지식의 유일한 전달 수단이었다. 이야기가 특정 사안들을 다루기 때문에, 전달되는 지식의 종류에 영향을 끼친다. "말 문화는 (과학적으로 추상적인 범주들을) 생성해 내지 못하고, 따라서 이 문화가 알고 있는 많은 것들을 저장하고, 조직화하고, 그리고 전달하기 위해서 인간 행위에 관한 이야기들을 이용한다"(Ong, 1982: 140). 게다가 말로 하는 내러티브는 공동체 느낌을 만들어냄으로써 "다른 장르들보다 사고를 더 다량으로 그리고 영속적으로 결합하는 역할을 한다"(141). 플롯의 형태에 관한 논의에서 옹은 아리스토텔레스가 서사시와 드라마 간의 차이라고 했던 것을 말 대 글자의 대비로 재해석한다. 드라마는 비록 말로 하는 공연을 위한 것이지만 글의 극한을 재현한다. 즉, "고대 그리스 드라마는…… 글에 의해 완전히 통제된 서구 최초의 말로 이루어진 예술 형식이었다"(148). 말이 아니라 글이 비극의 기원이라는 것은 드라마 이론가들에게 '프라이타크의 삼각형*'이라고 알려진 팽팽한 상승과 하강

국면을 설명한다. 이런 식의 구조화는 글쓰기의 상황에서만 가능한, 플롯에 관한 총체적인 개관을 필요로 하는데, 왜냐하면 (매클루언은 몰랐지만) 글쓰기는 저자를 언어의 선형성으로부터 해방시키는 공간을 만들어내기 때문이다. 비극이 저자에 의해서 하향적 방식으로 구성되는 반면 서사시는 이야기꾼에 의해 상향적 방식으로 그때그때 비교적 독립적이고 연속된 삽화적 사건들로 이루어진다. 즉, "아마도 트로이 전쟁에 대해 서로 다른 분량의 수백 개의 노래를 수십 명의 가수가 노래하는 것을 듣자, 호머는 이 노래들을 함께 엮는 매우 많은 삽화적 사건 목록을 갖게 되었는데, 당시에 글이 없었다면 이 노래들을 엄정하게 시간적인 순서로 조직화하는 방법은 절대로 없었을 것이다"(143). "우리가 점층적인 선형 플롯을 플롯의 패러다임으로 여긴다면 서사시에는 플롯이 없는 셈이다. 긴 내러티브를 위한 진정한 플롯은 글과 함께 온다"(144). 우리는 서사시에는 플롯이 없다고 주장하기보다는, 재닛 머레이Janet Murray처럼 말로 하는 서사시는 다형식의 플롯을 갖는다고 말할 수 있다. 즉, 공연이 있을 때마다 특정 선형화가 일어나는데, 이것은 적어도 일정한 한계 안에서 상이한 플롯을 만들어낸다. 옹의 '매체 결정론'은 또한 소설의 발생을 설명해주는데, 소설의 기원에 관해서는 문학 비평가들 사이에서도 이설이 분분한 것이 사실이다. "인쇄는 ······ 심리적으로나 기계적으로 단어들을 공간에 가둬놓았고 그렇게 함으로써 (필사본) 글이 할 수 있는 것보다 더 확고하게 폐쇄된다는 느낌을 심어놓았다. 인쇄 세계는 소설을 낳았고, 소설은 마침내 삽화적 구조와 결정적으로 단절했다"(149). 소설은 18세기 이후에는 말로 하는 서사시의 느슨한 구조와 드라마의 빈틈없는 점층적 조직화 간의 타협의 결과물을 발전시킴으로써 독립적인 존재가 되었는데, 여기서 타협의 결과물이란 글로 쓰인 작품에서 흔

▸ Freytag's triangle 혹은 Freytag's pyramid라고도 한다. 독일 비평가인 프라이타크가 아리스토텔레스의 플롯 이론을 시작, 끝을 밑변으로 하고 중간을 꼭짓점으로 하는 삼각형 모양으로 설명했다.

히 발견되는 총체적인 패턴을 서사시의 차원으로 확장시킨 것을 의미한다. 마지막으로 인물 형상화의 분야에서 옹은 말로 하는 내러티브를 "기대를 충족시켜"(151) 독자를 즐겁게 해주는 "평면적" 인물과 연관시키고, 글로 쓰인 내러티브는 예측할 수 없고 심리적으로 복합적인 개인 ─ 이런 개인을 에드워드 모건 포스터Edward Morgan Forster는 "입체적" 인물이라고 부른다 ─ 의 창조로 귀결되는 정신적 과정에 대한 관심과 연관 짓는다.

매클루언과 옹 두 학자 모두 '움직이는 정보의 전기적 방식'의 도래가 문화적 전환점을 만들어내리라고 예측했다. 전자 기술은 인쇄가 매스커뮤니케이션의 통로로서 확보하고 있는 최상의 지위에 도전할 것이고, 글쓰기와 연관된 사고의 선형적 양식에 대한 대안을 모색하게 할 것이다. 주로 텔레비전, 라디오, 전화처럼 말을 퍼뜨리는 모든 매체들을 염두에 두고 옹은 매체 역사의 이 새로운 단계를 "제2의 구두성(second orality)"이라고 부른다. 그러나 1980년대 후반이 되면서 말하기 매체는 참신성의 차원에서 보면 움직이는 정보의 디지털 방식에 밀려났다. 컴퓨터 망의 발달은 매클루언과 옹이 주목한 유행을 뒤바꾸며 어느 정도는 제2의 글쓰기성(secondary literacy)을 의미했다. 즉 이메일, 인터넷 채팅방(자판을 두들김으로써 행해지는 채팅) 그리고 월드 와이드 웹(World Wide Web)이 이제는 개인적인 접촉뿐 아니라 현재 일어나는 사건들에 대한 정보를 접할 수 있게 해주는 하나의 방법으로서 전화, 라디오 혹은 텔레비전과 경쟁하고 있다.

디지털 혁명이 몰고 온 매체 폭발은 수많은 매체 연구를 촉발했다. 새로 개발된 예술 매체와 커뮤니케이션 방식 ─ 하이퍼텍스트, 컴퓨터게임, 예술 CD-ROM, 웹페이지, 이메일, 채팅방, 가상현실 장치 같은 디지털 기술로 구동되는 모든 신매체 ─ 뿐만 아니라 이전부터 있던 구매체도 연구의 대상이 됐다. 디지털 환경으로 바뀌기 이전에 존재했던 구매체들도 컴퓨터를 생산 양식으로 사용하게 되면서 과거와는 전혀 다른, 완전히 새로운 결과물을 얻을 수 있게 되었다. 드라마, 영화, 사진, 회화, 건축, 음악에 이르기까지 실로 모든

'구매체'에게 새로운 디지털 쌍둥이들 — 비록 이 쌍둥이들이 자율성을 갖고 있는 진정한 의미의 매체인가에 대한 논쟁은 여전히 진행 중이지만 — 이 생긴 셈이다(이 책은 이 쌍둥이 매체들이 서사적 표현성 관점에서 구매체들과 비교해 보았을 때 유의미한 차이를 만들어내면 자율성을 갖는 매체로 인정하고 있다). 더구나 디지털 혁명 덕분에 새로 생겨난 매체들이 '매체생태계'에서 살아남기 위해 서로 경쟁하게 됨에 따라 기존 구매체의 문화적 역할과 활용에 새로운 의미가 부여되었다. 디지털 글쓰기 연구자들은 비교의 기준점이 필요해지자, 제본된 책[코덱스 북(codex book)]의 사례를 다시 주목하고 그때까지만 해도 당연시되던 특징을 재발견해냈다. 그 특징으로는 첫째, 낱장을 뺐다 끼웠다 하는 루스리프 방식에 비해 책등으로 묶어 제본한 방식이 갖는 장점, 둘째, 대부분의 인쇄 텍스트가 선형적인 방식으로 읽도록 구성되어 있는데도 아무 때나 보고 싶은 쪽을 자유롭게 펼쳐 볼 수 있고, 셋째, 각주를 따라 순차적으로 읽지 않아도 되고, 넷째, 책 뒤에 붙인 색인이 '위치 안내자'의 역할을 한다는 것이다. 하이퍼텍스트와 월드 와이드 웹이 개발되지 않았더라면 결코 제본된 책의 특징을 이런 방식으로 이해할 수는 없었을 것이다.

문학 비평이 20세기에 들어와 해일처럼 몰려오는 매체의 확장이라는 거대한 현상에 관심을 갖게 되었고 또한 매체가 확장되면 문학적 상상력에 어떤 변화가 생기는가에 대해 고민하기 시작했다는 점을 잊어서는 안 될 것이다. 프리드리히 키틀러Friedrich Kittler, 존 존스턴John Johnston, 도널드 시얼Donald Theall, 마이클 워츠Michael Wutz, 조지프 태비Joseph Tabbi — 워츠와 태비는 『읽기에 관련된 여러 문제들: 신매체생태계에서의 내러티브Reading Matters: Narrative in the New Media Ecology』의 편저자들이다 — 로 대표되는 학파는 변화된 매체 환경에서 문학이 해야 할 역할을 재평가하는 문제(조슈아 메이로위츠의 '매체이론'에 대한 관심에서 나온 문제)에 천착한다. 이는 상이한 글쓰기 방법, 예를 들어, 손으로 쓰기, 타자기 혹은 워드프로세서 등이 글쓰기 자체에 어떤 영향을 미치는가를 분석하거나, 다른 매체의 특징을 따라 해보려는 노력의 일환으로 현대와 포스트모던 시대의 소설가들(특히 제임스 조이스James Joyce나 윌리엄 버로스William Burroughs)이 발전시킨 새로운 내러티브 기법을 묘사하는 것으로 나타났다. 그러나 '매체생태계' 학파는 자크 라캉Jacques Lacan, 자크 데리다, 질 들뢰즈, 펠릭스 가타리Felix Gattari와 그 밖의 포스트모던 사고의 대표자들이 내세우는 이론에 따라 텍스트를 읽으려는 경향을 띠면서 하향식 접근법을 종종 사용하는데, 이는 이 책의 접근 방식과는 사뭇 다르다. 이 책은 기존의 이론적 모델을 하향식으로 적용하는 것보다는 수집된 데이터를 활용해 이론화를 향해 움직여가는 상향식 접근을 우선시하고 있다.

여러 쟁점을 개관하면서 마지막으로 살펴볼 기념비적인 사건은 매체생태계 메타포(metaphor) ─ 결과적으로 이 메타포는 매체 네트워크에 대한 매클루언의 견해를 대체하고 있다 ─ 를 지금까지 시도돼온 구매체와 신매체의 본질과 역사에 관한 설명 중에서 가장 야심찬 설명으로 발전시키고 있는 시도다. 제이 볼터Jay Bolter와 리처드 그루신Richard Grusin이 사용한 '재매개 (remediation)' 개념이 바로 그것이다. 이 두 학자는 재매개를 "새로운 매체가 이전 매체의 형식을 재구성할 때 적용하는 형식 논리"(Bolter and Grusin, 1999: 273)라고 정의하면서 각각의 매체는 타매체에 결여된 것을 재매개하려는 노력을 통해 발전한다고 주장한다. 따라서 재매개는 "매개의 매개(the mediation of mediation)라 할 수 있다. 즉, 각각의 매개 행위는 다른 매개 행위에 의존하고 있다. 매체는 지속적으로 서로에 대해 평가하고 서로를 재생산하고 서로를 대체한다. 바로 이런 과정이 매체를 구성하는 절대 요소가 된다. 매체가 매체로 기능하기 위해서는 타매체가 필요하다"(55). 볼터와 그루신의 연구에 따르면 이러한 대체의 연쇄는 매체의 발전뿐만 아니라 매체 고유의 기능을 설명해준다: "매체란 무엇인가? 우리는 다음과 같이 매체를 간략하게 정의할 수 있다. 매체는 재매개하는 것을 의미한다. 매체는 다른 매체의 기술, 형식, 사회적 중요성을 전유하면서 현실에서 다른 매체와 경쟁하거나 그것들을 바꾼다"(65). 이처럼 매체를 실재와의 관계 속에서 정의를 내리는 이유는 그렇게 해야만 매체의 본질을 두고 벌이는 끊임없는 지루한 논쟁을 끝낼 수 있는 조건이 마련되기 때문이다. 태초에 실재가 있었다. 매체 1이 그 실재의 특징을 매개하려 했고 매체 2는 매체 1에서 결여되어 있는 것을 매개하려 했다. 그리고 계속 반복된다. 이 같은 정의 속에 내포된 매체의 발전과 연관된 내러티브는 말할 필요도 없이 예술 매체보다는 전송기술 매체에 더 잘 어울린다. "실재적인 것들을 성취하려는 욕망"이 재매개의 원동력이라고 본다면(53), 볼터와 그루신이 재매개의 두 가지 "전략"을 제안하는 것이 이상하게 보일 수 있다. 그들이 제안하는 첫 번째 전략은 매체를 사라지게 하려는 의도로 행해지는 **직접성**(immediacy)이고, 두 번째 전략은 "보는 사람들에게 매체의 존재를 환기해줄 목적으로 행해지는 시각적 재현 양식인"(272) **하이퍼 매개**(hypermediacy)이다. 하이퍼 매개에 내재된 불투명성이 어떤 방식으로 사용자가 — 만일 불투명성이 매체 자체의 실재하는 모습이 아니라면 — "실재적인 것들을 성취"하는 데 도움이 될 수 있는가?

이처럼 여전히 불확실성은 있지만, 재매개 개념은 매체 분석에서 강력한 도구가 된다. 다양한 장점을 지닌 재매개 개념은 간(間)매체적 서사학의 세부 주제를 고안할 때 유용하게 쓰일 수 있다. 재매개 개념에 대한 다양한 해석 중에서 몇 가지를 열거하고 그 각각을 서사학의 주제들로 번역하고자 한다. 아래의 항목에 포함된 내러티브적 함의들은 질문 형식을 갖춘 연구의 사례나 주제들에 해당한다.

1. "치료적(medical)" 재매개: 다른 매체의 한계를 극복하기 위한 매체의 발명. 볼터와 그루신의 예시: "글쓰기는 말하기를 더 영구화한다", "하이퍼텍스트는 글쓰기를 더 상호작용적인 것으로 만든다"(59).

내러티브적 응용: 영화는 배경을 무한히 변경함으로써 드라마의 장소적 한계를 재매개한다. 이러한 자유는 영화의 표현 기법은 물론이고 주제적 내용에 이르기까지 어떤 결과를 가져다주는가?

2. 일정한 유형의 데이터에 대한 기술적인 지원 기능의 변화. 예: 글을 쓰는 행위가 손으로 쓰는 것에서 타자기로 치는 것으로, 인쇄기에서 워드프로세서로, 혹은 점토판에서 두루마리로, 제본된 책으로 그리고 전자 데이터베이스로 진화하는 것.

   내러티브적 응용: 월터 옹이 제기한 질문들: 이러한 변화가 내러티브의 플롯에 어떤 영향을 끼치는가? 인쇄기의 발명이 소설의 발전에 어떤 역할을 하였는가?

3. 매클루언의 공식으로 포착해낸 현상: "한 매체의 내용은 항상 또 다른 매체가 된다." 이 공식을 문자 그대로 적용한다면 말로 하는 공연을 글로 베낀다든지 책을 녹음 테이프에 옮기는 경우를 들 수 있다.

   내러티브적 응용: 실제 대화와 소설의 대화 재현 관습이 어떻게 다른가를 연구하는 것. 소설을 구술 고백의 실례로서(예를 들어, 카뮈의 『전락The Fall』 같은 작품을) 검토하는 것.

4. 다른 매체가 맡고 있던 사회적 기능을 넘겨받는 매체. 예: 뉴스의 주 공급원이던 라디오와 영화 상영의 주요 통로이던 영화관의 사회적 기능을 텔레비전이 대체한다.

   내러티브적 응용: 영화가 텔레비전용으로 제작되면 기존의 영화와 어떻게 달라지는가? 화법이 라디오 뉴스 프로그램과 텔레비전 뉴스 프로그램에서 어떻게 다른가?

5. 기계적인 수단이나 기술(記述)적인 수단으로 한 매체를 다른 매체 안에서 재현하는 것. 기계적인 예: 회화 작품을 사진으로 찍어 보여주는 것, 고전 영화를 텔레비전에서 상영하는 것, 모든 예술 매체를 디지털화하는 것. 기술적인 예: 연주 음악을 목소리로 따라 부르는 것, 이야

기나 회화 작품을 음악으로 묘사하는 것.

내러티브적 응용: 소설에서의 에크프라시스(ekphrasis: 예술 작품을 말로 기술하는 것), 공연예술이나 TV쇼를 영화로 재현하는 것(예를 들어, 〈트루먼 쇼*The Truman Show*〉).

6. 다른 매체의 기법을 모방하는 매체. 예: '반 고흐Van Gogh', '모네Monet', 혹은 '쇠라Seurat' 필터를 사용하여 사진을 디지털 기술로 조작하는 것.

   내러티브적 응용: 소설에 사용된 영화 기법이나 음악 기법, 문학적 콜라주, 영화의 보이스오버 내레이션.

7. 구매체가 신매체의 기법을 흡수하는 것. 예: 영화에서 디지털 방식으로 제작된 특수효과를 사용하는 것.

   내러티브적 응용: 디지털 기술은 영화의 플롯에 어떤 영향을 미치는가?

   (가능한 답: 심리 드라마로부터 액션과 판타스틱 영화로의 이행)

8. 어느 한 매체를 다른 매체에 끼워 넣기. 예: 회화 작품 안에 글을 적어 놓는 것, 컴퓨터게임에 영화 장면을 삽입하는 것, 소설 속에 사진을 삽입하는 것.

9. 어느 한 매체를 다른 매체로 바꾸기. 예(Bolter and Grusin, 1999: 273 참조): 사운드트랙 CD, 브로드웨이 뮤지컬, 토요일 오전에 TV에서 방영하는 만화 또는 디즈니 만화영화 〈라이언 킹*The Lion King*〉의 캐릭터를 이용한 장난감이나 인형을 제작하는 것처럼 제품들을 상업적 목적으로 '재목적화' 하기.

   내러티브적 응용: 이 영역에 대한 연구 주제는 풍부하다. 소설을 영화로 바꾸기, 영화나 컴퓨터게임을 소설화하기, 문학 작품을 기반으로 한 컴퓨터게임(〈총잡이 앨리스*the shooter Alice*〉), 이야기를 삽화로 그리기.[17]

범매체적 내러티브

매체 연구는 어떻게 하는 것인가? 내러티브 매체 연구 혹은 간매체적 서
사학은 어떻게 하는 것인가? 필자는 막 나타나기 시작하는 위험 세 가지를
경고하고자 한다. 첫째, 개별 텍스트의 특이성을 마치 매체 자체의 특징으
로 여길 유혹에 빠지는 것이다. 예를 들어, 단지 수많은 하이퍼텍스트 저자
들이 포스트모던 미학의 영향을 받았다는 사실 때문에 디지털 매체는 그러
한 사상들을 타고나게 구현하고 또 그러한 필연적인 관계가 생겨나는 것인
가? 매체는 오로지 개별 텍스트를 통해서만 드러나기 때문에, 개별 텍스트
에서 모아진 관찰로부터 매체를 하나의 전체로 서술하는 원리로 나아가는
것이 매체 연구의 핵심 주제인 것이다. 두 번째 위험은 이 책의 마지막 글
에서 리브 하우스켄Liv Hausken이 매체맹(media blindness)이라고 묘사하는
것이다. 매체맹은 특정 매체용 내러티브(대개 문학적 허구의 내러티브)의 연
구를 위해 고안된 개념을 다른 매체의 내러티브에 무분별하게 적용하는 시
도를 의미한다. 하우스켄이 제시하는 가장 대표적인 예는 영화와 드라마
같은 모방적 매체에서 실현되는 내러티브뿐만 아니라 모든 내러티브에서
화자라는 인물을 설정하는 경우이다. 세 번째로 경고해야 할 위험은 필자
가 "급진적 상대주의"라 부르는 것이다. 급진적 상대주의는, 매체는 다른
매체와는 서로 다른 별개의 특성을 지니고 있기 때문에 새로운 매체가 등
장하면 이것에 적합한 새로운 서사학 연구방법론을 다시 만들어내야 한다
는 믿음을 의미한다. 급진적 상대주의는 두 가지 무지와 연루되어 있다. 첫
번째는 내러티브의 보편성에 대한 무지다. 구조주의자들이 개발한 여러 개
념들 — 예를 들어, 프롭의 기능 개념, 브레몽의 양상(modalities) 개념, 혹은 알기르
다스 쥘리앵 그레마스Algirdas Julien Greimas의 기호학적 4각형 개념 등 — 은 의미
론적 차원에서 내러티브를 설명하려 한 것이지 내러티브를 기술적이거나
기법적 관점에서 설명하려 한 것은 아니었다. 더욱이 이러한 개념들이 주

로 문학 텍스트를 설명할 때 사용되어왔지만 그렇다고 해서 전적으로 언어적 내러티브에서만 사용된 것은 아니었다. 또한 급진적 상대주의는 서로 다른 매체들이 종종 공통의 방식 혹은 공통의 기호학적 체계를 합작해낸다는 사실을 알지 못하는 무지에서도 생겨난다. 인쇄된 글과 전자매체의 글은 물질적으로 서로 다른 기반에서 존재하기 때문에 서로 다른 양상으로 발전할 수 있지만 기본적으로 둘 다 언어를 사용한다는 점 때문에 비슷한 특징을 공유하고 있다. 급진적 상대주의는 서사학 연구에서 가장 활발히 진행되고 있는 현상, 즉 어떤 개념의 한 매체에서 다른 매체로의 은유적인 전이를 불가능하게 만들 위험이 있다. 몇 가지 예를 들어보면, 광학적 개념으로서 시점, 초점화, 극도의 객관적 묘사, 그리고 영화적 몽타주를 이해하려는 시도는 순전히 언어에 기반한 개념만으로는 이해할 수 없었던 문학 내러티브를 이해하는 통찰력을 제공해온 것은 사실이다. 음악에서의 내러티브는 그 자체가 은유적 양식으로 제한되기 때문에(누군가가 여기에 언어적 경로를 추가한다면 상황은 달라지겠지만) 음악 내러티브 연구에서는 개념의 은유적 차용이 표준화된 관행으로 자리를 잡은 지 오래되었다.

그럼에도 매체맹과 급진적 상대주의의 간극 사이에는 다양한 연구가 행해질 수 있는 충분한 공간이 존재한다. 내가 생각하는 연구는 아래와 같다(각 항목 뒤에 자신의 글에서 이를 다룬 필자의 이름을 밝혔다).

1. 문학용으로 개발된 서사학 모형들을 비평하기. 모형의 범주를 글로 쓰인 언어가 아닌 다른 매체에 적용할 수 있는지 여부를 평가하기. 필요하다면 연구방법론을 수정하거나 새로운 방법론을 개발하기. (에스펜 아세스Espen Aarseth, 데이비드 보드웰, 저스틴 카셀Justin Cassell과 데이비드 맥닐David McNeill, 리브 하우스켄)
2. 비언어적 매체가 스토리를 전달할 수 있는 조건을 정의하기. (서론)
3. '서사성의 양식들'을 열거하기. (서론)

4. 어느 한 매체에 고유한 내러티브 장르, 내러티브 장치 혹은 문제점들이 무엇인지를 확인하고 설명하기. (신시아 프리랜드Cynthia Freeland)

5. 재매개 현상 탐구하기. 특히 내러티브가 다른 매체로 옮겨질 때 어떤 문제가 생기는가를 탐구하기. (카밀라 엘리엇Kamilla Elliott)

6. "매체 x는 할 수 있고 매체 y는 할 수 없는 것"이 무엇인지 알아보기. 어떻게 하면 매체가 갖고 있는 한계를 극복할 수 있는가에 대해 생각해보기. (카밀라 엘리엇의 글에서 함축적으로 설명)

7. '멀티미디어' 매체에서는 내러티브적 의미를 만들어내는 다양한 방식들이 어떻게 작동하는지 연구하기. (카셀과 맥닐)

8. 주어진 매체의 특징이 서사성에 도움이 되는지 방해가 되는지 생각해보기. (마리-로어 라이언Marie-Laure Ryan, 아세스, 피터 루넨펠드Peter Lunenfeld)

이 책을 구성할 때 두 가지를 고려했다. 첫째, 내러티브 형식 중에서 가장 완전한 형식이라고 일컫는 문학 내러티브는 별도의 장으로 다루지 않았다. 다만, 다른 매체를 논의할 때 기준이 되는 틀로서 문학 내러티브를 간접적으로 언급했다. 문학 내러티브는 다른 매체가 갖고 있는 내러티브 잠재력을 측정할 수 있는 일종의 표준이기 때문이다. 문학 내러티브와 관련된 연구가 무척 다양하기 때문에 책 한 권에 실을 수 있는 두세 편 정도의 글로는 이를 충분히 다룰 수 없을 것이다. 둘째, 될 수 있으면 한 편의 글에서 많은 종류의 매체를 설명하는 방식을 따르면 이 책에 실린 연구가 학문적으로 높은 권위를 갖는다거나 독보적인 지위를 차지한다는 잘못된 생각을 독자들에게 심어줄 수 있기 때문에, 이 책에서는 대면 서술, 영화, 디지털 매체 등을 중심으로 이 영역에 해당하는 글들을 한 장으로 묶었다. 이러한 구성 방식으로 인해 연극, 마임, 발레 같은 다양한 공연예술 영역은 배제할 수밖에 없었지만, 주어진 영역 안에서 서로 다르거나 때로는 경쟁하는 입장에 귀를 기울이게 하는 장점을 살릴 수 있다.

우리가 이를 "내러티브 매체 연구"라고 부르든 "간매체적 서사학"이라고 부르든 간에, 범매체 내러티브에 관한 연구는 매체와 내러티브 이 둘을 더 잘 이해하게 해줄 것이다. 이 책의 핵심 주제인 서사성 연구는 개별 매체의 고유한 특징과 한계를 단일 매체만 연구할 때보다 더 효율적으로 밝혀낼 수 있는 일종의 비교 기준을 제시해줄 것이다. 또 한편으로는, 대부분 소설에만 국한되었던 서사학을 비언어적 내러티브 형식 연구로 확장함으로써 우리는 서사학의 목적을 다시 한 번 생각하고 서사학에 활기를 불어넣는 기회를 갖게 될 것이다.

주

이 서론의 초고에 대해 유용한 평을 해준 데이비드 허먼David Herman과 리브 하우스켄Liv Hausken에게 감사한다.

1 Seymour Chatman 옮김, *Story and Discourse*, 20.

2 보편적인 것만을 다루는 문장들은 예외가 될 수 있다. 예를 들어 "사람은 모두 죽는다."

3 이런 형식적인 특징은 『스토리의 문법(A Grammar of Stories)』에 잘 나와 있다. 프린스는 그의 책 『서사학 사전(Dictionary of Narratology)』에서 다음과 같이 형식에 매이지 않고 풀어서 설명한다. 최소 스토리(minimal story)란 "다음과 같은 두 상태와 사건만을 설명하는 내러티브이다. (1) 한 상태가 시간상 사건보다 앞서 있고, 사건은 시간상 나머지 한 상태보다 앞서 있다(그리고 그것의 원인이 된다). (2) 두 번째 상태는 그 역(혹은 '제로' 변형을 포함한 변형)을 구성한다"(Prince, 1987: 53). 프린스가 예로 든 것은 "존은 행복했는데, 그리고 나서 피터를 보았고, 그리고 나서 그 결과로 불행해졌다"이다(53). 프린스는 또한 최소 내러티브도 인정한다. 그것은 "단 한 가지 사건을 재현하는 내러티브, 즉 '그녀가 문을 열었다'"이다(52). 하지만 인지주의적 틀에서 본다면 최소 스토리와 최소 내러티브의 차이는 사라진다. 왜냐하면 "그녀가 문을 열었다"의 해석자는 그 서술을 상태(문이 닫힌) ― 사건 ― 상태의 종결(문이 열린)로 추론할 수 있을 것이다. 프린스의 모델에서는 끼워넣기와 연결에 의해 더욱 복합적인 내러티브가 생길 수 있다.

4 이 연구조사의 개괄을 위해서는 Ellen Escrock, *The Reader's Eye*, chaps. 4~5쪽을 보라.

5 엘렌 에스록Ellen Esrock은 다음 용어들 속에서 딜레마를 포착한다. "우리는 시각적 자극물인 모네의 그림 〈수련〉을 볼 수 있고, 수련의 시각적 이미지를 창조함으로써, 그렇게 하여 시각적 코드를 사용함으로써, 혹은 이미지에 '계란형, 불명료한 테두리들, 청록'과 같은 어떤 단어적 속성들을 부여함으로써(이것은 언어적 코드를 사용하는 것이다), 이 경험을 계속 진행할 수 있다. 이와 비슷하게, 이 두 코드들은 언어적 재료로 배치될 수 있다. 우리는 빛이 가물거리는 들판을 머릿속에 이미지로 형성함으로써 혹은 노란색 꽃이 핀 들판과 관련된 단어 의미들의 언어적-추상적 재현을 구성함으로써 '한 무리의 황금빛 수선화들'이란 구절을 진행시킬 수 있다"(Esrock, 1994: 96). 언어의 코드화(verbal coding) 경우에 덧붙이고 싶은 것은, 우리는 의미와 더불어 정확한 단어들을 기억하거나 에스록이 "단어 의미의 언어적-추상적 재현"이라 부르는 것만을 저장할 수 있다는 점이다. 이런 것들이 내가 "명제들"이라 부르는 것이다.

6 보드웰 역시 소설에 관한 모방적 이론들과 영화에 관한 '서술적(diegetic)' 이론들이 있다는 것을 시사한다(Bordwell, 1985: 3). "말하지 말고 보여주라"는, 소설가에게 공통된 충고는 모방적 양식을 선호한다는 것을 드러낸다. 반면에 화자를 어떤 유형의 영화(무비)에 배치하려는 시도는 '서술적' 접근을 구성한다.

7 메츠Metz와 채트먼이 상정한 바 있다.

8 주체성(agency)을 무생물인 대상들에 부여하는 내러티브의 예는 수학자 키스 데블린 Keith Devlin이 자신의 분야에 관해 행한 이런 묘사다. 즉, "수학자들은 대상물들의 집합체 — 숫자들, 각도들, 집합들, 범주들 — 를 다룬다. 그리고 이런 질문을 한다. "대상물 x와 y 사이의 관계는? 만약 x의 y에 대한 관계가 그러하다면 y는 x에게 뭐라고 응수할 것인가? 그건 플롯, 인물들, 관계들 …… 연속극에서 찾을 수 있는 모든 것들을 조금은 갖고 있다"(Denver Post, January 9, 2001, 2A에서 인용됨).

9 실리어 피어스Celia Pearce는 건축을 "내러티브 기술"로 보는 이런 생각을 발전시켰다 (Celia, 1997: 25~27).

10 Webster's Ninth New Collegiate Dictionary(Springfield MA: Merriam-Webster, 1991).

11 이런 규칙들은 20세기에 완화되었다.

12 앞의 번호는 아리스토텔레스의 『시학』에서 인용부가 나타나는 단원을 가리키고, 두 번째 숫자는 내가 인용하고 있는 번역서의 페이지 숫자이다.

13 매체라는 말은 명백히 번역자가 도입한 용어이다. 왜냐하면 이 말의 뿌리는 라틴어이지 그리스어가 아니기 때문이다. 다른 번역자들(예를 들면 I. 바이워터Bywater가 번역한 『시학』 옥스퍼드 판의)은 양식(manner)이라는 말을 쓴다. 그리스어 텍스트 "he gar ton en heterois mimeisthai e to hetera e to heteros"가 단어 hetera[다른 것(other)]에 여러 어미를 붙인다는 것은 세 가지 차이점을 암시한다. 글자 그대로 번역하면 다음과 같을 것이다: "왜냐하면 **다른 것들을 통하여**[= 매체(medium)] 또는 **다른 것들을** [= 대상(object)] 또는 **다른 방식으로**[= 양식(mode)] 모방한다는 점에서 (그것들은 서로 다르다.)" **매체**를 '다른 것들을 통하여'로 번역하여 사용하는 것은 매체를 하나의 물질적 지원 개념으로 보는 것과 상응한다(나는 이러한 해명에 대하여 신시아 프리랜드Cynthia Freeland에게 힘입은 바 크다).

14 나는 「라오쿤」은 레싱이 쓴 에세이를, '라오쿤'은 그 조각상을, 라오쿤은 그 그리스 인물을 가리키는 것으로 사용한다.

15 매클루언이 시각성을 알파벳 철자들을 일직선으로 따라가는 것과 동일시하기 때문에 그는 그림, 영화 혹은 텔레비전 같은 매체를 비시각적 범주에 위치시키는 것에 개의치 않았다. "이것이 예를 들면 텔레비전과 영화 사이의 모든 혼란에 관련된 주된 문젯거리이다. 텔레비전은 조이스가 세심한 분석을 통해 이해했듯이 '비시각적이다'"(「도널드 시얼에게 보내는 편지(letter to Donald Theall)」. Theall, 1995: 219에서 인용).

16 괄호 속의 숫자는 퍼스의 책의 단락을 가리키는데 퍼스를 인용할 때 사람들이 하는 표준적인 방식에 맞춘 것이다.

17 5, 6, 8, 9번 항목은 요즘 한창 진행되고 있는 **상호매개성**(intermediality) 연구의 대상이기도 하다. 워너 울프Werner Wolf는 상호매개성이라는 개념에 해당하는 모든 현상들을 상세하게 유형화하여 그 목록을 제시하고 있다. 울프가 말하는 상호매개성은 볼터와 그루신의 재매개이론으로 잘 설명할 수 없는 현상들, 예를 들어 예술 형식에서의 다중 기호학과 감각 경로 같은 현상을 설명할 수 있게 해준다.

참고문헌

Aristotle. *Poetics.* Trans. and intro. Malcolm Heath. London: Penguin Books, 1996.

Baudrillard, Jean. *Simulacra and Simulations.* Trans. Sheila Faria Glaser. Ann Arbor: University of Michigan Press, 1994.

Ben-Amos, Dan. "Analytical Categories and Ethnic Genres." *Genre* 2 (1969): 275~302.

Bolter, Jay David, and Richard Grusin. *Remediation: Understanding New Media.* Cambridge: MIT Press, 1999.

Bordwell, David. *Narrative in the Fiction Film.* Madison: University of Wisconsin Press, 1985.

Bordwell, David, and Kristin Thompson. *Film Art.* 3d ed. New York: McGraw-Hill, 1990.

Bremond, Claude. *Logique de récit.* Paris: Seuil, 1973.

Brooks, Peter. *Reading for the Plot.* New York: Random House, 1984.

Bruner, Jerome. *Actual Minds, Possible Words.* Cambridge: Harvard University Press, 1986.

Chatman, Seymour. *Story and Discourse: Narrative Structure in Fiction and Film.* Ithaca: Cornell University Press, 1978.

_____. *Coming to Terms: The Rhetoric of Narrative in Fiction and Film.* Ithaca: Cornell University Press, 1990.

Esrock, Ellen. *The Reader's Eye: Visual Imaging as Reader Response.* Baltimore: Johns Hopkins University Press, 1994.

Fludernik, Monika. "Genres, Text Types, or Discourse Modes? Narrative Modalities and Generic Categorization." *Style* 34.2 (2000): 274~92.

Gibson, J. J. "The Theory of Affordances." *Perceiving, Acting, and Knowing.* Ed. R. E. Shaw and J. Bransford. Hillsdale. NJ: Lawrence Erlbaum Associates, 1977.

Herman, David. "Parables of Narrative Imagining." *Diacritics* 29.1 (1999): 20~36.

_____. *Story Logic*. Lincoln: University of Nebraska Press, 2002.

Innis, Harold A. *Empire of Communication*. Toronto: University of Toronto Press, 1972.

Johnston, John. *Information Multiplicity: American Fiction in the Age of Media Saturation*. Baltimore: Johns Hopkins University Press, 1998.

Kittler, Friedrich A. *Literature, Media, Information Systems*. Ed. John Johnston. Amsterdam: G+B Arts, 1997.

Labov, William. *Language in the Inner City: Studies in the Black English Vernacular*. Philadelphia: University of Pennsylvania Press, 1972.

Lessing, Gotthold Ephraim. *Laocoön: An Essay on the Limits of Painting and Poetry*. Trans. and intro. Edward Allen McCormick. Baltimore: Johns Hopkins University Press, 1984.

McLuhan, Marshall. *Essential McLuhan*. Ed. Eric McLuhan and Frank Zingroe. New York: Basic Books, 1996.

McLuhan, Marshall, and Bruce R. Powers. *The Global Village: Transformation in World Life and Media in the Twenty-first Century*. New York: Oxford University Press, 1989.

Metz, Christian. *Film Language. A Semiotics of the Cinema*. Trans. Michael Taylor. New York: Oxford University Press, 1974.

Meyrowitz, Joshua. "Medium Theory." *Communication Theory Today*. Ed. David Crowley and David Mitchell. Stanford, CA: Stanford University Press, 1994. 50~77.

Murray, Janet. *Hamlet on the Holodeck: The Future of Narrative in Cyberspace*. New York: Free Press, 1997.

Ong, Walter J. *Orality and Literacy: The Technologizing of the World*. London: Methuen, 1982.

Pearce, Celia. *The Interactive Book: A Guide to the Interactive Revolution*. Indianapolis: Macmillan Technical Publishing, 1997.

Peirce, Charles Sanders. *Collected Papers*. Vol. 3. Ed. C. Hartshorn, P. Weiss and A. W. Burkes. Cambridge: Havard University Press, 1931-58.

Prince, Gerald. *A Grammar of Stories*. The Hague: Mouton, 1973.

_____. *Dictionary of Narratology.* Lincoln: University of Nebraska Press, 1987.

Richardson, Brian "Recent Concepts of Narrative and the Narratives of Narrative Theory." *Style* 34.2 (2000): 168~75.

Ricoeur, Paul. *Temps et récit.* 3 vols. Paris: Seuil, 1983, 1984, 1985.

Rimmon-Kenan, Shlomith. "How the Model Neglects the Medium: Linguistics, Language, and the Crisis of Narratology." *Journal of Narrative Technique* 19.1 (1989): 157~66.

Searle, John. *Speech Acts.* London: Cambridge University Press, 1969.

_____. "The Logic Status of Fictional Discourse." *New Literary History* 6 (1975): 319~32.

Smith, Barbara Herrnstein. "Narrative Versions, Narrative Theories." *On Narrative.* Ed. W. J. T. Mitchell. Chicago: University of Chicago Press, 1981. 209~32.

Sturgess, Philip J. M. *Narrativity: Theory and Practice.* Oxford: Clarendon Press, 1992.

Talmy, Leonard. "A Cognitive Framework for Narrative Structure." *Toward a Cognitive Semantics.* Cambridge: MIT Press, 2000. 2: 417~82.

Theall, Donald. *Beyond the Word: Reconstructing Sense in the Joyce Era of Technology, Culture, and Communication.* Toronto: University of Toronto Press, 1995.

_____. *The Virtual Marshall McLuhan.* Montreal: McGill-Queen's University Press, 2001.

Turner, Mark. *The Literary Mind.* Oxford: Oxford University Press, 1996.

Virtanen, Tuija. "Issues of Text Typology: Narrative —A 'Basic' Type of Text?", *Text* 12.2 (1992): 293~310.

Wolf, Werner. *The Musicalization of Fiction: A Study in the Theory and History of Intermediality.* Amsterdam: Rodopi, 1999.

Worth, Sol. "Pictures Can't say Ain't." *Studies in Visual Communication.* Ed. and intro. Larry Gross. Philadelphia: University of Pennsylvania Press, 1981.

Wutz, Michael, and Joseph Tabbi. *Reading Matters: Narrative in the New Media Ecology.* Ithaca: Cornell University Press, 1997.

Ⅰ부

대면 서술

Narrative across Media

: The Languages of Storytelling

1장 • 간(間)매체적 서사학을 향하여
2장 • 제스처와 산문의 시학

대면 서술

대면 서술(對面敍述, Face to face narration)이란 말은 구두(口頭) 스토리텔링 (oral storytelling)과 유사하나 완전한 동의어는 아니다. 전화, 라디오, 텔레비전과 같은 문명의 이기들 덕택에 이제 구두성(orality)은 동(同) 공간성과 분리되었다. 월터 옹은 구두성을 일차적 구두성과 이차적 구두성으로 나누었는데 그에 따르면 이차적 구두성에는 일차적 구두성의 특징인 화자와 청자 간의 활발한 상호작용이 결여되어 있다. 따라서 "구두 서사물(oral narrative)" 이라는 말만으로는 대면 서술의 두 가지 핵심적 특성을 제대로 드러낼 수 없다. 이 두 특성 중 첫 번째는 상호작용이다. 최근 들어 사람들은 디지털 매체의 상호 서사성(interactive narrativity)을 극구 찬양한다. 그러나 제아무리 하이퍼링크를 많이 연결한다 하더라도 그때그때 청자의 필요에 맞춰 이야기를 조절하는 구술 화자의 임기응변과는 애초에 비교가 안 된다. 대화 속에서 스토리텔링이 일어나는 경우, 화자는 결코 기존에 존재하던 텍스트를 그대로 청자에게 전달하는 것이 아니다. 그것은 스토리텔링 행위를 통해 즉석에서 역동적으로 만들어진다. 왜냐하면 대화 상황에서는 청자의 질문,

말 끊기, 보충 설명 요구, 웃음, 추임새, 얼굴 표정과 같은 다양한 요소가 개입하고 화자는 이를 수용하여 즉각 자신의 텍스트에 반영하기 때문이다. 바로 그러한 유동성이 화자와 청자 간의 관계를 특징짓는다. 대면 상호작용의 경우, 참여자들의 역할이 매우 가변적이기 때문에 적어도 원칙적으로는 모든 청자들이 잠재적인 스토리텔러이다. 두 번째 특성은 마셜 매클루언이 『지구촌The Global Village』(1989)에서 (다소 단순화하여) "가청(可聽) 공간(acoustic space)"이라 부른 공간의 다채널성이다. 대면 스토리텔링은 단순히 구문론과 의미론에 근거하여 머릿속에서 이루어지는 언어 경험만이 아니다. 그것은 또한 제스처, 얼굴 표정, 어조들을 통해 의미를 생성하는 육체적 활동이기도 하다. 이렇게 볼 때, 전화는 대면 스토리텔링의 상호성을, 텔레비전은 다채널성을 가질 뿐이다. 이 양자를 다 갖춘 것은 오직 대면 서술뿐이다.

제라르 주네트Gérard Genette, 츠베탕 토도로프Tzvetan Todorov, 롤랑 바르트, 그레마스, 클로드 레비스트로스Claude Lévi-Strauss, 블라디미르 프롭 등의 작업을 중심으로 이루어진 초기의 서사학은 서사물을 공시적(共時的) 구조로 파악하였다. 따라서 대화적 상황에서 이루어지는 서사의 역학에 대해서는 별로 관심을 두지 않았다. 물론 구조서사학자들도 구두 서사물에 대한 연구를 수행하기는 했다. 그러나 그들이 이 장르에 주목한 것은 상호교류적(transactional) 특성 때문이 아니라 구조의 단순성 때문이었다. 구두 서사물은 복합적인 문학 텍스트에 비해 훨씬 더 단순한 구조를 가지고 있다. 따라서 서사적 의미의 기본 구조를 훨씬 극명하게 드러낸다. 예를 들어 레비스트로스는 친족 구조라는 관점에서 오이디푸스 신화를 분석했고, 그레마스는 민담을 기호학적으로 도식화했으며, 프롭은 러시아 민담에서 여러 가지 서사 기능을 추출해냈다. 그러나 구두 서사물에 대한 구조주의자들의 관심은 전적으로 스토리 차원에 국한되어 있었기 때문에 담론(discourse) 차원은 전혀 고려되지 않았다. 대면 구두 서사물의 역동적 구조, 즉 그 '수행적(performative) 차원'이 연구자들의 관심을 끌게 된 것은 개별 문장 차원에 머무르던 연구 영역을 보다 큰 단위인 텍스트, 담론, 대화의 차원으로 확장한 미국 언어학자들 덕택이다. 사회언어학자인 윌리엄 라보프는 도시에 거주하는 아프리카계 미국인들의 언어 사용에 대한 연구를 통해 대화적 스토리텔링에도 '고급' 문학 못지않은 고도의 기법이 사용된다는 것을 밝혀냈다. 라보프에 따르면 대화 속 이야기의 성공, 즉 이야기의 목적 달성에는 주제의 적절성뿐만 아니라 화자의 능력도 중요하다. 왜냐하면 화자가 추상화, 가치 판단, 강조, 혹은 적절한 끝맺음 등과 같은 수사학적 기능들을 수행하여 여러 가지 문장이나 절들을 기술적으로 사용해야만, 또한 그리하여 서사 내용을 제대로 드러낼 수 있어야만 비로소 성공적인 이야기가 가능하기 때문이다. 뒤이어 등장한 데버러 태넌Deborah Tannen, 데버러 쉬프린 Deborah Schiffrin, 하비 색스Harvey Sacks, 리비아 폴라니Livia Polanyi 같은 학자들의 연구에 의해 대화적 스토리텔링은 하나의 대안적 서사학으로 발전하게 되었다. 그러나 대부분의 문학 비평가들은 구조주의와 후기구조주의에만 빠져 있었기 때문에 이러한 기류를 감지하지 못했다. 따라서 문학서사학과 사회언어학은 서로에 대해 전혀 알지 못한 채 병행적으로 발전했다.

이 두 가지 전통을 이으려는 시도를 한 첫 문학 연구가는 메리 루이즈 프랫Mary Louise Pratt이다. 그녀는 『문학 담론의 화행이론을 향하여*Toward a Speech Act Theory of Literary Discourse*』(1977)에서 라보프의 대화적 스토리텔링 모델을 몇몇 문학 서사물에 적용했으며, 이를 통해 시적(문학) 언어와 일상 언어를 전혀 다른 것으로 규정하는 형식주의를 공격했다. 이 저작은 문학 텍스트를 '자연적 담론'과 연결시키려는 많은 시도들을 촉발시켰으며 따라서 이 분야의 선구적 저술로 간주될 수 있다. 프랫은 소설을 논픽션의 허구적 모방이라고 보았다. 이러한 논픽션에는 전기, 자서전, 역사, 일기, 시(詩) 주해본(예를 들어 나보코프Nabokov의 『창백한 불꽃*Pale Fire*』), 혹은 단순히 "서사적 표현 텍스트(Narrative display text)"(프랫은 대화 서사물을 이렇게 표현했는데 여기서 관건은 이야기가 되느냐/아니냐에 있다.) 등이 있다. 프랫의 저작 출간 일 년 후에 출판된 『담론의 주변부*On the Margins of Discourse*』에서 바버라 헌스타인 스미스는 시를 "자연적(즉, 대화적)" 발화의 모방이라고 주장했다. 지금까지 나온 저작들 중에 문학 서사물과 구두 서사물을 단일한 모델로 포괄하려는 가장 야심찬 시도는 아마도 모니카 플루더닉의 『"자연적" 서사학을 향하여*Towards a "Natural" Narratology*』(1996)일 것이다. 그러나 제목에 붙은 따옴표가 시사하듯이 이 책은 또한 자연적 담론에 대한, 그리고 문학 텍스트를 자연적 담론의 일부로 보는 관점에 대한 회의론의 시작이기도 하다. 왜냐하면 전지적 서술, 의식의 흐름, 여러 다른 플롯의 교차, 콜라주 기법, 복잡하게 뒤엉킨 시간 구조, 사건에 대한 묘사의 생략 등과 같은 복잡한 기제가 사용되는 까닭에 문학 텍스트는 결코 "과거 사건에 대한 자발적인 구두 서사"["자연적" 서사물에 대한 플루더닉의 정의(Fludernik, 1996: 71)]의 모방일 수 없기 때문이다. 때로 소설은 구두 스토리텔링을 모방하는 형식을 취하기도 한다. 그러나 이때도 그것은 구술 담론의 녹취와는 전혀 다르다. 만일 "과거 사건에 대한 자발적인 구두 서사"가 자연성을 가늠하는 기준이라면 소설은 전부 인위적이다. 그뿐만 아니라 미리 연습한 조크, 서사시 공연, 텔레비전이나 라디오의 생방송 중계 같은 구두 서사 역시 인위적이라고 보아야 한다.

문학 서사물과 대화 서사물의 전면적인 분리를 피하는, 그러면서도 어느 한 가지를 다른 한 가지로 환원시키지 않는 통합된 서사이론을 만들 수는 없을까? 「간(間)매체적 서사학을 향하여*Toward a Transmedial Narratology*」에서 데이비드 허먼은 "고전적" 서사학이(이 용어는 그가 편집한 『서사학 *Narratologies*』의 서문, I에서 사용되었다) 구두 서사물과 문자 서사물을 그 차이점과 유사성을 존중하면서 묘사할 수 있으려면 어떤 도구들이 필요하며, 또한 그 도구들을 얻기 위해서는 무엇이 필요한지를 살펴보았다. 이를 위해 그는 동일한 주제를 다룬 구두 서사물과 문자 서사물을 비교하였다. 사례가 된 구두 서사물은 노스캐롤라이나의 한 젊은 여성이 언어학적 데이터를 모으는 조사원에게 들려준 변신 유령 이야기이며, 문자 서사물은 프란츠 카프카Franz Kafka의 소설 「변신The Metamorphosis」이다. 여기서 그는 구술-대화 서사물과 문자-문학-허구적 서사물 간의 대조 문제를 서사물의 매체 종속성이라는 보다 넓은 문제의 일부로 파악하였다. 그는 먼저 스토리의 간매체적 이동 가능성, 즉 스토리를 한 매체에서 다른 매체로 이동할 수 있느냐라는 문제를 기준으로 기존의 여러 서사학 이론을 재검토하였다. 그의 리뷰는 변증법적으로 제시된다. 여기서 정(正), 즉 테제는 서사물이 매체 독립적이라는 입장이다. 다음으로 반(反), 즉 안티테제는 이종(異種) 매체 서사물들은 서로 전혀 다르기 때문에 비교가 불가능하다는 입장이다. 세 번째로 합(合), 즉 진테제는 스토리의 매체 종속성이란 결국 정도의 문제라는 입장이다. 이 중 진테제만이 '범매체적 서사물(narrative across media)' 연구를 정당화할 수 있다. 이 세 입장의 구분에서 관건이 되는 것은 스토리와 담론에 대한 구분인데, 이것은 원래 고전적 서사학의 기본 원칙들 가운데 하나이다. 테제는 이 구분의 정당성을 당연시하고, 안티테제는 그것을 부정하고, 진테제는 그것을 다시 긍정한다.[1] 허먼은 스토리텔링 행위란 "스토리 구성을 위한 일련의 단서들을 조직하는 것"(Bordwell, 1985: 62)이라는 견해를 암암리에 인정하고 있다. 이런 관점에서 볼 때 서사물에 대한 그의 연구는 이 책에 소개된 데이비드 보드웰의 논문에서 개괄적으로 제시된 기능주의적 프로그램의 구체적 실천이라고 할 수 있다. 구두 서사물과 문자 서사물의 유사성과 차이점을 연구하기 위해 허먼은 동일한 서사적 기능들이 각각의 두 사례에서 어떻게 다르게 수행되는가를 살펴보았으며 그 주요 질문들은 다음과 같다. 이들 서사물에서 공간은 어떻게 표현되는가? 시간적 순서는 어떻게 제시되는가? 능동자(agent), 피동자(patient) 등과 같은 행동자 역할(actantial role)은 인물들에게 어떻게 배분되는가? 스토리 세계는 특정한 해석 문맥 속에 어떻게 자리 잡는가?

　카셀과 맥닐의 논문 「제스처와 산문의 시학Gesture and the Poetics of Prose」

에서는 대면 서술의 시각적 수단들이 전면에 부각된다. 이들에 따르면 어떤 특정 매체나 기호체계의 서술적 기능 수행력은 그것의 통사 및 의미체계의 발달 정도에 정비례한다. 그런데 대면 서술에 사용되는 시각적 기호는 상당히 잘 발달된 문법에 따라 규제되며 그 자체로 혹은 보조적으로 상당히 중요한 서술적 기능을 수행한다. 이 연구는 만화 〈실베스터와 트위티 버드Sylvester and Tweety Bird〉를 여러 사람이 제각각 구두로 이야기한 것을 기초로 이루어졌다. 이때 화자들이 사용한 제스처는 네 가지로 분류될 수 있다. 그 첫째는 도상적 제스처, 즉 서술 행위를 묘사하는 제스처이다. 두 번째는 비유적 제스처, 예를 들어 이야기의 전달을 예고하기 위해 뭔가 무거운 물체를 옮기는 시늉을 하는 것처럼 언어에 내재하는 메타포 매체 (vehicle of metaphor)를 보여주는 것이다. 세 번째는 새로운 인물을 도입하거나 플롯을 요약할 때 쓰는 제스처처럼 담론의 구조를 제시하는 제스처이다. 네 번째는 추상적 가리킴, 즉 이야기 속에 나오는 가공의 대상을 손가락으로 가리키는 것과 같은 행위이다. 이러한 일련의 제스처를 통해 스토리텔러는 다음과 같은 매우 다양한 서술적 기능을 수행한다. 먼저 우리는 그의 제스처를 보고 그가 자기 말을 하는지 아니면 등장인물의 말을 흉내 내는지를 알 수 있다. 또한 화자의 서술 시각, 즉 그가 스토리 세계의 어디에 위치해 있는지도 알 수 있다. 그뿐만 아니라 스토리 세계 속의 인물의 움직임을 개관함으로써 플롯을 하나의 도식으로 제시할 수 있으며, 등장인물들의 행위를 흉내 냄으로써 만화의 시각적 성격을 다소나마 복원할 수 있다. 또한 그는 제스처를 통해 스토리 세계를 드나들 수도 있는데, 이는 곧 서사물에서 메타 서사물 혹은 파라 서사물(paranarrative)로의 이동을 의미한다. 이러한 작업에서 카셀과 맥닐은 서술태, 서술법, 서술 층위라는 고전적 서사학의 주요 개념들을 원용하였다. 이처럼 언어적 차원을 넘어서는 서사 분석에도 뭔가 문학서사학이 기여하는 바가 있다는 것을 보고 아마도 문학서사학의 대가들은 적이 안심이 될 것이다.

주

1 제럴드 프린스Gerald Prince는 '스토리'를 '담론'과의 체계적인 대조를 통해 정의한다. 그것은 "서사물의 내용 차원으로 서사물의 표현 차원(담론)의 반대이다. 즉, '어떻게' 의 반대인 '무엇', '서술하는 행위'의 반대인 '서술되는 것', '서술(narration)'의 반대인 허구(fiction)이며, 서사물 속에 재현되는 존재들과 사건들이다"(Prince, 1987:, 91).

참고 문헌

Bordwell, David. *Narration in the Fiction Film*. Madison: University of Wisconsin Press, 1985.

Fludernik, Monika. *Towards a "Natural" Narratology*. New York: Routledge, 1996.

Herman, David. "Introduction: Narratologies." *Narratologies: New Perspectives on Narrative Analysis*. Ed. David Herman. Columbus: Ohio State University Press, 1999.

McLuhan, Marshall, and Bruce R. Powers. *The Global Village: Transformations in World Life and Media in the Twenty-first Century*. New York: Oxford University Press, 1989.

Pratt, Mary Louise. *Toward a Speech Act Theory of Literary Discourse*. Bloomington: Indiana University Press, 1977.

Prince, Gerald. *Dictionary of Narratology*. Lincoln: University of Nebraska Press, 1987.

Smith, Barbara Herrnstein. *On the Margins of Discourse: The Relation of Literature to Language*. Chicago: University of Chicago Press, 1979.

1장

간(間)매체적 서사학을 향하여

데이비드 허먼David Herman

구조주의라는 학문적 배경에서 출발한 초기의 롤랑 바르트와 같은 서사
학자들은 새로운 (그리고 혁명적인) 스토리 분석 도구를 개발하는 과정에서
언어학을 '선도 학문'으로 사용했다. 1966년에 발표된 「구조주의 서사 분석
서문Introduction à l'analyse structurale du récit」에서 바르트는 담론을 이차적
언어학, 즉 개별 문장을 넘어서는 언어학의 대상으로 간주했는데, 그에 따
르면 서사물은 이러한 담론의 '중요한 한 형태'에 불과하다. 그를 비롯한 대
부분의 서사학자들은 구조주의 언어학을 기반으로 이차적 언어학을 정립
하려 했다. 즉, 그들은 구조주의 언어학이란 모델에 기반하여 담론의 언어
학을 정립하려고 했던 것이다. 그런데 이러한 시도는 서사학 이론의 역사
에서 매우 아이러니컬한 사례라고 할 수 있다. 왜냐하면 구조주의 언어학
이 결코 문장 이상의 확장된 언어 단위를 설명하지 못한다는 사실은 당시
에도 이미 증명되어 있었기 때문이다(Herman, 2001 참조). 게다가 더욱 큰
문제는 구조서사학을 창시한 바르트, 주네트, 그레마스, 토도로프와 같은
이론가들이 주로 문학 서사물 위주로 작업함으로써 일상생활 속의 스토리

텔링 사례를 도외시했다는 점이다. 예를 들어 바르트는 「구조주의 서사 분석 서문」에서 이언 플레밍Ian Fleming의 제임스 본드 소설을 사용했고, 주네트, 그레마스, 토도로프는 각각 프루스트Proust, 모파상Maupassant, 보카치오Boccaccio의 텍스트를 사용했는데 이것이 바로 서사학의 역사에서 두 번째 아이러니이다. 왜냐하면 구조서사학의 핵심적 연구 중 하나인 블라디미르 프롭의 『민담의 형태학Morphology of the Folktale』은 구전 이야기인 민담을 연구한 것임에도, 구조주의자들은 프롭의 연구의 적용 범위에 대해 전혀 고려하지 않았기 때문이다. 그들은 상당히 단순한 서사물인 민담을 위해 고안된 도구들을 매우 복잡한 문학 텍스트를 포함한 모든 서사물에 확장시켜 사용했다. 그리하여 연구 대상이 되는 서사물의 기원이나 매체, 주제, 명성, 혹은 장르에 상관없는 접근법, 즉 모든 종류의 서사물 연구에 두루 쓰일 수 있는 일반적인 접근법을 만들어내려고 하였다. 그러나 이 접근법에는 그러한 일반성을 뒷받침할 만한 개념적 방법적 수단이 없었다.

영미 전통의 경우, 바르트의 「구조주의 서사 분석 서문」이 나온 지 일 년 후에 윌리엄 라보프와 조슈아 월레츠키Joshua Waletzky가 대화 서사물[1] 분석을 위한 사회언어학적 접근법을 정초(定礎)하는 혁신적인 논문을 발표했다. 이 접근법은 구조주의 서사학자들에게는 매우 생소한 언어학 전통에서 나온 것이다. 개인적 경험을 다룬 서사물에 초점을 맞춘 라보프와 월레츠키의 모델은 이러한 경향의 다양한 연구를 촉발시키는 계기가 되었고, 그것은 지금도 여전히 계속되고 있다(이에 대한 개관은 뱀버그Bamberg의 논문을 참조할 것). 라보프와 월레츠키의 1967년 논문은 (1972년에 발표된 라보프의 후속 논문과 함께) 개인 경험 서사물(personal experience narratives)의 구성 요소들을 가리키는 여러 용어들[중요한 예로 요약(abstract), 지향(orientation), 평가(evaluation), 결과(result), 종결부(coda) 등이 있다]을 정립했으며, 또한 이러한 구성 요소들 각각에서 드러나는 절(節) 및 문장의 구조도 밝혀냈다. 그뿐만 아니라 그들은 이야기를 듣는 피화자(narratee)가 그 이야기를 어떤 특정 서사 패턴에 맞추어 이해하며, 그것을 위해 그 실마리를 제공하는 기호를 담론 속에서 찾으려 한다는 점도 보여주었다. 예를 들어 직설법 과거 시제의 절은 대체로 서사물의 행동 전개 상황에서 나타나고(따라서 이 상황에 대한 유력한 표지가 된다), 화자의 평가가 포함되어 있는 구문은 스토리의 기본 구문과 구별되며 이를 통해 화자는 서사물의 의미와 그 서술 이유를 드러낸다. 더 나아가 라보프의 모델은 언어학 그리고 대면 서사물의 언어적 상호 작용적 특징에 대한 연구를 촉진할 수 있는 기초를 마련했다. 대화 서사물 역시 여타 서사물과 마찬가지로 절, 문장 그리고 담론 수준의 특징들로 이루어져 있다. 더욱이 그것은 일정 문맥 속에 행해지는데 이 문맥을 통해 화자는 (분명한) 의미를 부여해야 한다. 만일 그렇지 않으면 그는 무시당하거나, 침묵당하게 된다(Goodwin, 1990: 239~257).

사회언어학적 접근법은 자연 언어의 데이터를 연구하는 경험적 모델에 기반하고 있지만, 그럼에도 그것 역시 일반화를 위한 방법으로는 상당한 문제가 있다. 이 모델은 원래 인터뷰를 통해 얻어낸 서사물을 대상으로 하였기 때문에, 문자 서사물, 특히 문학 서사물과 같은 복잡한 구조를 묘사하거나 설명하는 데는 부적합하다. 예를 들어 라보프는 '서사물'을 "실제로 일어난 (혹은 일어났다고 가정되는) 사건의 시퀀스에 언어적 시퀀스들을 대응시킴으로써 과거의 경험을 재현하는 한 방법"(Lavov, 1972: 370)이라고 정의했다. 그런데 주네트가 「서사 담론Narrative Discourse」에서 전개한 프루스트 연구가 보여주듯이 문학 서사물은 플래시백 및 그 반대인 미래 장면의 사전 제시, 휴지(休止), 생략, 반복, 압축 및 그 밖의 여러 시간 조작을 사용한다. 따라서 라보프의 정의는 이러한 복잡성을 제대로 묘사하지 못한다. 또 다른 예로는 우리 마르골린Uri Margolin의 연구를 들 수 있는데, 그는 동시적이고 예언적인 서술이 대두하는 현대 문학의 경향에 주목하면서 회상적 서술은 좀 더 광범위한 서술체계 가운데 하나일 뿐이라고 주장하였다. 이런 관점에서 보면 문학 작품에서 직설법 과거 시제가 서술의 기초적 단위라고 말하기 어렵다. 그러므로 평가 혹은 의미를 부여하는 구문 같은 다른 모든 구문이 이 기본적 단위에 비추어 측정된다고 말하기도 어렵다(Herman, 1999 참조). 게다가 일부 전위적 문학 서사물은 무의미를 모토로 삼기도 하고, 혹은 의미를 찾고자 하는 독자들의 노력을 방해하기 위한 장애물들을 도입하기도 한다. 물론 대면 상호작용의 경우 평가의 책임은 대체로 화자가 진다. 그러나 실험적 문학 작품의 경우, 심심찮게 이 책임은 화자로부터 해석자에게로 전가된다(Pratt, 1977: 116; 아래 나의 논의를 참조할 것).

그러므로 이 두 종류의 학문적 전통의 경계를 열고 서로 소통을 시도하는 것은 대화 서사물과 문학 서사물과의 관계에 대한 연구에 큰 기여를 할수 있을 것이다. 그러나 (플루더닉, 폴라니, 태넌 등) 최근의 몇몇 연구를 제외한 대부분의 경우, 스토리 연구는 앞에서 간략히 묘사된 두 길 중 하나를 따라 이루어졌다. 이 두 길은 서사물에 대한 본격적인 연구가 이루어지기 시작한 초기부터 갈라져 지금까지도 그대로 유지되고 있다. 이 중 한 길은 문학적-이론적 영역으로 인도하는데 이 영역은 결코 단순하지 않다. 그 속에는 길이, 장르, 복잡성의 정도가 매우 다양한 여러 종류의 서사물들이 포함되어 있다. 다른 한 길은 일상적 의사소통 상황에서 사용되는 스토리 영역으로 인도한다. 이 영역에 속하는 서사물들은 결코 문학 작품처럼 예술적이지 않다. 반면에 이것들은 대면 상호작용이라는 상황에 맞게 매우 잘 구성되어 있으며 여러 가지 다양한 전략들을 구사한다. 예를 들어 시시각각으로 변하는 언어적 그리고 준(準)언어적 신호, 교대로 말하기 법칙, 그리고 어빙 고프먼Erving Goffman이 인정, 반박, 무관심, 긍정의 과정에 대한 의례적(儀禮的) 압박이라고 규정한 모든 것들이 이를 달성하기 위한 전략들이다. 또한 스토리는 체면을 깎거나 혹은 반대로 면목을 세우는 상호작용적 예의범절 가운데 하나로 작용하기도 한다. 지금부터 나는 이 두 길 사이의 대화를 모색해보고자 한다. 또한 이 두 길 사이의 관계도 더욱 구체적으로 살펴보고자 한다. 나의 기본 가정은 다음과 같다. 이 두 길은 같은 지역의 다른 장소에 나 있으며 어떤 곳은 다른 곳보다 거리가 더 멀리 떨어져 있지만, 그럼에도 두 장소 사이의 교류가 불가능할 정도로 멀지는 않다.

여기서 지적해야 할 것은 대화 서사물과 문학 서사물 간의 관계는 더욱 광범위하고 일반적인 문제의 한 특수한 경우에 불과하다는 점이다. 그리고 이 일반적 문제란 '서사물과 (문자 및 구두 언어를 포함한) 매체와의 관계는 어떠한가?'라는 것이다. 나의 논의는 이 문제에 관한 세 가지 입장으로부터 시작한다. 세 입장은 각각 이 문제를 다루는 전략을 형성하는데, 나는 지나친 단순화의 위험에도 불구하고 (또한 논의의 결과가 뻔하다는 위험까지도 감수하고) 이 세 가지 입장을 변증법, 즉 테제, 안티테제, 진테제로 제시하겠다. 테제는 (강약의 차이는 있지만) 모든 서사물을 매체 독립적으로 간주하는 입장으로, 이에 따르면 스토리의 핵심적 성질들은 어떤 형식으로 제시되어도 결코 변하지 않는다. 이와는 정반대로 안티테제의 입장에 따르면 스토리는 그 매체에 전적으로 종속된다. 이 경우 대화 서사물과 문학 서사물의 차이는 본질적인 것이다. 즉, 하나의 스토리를 문자 서사물과 구두 서사물로 만들었을 경우, 이 둘은 같은 스토리의 '변형들'이 아니라 완전히 다른 서사물들인 것이다. 진테제의 입장에 따르면 서사물들 간에는 매체에 특유한 차이들이 분명히 존재한다. 그러나 이것들이 매체에 종속되는 정도는 각각 다르다. 그러므로 한 스토리를 한 매체에서 다른 매체로 각색할 수 있느냐의 문제는 그 매체가 무엇이냐에 따라, 또한 어떤 스토리냐에 따라 달라진다.

앞으로 나는 테제, 안티테제, 진테제의 입장에 속하는 여러 선행 연구들에 대해 논의할 것이다. 그런 다음, 나의 연구 프로그램을 간략히 제시할 것이다. 나의 연구는 기본적으로 진테제의 입장에서 출발한다. 그러나 이에 그치지 않고 연구의 패러다임을 새로운 방향으로 확장하고자 한다. 특히 이 논문의 후반부에서는 내가 다른 연구에서도 제시한 바 있는(Herman, 2002; 2001) '스토리 논리'에 관한 통합적 접근법을 개괄적으로 제시한다. 내가 말하는 **스토리 논리**란 스토리가 지닌 논리와 스토리가 구성하는 논리를 동시에 가리킨다. 서사물을 읽거나 들을 때 해석자는 머릿속에서 정신적 표상들을 떠올린다. 그런데 '스토리 세계'란 이때 우리, 즉 해석자의 머릿속에 창조된 전체적인 표상들이며, 스토리가 지닌 논리란 바로 이 스토리 세계 속의 상황, 참여자, 상태, 행위 그리고 사건을 약호화하는 전략들을 말한다. 예를 들어 서사물에 따라 사건들 사이의 시간적 관계가 좀 더 명백히 드러난 것도 있고 모호한 것도 있을 수 있다. 또한 참여자들은 (탐지자, 행위자, 발화자 등) 다양한 역할을 수행할 수 있으며, 그들의 공간적 위치는 여러 종류의 이동 동사를 사용하여 다양하게 설정될 수 있다. 따라서 이 논리는 주로 '결과물로서의' 서사물과 관련이 있다. 이와는 별도로 서사물은 그 자체로서 하나의 논리를 **구성하며** 이를 통해 경험을 이해하고 상호작용을 구성하는 일차적 수단을 제공한다. 따라서 이 경우, 스토리 논리는 '과정으로서의' 서사물과 관련이 있으며 이는 서사물을 통해 이루어지는 의사소통의 과정을 아우른다. 따라서 이 논리의 핵심은 바로 사람들이 어떤 특정 상황 속에서 스토리를 얘기하고 이해하는 방식들, 즉 서사물이 실제적 상황 속에서 전개되는 방식들이라 할 수 있다.

스토리가 지닌 논리, 그리고 스토리 자체가 구성하는 논리에 대한 개괄은 대화 서사물과 문학 서사물을 비교하고 대조함으로써 이루어진다. 우리는 이 비교를 위해 두 개의 텍스트를 사용했다. 먼저 대화 서사물로는 변신술에 관한 노스캐롤라이나의 여성의 얘기를 사용했다(이 글 부록 참조). 그녀의 할아버지는 변신술을 하는 사람을 만난 적이 있는데, 이 사람은 다람쥐로 변신했다가 다시 사람이 되었다. 그리고 문학 텍스트로는 프란츠 카프카의 「변신」을 사용했다. 그레고르 잠자가 벌레가 된 사건을 다룬 이 문학 작품 역시 변신에 관해 다루고 있다. 그러나 다람쥐 이야기와는 달리 이 소설의 주인공인 잠자는 결코 다시 사람의 모습으로 되돌아오지 못한다. 이 연구에서 나는 두 개의 서사물이 공통적으로 다루는 문제, 즉 다른 종(種)으로의 변신의 문제를 불변 요소로 삼았다. 그런 다음, 구두 담론과 문자 담론이라는 성질이 이들 두 텍스트의 스토리 논리에 어떤 영향을 미치는가를 살펴보았다. 이 연구에서 나의 연구 가설은 다음과 같다. 이들 서사물은 공통된 서사 설계 원칙들을 사용하지만 그것들을 매체에 따라 다르게, 즉 각 매체에 특유한 방식으로 사용한다. 이때 매체 특유의 방식이란 유일한 한 가지의 방식이 아니라 어떤 일정 범위를 지닌 방식들로서 그 범위는 각 매체의 특성에 따라 결정된다.

테제: 서사물은 매체 독립적이다

서사물의 연구에서 극단적인 테제, 즉 모든 서사물의 모든 측면이 모든 매체를 통해 표현될 수 있다는 입장은 별로 지지를 받지 못했다. 그러나 좀 더 완화된 입장, 즉 모든 서사물이 적어도 부분적으로는 매체 독립적이라는 생각은 구조서사학의 기본적인 연구 가설 중 하나이다. 실제로 서사학의 기본 개념인 '스토리'와 '담론'의 구분, 다시 말하면 '무엇'과 '어떻게', '파불라(fabula: 우화)'와 '슈제트(syuzhet: 서사물)', '서술된 것'과 '서술' 같은 구분은 그 자체로 이러한 가정을 밑바닥에 깔고 있다. 즉, 이러한 구분에서 앞의 항은 매체 독립적이고 뒤의 항은 스토리를 전달하는 특정 매체에 종속된다는 것이다. 1964년에 발표된 클로드 브레몽의 논문 「서술적 메시지*Le Message narratif*」의 주장처럼 "(민담뿐만 아니라) 모든 종류의 서술적 메시지는 …… 핵심적 성질을 상실하지 않고 한 매체에서 다른 매체로 변환될 수 있다. 스토리의 주제는 발레의 줄거리가 될 수 있고, 소설의 주제는 무대나 스크린으로 옮겨질 수 있으며 영화의 내용은 말로 표현될 수 있다"(Chatman, 1978: 20에서 재인용). 슐로미스 리몬-케넌은 스토리와 텍스트(= 담론) 및 서술을 구분하면서 "'스토리'는 일련의 사건들이며, '텍스트'는 그것을 표현하는 구두 혹은 문자 담론"이라고 정의했다. 말하자면 스토리는 하나의 정신적 구성물로서 매체 독립적이다. 따라서 그것은 "서술된 사건이 (텍스트 내에서의 배열과 상관없이) 발생 시간 순서대로 재구성된 것에다 그 사건들에 참여한 인물들, 즉 참여자들을 합한 것이다"(Rimmon-Kenan, 1983: 2, 3).

롤랑 바르트 역시 「구조주의 서사 분석 서문」에서 매체 독립성이라는 명제를 재구성했는데, 이 재구성 방식은 그의 소쉬르-옐름슬레우Hjelmslev적인 유산을 잘 드러낸다. 바르트는 아리스토텔레스 이래 "서사 형식에 관한 관심이 주기적으로 생겨났다"는 사실을 지적하며 "새로이 대두되는 학문인 구조주의가 이러한 형식을 일차적 관심 대상으로 삼는 것은 당연하다"고 주장했다. 왜냐하면 "구조주의의 한결같은 목표는 랑그(langue)를 묘사함으로써 그것의 산물인 파롤(paroles)을 완전히 파악하는 것"이기 때문이다. 따라서 구조 분석의 목표인 서사적 '랑그'는 결코 "실제 발음된 언어가 아니며 (물론 많은 경우, 그것은 실제 발음된 언어에 의해 전달되기는 하지만) 또한 서사 단위는 언어 단위와는 별개의 독립적인 것이다"(Barthes, 1977: 80, 91). 옐름슬레우식으로 말하자면 고전적 서사학의 특징 가운데 하나는 "서술 내용으로부터 형식, 즉 특정 서사 형식을 분리하려는" 시도이다(Rimon-Kenan, 1983: 6). 따라서 제럴드 프린스Gerald Prince는 다음과 같이 주장한다. 서사물과 비서사물이 같은 소재를 다룰 수 있고 또한 같은 주제들을 전개할 수 있기 때문에, 서사물이냐 아니냐를 결정짓는 것은 결코 내용 그 자체가 아니다(Prince, 1980: 50~51; Chatman, 1978: 22~26). 그뿐만 아니라 서사물과 비서사물이 모두 같은 매체를 통해 표현될 수 있다는 점을 감안할 때, 표현 영역의 형식이나 질료 역시 스토리냐 아니냐를 결정하는 요소가 될 수 없다. 결국 서사물이냐 아니냐를 결정짓는 것은 내용 영역의 형식적 측면, 즉 서사적으로 구성된 (그러나 매체 한정적이지 않은) 사건들의 시퀀스를 약호화하기 위해서 (매체 한정적인) 신호들의 시퀀스를 구조화하는 방법이다.

일단 매체 독립성이란 입장을 채택하면 이에 따라 그 방법론도 결정된다. 그뿐만 아니라 자신의 서사이론을 예시하기 위해 어떤 '데이터'를 쓰느냐의 문제 역시 이 기본 입장에 의해 결정된다. 예를 들어, 제럴드 프린스는 서사물에 대한 자신의 주장을 증명하기 위해 기왕에 존재하는 서사물이 아니라 자신이 만들어낸 인위적인 사례들을 사용했다. 이 역시 그가 스토리의 매체 독립성이란 입장을 채택하고 있기 때문에 가능했다(Prince, 1973; 1980; 1982). 왜냐하면 서사 분석이 분석 대상으로 삼는 영역이 '내용의 형식' 영역이라면 서사물에서 다루어지는 주제 및 사상과 같은 '내용의 내용'은 핵심적 중요성을 갖지 않는다. 이런 까닭에 이론적 논의를 위해서라면 (구두 서사물, 문자 서사물을 막론하고) 인위적으로 만들어진 예문 역시 실제 상황에서 자연적으로 제시된 서사물과 동등한 데이터적 가치를 갖는다. 그러나 일찍이 스토리의 매체 독립성을 주장한 이론가들에게서도 그 독립성의 정도에 관한 한 약간의 망설임이 감지된다. 예를 들어, 채트먼은 "서사 담론은 특정 표현 매체에 대해 매우 독립적인 서사 진술들의 연결된 시퀀스로 이루어져" 있으며 "어떤 특정 매체가 다른 매체보다 특별히 더 잘 스토리를 표현하는 것은 아니다"라고 매체 독립성을 주장했다. 그럼에도 채트먼은 "언어적 서사물은 시간을 요약하는 서사 내용을 영화 서사물보다 더 쉽게 표현한다. 반면에 후자는 공간적 관계를 더욱 쉽게 보여준다"고 함으로써 유보적인 태도를 보이기도 했다(Chatman, 1978: 25, 31). 약 20년 후에 발표된 영화에 관한 연구에서 그는 결국 인쇄 서사물과 영화 서사물에서의 스토리의 자율성에 대해 질문하기에 이른다(Chatman, 1999). 왜냐하면 영화는 (시각만을 사용하는 인쇄 서사물과 달리) (시각, 청각이라는) 두 개의 정보 트랙을 사용하기 때문이다. 실제로 몇몇 이론가들은 이런 종류의 질문이 안티테제의 증거로서 충분하다고 생각한다. 이들 안티테제의 이론가들에 따르면 서사물은 단순히 부분적으로 혹은 부수적으로 매체 종속적인 것이 아니라, 전적으로 그리고 일차적으로 매체 종속적이다.

안티테제: 서사물은 (전적으로) 매체 종속적이다

안티테제의 기본이 되는 것은 제시 상황에 따른 서사물의 가변성이다. 말하자면 서사물은 제시될 때마다 매번 변한다는 생각이다. 예를 들어 리몬-캐넌은 스토리와 텍스트에 관한 자신의 예전 입장을 수정하면서 안티테제 입장을 표출한다. "언어를 서사 구조 외부, 혹은 그것과 무관한 것으로 간주할 것이 아니라 어쩌면 관점을 역전시켜 그것을 서사 구조의 **핵심적인 요소**로 봐야 할지도 모르겠다"(Rimmon-Kenan, 1989: 160. 강조는 필자). 이렇게 리몬-캐넌은 서사물의 기호학적 형식, 즉 서사물의 실현을 가능하게 해주는 매체의 성질이 어떤 특정 텍스트와 스토리 간의 관계를 결정짓는다고 주장한다(162). 예를 들어 춤이라는 매체는 퍼스의 기호이론을 원용하자면, 일련의 육체적 동작들과 스토리 세계 속의 일련의 사건들 사이의 초상적(肖像的) 관계를 창조할 수 있는 가능성을 제시한다. 마찬가지로 문자 서사물은 언어적 단위들과 스토리 세계의 사건들 간의 규약적인 관계들을 창조할 수 있다. 그리고 대화 서사물은 발화와 제스처를 통해 초상적 관계와 규약적 관계들을 동시에 창조할 수 있다. 게다가 기호체계들의 서사 결정력 (narrative-determining force)은 그 체계가 단지 표현의 매체에 그치지 않고, 더 나아가 (상호)작용의 원천이라는 사실에서 나온다(160). 바버라 헌스타인 스미스는 구조서사학에 대해 비판하면서 안티테제, 즉 매체 종속적 입장을 드러냈다. 그녀에 따르면 스토리는 항상 누군가에 의해 (다른) 누군가에게 말해진다. 따라서 그것은 이미 존재하는 부동의 구조가 아니라 부단히 움직이는 사회적-상징적 교류이다. 서사물이 사물이라기보다는 행위에 더 가깝다면 스토리는 이야기될 때마다 필연적으로 다르게 전개될 수밖에 없다. 이런 관점에서 볼 때, 자율적이고 변하지 않는 구조 혹은 '스토리'에 관한 구조주의 이론은 플라톤주의의 잔재, 다시 말하면 수많은 스토리의 출현에도 불구하고 여전히 변하지 않는 본질이라는 개념을 고수하려는 전(前)해체주의적 욕망의 발현이다(그러나 다른 한편으로 Prince, 1982: 167 을 보라.)

구두 담론과 문자 담론 간의 관계를 연구하는 언어학자들 역시 리몬-캐 넌과 헌스타인 스미스의 주장과 유사한 주장을 내놓았다. 예를 들어 월러 스 체이프Wallace Chafe는 말하기와 글쓰는 행위의 차이를 개괄했는데, 이 차이는 바로 구술 및 문자 '텍스트'가 (리몬-캐넌의 의미에서) 스토리를 약호 화하는 방식의 차이를 의미한다(Chafe, 1994: 41~50). 구두 언어는 순간적이 며 바로 사라지는 데 반해 문자 언어는 비교적 지속적이고 운송(運送) 가능 하다. 구두 언어는 비교적 빠른 데 비해 글쓰기는 천천히 이루어진다. 대화 는 자발적인 데 반해 글쓰기는 숙고와 퇴고의 과정을 거친다. 말하기는 (빠 르기와 음색의 변화 및 음조와 휴지 등의) 운율을 사용하는 데 반해, 문자 언어 의 경우 이것은 거의 불가능하다. 한편, 대화 분석(conversation-analytic)이나 민족지학적 방법론의 전통에서 작업하는 이론가들은 서사물을 상황적 실 천으로 간주한다. 그들에 따르면 모든 스토리텔링 행위는 특정 상황에 맞 춰 재단된다. 또한 스토리텔링 행위는 이러한 특정 상황을 만들어내는 데 도 일조한다(Schegloff, 1997; Garfinkel, 1967). 즉, 대화 분석의 관점에서 보면 서사물은 일종의 행동의 편린들이다. 여기서 화자와 피화자는 상호협력적 인 행동을 통해 자신들이 상호작용적 상황의 사회적 의사소통 논리를 이해 하고 있다는 것을 보여줄 뿐만 아니라 스스로 이 논리를 창조하기도 한다. 그 자체로 하나의 상호작용의 결과물인 동시에 역으로 상호작용 그 자체를 가능하게 해주는 요소인 스토리는 필연적으로 상황 제약적일 수밖에 없다. 따라서 어떤 스토리를 다시 한 번 반복하여 얘기할 경우, 그 결과로 산출되 는 스토리는 결코 동일한 스토리의 이형(異形)이 아니다. 스토리텔링의 상 황이 다른 만큼, 그 행위의 결과물인 스토리 역시 이전의 것과는 전혀 다른 새로운 스토리인 까닭이다.

테제 입장의 문제점은 서사물들이 이야기되는 과정을 통해 형태를 갖추어가는 방식을 설명하기 어렵다는 데 있다. 반대로 안티테제 입장의 문제는 스토리에는 스토리텔링 상황, 스타일, 완성도 등의 변화에도 불구하고 결코 변하지 않는 어떤 '핵심'이 있다는 직관적인 판단을 어떻게 공략할 것인가 하는 점에 있다. 이러한 '핵심'이란 스토리를 간단하게 요약한 것이라 할 수 있는데, 이것은 전달 매체와 관계없이 거의 변하지 않는다. 심지어는 매우 기괴한 패러디 역시 제대로 효과를 발휘하려면 패러디를 당하는 원본 텍스트와 패러디하는 텍스트 사이에 공통점이 있어야 한다(Genett, 1997). 진테제 입장은 절충적이다. 즉, 어떤 경계를 넘어서면 스토리텔링 상황의 변화가 너무 심해서 새로운 서사물이 형성된다고 보는 것이다. 그러므로 이 입장에 따르면 각색을 통해 다시 이야기되는 과정에서 때때로 스토리의 '핵심'이 없어지고 전혀 다른 서사물로 변할 수도 있다.

진테제: 스토리의 매체 종속성은 정도의 문제이다

진테제의 기본 입장은 서사 매체 간의 차이는 (이것이냐, 저것이냐 하는) 이분법이 아니라 (많고 적음의) 정도 차이라는 것이다. 즉, 스토리는 그것이 제시되는 형식에 따라 형상이 갖추어지기는 하지만 그럼에도 그것에 의해 전적으로 결정되는 것은 아니다. 왜냐하면 각각의 서사물이 표현 매체에 고정된 정도뿐만 아니라 그 표현 매체들의 상호번역성의 정도도 각각 다르기 때문이다. 이 때문에 채트먼이 문자 서사물과 영화 서사물 간의 상호번역에 대한 제약이라고 묘사한 것들 역시, 그 자체로서가 아니라 이와 유사한 제약들을 포함하는 좀 더 넓은 체계 속에서 고려되어야 한다. 이러한 예들로는 영어로 된 서사물을 일본어로 번역하는 것, 팬터마임으로 연출된 『일리아드The Iliad』, 그리고 크리스토퍼 게스트Christopher Guest의 영화 〈구프먼을 기다리며Waiting for Guffman〉에서 묘사된, 〈앙드레와의 저녁식사My

Dinner with André〉의 인물 인형을 판매하려는 (실패한) 시도▶ 등이 있다.

서사물의 재매개에 대한 이러한 광범위한 제약체계에 대해 살펴보는 것은 이 논문의 범위를 벗어난다.[2] 따라서 나는 이 체계 중에서 구두 서사물과 문자 서사물, 그중에서도 특히 대화 서사물과 (픽션, 논픽션을 망라한) 문학 서사물의 공통점과 차이점에 집중하겠다. 진테제의 기치 아래 행해진 연구는 여기서 문제가 되는 제약체계 속의 관련 영역에 입성할 수 있는 교두보를 제공한다. 이 계열의 연구자들은 매체 독립성이라는 테제와 매체 종속성이라는 안티테제를 다 같이 거부한다. 그 대신 이들은 구두 서사물과 문자 서사물이 전혀 다른 두 개의 범주가 아니라 하나의 연속체를 구성한다고 주장하며 이러한 입장에서 진테제를 모색한다.[3] 물론 진테제의 옹호자들 역시 일상적 스토리텔링과 문학 작품 사이에는 분명히 많은 차이가 있다는 것을 인정한다. 그럼에도 그들은 이 두 범주에 속하는 서사 텍스트들 사이에 상당히 높은 상호번역성이 있다고 주장한다. 그러나 이와는 반대로 상호번역성이 낮은 범주로 분류되어야 하는 경우들도 있는데 무성영화와 오페라가 그 중요한 사례 가운데 하나이다.

(사회)언어학적 전통에서, 구두 서사물과 문자 서사물을 연속체로 파악한 단계적 모델을 정립한 대표적 연구자로는 데버러 태넌을 꼽을 수 있다 (Polany, 1982). 태넌에 따르면 "구두성과 관련된 전략들이 화자 혹은 필자와 청자(聽者) 간의 상호관계라는 틀을 넘어 확대되었고, 문자 텍스트와 관련된 전략들이 내용 위주라는 틀에서 벗어나게 되었다"(Tannen, "Introduction" xv). 그리하여 서사 담론을 구두 담론과 문자 담론을 아우르는 하나의 연속체 위에 표시하는 것이 가능하게 되었다. 이 연속체의 한쪽 극단에는 "개인

▶ 크리스토퍼 게스트가 집필하고 감독·주연한 〈구프먼을 기다리며〉는 〈고도를 기다리며〉의 패러디다. 이 영화의 에필로그에서 주인공 코키는 뉴욕에 문을 연 자신의 가게를 보여주는데, 이 가게의 상품들 중에 루이 말Louis Malle 감독의 〈앙드레와의 저녁식사〉의 인물 인형들이 전시되어 있다.

간의 상호작용에 초점을 맞춘 담론"이 있고, 다른 쪽 극단에는 "메시지 내용에 초점을 맞춘 담론"이 있는데, 구두 담론은 전자의 대표적 사례이며 문자 담론은 후자의 대표적 사례이다(Tannen, "Oral/Literate" 15). 태넌의 연속체 이론은 구두 서사물과 문자 서사물의 상호작용 본위적 특성과 내용 본위적 특성들 사이에 기능적 등치 관계, 즉 상호번역성이 있다는 점을 전제로 한다. 따라서 태넌이 잘 보여주었듯이(Tannen, "Strategies") 어떤 문자 서사물에 상호작용 본위적 특성들이 더 많이 포함되어 있을수록 그것을 통한 구두 서사물의 기능적 측면의 재전달이 보다 성공적으로 이루어질 수 있다. 이러한 특성들의 예로는 많은 디테일과 이미저리, 수동태 대신 능동태 사용하기, 삽입문이나 종속문 대신 (목록과 같은 형태의) 병렬문 사용하기, 스토리 세계 속의 참여자들이 한 말을 직접 인용하기 등이 있다. 태넌의 연구의 전제는 상호작용 본위적 특성과 내용 본위적 특성이 어떻게 배분되었느냐에 따라 그 스토리의 종류가 정해진다는 것이다. 그녀는 이러한 특성들을 개별 매체들과 연결시켰다. 그런 다음, 어떤 특정 매체가 자신에게 속하지 않는 특성들, 즉 원래 다른 매체에 속하는 특성들을 어느 정도로 수용할 수 있는지를 조사했다. 이렇게 볼 때 태넌의 입장은 진테제의 입장이라고 할 수 있다. 실제로 그녀의 주장을 바꿔 말하면 위의 두 가지 특성들을 구두 서사물과 문자 서사물 사이의 경계를 넘나들며 재분배하는 과정에는 별 제약이 없다는 것이다. 그러므로 이들 구두 서사물과 문자 서사물 사이의 경계는 확정적이고 침투 불가능한 것이 아니라 가변적이고 열린 경계로 간주되어야 한다.

　서사학적 전통에 서 있는 연구자로는 모니카 플루더닉을 들 수 있는데, 그녀는 진테제의 입장에 기초한 단계적 모델을 주창했다. 그녀는 특히 대화 서사물과 문학 서사물에 주목하여 일상적 스토리텔링의 서술적 체험성, 즉 이야기하는 방식에 대한 강조와 사실주의와 모더니스트 소설에 특유한 실험적 서술법들 사이의 연속성을 발견하였다(Fludernik, 1996: 92 이하). 그녀는 현대 픽션에도 남아 있는 자연적 서사물의 특성들을 발견하였는데 그 중요한 예들은 다음과 같다. 먼저 화자라는 인물의 존재인데 이 인물은 자주 교훈적인 논평을 하고 평가를 내린다. 다음으로 스토리 세계의 참여자들에 대한 화자의 감정이입적인 동일시 혹은 거리두기 및 여러 가지 담론의 재현을 통한 참여자 흉내 내기 등이 있다(57 이하). 태넌과 마찬가지로 그녀 역시 자연적 서사물과 문학 서사물에 존재하는 특성들의 동일성을 주장하지는 않았다. 그러나 그녀는 그것들이 상호번역 가능하다고 보았다. 그럼에도 플루더닉의 연구는 결코 모든 서사 형식을 망라한 재매개(再媒介) 과정에 대한 일반 이론을 표방하지 않는다. 왜냐하면 그것은 특정한 두 개의 형식에 특유한 몇몇 특성들이 어느 정도의 기능적 등가성을 가지고 있느냐 하는 상당히 좁은 범위의 연구이기 때문이다.

진테제를 발전시키기 위해서는 서사 분석에 관한 통합적이고 범학제적인 접근이 필요하다. 즉, 문학이론과 문화이론뿐만 아니라 언어학, 민족지학, 사회학, 인지과학 등 인접 학문 분야까지 총괄하는 연구가 필요한 것이다. 나는 내 연구가 이러한 중요한 연구 프로그램에 작은 기여를 하기를 희망한다. 여기서 내 연구의 초점은 왜 서사물의 몇몇 상(aspect)들은 구두 담론과 문자 담론의 특성들을 연결하는 연속체를 따라 재배분하기가 적절한데 반해 다른 상들은 그런 재매개가 어려운가 하는 문제에 맞춰질 것이다.

진테제의 확장: 대화와 문학에서의 스토리 논리

진테제를 확장하기 위한 나의 전략은 스토리 논리를 지배하는 몇몇 원칙들과 그것들이 매체(여기서는 대화 서사물과 문자 서사물)의 경계를 넘어 사용되는 방식들, 즉 파라미터들을 좀 더 자세히 살펴보는 것이다. 앞에서도 지적했다시피 스토리 논리에는 두 가지가 있다. 즉, 스토리는 하나의 논리를 가지고 있을 뿐만 아니라 그 자체가 하나의 논리이기도 하다. 다시 말하면 서사물은 한편으로 하나의 기호학적 구조인 동시에 다른 한편으로는 경험을 구조화하고 이해하는 전략, 즉 가장 넓은 의미의 문제 해결 전략이기도 하다는 것이다. 나는 앞으로 이 두 가지 차원의 스토리 논리에 대해 차례로 논의하겠다. 이를 위해 나는 인물들의 변신 경험을 중심으로 전개되는 서사물들에서 이 논리들이 어떻게 나타나는지를 연구할 것이다. 이 서사물들 중 첫 번째는 그레고르 잠자가 딱정벌레로 변한 사건을 다룬 카프카의 「변신」이며, 두 번째는 사람에서 다람쥐로, 다람쥐에서 사람으로 변신하는 인물에 관한 TS의 이야기다.[4] 이들 스토리는 모두 인물의 육체가 인간과 벌레의 특질(「변신」), 혹은 인간과 동물의 특질(TS의 이야기)이 섞인 잡종적 형태를 띠게 되는 경험을 인과적-시간적 순서에 따라 표현한다. 그러나 이 두 이야기에는 그 전달 매체의 상이성 외에 또 하나의 커다란 차이점이 있다. 그것은 바로 카프카의 텍스트가 명백히 픽션인 데 반해 TS의 이야기는 그녀의 할아버지가 과거에 경험한 것에 대한 (초자연적이기는 하지만) 사실적 설명이라고 주장된다는 점이다.

그러나 이들 서사물이 다루는 핵심적 문제는 동일하다. 그것은 바로 한 인물이 다른 종으로 변한 변신의 경험을 어떻게 이해하느냐의 문제인 것이다. 서사물은 인과적-연대기적 패턴, 즉 단순히 시간적 연속만이 아니라 원인과 결과 관계로 엮인 사건들의 시퀀스를 확립하는 제1차적 수단이다. 이 점을 고려할 때 스토리는 인물들의 변신을 설명하는 매우 이상적인 방법이라고 할 수 있다. 그러나 다른 한편으로 진테제에 대한 나의 논의에서 나타난 문제들이 여기서 다시 부상한다. 그것은 바로 대화 서사물과 문학 서사물이 변신하는 인물들을 어떻게 추적하느냐의 문제이다. 그런데 이 기본적인 문제를 해결하기 위해 이들 두 서사물이 공통적인 스토리 논리의 원칙들에 의지한다고 가정하자. 그럴 경우, 매체의 차이는 이 원칙들의 사용에 어떤 정도로 영향을 미치는가? 더욱 범위를 좁히자면 이 질문은 다음과 같이 요약될 수 있다. 문학 서사물과 대화 서사물에 스토리 논리가 각각 다양한 방식으로 사용된다면 그 다양성의 범위는 각각 어느 정도인가? 그리고 이 두 범위는 서로 비슷한가, 아니면 어느 한쪽이 훨씬 넓거나 좁은가?

스토리가 구성하는 논리: 스토리텔링을 위한 의사소통 전략

스토리 자체가 구성하는 논리 중에서 가장 먼저 살펴보아야 할 사항은 서사물이 일반적 의사소통이라는 보다 더 넓은 논리 속에서 어떤 자리를 차지하느냐의 문제이다. 스토리텔러와 픽션 작가들은 특정 담론 환경, 즉 일종의 이야기 생태계 속에서 작업한다. 이때 이들의 의사소통 목표를 달성하게 해주는 서사물의 특성들은 무엇인가? 실제로 TS가 전하는 변신술사 이야기는 그냥 단순한 대화 서사물이 아니다. 왜냐하면 그것은 친구들 사이의 비공식적인 상호작용 가운데 이루어진 것, 즉 한 담화 참여자가 꺼낸 이야기에 다른 참여자들이 반응하는 식으로 이루어진 것이 아니기 때문이다. TS의 변신술사 이야기는 초자연적 현상에 대한 현장 조사원의 질문에 대한 대답으로 서술된 이야기의 일부분이다. 초자연적 현상에 대한 이 질문은 인터뷰 이전에 미리 준비된 것이므로 비교적 문맥적 연결이 약하다. 게다가 현장 조사원은 TS의 공동체에 속하는 구성원이 아니다.

그러나 TS의 이야기의 서사적 특성은 전체 담론의 문맥에 역으로 영향을 끼친다. 보통 인터뷰는 질문과 대답의 쌍으로 이루어진다. 그러나 이 스토리의 경우, 비교적 혼자 계속 말하는 형식의 발화 사건을 형성한다. 한 사람이 얘기하는 길이가 긴 발화 형태는 스토리텔링에 필수적이다. 그러므로 TS의 스토리가 진행되기 시작하자 면접자(BA)는 질문이나 다른 발화를 자제하고 '추임새' 같은(h, j, u, bb, dd, mm, vv, yy, ccc 등) 최소한의 형태만을 유지한다. 게다가 인터뷰 초반에(이 부분은 이 글 부록에 포함되지 않았다.) TS와

BA는 일종의 스토리 서문을 만들어내는데, 여기서 BA는 TS에게 "얘기 좀 해주세요"라고 요청함으로써 자신이 기꺼이 청자가 되겠다는 뜻을 밝힌다. 또한 이 서문에는 이야기, 그중에서도 유령 이야기에 대한 BA의 관심을 강조하는 명확한 말이 포함되어 있다.

> TS: 그런데 ^이야기의 이유는 ·· 난 그냥 ·· 모든 이야기를
>
>   그리고 우리 집은 세상에서 제일 안 좋아
>
>   그런 이야기를 하기에는/ 알아듣기 힘든 말/ (웃음)
>
>   [
>
> BA: ^얘기 좀 해주세요
>
>   나는 그런 얘기를 ^좋아해요.
>
>   좀 ^해주세요 (박수 친다) ·· ^예.▸

면접자는 실제로 발화한 말, 즉 "얘기 좀 해주세요"라는 말과 그 후 말을 삼가는 행동을 통해서 발언권을 양보한다는 뜻을 표시한다. 반대로 스토리텔러는 자기 이야기를 전개하는 데 필요한 비교적 긴 발언 시간을 확보하기 위해 주기적으로 말을 멈추고 허락을 구한다.

카프카의 「변신」의 의사소통 논리 역시 서사가 실제로 이루어지는 상황

▸ 이곳과 부록의 인터뷰 구술문에 표기된 부호들은 필자인 허먼이 Tannen(1993)과 Ochs 외(1992)에서 따온 것임을 밝혀둔다.
 ···   0.1초 이상의 감지할 만한 말 끊김
 ··   순간적인 휴지
 .   문장이 끝남
 ^   음성이 커짐
 고딕체 길게 늘어뜨려 발화된 부분
 [발화자들의 말이 섞임
 =   또 다른 발화자의 말과 섞이면서 계속 이어지는 부분
 / /   알아듣기 힘든 말

과 관련된다. 물론 카프카의 서사물은 TS의 이야기와는 전혀 다른 사회적 상호작용의 공간에 자리 잡고 있다. 그럼에도 서사가 실제로 행해지는 형식은 구술 스토리와 기본적으로 같은 연속체에 속해 있다. 물론 카프카의 작품과 같은 문학 작품의 경우, 서사 담론의 생산자와 해석자가 스토리텔링 상황에 대한 실시간 평가를 할 필요는 없다. 그러나 메리 루이즈 프랫이 지적했듯이 "자연적" 서사물 및 문학 서사물의 경우, 발화 상황에 속한 참여자들의 역할에 뚜렷한 표식이 새겨져 있다는 공통점을 갖는다. 이에 반해 "친구들 사이의 발화 상황에서는 모든 참여자들이 (원칙적으로) 똑같은 발언권을 가지며 따라서 이들 참여자들에게는 이러한 표식이 없다". 달리 말하면 TS의 대화 상대방과 마찬가지로 카프카의 독자는 청자의 역할을 맡음으로써 발언권을 담론 생산자에게 양보한다. 그 대신 담론 생산자는 "증대된 즐거움의 기대"를 충족시켜주어야 한다(Pratt, 1977: 113, 116). 문학 서사물의 상황에서 발언권 요청은 여러 가지 텍스트와 파라텍스트적 신호에 따라 실현된다. 예를 들어 같은 작가의 다른 작품들, 혹은 다른 작가들의 여러 작품들과 함께 수록되는 것 등인데 이런 신호는 TS의 "이야기의 이유는‥"과 기능적으로 대등한 가치를 갖는다.

TS의 이야기는 더 넓은 이야기 생태계에서 생겨나는 동시에 또한 그 생태계를 구성하는 데 일조한다. 이러한 커뮤니케이션 생태계에는 (인터뷰, 논증, 스토리 같은) 수많은 구두 담론 장르 또는 텍스트 유형이 포함되는데 참여자들은 이 중에서 끊임없이 선택하며, 또한 자신들의 선택을 분명히 드러낸다. 마찬가지로 카프카의 소설 역시 음식 조리법에서부터 학술 논문, 뉴스 및 정치 연설까지 아우르는 더욱 넓은 담론 환경에서 태어났고, 또한 역으로 그 환경에 영향을 끼친다. 문학이론가들은 여러 가지 종류의 텍스트들 간의 관계망을 가리키는 용어로 **상호텍스트성**(intertextuality)을 사용했다. 그러나 이러한 관계망 속에는 유사성뿐만 아니라 상이성도 포함된다. 실제로 「변신」의 풍요성은 부분적으로 여러 장르에서 양식과 주제를 따오되 결코 어느 하나에 치우치지 않았다는 사실에서 생겨난다. 그 결과 심리소설, 판타지 그리고 거의 혹은 반(反)종교적 알레고리의 요소들을 결합시킨 잡종적 텍스트가 탄생한 것이다. 그러므로 카프카의 커뮤니케이션 논리는 그것의 장르적 공간뿐만 아니라 하위 장르적 공간에도 종속되어 있다. 그리하여 이 이야기는 TS의 스토리와 마찬가지로 서사적 실천의 다른 하위 유형과의 관계에서 매우 미묘한 해석적 프로토콜을 지정하는 것이다.

스토리가 지닌 논리: 스토리텔링에서의 약호화 전략

지금까지 나는 TS의 스토리와 카프카의 스토리가 구성하는 논리에 대해 살펴보았다. 나는 특히 문학 서사물의 생산자와 해석자가 속해 있는 사회적 상호관계의 밑바탕에는 대면 스토리텔링의 의사소통 역학이 다소 작용하고 있다는 점을 지적했다. 달리 말하자면 구두 언어와 문자 언어를 가로질러 이 첫째 종류의 스토리 논리가 드러나는 방식들의 범위에는 상당한 수준의 상응성(相應性)이 존재한다는 것이다. 예를 들어 스토리의 서술 과정에서 픽션 작가들과 이야기꾼들이 서사 담론 속에 들어갔다 나왔다 하는 양상을 살펴보자. 이때 그들은 여러 가지 방식으로 이러한 출입을 표시하는데 그 방법들은 결코 동일하지 않다. 이 상이성은 바로 이들이 사용하는 매체의 상이성, 그중에서도 특히 문자 매체의 경우, 구두 매체에 비해 서사물의 생산과 해석 사이의 시공간적 거리가 크다는 점에 기인한다. 그러므로 여기서 '상응성'이란 서사 담론에의 출입 표시 방법 그 자체가 비슷하다는 것이 아니라, 이 두 매체에서 사용 가능한 방법들의 '범위'가 비슷하다는 뜻이다. 실제로 서사물은 매체에 관계없이 경험의 여러 양상들을 구조화하고 이해하는 기본적 수단을 제공한다. 그러므로 이 두 매체의 경우에도 그 서사적 커뮤니케이션 과정에서 강한 유사성이 발견되는 것은 그리 놀라운 일이 아니다.

그러나 그런 과정을 통해 생산되는 **서사적 산물**이 같은 정도로 상호번역될 수 있는가 하는 질문은 그대로 남는다. 이 질문에 대답하기 위해서는 스토리가 구성하는 논리로부터 스토리가 지닌 논리로의 이동이 필요하다. 여기서 나는 졸저 『스토리 논리*Story Logic*』에서 제시한 아이디어들을 간략히 소개하겠다.[5] 우리가 검토하는 두 텍스트는 앞으로 우리가 "설계 원칙들(design principles)"이라고 부를 일단의 공통된 약호화 전략에 의존하고 있다. 그러나 이러한 원칙들 혹은 전략들이 구두 담론과 문자 담론에서 각각 다르게 활용되는 방식에는 매체 특유의 제약들이 있다. 이러한 차이 가운데는 무시해도 좋을 정도로 미미한 것도 있지만 다른 한편으로 다른 매체로의 재매개에 상당한 제약이 되는 것도 있다.

나는 앞으로 통틀어 다섯 부류의 약호화 전략에 대해 논의하겠다. 대화 서사물과 문학 서사물에서 상정되는 스토리 세계를 구조화하기 위해 사용되는 이 전략들은 다음과 같다. 첫째는 참여자들의 역할 배분, 둘째는 상태와 사건 및 행위의 혼합, 셋째는 시간적 순서, 넷째는 개별 요소들의 공간적 배치, 다섯째는 스토리 세계를 특정 해석 문맥에 위치시키기 위해 도입되는 (여기, 나, 지금 같은) 지시적 표현들의 사용이다.

공정(工程)과 참여자들

해석자들은 서사물 속에 언급되거나 암시된 여러 개인과 요소들에 특정 역할을 부여함으로써, 각각의 참여자들이 스토리 세계에서 일어나는 다양한 종류의 상황에서 중심적 역할을 하는지 혹은 부수적인 역할을 하는지를 구분한다. 할러데이M.A.K. Halliday가 제시한 기능적 문법의 범주들을 살펴보자. 할러데이에 따르면 서사물은 여러 다른 유형의 공정(process)들을 약호화할 수 있다. 또한 스토리 세계의 참여자들의 역할과 상호 관계는 고정 불변이 아니라 한 특정 지점에서 어떠한 공정 유형이 우세한가에 따라 변하는 유동적인 것이다. 이러한 공정의 유형들로는 (중요한 것들만 들자면) 지각자(知覺者) 및 현상(現象)을 담당하는 참여자의 역할과 관련된 지각적 공정, 행위자 및 목표/피동자와 관련되는 물질적 공정, 매개자 및 속성과 관련되는 관계적 공정, 그리고 말하는 사람, 듣는 사람 및 메시지의 표적 대상과 관계되는 언어적 공정이 있다.

구두 서사물과 문자 서사물은 모든 공정 유형을 다 포함할 수 있다. 서사물 유형에 따른 공정 유형에는 제한이 없다. 또한 범상치 않은 현상에 대한 지각은 예상하지 못한, 균형을 깨는 행위와 마찬가지로 이야기를 통해 보고될 수 있다. 그럼에도 한 서사물이 여러 공정 유형 가운데서 주로 어떤 공정을 선택했는지를 따져보는 것은 하나의 스토리가 어떤 서사 장르나 하위 장르에 속하는지를 판정하는 중요한 약호화 전략 가운데 하나이다. 예를 들어 서사시는 대체로 정신적 공정보다는 물질적 공정에 대한 선호를 보여주며, 심리적 픽션은 그와 반대되는 선호를 보여준다. 변신술사에 관한 TS의 이야기에는 (예를 들어 r 줄의 '봤는데'와 t 줄의 '봐도' 및 ii와 aaa의 '알고'와 '알아채다' 그리고 tt의 '들여다보다' 등의 동사들과 같은) 지각적 공정과 (예를 들어 p의 '나가다', q의 '사냥하고 있다', v의 '쏘다', w의 '쓰러지다', aa의 '관통하다', cc의 '뭉개지다', ff의 '찾으려고', hh의 '향해 가다', qq의 '돌아오다' 같은) 물질적 공정이 섞여 있다. 게다가 다람쥐/인간이 화자가 되는 언어적 공정도 있다(x와 ee의 '고함을 질렀다고'와 y의 '비명을 질렀대요' 참조). 할아버지와 그의 동료는 지각자도 되었다가 행위자도 되었다가 또 표적 대상도 되며, 심지어는 인간/다람쥐가 "그들을 되게 언짢은 얼굴로 쏘아"볼 때는 지각 공정의 피동자/목표가 되기도 하는데, 여기서 특기할 것은 이 지각 공정이 그 자체로서 일종의 물질적 힘을 가진 것처럼 보인다는 점이다. TS가 초자연적인 이야기를 할 때 그처럼 정신적이고 물질적인 (그리고 언어적인) 영역이 뒤섞인 복잡한 혼합물을 창조하기 위해 스토리 논리를 사용한 것은 결코 우연한 일이 아니다. 변신 사건에는 잘못된 지각과 재(再)지각 행위가 관련되고 이는 또다시 물질적 현실 자체에 대한 재고(再考)를 요구한다.

카프카의 「변신」은 다생적(多生的, polygenetic) 텍스트인 만큼 그 속에는 여러 다양한 공정 유형과 참여자 역할이 섞여 있다. 그러나 이보다 더 중요한 것은 이 작품이 문자 서사물인 까닭에 문자 담론 특유의 속성들, 특히 상대적으로 더 자발적인 구두 담론의 경우와는 달리 매우 계획적이고 "여러 번 손을 본" 특성을 갖고 있다는 사실이다(Chafe, 1994). 따라서 문학 서사물의 생산자들은 스토리 전개 과정 속에서 참여자들을 더 복잡한 공정 유형 속에 위치시킬 수 있다. 또한 문학 서사물의 경우, 생산과 해석 사이의 시간적 간격도 더 길고 해석에 허용된 시간도 더 길다. 이러한 시간적 여유 덕택에 참여자는 한층 복잡한 공정 유형에 참여할 수 있다. 그러나 대화 서사물과 문학 서사물 사이의 이러한 복잡성의 차이는 정도의 차이일 뿐 결코 종류의 차이가 아니다. 카프카의 스토리 첫 부분에서 그레고르는 딱정벌레로 변한 자신의 몸을 침대에서 일으켜 회사 상관에게 자세한 사정을 설명하려 한다. 그는 행위자의 역할을 맡고 있기에 여기서 가장 우선적으로 드러나는 공정은 물질적 공정이다. 그러나 그는 동시에 지각적 공정에도 관여한다. 왜냐하면 그레고르는 자신이 벌레로 변신한 기이한 현상을 이해하려고 애쓰기 때문이다. 스토리가 전개됨에 따라 그레고르의 지각자 역할은 목표/피동자의 역할과 뒤섞인다. 결국 그레고르는 그를 문 밖으로 쫓아내고 그의 몸에 사과를 던지는 물질적 공정의 표적이 된다. 또한 그의 몸집이 줄어드는 것과 정비례하여 그의 아버지의 힘과 몸집은 점점 더 커진다. 이렇게 볼 때 이 작품은 인물 시각적 서술이다. 물론 여기서 사용된 인칭 자체는 삼인칭이기 때문에 '이종서사(heterodiegetic)' 서술로 볼 수 있지만, 사건을 보는 시각이 그레고르라는 특정한 의식 중심 혹은 '필터'를 통하기 때문에 인물 시각적이라는 것이다. 따라서 이 작품의 독자는 때때로 이야기 세계 속의 특정 현상들이 어떻게 약호화되었는지 분명히 파악하는 데 어려움을 느끼기도 한다. 그리하여 독자는 그러한 현상이 그레고르의 정신 상태의 투영인지 아니면 서술된 세계 속의 다른 참여자들이 행한 행위(혹은 그들로 말미암아 초래된 사건)인지 분간할 수 없는 지경에 이르게 된다."[6]

상태, 사건, 행위

스토리 세계를 구성하는 요소로는 참여자 말고도 **상태**(states), **사건**(events), **행위**(actions)가 있는데, 이 중 '사건'은 의도적으로 촉발되지 않은 것인 반면 '행위'는 의도적으로 발생한 것이다. 그런데 어떤 특정 서사 장르에서는 어떤 특정 상태들이 다른 상태나 사건 혹은 행위 들에 비해 더욱 뚜렷이 나타날 수 있다. 즉, 서사 장르와 특정 상태 선호 문제는 상관관계를 나타낼 수도 있다는 것이다. 예를 들어 심리적인 이야기에는 참여자의 내면 상태를 사건이나 행위에 우선하는 약호화 전략이 주로 사용된다. 우리 연구의 경우, 분석의 대상이 되는 두 서사물은 모두 주인공의 내면 상태에 초점을 맞추고 있다. TS는 변신하는 다람쥐/인간의 크기와 행동에 대한 할아버지의 반응, 그리고 다람쥐인 줄 알고 쏜 총에 맞은 변신술사가 죽었을 때 할아버지가 느낀 회한을 자세히 얘기한다. 한편 카프카 소설의 경우, 그레고르는 은행원 제복을 입은 아버지의 기괴한 모습과 위협적으로 쳐든 아버지의 장화를 보았을 때, 그리고 더 이상 아버지 한 사람이 아니라 모든 아버지의 목소리로 변한 그의 목소리를 들었을 때, 자신의 감정 상태를 말로 표현하지 못한다. 완전히 벌레가 되었기 때문이다. 그러나 화자는 이 반응을 간접적인 방식으로 표현한다. 물론 위의 논의가 시사하듯이 나의 분석 대상 텍스트들은 결코 심리적 상태만을 다룬 것이 아니며, 거기에는 이러한 상태를 초래한 의도적인 행위들과 계획되지 않은 우연한 사건들이 함께 결합되어 있다.

▸ 이것은 제라르 주네트가 『서사담론』에서 구별한 서술태(voix)와 서술법(mode), 그중에서도 초점(focalization)의 구별 문제이다.

이처럼 두 서사물은 기본적으로는 모두 인물의 내면 상태를 우선시한다. 그러나 그 재현의 차원에서 이 둘은 상당한 차이를 보인다. (물론 이것은 종류의 차이가 아니라 정도의 차이다.) 다시 강조하지만 문자 서사물의 경우, 생산과 해석 사이의 시간적 간격이 더 길며 각 개인에게 허용된 해석 시간도 더 길다. 따라서 계획적이고 '여러 번 손을 본' 문학 텍스트들은 참여자들의 개인적 신념이나 욕망 및 의도 등을 길게 설명할 수 있다. 이에 반해 대화적 스토리텔링의 경우, 한층 자발적이고 짧기 때문에 이러한 내면 상태는 해석자들의 추측을 통해 보충되어야 한다. 라보프는 개인적 경험을 다룬 서사물의 화자들의 경우, 서술된 행위와 사건이 발생한 당시 떠오른 생각과 감정에 대해 논평함으로써 자신들의 스토리에 대해 평가하고 그 의미를 제시한다는 점을 지적하였다(Labov, 1972: 370~375). 물론 그렇기는 하다. 그러나 라보프의 표현을 차용하자면, 그러한 "외부적" 평가와 자기 방에 있는 가구에 대한 그레고르의 태도 변화를 묘사한 카프카의 문장들 사이에는 천양지차가 있다(Kafka, Verwandlung: 101~106; Metamorphosis: 489~491).

시간적 순서

시간적 순서에 따른 서술 방식을 크게 나누면 한편으로는 사건들이 시간의 축 위에 확실하게 자리를 잡는 서술 방식이 있고, 다른 한편으로는 실제 일어난 시간적 순서를 모르기 때문에 혹은 (몇몇 포스트모던 텍스트의 경우처럼) 의도적으로 사건을 흐릿하고 불분명한 순서로 재현하기 때문에 사건들의 정확한 시퀀스를 알기 어려운 서술 방식이 있다. 사실 서사 장르를 구별하는 특징들 가운데 하나는 어느 특정 장르에 전형적으로, 혹은 매우 자주 쓰이는 시간적 배열 방식이다. 예를 들어 서사시와 같은 전형적인 영웅 서사물의 경우 사건은 분명한 순서를 가진 시퀀스로 제시된다. 반대로 흐릿하거나 단편적인 기억만 가지고 있는 사건에 대해 법정에서 오직 진실만을 증언해야 하는 증인의 경우, 이야기는 단편적인 배열만으로 구성될 가능성이 높다. 도널드 마이클 토머스Donald Michael Thomas의 『화이트 호텔White Hotel』▶이나 호르헤 루이스 보르헤스Jorge Luis Borges의 「끝없이 갈라지는 길들이 있는 정원The Garden of Forking Paths」▶▶과 같은 실험적 픽션에서는 시간 자체가 양방향 혹은 다방향으로 흐르는 것으로 묘사된다. '이후' 사건 들이 '이전' 사건들의 원인이 되고(토머스), 한 특정 순간이 수많은 시간선(時間線) 상에 동시에 존재하는 것으로 표현되어 있는데 이때 각각의 시간선마다 다른 세상이 존재한다(보르헤스). 이러한 텍스트들은 사건들 사이의 시간적 관계를 단순히 알기 어려운 것이 아니라 본질적으로 불확정적인 것으로 제시한다.

사건의 시간적 배열 방식은 서사 장르만을 구분하는 것이 아니라 서사

▶ 영국의 시인, 소설가, 번역가(1935~). 1981년에 발표된 그의 대표작 『화이트 호텔』은 포스트모더니즘 소설로서, 에로틱 판타지로 시작하여 프로이트의 여성 화자의 사례 이야기로 변했다가 갑자기 홀로코스트, 즉 나치의 유대인 대학살을 증언하다가 다시 판타지로 돌아오는 기이한 이야기다.

▶▶ 아르헨티나의 소설가이자 시인, 평론가(1899~1986)로서 환상적 사실주의에 기반한 단편들로 현대 포스트모더니즘 문학에 큰 영향을 끼쳤다. 그의 픽션 「끝없이 갈라지는 길들이 있는 정원」의 주인공 유춘은 영국에 사는 중국인으로 독일 제국의 스파이 노릇을 하고 있었다. 그는 영국군의 포대가 숨겨진 도시를 찾아낼 임무를 띠고 있었으며 결국 그것을 알아낸다. 그러나 바로 그때, 유춘은 자신이 영국 정보부로부터 쫓기고 있음을 알게 된다. 그리하여 그는 스티븐 알버트 박사를 찾아갔는데 알버트 박사는 저명한 중국연구가인 데다 유춘 자신의 조상인 추펜의 작품에 대한 위대한 발견을 막 마친 상황이었다. 추펜은 끝없이 갈라지는 길들이 있는 미로를 만들고 위대한 소설 창작을 시도한 것으로 유명한데, 막상 뚜껑을 열고 보니 소설은 도대체 무슨 얘기인지 모르겠고, 그가 설계한 미로는 행방이 묘연했다. 그런데 알버트 박사는 추펜의 소설이 바로 추펜이 설계한 미로라는 것을 알아냈다. 보통 소설에서 사건은 여러 가지의 가능성 중에서 한 가지를 골라 그 길을 따라 일어나며 다른 가능성들은 사장된다. 그러나 추펜이 지은 소설의 경우, 모든 가능성들이 다 일어나는 것이다. 그러므로 그 길은 끝없이 여러 갈래로 갈라진다. 그리고 그의 미로는 공간적인 것이 아니라 시간적인 것, 즉 소설의 사건이 시간의 축을 따라 갈라지는 것이다. 유춘은 알버트 박사에게 매우 감사했다. 그럼에도 그는 알버트 박사를 죽인다. 이는 영국군 포대가 숨겨진 도시가 알버트 시라는 것을 알리기 위해서였다. 그는 결국 살인범으로 체포되어 사형에 처해진다.

매체를 구분하는 데도 일조한다. 예를 들어 문학 서사물의 경우, 사건들을 시간축 상에 배열하기 위해 온갖 가능한 방식들이 동원될 수 있다. 이에 반해 대화적 스토리텔링의 경우, 확정적인 배열 방식이 주로 쓰인다. 보통의 대화에서는 당사자들이 최대한으로 짧은 대꾸를 서로 교환하는 것을 선호한다(Sack, Schegloff and Jefferson, 1974). 그런데 대화적 스토리텔링은 이러한 대화의 관습에 역행하여 이루어진다. 왜냐하면 스토리를 전개하려면 한 사람의 얘기가 길어야 하기 때문이다. 따라서 사건들 간의 시간적이고 인과적인 관계가 최대한 경제적으로 제시될 필요가 있다. 게다가 청자는 청자대로 이야기를 듣는 순간 바로 이해해야 하기 때문에, 다시 말하면 제시된 사건의 시퀀스를 즉각적으로 재구성해야 하는 청자의 해석적 필요 때문에 이러한 제약은 더욱 강화된다. 이러한 논의에 기초하여 우리는 문학 서사물이 선호하는 시간적 배열 방식은 장르에 따라 매우 다양할 수 있는 데 반해, 대화 속에 열거되는 사건의 시퀀스에는 매우 제약적인 방식만이 쓰인다고 가정할 수 있다. 이것은 대화라는 매체 자체가 확정적이고 완전히 재구성이 가능한 배열 방식을 요구하기 때문이다. 그러므로 대화 서사물에서는 서사물에서 사용 가능한 다양한 시간적 배열 방식 중에서 극히 일부만이 활용될 수 있을 것이다.

이러한 주장을 검증하려면 더 많은 사례들이 필요하다. 그러나 우리의 연구 대상인 두 개의 서사물만로도 어느 정도 이를 확인할 수 있다. TS의 변신술사 이야기에는 사건들의 시간적 배열이 완전히 이루어져 있다. 그녀의 이야기는 하루 동안에 일어난 사건들로 구성되며 그 배열은 다음과 같다. 먼저 그녀의 할아버지가 다람쥐를 쏘고, 그다음에 노인이 할아버지를 매우 언짢은 얼굴로 쏘아보고, 그런 다음에 할아버지는 혼자 노인 집으로 돌아가서 그 노인이 등에 총상과 유사한 상처를 입은 채 죽어 있는 것을 발견한다. 카프카의 텍스트 경우에도 전체적인 사건 시퀀스를 재구성하는 것이 가능하다. 그러나 국지적으로는 불확정적인 배열이 존재한다. 예를 들어 다음과 같은 몇몇 사건들이 어떤 순서로 일어났는지 확실하게 알 수 없다. 그레고르의 변신 이후 누가 먼저 일자리를 찾았는가? 그레고르의 아버지인가, 아니면 누이동생 그레테인가? 그뿐만 아니라 어느 지점에 이르러 카프카의 화자는 "크리스마스는 벌써 지났다, 그렇지 않은가?"라는 질문을 던짐으로써(120; 498) 그레고르가 당시 진행 중인 사건들을 확실한 순서로 배열하지 못한다는 점을 암시한다. 그런데 이러한 무능력은 (벌레가 된) 현재의 그레고르와 인간으로서 그의 과거 사이에 간극이 점점 커진다는 것을 보여주는 표지가 된다.

공간적 배열

스토리텔링에는 시간적 배열뿐만 아니라 공간 속에서 장소, 개체 및 동작 경로를 설정하는 배열도 존재한다. 그러므로 서사물을 이해하기 위해서는 스토리 세계의 '인지적 지도'를 만들고 수정해나가는 것이 필요하다. 그리고 이를 위해서는 참여자 및 다른 개체들을 전경-배경 관계의 네트워크에 위치시켜야 한다. 또한 인물과 물체들이 서사적으로 의미 있는 경로를 따라 움직일 때 그 궤적을 표시해야 한다. 이러한 배열에 대한 분석 결과는 시간의 경우와 유사하다. 문학 서사물의 경우, 대화적 스토리텔링에서는 비교적 잘 쓰이지 않는 공간 지시 방식들이 다양하게 활용된다.

우리의 검토 대상인 두 개의 텍스트는 공통적인 공간 지시 전략들을 쓰고 있다. 예를 들어 이동 동사들은 두 텍스트 모두에서 공간 구축의 핵심적인 수단으로 쓰인다. 영어의 경우, 이 동사들은 '오다(come)'와 '가다(go)'라는 양극을 이어주는 연속체 위에 위치하며(Brown 1995: 108~124, 188~191; Landau and Jackendoff, 1993; Zubin and Hewitt, 1995) 움직임의 방향성을 약호화한다. 그리고 이를 통해 화자가 인지하는 개체들의 소재지 및 그들이 한 장소에서 다른 장소로 움직일 때 그리는 궤적을 표현한다. 예를 들어 질리언 브라운Gillian Brown이 연구한 자발적인 구두 서사물에서 "오다(come), 도착하다(arrive), 걸어 들어오다(walk in) 같은 동사들은 …… 관찰자가 있는 공간 혹은 그곳과 근접한 공간 속으로의 입장(入場)을 나타낼 때 사용되며 …… 가다(go), 걸어 나가다(walked off/out), 떠나다(leave) 등은 인물들이 그 공간을 떠날 때 사용된다"(Brown, 1983: 190). TS의 스토리의 경우, 이동 동사들은 두 사냥꾼이 변신술사의 집에 가까워지고 멀어지는 경로를 따라 사용되며 그 예로는 '향해 가다'(hh), '들어가다'(jj), '나오다'(oo), '다시 돌아오다'와 '돌아가다'(qq) 등이 있다. 또한 이 동사들로 말미암아 변신술사의 집을 축의 말단, 이야기꾼의 시점을 축의 중심부에 두는 공간의 축이 형성된다. 그러므로 TS의 이야기는 이동 동사들이 관찰자 중심의 위치, 혹은 그의 시각을 '투사하는' 위치를 표시하는 방식에 대한 좋은 예를 제공한다 (Frawly, 1992: 262~273; Herman, 2001).

카프카 소설의 경우 역시 말단-중심의 축 위에 이동의 궤적이 그려지는데 여기서 중심은 대부분의 경우 그레고르의 시점이다. 그레고르가 벌레가 된 후 처음으로 방에서 나왔을 때(*Verwandlung*, 82~83; *Metamorphosis*, 479), 그는 회사 지배인이 아파트 현관 쪽으로 "천천히 뒷걸음질 치는 것"을, 그리고 그의 어머니가 두 손을 맞잡고 "그레고르를 향하여 두 발짝을 내딛는 것"을 본다. 잠시 후에 화자는 다음과 같이 말한다. "그레고르가 첫마디를 내뱉기가 무섭게 회사 지배인은 뒤로 돌아섰으며 지금은 씰룩거리는 어깨 위로 고개를 돌려 입을 멍하니 벌린 채 그를 바라보고 있었다"(84~85; 480). 지배인이 그대로 가버리면 회사에서의 자기 입지가 곤란해질 것을 두려워한 그레고르는 "지배인 쪽으로 다가가려고 하였다"(85; 480). 그 순간 어머니가 펄쩍 뛰며 도와달라고 소리를 지르더니 "무의식적으로 뒷걸음질을 쳤다"(86; 480). 그러다가 식탁에 부딪치는 바람에 커피가 가득 찬 커피포트를 뒤엎었다. 그러므로 이 스토리는 사건에 대한 그레고르의 시점을 기준으로 전진, 후퇴하는 지배인과 어머니의 이동 궤적을 기록한다.

이처럼 이 두 서사물은 이동 동사에 의존한다는 공통점을 가지고 있다.

그럼에도 공간을 나타내기 위해 이 전략을 사용할 때 선호하는 방식에서는 차이가 있다. 시간 배열의 경우와 마찬가지로 공간 배열에서도 이 차이는 매체의 제약 때문에 생겨난다. 문학 서사물에서는 '오다' 및 '가다'와 유사한 뜻을 가진 수많은 어휘들 중에서 선택하는 것이 가능하지만 대화 서사물에서는 그 정도가 훨씬 덜하다. 실제로 TS의 이야기에서 가장 자주 쓰이는 이동 동사는 '가다'이며 때때로 그것과 기능적으로 동등한 '떠나다'와 '향하다'가 사용된다. 반대로 카프카의 동작 어휘 목록에는 '꼼지락대며 나아가다'(70; 472), '계속 미끄러져 내려가다'(80; 477), '뜀박질 치기 시작하다'(86; 481), '떼밀고 들어가다'(88; 482) 등도 사용된다. 이처럼 카프카의 경우, 의미론적 극단이 '오다'와 '가다'라는 점은 TS의 스토리와 동일하지만 참여자가 오고가는 방식의 표현은 훨씬 다양하고 풍요롭다. 이동 사건의 재현에 관한 레너드 탈미의 도식을 사용하면 이는 다음과 같이 표현될 수 있다 (Talmy, 2000: 25~26; 1975, 1985 참조). TS의 대화 서사물에는 이동 현상 그 자체와 이동의 궤적이 자세히 묘사된 반면, 카프카의 텍스트에는 이동 사건의 제3 요소, 즉 이동의 방식도 다른 두 가지와 마찬가지로 상세히 표현되어 있다. 그러나 문학 서사물의 경우 대화 서사물에 비해 이동 방식이라는 요소를 더욱 상세히 표현한다는 주장을 일반화하기 위해서는 더 많은 연구와 더 큰 표본 집단이 필요하다.[7]

지시적 참조

이처럼 문학 서사물과 대화 서사물은 시공간적 배열에서 공통적인 원칙들에 의존한다. 하지만 이 원칙들이 사용되거나 실행되는 방식들의 범위에는 매체 한정적인 제약들이 존재한다. 이와 마찬가지로 스토리 세계를 특정한 해석 문맥과 연결시키기 위해 지시사(deictic)를 사용하는 데도 유사한 차이가 존재한다. 그러나 이 경우는 앞의 경우들과는 달리 대화 서사물이 더 유리하다. 특히 여기와 거기 같은 공간 지시사의 경우, 텍스트를 특정 문맥 속에 고정시키는 데는 대화 서사물이 문학 텍스트보다 더 많은 선택의 여지를 지닌다.

문학 작품의 경우, 독서하는 시공간과 스토리가 구성된 시공간 사이에는 커다란 거리가 존재한다. 따라서 작가는 작품을 쓸 때 독자의 기본적 공간 관념에 의존한다. 또한 아파트의 내부, 영화관 혹은 교실과 같은 세상의 특정 영역이 어떻게 생기고 또 어떻게 배치되는지에 관한 독자의 일반적이고 전형적인 지식에 의존한다. 이에 반해 대화적 스토리텔러는 여기와 거기 같은 공간 지시사를 현재의 시공간적 환경에 대입하여 사용할 수 있다. 이 경우 청자는 이야기가 실제로 발화되는 곳의 공간적 배열에 의거하여 스토리 세계의 공간적 배열을 유추할 수 있다. 따라서 그는 공간 지시사들이 지시하는 대상을 보다 더 쉽게 파악할 수 있다. 이처럼 구두 서사물은 스토리 세계의 전체적인 공간적 배열의 모델을 제시할 때 단순한 "배경 지식"만이 아니라 현재의 상호작용적 문맥 속에 존재하는 정보에도 의존할 수 있다.[8]

아쉽게도 우리의 연구 대상인 구두 서사물, 즉 TS의 이야기에는 이러한 공간적 지시사가 등장하지 않는다. 그러나 TS의 이야기가 포함된 초자연적 이야기의 전체 표본 속에는 이 문제를 예시하는 서사물이 존재한다. 여기서 화자인 LB는 면담자인 NSE에게 그녀의 죽은 오빠의 유령이 나타난 얘기를 한다.

LB: (a) 그리고 우리 ^오빠 … 그전에 죽었는데

　　(b) 어찌 되었건 … 정말이라니까 … 밤중에 오빠를 봤어요

　　(c) 마치 낮에 보는 것처럼 분명했다니까

NSE: (d) 네.

LB: (e) 그런데 내 방은 … 창문은 바로 ^저기(there) 있고,

　　(f) 이중창 두 개 말이야.

　　(g) 그런데 오빠가 ^서 있는 게 보였어.

(h) 마치 생전에 보던 것처럼

(i) 거기(there) 서 있었어.

이 대화 발췌문에서 LB는 'there'라는 말을 두 번, 즉 (e)와 (i)에서 사용했다. 그런데 (i)의 'there'는 스토리 세계 내적 장소를 지시하는 데 반해 (i)를 '준비하는' 역할을 하는 (e)의 'there'는 지시사로 작용한다. LB는 이야기 도중, 한 장소를 가리키며 이 말을 한다. 즉, 그것은 현재의 상호작용이라는 문맥 속에서 장소를 가리키는 제스처와 함께 쓰이고 있다. 그러므로 이 말은 스토리 세계의 장소를 현재의 장소에 위치시킨다. 말하자면 그것은 LB의 대화 상대방으로 하여금 스토리 세계 외적 공간을 스토리 세계 내적 공간에 투영시키도록 한다. 또한 역으로 스토리 세계 내적 공간을 스토리 세계 외적 공간에 투영시키게도 한다. 그리하여 두 번째로 등장하는 'there', 즉 (i)의 'there'는 스토리 세계와 스토리가 발화되는 세계에 양다리를 걸치는 혼합적인 장소를 지시한다. 이러한 혼합은 두 개의 시공간적 좌표와 관련되는 정신적 표상들을 중첩시키는 까닭에 카프카의 텍스트와 같은 문학 서사물에서 사용되는 공간적 지시사들보다 더 풍요하다고 볼 수 있다. 왜냐하면 「변신」의 경우, 좌표의 혼합이 아니라 좌표 이동이 일어나기 때문이다. 이 작품에서 '지금'과 '여기'라는 표현은 해석 행위가 일어나는 시공간으로부터 스토리 세계의 시공간으로 완전히 **이동**해버린다. 따라서 구두 서사물과 같은 좌표 혼합, 즉 양다리 걸치기는 일어나지 않으며 이것은 다른 모든 문학 서사물의 경우에도 마찬가지다.[9]

이 논문에서 나는 단지 두 개의 의사소통 매체만을 표본으로 하여 스토

▸ 우리는 여기서 영어 'there'를 각각 '저기'와 '거기'로 달리 번역했다. 왜냐하면 우리말의 '저기'는 지시사로서 현재 상황과 관련이 있는 데 반하여 '거기'는 스토리 내적 장소를 지시하기 때문이다.

리 논리의 요소들을 살펴보았다. 이것은 간매체적 서사학을 향한 매우 작은 시발점에 불과하다. 여기서 나의 주된 목표는, 구두 서사물과 문자 서사물 사이의 관계에 대한 엄정한 연구를 위해서는 스토리와 그 매체의 관계에 대한 좀 더 일반적인 이론이 필수적이라는 것을 보여주는 데 있었다. 내가 여기서 진테제라고 규정한 입장을 확대 적용하기 위해 나는 스토리 논리가 원칙들과 파라미터들의 체계로 간주될 수 있으며, 그 체계 속에서 (대화 서사물과 같은) 구두 서사물과 (문학 서사물과 같은) 문자 서사물이 서로 다른 좌표를 갖는 원칙과 파라미터들의 체계로 간주될 수 있다고 보았다. 한 텍스트나 담론이 이 체계 속에서 어떤 좌표값을 가지려면, 즉 서사물**로서** 해석되려면 이 원칙들이 무조건 실행되어야 한다. 그러나 한 서사물이 이 시스템 속에서 어떤 특정 위치를 차지하느냐의 문제는 이 원칙들의 다양한 실현을 위한 파라미터들에 따라 결정된다. 그러므로 우리가 검토한 두 텍스트, 즉 대화로 구술된 변신 이야기와 카프카의「변신」과 같은 문학 텍스트는 비록 유사한 경험을 다루고 있기는 하지만 그 스토리 논리는 서로 다른 제약들의 지배를 받는다. 여기서 우리가 살펴본 것은 이러한 제약에 대한 연구의 첫걸음에 불과하다. 우리는 앞으로의 연구를 통해 어떤 종류의 제약들이 각 스토리텔링 매체의 의사소통적이고 표상적인 속성들을 형성하는지, 또한 비슷한 내용을 가진 텍스트 사이에서 어느 정도로 번역 불가능한 차이를 만들어내는지 밝혀낼 수 있기를 기대한다.

〈이봉지 옮김〉

부록

이 이야기는 PS라는 22세의 영국계 미국 여성이 사는 트레일러 홈(trailer home)▸에서 진행된 사회언어학적 인터뷰에서 발췌한 것이다. 인터뷰의 다른 참여자들로는 현장조사원인 BA와 24세의 체로키(Cherokee)▸▸ 여성인 TS가 있다. 인터뷰는 1997년 3월 21일, 미국 노스캐롤라이나 주 로빈스빌에서 진행되었다. 로빈스빌은 노스캐롤라이나 주의 서쪽 끝에 있는 산악지역인 그레이엄 카운티에 있다. 논의의 편의상 스토리의 각 행은 영어 알파벳으로 구분했다. (녹취록에는 두 개의 이야기가 등장한다. 첫 번째 이야기는 화자의 사촌 얘기인데 이것은 두 번째 이야기, 즉 그녀의 할아버지의 경험에 관한 한층 자세한 이야기의 서론 역할을 한다.)

TS: (a) 그런데 내게는 사촌이 하나 있었는데 ‥

    (b) 이름이 조지라고 ‥

    (c) 음 ‥ 그 사람이 올빼미를 총으로 쐈는데 ‥

    (d) 근데 총알이 올빼미에서 도로 튕겨 나와

    (e) 자기가 맞아서 죽었어요 ‥‥

    (f) 뭔가가 있었던 거지.

    (g) 올빼미 속에.

      [

BA: (h) 그거 정말이에요?

TS: (i) 그런 걸 변신술이라고 해요.

BA: (j) 음, 어 ‥ 어, 어.

TS: (k) 그리고 어 ‥ 우리 할아버지가 몇 년 전에 해준 얘긴데

▸ 자동차로 끌고 다니는 이동 주택.

▸▸ 북아메리카 인디언.

(l) 말인즉슨 ·· 맹세코 정말이라면서 ·· 사람을 죽였다는 거예요 ··

(m) 어 ·· 그런데 어 ·· 할아버지가 젊었을 때

(n) 체로키 마을에서 살았는데

(o) 다른 사람 한 명이랑

(p) 함께 나가서 ···

(q) 어 ·· 다람쥐며 뭐 그런 것들을 사냥하고 있었대요

(r) 그러다가 다람쥐 한 마리를 봤는데 ·· 제법 큰 놈이었대요.

(s) 할아버지 말로는 ·· 시원찮은 작은 다람쥐가 아니었대요

(t) 한눈에 봐도 **무척 큰 놈**이더래요.

BA: (u) 음 흠.

TS: (v) 그래서 그 다람쥐를 쐈대요.

(w) 근데 ·· 그놈이 ·· 쓰러질 때

(x) 할아버지 말이 ·· 그놈이 고함을 질렀다고 ··

(y) 비명을 질렀대요.

(z) 그런데 할아버지 말이 ·· 뒤로 벌떡 자**빠**졌는데

(aa) 그놈은 ·· 총알이 왜 있잖아요 ·· 관통해서=

                              [

BA: (bb)   음 흠.

TS: (cc) =그래 가지고 ·· 온몸이 뭉개졌대나 어쨌대나=

                     [

BA: (dd)   음 흠.

(ee) =할아버지 말씀이 ·· 그놈이 쓰러지면서 **고함을 쳤다**고

(ff) 그래서 그걸 찾으려고 갔는데

(gg) 그런데 그 다람쥐를 **찾을 수가 없었**대요.

(hh) 할아버지 말씀이 ·· 어떤 사람 집을 향해 갔는데

(ii) 할아버지는 ·· 그 사람 이름이며 다 알고 있었대요

(jj) 그래서 그 집 안으로 들어갔대요

(kk) 그런데 그 사람이 되게 ^언짢은 얼굴로 쏘아보더래요.

(ll) 근데 그 사람은 원래 그런 사람이 아니었대요=

                                         [

BA: (mm)   음 흠.

TS: (nn) 그런데 그 사람이 ·· 되게 언짢은 얼굴이더라는 거예요.

    (oo) 그래서 ·· 그냥 나왔대나 어쨌대나

    (pp) 함께 왔던 사람은 그냥 갔대요

    (qq) 그런데 할아버지는 다시 돌아와서 집 뒤로 돌아갔대요

    (rr) 그랬더니 ·· 할아버지는 알고 싶었던 거죠 ···

    (ss) 어찌된 영문인지 말이죠

    (tt) 그래서 들여다보니까 그 남자가 쓰러져 있는데

    (uu) 등에서 ·· 피가 줄줄 흐르더래요 ·· =

                          [

BA: (vv)   오!

TS: (ww) =피를 흘리더라고.

    (xx) 그 사람은 결국 죽었대요.

BA: (yy) 말도 ^안 돼.

      [

TS: (zz) 할아버지는 "내가 일부러 그런 게 ^아냐" 하시면서

    (aaa) "하지만 나는 알아챘어 ·· 내가 한 ·· 짓이라는 걸"이라고 하셨어요.

    (bbb) 또 "우리가 그 사람을 쐈다"고도 하셨어요.

BA: (ccc) /말도 안 돼/

      [

TS: (ddd) 자기 짓이라고 ··

    (eee) 그게 ·· 그 사람이 다람쥐였다고 (웃음)

    (fff) 자기는 그걸 절대로 잊지 못할 거라고 ·· 말이죠

    (ggg) 할아버지는 그 얘길 수없이 여러 번 해주셨어요.

주

1 이 논문에서 나는 '대화 서사물(conversational narrative)'이라는 말을 '구두 서사물(oral narrative)'이라는 용어보다 더 한정적인 의미로 사용했다. '문자 서사물'과 마찬가지로 '구두 서사물' 역시 여러 다양한 서사 양식을 포함한다. 나의 기본 가정 중 하나는 서사 매체들의 차이를 연구하려면 매체에 기반을 두지 **않은** 여러 특징들을 포함하는 좀 더 넓은 체계를 연구해야 한다는 것이다. 예를 들어 구두 서사물만 하더라도 (정형화된 서사시나 전래 구술문의 암송과 같은) 공식적인 장르가 있는가 하면, (대화 서사물처럼) 비교적 비공식적인 장르도 있다. 그러나 공식성은 서사 장르 및 하위 장르를 구분하는 한 요소에 불과할 뿐이다. 예를 들어 문자 서사물은 (술집에서 일어난 싸움에 대한 사건 기사와 영웅적 전투에 관한 서사시처럼) 공식성에 따라 분류되기도 하지만 (일화와 조크에 대한 짧은 메모, 완전한 자서전 혹은 정치 풍자처럼) 완성도에 따라서도 분류된다. 또한 (여행기/가정생활의 경우처럼) 주제별 분류, (심리학 실험 중 만들어진 문자 서사물/개인의 일기 속에 들어있는 이야기의 경우처럼) 대상 독자에 의한 분류도 가능하며 이 밖에도 여러 방식의 분류가 가능하다. 따라서 여기서 '대화 서사물'과 '문학 서사물'이라는 용어는 '서사물'이라는 텍스트 유형의 한 사례이며 각각의 용어에는 여기에서의 분류 기준이 된 매체라는 기준 말고도 여러 다른 요소들이 포함되어 있다.

2 여기서 문제가 되는 몇몇 제약에 대해서는 주네트의 『팰랭프세스트*Palimpsests*』, 그 중에서도 특히 제57장에 나오는 transmodalization에 관한 논의를 참조할 것(Genette, 1997: 277~282). 여기서 주네트는 간(間)양식적(intermodal) 변환과 양식 내적(intramodal) 변환을 구분했고, 각 유형마다 두 가지씩의 하위 유형들을 구분했다. 예를 들어 "**극화**(劇化), 즉 서사물에서 연극으로의 변환, 혹은 반대로 **서사화**(敍事化), 즉 연극에서 서사물로의 변환" 등이 이러한 간양식적 변환의 예들이며, "서사 양식과 극 양식 내부에서의 여러 변형들"이 바로 양식 내적 변환의 예들이다(1997: 277~278). 또한 기호체계의 간(間)각색에 관여하는 몇몇 일반적인 요소들에 대해 논의하는 제이 데이비드 볼터Jay David Bolter와 리처드 그루신Richard Grusin의 『재매개*Remediation*』도 참조할 것.

3 일상의 스토리텔링과 문학 서사물을 하나의 연속체가 아니라 "분명한 범주적 경계"를 갖는 것으로 간주하는 모델에 대해서는 울프-디터 스템펠Wolf-Dieter Stempel의 연구를 참조할 것.

4 부록 참조. TS의 유령 이야기 및 이 논문의 마지막 부분에 나오는 LB의 이야기에 관한 연구는 NSF 연구비 SBR-9616331에 의해 지원되었다.

5 그러나 이 두 스토리 논리가 전혀 관련이 없는 것은 결코 아니다. 실제로 앞으로 나는 대화 서사물과 문학 서사물이 생산되어 해석될 때까지의 시간 및 공간적 간격이 서로

다르다는 사실, 즉 이들 서사물을 둘러싼 담론 환경의 양상이 선호, 비선호 서사구조 유형의 배분에 어떤 영향을 끼치는지의 문제로 자주 되돌아갈 것이다.

6 이러한 구분을 가능하게 해주는 기제들 중에는 수사학적 질문들이 있다. 카프카는 이 작품에서 수사학적 질문들을 빈번하게 사용했는데, 이러한 질문은 초점자의 지각과 해석 노력의 산물이라는 점에서 이와 관련된 상황과 사건들이 내부초점서술이라는 점을 시사한다.

7 이 주장을 뒷받침하는 초기적인 연구로는 허먼의 "Corpus Linguistics and Narrative Analysis"에 보고된 프로젝트가 있다. 이 프로젝트는 구두 담론과 문자 담론이라는 두 가지 매체에 속하는 여덟 가지 서사 텍스트 유형에서 25만 단어 정도의 말뭉치를 추출하여 20개의 이동 동사의 출현 빈도를 조사하는 경험적 연구이다. 매체에 따른 특성으로 말하자면 연구 대상이 되는 대화 서사물의 경우, 이동 동사의 빈도는 최상위이나 그 다양성은 매우 낮게 나타났다. 또한 우리는 이동 동사의 종류와 이동 사건들이 표현된 **방식**의 상세성 사이에 양(陽)의 상관관계가 있으리라는 것도 쉽게 짐작할 수 있다.

8 이러한 나의 입장은 언뜻 보아 **엔도포릭**(endophoric)/**엑소포릭**(exophoric) 또는 담론 내적/담론 외적(즉 지시적) 참조에 관한 할러데이와 뤼케야 하산Ruqaiya Hasan의 구분 (Halliday and Hasan, 1976: 31~37)을 지지하는 것처럼 보일 수 있다. 그러나 나의 입장은 애초부터 모든 참조는 담론 내적이라는 것을 전제로 하였다. 질리언 브라운과 조지 율George Yule이 지적한 것처럼 모든 정신적 표상은 언어적 형식과 그 형식의 해석을 연결하는 작업이다. 그리고 이것은 문제가 되는 언어적 형식이 상호작용의 직접적 문맥과 관련되는 제스처와 등가적으로 쓰이는 경우에도 마찬가지다(Brown and Yule, 1983: 190~222; Emmott, 1997: 211~212 참조).

9 문학 서사물은 대체적으로 이러한 '혼합적인' 공간적 지시를 허용하지 않지만 2인칭 서술로 된 픽션들 중에는 **인물 지시**를 통해 유사한 효과를 산출하는 경우가 있다. 이런 픽션에서는 2인칭 대명사 '**당신**'의 사용을 통해 비슷한 시공간 혼합 효과를 산출한다. 즉, '당신'은 화자 겸 주인공을 가리키는 동시에 스토리의 수신자를 지칭하기도 한다. 따라서 이를 통해 스토리 세계 내적 시공간 좌표가 스토리 세계 외적 시공간 좌표 위에 중첩된다. 또한 역으로 스토리 세계 외적 시공간 좌표가 스토리 세계 내적 시공간 좌표 위에 중첩될 수도 있다.

참고 문헌

Bamberg, Michel G. W., ed. "Special Issue: Oral Versions of Personal Experience: Three Decades of Narrative Analysis." *Journal of Narrative and Life History 7* (1977): 1~415.

Barthes, Roland. "Introduction to the Structural Analysis of Narrative." *Image, Music, Text.* Trans. Stephen Heath. New York: Hill and Wang, 1977. 79~124. (프랑스어 원본: "Introduction à l'analyse structurale des récits." *Communication, 8, 1966.*)

Bolter, Jay David, and Richard Grusin. *Remediation: Understanding New Media.* Cambridge: MIT Press, 1999.

Borges, Jorge Luis. "The Garden of Forking Paths." Trans. Donald A. Yates. *Labyrinths: Selected Stories and Other Writings.* Ed. Donald A. Yates and James E. Irby. New York: New Directions, 1964. 19~29.

Brown, Gillian. *Speakers, Listeners and Communication: Explorations in Discourse Analysis.* Cambridge: Cambridge University Press, 1955.

Brown Gillian, and George Yule. *Discourse Analysis.* Cambridge: Cambrige University Press, 1983.

Chafe, Wallace. *Discourse, Consciousness, and Time: The Flow and Displacement of Conscious Experience in Speaking and Writing.* Chicago: University of Chicago Press, 1994.

Chatman, Seymour. *Story and Discourse: Narrative Structure in Fiction and Film.* Ithaca NY: Cornell University Press, 1978.

_____. "New Directions in Voice-Narrated Cinema." *Narratologies: New Perspectives on Narrative Analysis.* Ed. David Herman. Columbus: Ohio State University Press, 1999. 315~39.

Emmott, Catherine. *Narrative Comprehension: A Discourse Perspective.* Oxford: Oxford University Press, 1997.

Fludernik, Monika. "The Historical Present Tense Yet Again: Tense Switching and

Narrative Dynamics in Oral and Quasi-Oral Storytelling." *text* 11.3 (1991): 365~97.

_____. *Towards a "Natural" Narratology*. London: Routledge, 1996.

Frawley, William. *Linguistic Semantics*. Hillsdale NJ: Lawrence Erlbaum, 1992.

Garfinkel, Harold. *Studies in Ethnomethodology*. Englewood Cliffs NJ: Prentice-Hall, 1967.

Genette, Gérard. *Narrative Discourse: An Essay in Method*. Trans. Jane E. Lewin. Ithaca: Cornell University Press, 1980. (프랑스어 원본: *Figures III*. Paris: Seuil, 1972.)

_____. *Palimpsests: Literature in the Second Degree*. Trans. Channa Newman and Claude Doubinsky. Lincoln: University of Nebraska Press, 1997. (프랑스어 원본: *Palimpsestes: Littérature du second degré*. Paris: Seuil, 1982.)

Goffman, Erving. *Forms of Talk*. Philadelphia: University of Pennsylvania Press, 1981.

Goodwin, Marjorie Harness. *He-Said-She-Said: Talk as Social Organization among Black Children*. Bloomington: Indiana University Press, 1990.

Halliday, M. A. K. *An Introduction to Functional Grammar*. 2d ed. London: Edward Arnold, 1994.

Halliday, M. A. K., and Ruqaiya Hasan. *Cohesion in English*. London: Longman, 1976.

Herman, David. "Towards a Socionarratology: New Ways of Analyzing Natural-language Narratives." *Narratologies: New Perspectives on Narrative Analysis*. Columbus: Ohio State University Press, 1999. 218~46.

_____. "Corpus Linguistics and Narrative Analysis." Paper presented at the Modern Language Association Convention in Washington DC, December 2000.

_____. "Sciences of the Text." *Postmodern Culture* II.3 (2001): text-only version, http://www.iath.virginnia.edu/pmc/text-only/issue.501/II.3herman.txt.

_____. "Spatial Reference in Narrative Domains." *text* 21.4 (2001): 515~41.

_____. *Story Logic: Problems and Possibilities of Narrative*. Lincoln: University of Nebraska Press, 2002.

_____. "Story Logic in Conversational and Literary Narratives." *Narrative* 9.2 (2001):

130~37.

Kafka, Franz. "The Metamorphosis." Trans. N. N. Glatzer. *The Norton Anthology of Short Fiction.* Shorter 6th ed. Ed. R. V. Cassill and Richard Bausch. New York: W. W. Norton, 2000. 471~504.

_____. "Die Verwandlung." *Gesammelte Schriften, Band I: Erzählungen und kleine Prosa.* 2d ed. Ed. Max Brod. New York: Schocken Books, 1946. 69~130.

Labov, William. "The Transformation of Experience in Narrative Syntax." *Language in the Inner City.* Philadelphia: University of Pennsylvania Press, 1972. 354~96.

Labov, William, and Joshua Waletzky. "Narrative Analysis: Oral Versions of Personal Experience." *Essays on Verbal and Visual Arts.* Ed. June Helm. Seattle: University of Washington Press, 1967. 12~44.

Landau, Barbara, and Ray Jackendoff. "'What' and 'Where' in Spatial Language and Cognition." *Behavioral and Brain Sciences* 16 (1993): 217~65.

Lejeune, Philippe. *On Autobiography.* Ed. Paul John Eakin. Trans. Katherine M. Leary. Minneapolis: University of Minnesota Press, 1988.

Margolin, Uri. "Of What Is Past, Is Passing, or to Come: Temporality, Aspectuality, Modality, and the Nature of Narrative." *Narratologies: New Perspectives on Narrative Analysis.* Ed. David Herman. Columbus: Ohio State University Press, 1999. 142~66.

Ochs, Elinor, Carolyn Taylor, Dina Rudolph, and Ruth Smith. "Storytelling as Theory-Building Activity." *Discourse Processes* 15 (1992): 37~72.

Polanyi, Livia. "Telling the Same Story Twice." *text* 1.4 (1981): 315~46.

_____. "Literary Complexity in Everyday Storytelling." *Spoken and Written Language: Exploring Orality and Literacy.* Ed. Deborah Tannen. Norwood NJ: Ablex, 1982. 155~70.

Pratt, Marie Louise. *Toward a Speech Act Theory of Literary Discourse.* Bloomington: Indiana University Press, 1977.

Prince, Gerald. *A Grammar of Stories.* The Hague: Mouton, 1973.

_____. "Aspects of a Grammar of Narrative." *Poetics Today* I (1980): 49~63.

_____. *Narratology: The Form and Functioning of Narrative.* Berlin: Mouton, 1982.

_____. "Narratology." *The Cambridge History of Literary Criticism*. Vol. 8. Ed. Raman Selden. Cambridge: Cambridge University Press, 1995. 110~30.

Propp, Vladimir. *Morphology of the Folktale*. 2d ed. Trans. Laurence Scott. Rev. Louis A. Wagner. Austin: University of Texas Press, 1968.

Rimmon-Kenan, Shlomith. *Narrative Fiction: Contemporary Poetics*. London: Methuen, 1983.

_____. "How the Model Neglects the Medium: Linguistics, Language, and the Crisis of Narratology." *Journal of Narrative Technique* 19 (1989): 157~66.

Sacks, Harvey, Emmanuel A. Schegloff, and Gail Jefferson. "A Simplest Systematics for the Organization of Turn-Taking for Conversation." *Language* 50 (1974): 696~735.

Schegloff, Emmanuel. "'Narrative Analysis' Thirty Years Later." "Special Issue: Oral Versions of Personal Experience: Three Decades of Narrative Analysis." Ed. Michael G. W. Bamberg. *Journal of Narrative and Life History* 7 (1997): 87~106.

Smith, Barbara Herrnstein. "Narrative Versions, Narrative Theories." *On Narrative*. Ed. W. J. T. Mitchell. Chicago: University of Chicago Press, 1981. 209~32.

Stempel, Wolf-Dieter. "Everyday Narrative as a Prototype." *Poetics* 15 (1986): 203~16.

Talmy, Leonard. "Semantics and Syntax of Motion." *Syntax and Semantics*, vol. 4. Ed. John P. Kimball. New York: Academic Press, 1975. 181~238.

_____. "Lexicalization Patterns: Semantic Structure in Lexical Forms." *Language Typology and Syntactic Description*. Vol. 3. Ed. Timothy Shopen. Cambridge: Cambridge University Press, 1985. 57~149.

_____. *Toward a Cognitive Semantics*. Vol. 2. Cambridge: MIT Press, 2000.

Tannen, Deborah. "Introduction." *Spoken and Written Language: Exploring Orality and Literacy*. Ed. Deborah Tannen. Norwood NJ: Ablex, 1982. xv~xvii.

_____. "Oral and Literate Strategies in Spoken and Written Narratives." *Language* 58.1 (1982): 1~21.

_____. "The Oral/Literate Continuum in Discourse." *Spoken and Written Language: Exploring Orality and Literacy*. Ed. Deborah Tannen. Norwood NJ: Ablex, 1982.

1~16.

_____. "What's in a Frame? Surface Evidence for Underlying Expectations." *Framing in Discourse*. Ed. Deborah Tannen. Oxford: Oxford University Press, 1993. 14~56.

Thomas, D. M. *The White Hotel*. New York: Penguin, 1981.

Zubin, David A. and Lynne E. Hewitt. "The Deictic Center: A Theory of Deixis in Narrative." *Deixis in Narrative: A Cognitive Science Perspective*. Ed. Judith F. Duchan, Gail A. Bruder, and Lynne E. Hewitt. Hillsdale NJ: Lawrence Erlbaum, 1995. 129~55.

2장

제스처와 산문의 시학

저스틴 카셀Justin Cassell · 데이비드 맥닐David McNeill

> 눈으로 볼 수 있고 귀로 들을 수 있는 사람이라면 누구도 비밀을 영원히 숨길 수 없다는 것을 분명히 알고 있다. 만일 입이 침묵한다면, 손가락들이 재잘거릴 것이다. 그러므로 마음속 가장 깊은 곳을 드러내는 일은 꽤 손쉽게 이루어진다. ─지그문트 프로이트

스토리텔링은 시간과 공간의 미묘한 차이, 시각(perspective), 화자와 서술 대상의 거리, 연속적인 것과 비연속적인 것의 통합에 따라 다양한 층위에서 구조화된다. 이런 것들은 모두 스토리텔링의 가장 기본적인 차원이기도 하다. 그러나 대부분 이러한 구조화는 비언어적 층위에서 이루어지며 화자가 발화와 동시에 제스처를 행할 때 가장 명확하게 드러난다. 이 글에서는 실시간 내러티브에서 언어적 행위와 비언어적 행위가 어떻게 통합되는지에 대해 탐구할 것이다.

발화와 제스처를 함께 연구하면 서사학자들이 공통적으로 관심을 가져온 여러 가지 질문들을 잘 해명할 수 있다. 움직이는 손짓을 더함으로써 우리는 시각의 문제를 더 명확하게 할 수 있다. 화자들은 자신이 서술하는 사건에 대해 어떤 시점(point of view)을 취하는지 손짓으로 더 잘 전달하기 때문이다. 손짓을 통해 화자가 서술되고 있는 사건에 대해 내적인지 외적인지, 그 내러티브 속에서 직접 화자로서 존재하는지 서술적으로 의도된 관찰자인지 명백하게 알 수 있다. 제스처는 여러 가지 방식으로 내러티브에 또

하나의 차원을 부여한다. 사건의 어떤 측면들은 제스처로만 전달될 수 있고 발화로는 불가능한가 하면 그 역도 성립한다. 사건의 다양한 측면이 제스처나 발화를 통해 전달되고 이를 통해 화자의 개념이 더욱 완벽하게 전해진다. 한 제스처에서 다음 제스처로 넘어갈 때, 두 이미지를 보면 부분적으로는 같고 부분적으로는 변한다. 이 변화는 내러티브 구조 속에 내재하는 대립을 두드러지게 하며, 산문의 시학을 구성하는 병행과 반복을 더 잘 이해할 수 있게 해준다.

내러티브 언어는 단순히 통합축(syntagmatic)과 선택축(paradigmatic)▸의 교차로 이루어진 2차원적인 것이 아니다. 그것은 완벽한 3차원 구조로, 그중 하나의 차원은 이미지적(시각적이며 동시에 동적이고 전체적이거나 분석적인 것)이다. 자연스럽게 이야기를 하다보면 언어예술의 기본 구조를 이루는 파라미터 중 다수가 제스처를 통해 전달된다.

이 점을 가장 잘 입증하기 위해 이 글에서는 다음과 같은 분명한 전제를 토대로 논의를 시작하려고 한다.

1. 서술에는 장르와 관계없이 유지되는 불변의 속성이 다수 있다. 그래서 만화의 '자극적인' 스토리텔링을 활용하더라도 우리의 결론을 폭넓게 일반화할 수 있을 것이다. 여기서 다루는 내용은 제스처에 대한 오랜 연구를 토대로 한 것이다. 이때 연구 대상이 된 제스처는 아이와 어른이 영화나 만화를 보고 그 이야기를 다시 할 때 자연스럽게 나오

▸ 현대 언어학에서는 자연언어의 영역에서 선택된 언어들이 구문적 규칙, 가령 '주어 + 서술어' 또는 '관형어 + 주어 + 목적어 + 서술어' 등의 구문 형식과 결합함으로써 2차원적 언어 체계가 형성된다고 본다. 이때 하나하나의 낱말들을 선택하는 수직적 영역을 '선택축'이라고 하고, 구성 요소들이 결합되는 수평적 영역을 '통합축'이라고 한다. 예를 들어 "나는 노래한다"라는 서술은 '나', '너', '그', '우리' 등의 등가적 계열의 단어들 중에서 선택한 '나'와, '노래한다', '먹는다', '춤춘다' 등의 등가적 계열의 단어들 중에서 선택한 '노래한다'를 통합한 것이다.

는 제스처를 녹화한 것이다.

2. 스토리텔링은 사회적 행위이다. 화자가 된다는 것은 마땅히 수반되는 기대와 책임감에 따라 인정할 만한 사회적 역할을 충실하게 이행하는 것이다. 거기에는 실제로 청자가 있다. 아니 청자가 꼭 있어야만 한다. 왜냐하면 청자 역시 스토리텔링의 '대본'에서 핵심적 역할을 하기 때문이다.

3. 발화와 동시에 자연스럽게 나오는 제스처는 발화와 마찬가지로 내러티브의 소통 수단이다. 여기서는 발화 대신 사용하는 제스처들["표상(emblems)"이라고 불리는]은 다루지 않겠다. 예를 들어 "좋아", "잘했어"라는 뜻으로 엄지와 검지로 원을 만드는 제스처나, 발화가 멈출 때 나타나는 제스처들, 즉 화자가 단어를 찾느라 몰두할 때 만들어지는 '단어 찾기 제스처' 그리고 화자가 "이만 한 크기였다"고 말하면서 그 공간의 크기를 나타내기 위해 손을 사용하는 이른바 "명제적 제스처(propositional gestures)"(Hinrichs and Polanyi, 1986) 같은 것도 다루지 않을 것이다. 그보다 우리가 관심을 가지고 있는 것은 (이 글에서 언급할) 네 가지 주요 범주에 속하는 제스처들이다. 그것은 보통 화자가 이야기의 사건을 말로 표현할 때 자기도 모르게 사용하는 제스처들을 말한다.

4. 제스처는 화자의 심층적인 언어 형성 과정을 부분적으로 보여주는 증거들인데, 이 경우 제스처는 화자의 발화에 덧붙어 내러티브 사건이 좀 더 완벽한 그림이 될 수 있도록 도와준다.

우리가 묘사하려는 제스처의 유형은 발화와 동시에 이루어지는 것이며 의미, 기능, 시간상으로 발화와 긴밀하게 관련되어 있지만, 그런 제스처는 의미의 표현이나 화용론적인 기능을 하는 발화와는 근본적으로 다르다. 발화와 제스처 사이의 이런 차이가 바로 우리가 탐구하려는 핵심적인 사실이다.

발화야말로 말하는 순간 일어나는 사건에 대해 가장 정확하고 완전한 시점을 제공한다고 할 수도 있다. 그러나 발화와 동시에 이루어지는 제스처를 보면 꼭 그렇지는 않고 뭔가가 더 있다는 것을 알 수 있다. 제스처는 단순히 말을 동작이라는 매체로 바꾸어놓은 것이 아니다. 이 두 가지 방식은 근본적으로 다른 것이다. 발화는 표준적인 좋은 구성을 갖고 있으며, 선형적으로 분절되어 있으면서도 통합되는 이중적 패턴을 갖는다. 또한 발화에서 반복되는 형식은 다른 맥락에서도 그대로 적용되며 사회적으로도 인정받는다. 우리가 설명하려고 하는 제스처는 모든 면에서 발화와 반대이다. 제스처는 사회화된 특정 코드로 조직되어 있지 않으며, 별도의 '제스처 언어'를 만들지도 않는다. 또한 제스처는 패턴이 중복되지도 않고, 표준화된 형식이나 머릿속 어휘사전(lexicon)도 없으며, 제스처를 통합하는 일정한 규칙도 없다. 다만 제스처는 말할 때 발생하는 상징으로서 발화의 의미와 기능을 보완한다. 따라서 관찰 범위를 발화뿐 아니라 발화와 동시에 이루어지는 제스처까지 확대한다면, 생각하기-말하기-소통하기의 심층적인 과정이 구분되며 동시에 통합된 두 가지 시점을 얻을 수 있다. 이것이 바로 우리 연구 방법의 핵심이다. 제스처가 관습에 영향을 받지 않는다는 게 아니라, 우리가 연구하고 있는 제스처에 영향을 미치는 관습이 제스처에만 특수하게 적용되는 것이 아닌 사회생활 전반의 관습이라는 것이다. 따라서 우리는 언어 기호 요소들의 관습적인 체계와 특수하게 관습화되지 않은 제스처 행위를 나란히 놓고 살펴볼 것이다. 이는 제스처를 진지하게 연구하기 위해서이다. 언어는 마음의 창이고 그것이 단 하나가 아니라는 것을 우리는 안다. 제스처는 제2의 창이거나 제2의 눈이어서, 언어와 함께 양안의 시야와 시점이라는 새로운 차원을 제공한다.

다수의 발화 사건에는 자연히 제스처가 따르기 마련이다(Rime, 1983). 그러나 여기서는 당연히 이야기하는 동안 나타나는 발화 사건만을 다룰 것이다. 즉, 사건이 청자에게 효과적으로 재현되어야 하는 경우로, 화자가 이야기를 구성하고 청자가 그것을 이해할 수 있도록 어떤 식의 일관성, 즉 아주 잘 짜인 서술 구조를 요구하는 발화 사건만을 다루겠다.

효과적인 스토리텔링은 문화적 지식과 인지적 표상, 그리고 언어적 기술이 얼마나 복합적으로 상호작용을 하는지에 달려 있다. **스토리텔링**(storytelling)이나 **서술하기**(narrating)와 같은 용어는 한 사람이 다른 사람에게 이야기를 전달하는 일련의 사건을 가리킨다. 이 각각의 사건은 스토리텔링이라는 방아를 위한 곡식이고 이야기꾼에 의해 말해질 것이다. 즉, 이야기는 일반적으로 이른바 '플롯이 있는 사건', 즉 실제나 가공의 세계에서 잇달아 일어나는 일이나 사건들을 가리킨다(예를 들어, 어떤 인물이 위층으로 올라가려고 홈통을 타고 기어간다). 우리는 플롯이 있는 사건과 더불어 그 이야기에는 시각적 텍스트나 만화에 등장하는 사건["그것은 〈실베스터와 트위티*Sylvester and Tweetie*〉 만화였어"라거나 "그것은 오래된 영화였고, 필름 상태가 아주 나빴어"]이나 스토리텔링이라는 사건("나는 내가 방금 보았던 만화에 대해 이야기하려고 해") 자체를 가리키는 이야기도 다룰 것이다. 이런 '메타내러티브 사건'에 대한 언급은 때로는 이야기에서 이야기로 넘어가는 접점을 가리킨다. 내러티브 구조는 언어 또는 비언어적 차원에서 나타나지만 종종 비언어적 차원에서 더 분명하게 나타난다(어쨌든 영어권 화자인 경우에는 그렇다). 제스처가 내러티브에서 구체적으로 어떤 역할을 하는지 논의하기에 앞서, 무엇보다도 서사구조가 무엇을 의미하는지, 그리고 제스처가 무엇을 의미하는지를 살펴보자.

서사학: 이야기에는 구조가 있다

내러티브에 대한 가장 명확한 정의는 롤프 클뢰퍼Rolf Kloepfer가 제시한 것이다. 그는 내러티브를 "특정한 공간에서 시간이 흐르는 동안 인간이라는 행위자가 만들어내는 사건 혹은 행위로 이루어진 가상세계나 허구세계의 재현"(Kloepfer, 1980: 116)이라고 했다. 이 정의에는 이미 일련의 기호학적 구조들이 얽혀서 내러티브의 텍스트성을 형성한다는 사실이 전제되어 있다. 즉 사건, 인간이라는 행위자, 시간의 전개, 특수한 공간, 이 모든 것이 거시구조를 전제한다. 거시구조에서 그러한 요소들이 선택되며, 그러한 요소들의 역할이 구체적으로 정해지고 말해지는 담론 역시 거시구조가 정한다. 이것이 바로 "시적 기능은 등가의 원리를 선택의 축에서 통합의 축으로 투사한다"(Jakobson, 1960: 358)는 로만 야콥슨Roman Jakobson의 유명한 말이 의미하는 것이다. 이런 거시구조에서 재현된 사건, 행위자, 시간 그리고 장소가 선택된 후, 담론이라는 통합체(syntagma)가 만들어진다. 순수한 선택은 없다. 다시 말해, 실시간으로 만들어지는 내러티브의 선형 축에서 발생하는 모든 것들은 우리가 단순히 "내러티브 구조"라고 부르는, 시간과 상관없고 선형적이지 않은 좀 더 큰 조직에서 나오는 것이며 또한 그 조직에 참여한다. 그뿐만 아니라 재현이라는 개념은 두 가지 구조, 즉 재현된 것의 층위 구조(텍스트가 지시하는 것)와 재현 행위의 층위에 있는 구조(담론 구조)를 전제한다. 서사학은 종종 개별적인 텍스트를 다루기도 하지만, 그보다 더 자주 텍스트의 구조와 텍스트의 종류를 다룬다. 실제로 이 글에서는 앞서 제시된 내러티브의 정의에만 머무르지 않고 심층 구조의 차원까지 그 정의를 확대하겠다.

우리는 우선 클뢰퍼가 제시한 차원에서 시작할 것이다. 여기서 우리는 전 이론(pre-theoretical) 내러티브 모델을 따를 것인데, 그 모델은 단순히 (1) 어떤 '실제' 세계의 특성들과 (2) 내러티브 담론에서 그 특성들이 구체적으로 나타나는 모습으로 이루어져 있다. 즉, 내러티브에서 사건의 네 가지 양상(행위, 인물, 시간, 공간)은 실제 세계에 존재하고 실제 담론에도 나타난다. '세계'와 담론은 모두 그것들을 구성하는 구조를 갖는다. 내러티브의 세계는 행위자(actor)가 어떤 행위에 참여하는 일련의 상호 연관된 참여형 프레임으로 이루어져 있다. 참여형 프레임 중 하나는 이야기를 말하는 것인데, 이때는 화자와 청자가 행위자들이 된다. 또 하나의 프레임은 이야기의 세계인데, 예를 들자면 창문 블라인드 너머로 자기 연인을 질투심 어린 눈으로 바라보는 남자의 이야기 같은 것이다. 참여형 프레임의 단위는 재현된 사건들이며, 그 사건들은 특정 장소에서 일정한 시간 동안 (인간) 행위자가 하는 행동들로 구성된다. 이 부분은 시적 조직처럼 "방향도 없고, 시간도 상관하지 않는 것처럼 보이는 '구조적 양상'" – 이 경우에는 내러티브 – 을 재현한다. 실제 담론의 단위는 절인데, 그것은 "대략 방향성이 있고, 시간의 제약을 받는 것처럼 보이는 '기능적' 양상을 가지며 …… 기호적 작업을 완수한다"(Silverstein, 1984: 196). 하나의 절에서 내러티브 단위의 각 차원은 하나 또는 그 이상의 문법적 선택에 의해 재현된다. 사건이나 행위의 파라미터는 형태론에 의해 [예를 들어, 동사에서 완료나 상태와 같은 상(aktionsarten)의 선택] 표시된다. 행위자는 동사에 대한 인칭과 대명사 및 호칭에 의해 표시된다. 시간은 동사의 어형 변화나 '그 전 날' 같은 시간 부사구가 알려준다. 또 공간은 '바로 여기'와 같은 지시적 또는 비지시적 처소격이 알려준다. 따라서 내러티브 프레임 안에서 이루어진 각각의 선택은 발화에 의해 재현 담론에 예시되며, 그것은 앞으로 살펴볼 제스처의 경우도 마찬가지다. 이 절에서는 발화에 집중하고 제스처에 의한 내러티브 구조의 재현에 대해서는 다음 절에서 논의할 것이다.

참여형 프레임들과 그것들이 담론 속에서 형성하는 예시들은 세 가지 내러티브 층위에 나타난다. 즉, 내러티브 층위 그 자체, 메타내러티브(metanarrative) 층위, 파라내러티브(paranarrative) 층위가 그것이다. 이들 각 층위는 서사적 행위를 구성하는 서로 다른 사건들과 연관되며, 결과적으로 각 층위는 행위, 인물, 시간, 공간의 파라미터에 대해 서로 다른 값을 부여한다.

우리가 연구하는 이야기(방금 전에 본 만화나 영화에 대해 친구에게 말한 이야기)의 화자는 스토리텔링의 전 과정에 걸쳐 화자의 역할을 해내지는 않는다. '화자'는 처음에는 '시각적 텍스트'―트위티 새와 실베스터에 대한 이야기나 런던을 활보하는 살인자의 이야기를 이미지로 재현한 것 ― 가 펼쳐지는 텔레비전 화면을 마주하고 있는 시청자이다. 하나의 서술에 대하여 (다소) 수동적인 수용자 역할을 한 다음, 역할이 뒤바뀌고, 그 수용자가 서술을 제공하는 사람이 되어 그 만화나 영화를 본 적이 없는 사람에게 이야기를 해준다. 각각의 역할은 상황적 프레임이나 참여형 프레임을 수반한다. 참여형 프레임의 경우 화자와 청자의 공간적 시간적 배치와 경험한 사건 순서를 조직한다. 스토리 자체를 구성하는 사건의 연속체는 내러티브를 구성하는 사건의 여러 연속체 중 단지 하나일 뿐이다. 우리의 논의와 관련되는 스토리텔링의 유형은 다섯 개의 "사건 라인"(Cassell and MacNeill, 1990)이나 세 개의 내러티브 층위를 만들어내는 "시간의 연속체"로 구성된다.

1. 먼저 스토리의 사건 연속체가 있다: 플롯의 시간(Chatman, 1978)이나 허구의 시간(Genett, 1972)이라고도 한다. 만화에서 실베스터가 홈통을 타고 창문으로 기어 올라가는 행위는 실베스터가 쌍안경으로 트위티를 보는 것과 트위티가 쌍안경으로 실베스터를 보는 두 개의 동시적 사건 뒤에 일어난다.

2. 이 이야기는 만화라는 시각적 텍스트를 통해 전달된다. 만화에서 실베스터가 홈통을 타고 올라가는 사건은 트위티가 쌍안경을 보는 사건 다음에 오고, 트위티가 쌍안경을 보는 사건은 실베스터가 쌍안경을 보는 장면 다음에 온다. 그 이야기는 여러 형식 중 어느 형식으로든, 많은 매체 중 어떤 매체로든 전달될 수 있다.

3. 만화를 보는 것 또한 그 자체가 시간적인 행위 연속성을 갖는다. 만화를 보는 사람은 먼저 깜빡이는 스크린을 보고 그다음 실베스터가 앞발로 쌍안경을 들고 있는 것을 본다.

4. 만화를 보고 있는 사람은 시각적 텍스트의 재현물을 구성하는데, 이는 시각적 텍스트에서 묘사되는 순서에 관한 한 어느 정도 분명한 재현물이다. 모든 행위자들의 행동을 각각 원래 순서대로 묘사한 부분은 가장 분명한 반면, 플래시백이나 "쌍안경을 통해 뭔가가 보인다"처럼 요약해서 말할 때는 순서가 덜 분명하다.

5. 마지막으로, 그 만화를 다른 청자에게 다시 이야기할 때 순서가 있다. 이것을 사람들 사이의 내러티브(interpersonal narrative)라고 한다. 이때 만화를 본 사람은 화자가 되어 다음처럼 말할 것이다. "먼저 누가 나오는지 말해줄게, 그리고 본격적으로 이야기를 시작할게."

이러한 내러티브의 사건 라인은 중요하다. 어떤 사건 라인이든 청자가 듣는 내러티브의 주제를 형성하는 데 똑같이 기여하기 때문이다. 다시 말해, 내러티브 안에서 실베스터가 트위티를 쫓다가 못 잡는 사건만이 전달되는 것이 아니라 만화를 보고 그것을 설명하는 사건도 대화 상대에게 기술되는 것이다. 스토리의 사건 연속체(1)는 담론의 내러티브 층위이다. 시각적 텍스트(2), 보는 것(3), 그리고 재현(4)은 담론의 메타내러티브 층위를 이룬다. 이것은 서술과 관련된 내러티브 부분이다. 사람들 사이의 내러티브(5)는 담론의 파라내러티브 층위라고 하는 것으로, 화자가 스토리 밖으로 나가서 자신의 서술태*로 청자에게 말하는 부분이다.

이런 사실을 고려하면 이야기의 순서가 사건의 순서를 따른다고 하는 것으로 충분하지 않다. 어떤 내러티브 사건이 담론의 어떤 층위(내러티브, 메

▸ 서사학에서 voice는 '서술태'를 의미한다. 서술태는 화자와 서술 대상의 관계를 가리킨다. 화자가 인물과 밀착되어 인물의 목소리와 몸짓을 그대로 묘사할 때는 인물의 서술태를 보여주고, 화자가 관찰자의 위치에서 거리를 두고 인물을 묘사할 때는 관찰자의 서술태를 보여준다.

타내러티브, 파라내러티브)에서 언급되고 행해지는지를 정확하게 밝혀야 한다. 담론의 흐름 속에서 순서, 그리고 서사학자가 보통 연구 대상으로 삼는 현상들[지속, 빈도, 양식, 서술태 등(Genett, 1972)]을 따로 떼어내는 일은 항상 어려웠다. 말할 때 실베스터의 행위에 대한 지시와 화자 자신의 행위에 대한 지시를 명백하게 구분하기가 매우 힘들다. 둘 모두에게 똑같은 언어적 장치가 제공되기 때문이다. 그러나 내러티브의 이 두 층위가 제스처에서는 구분된다. 마찬가지로 화자의 시점과 인물의 시점도 명확히 구분된다. 다음에서는 제스처를 내러티브 발화와 함께 다룰 때 텍스트에서 그리고 이론상으로 이런 내러티브 현상들이 어떻게 명확해지는지를 보여주겠다.

제스처의 유형론

말을 할 때 사람들은 자연스럽게 제스처를 보인다. 대개 제스처는 손과 팔의 동작이며(물론 때로는 몸의 나머지 부분이 동원되기도 하는데, 특히 아이들이 이야기할 때 그렇다) 거의 발화와 함께 동시적으로 발생한다.

제스처를 범주화하기 위해서 많은 이론적 틀이 제시되었지만(Freedman, 1972; Ekman and Friesen, 1969; Kendon, 1972; 1980), 제스처가 내러티브 담론에 어떻게 기여하는지를 가장 잘 나타낼 수 있는 방법은 기호학적 분류이다. 이 분류 방법은 의미에 대한 제스처의 형식과 기능의 상관성을 고려한 것이다. 우리는 여기서 이 이론적 틀에 입각한 네 가지 제스처의 주요 유형을 제시하고 각각 예를 제시하고자 한다. 네 가지 유형이란 도상적인 것(iconics), 비유적인 것(metaphoric), 비트(beat), 그리고 (추상적) 지시(abstract deictic)다.

도상적인 것
도상적인 제스처는 형태상으로 발화의 의미론적 내용과 긴밀하게 관련

그림 2-1. "그리고 그녀는 집에서 황급히 달려 나갔지"라고 말할 때 나타나는 전체적 도상의 제스처.

되어 있다. 즉, 제스처의 실행 형태와 방법 면에서, 도상적인 제스처는 내러 티브 담론에 의해 기술되는 행위나 사건의 양상을 나타낸다. 도상적 제스처는 전체적이거나 분석적이다. 전자의 예는 화자가 만화책의 인물을 묘사할 때이다(그림 2-1). 화자는 인물이 떠나는 것을 묘사하면서 "그리고 그녀는 집에서 황급히 달려 나갔지"라고 말할 때, 자신의 오른손을 주먹을 쥐기 위해 당겨 든 다음 손바닥을 아래로 향하면서 쫙 편 채로 앞으로 내민다. 이 화자의 손은 인물의 몸 전체를 표현하고, 팔은 자신의 동작 방향을 보여 준다. 이 제스처는 인물이 따로 구분되지 않고 통째로 표현된다는 점에서 전체적이다. 후자의 분석적인 예는 같은 화자가 만화 이야기 안에서 다른 사건을 이야기할 때 생긴다(그림 2-2).

화자는 "그리고 그가 그것을 뒤로 구부린다"라고 말하면서 인물 중 한 명이 나무를 땅 쪽으로 구부리는 장면을 묘사했다(이 내러티브에 대한 더 자세한 분석은 Marslen-Wilson, Levy, and Tyler, 1982 참조). 그는 이 사건을 묘사할 때, 오른손을 위로 올리고 무언가를 잡는 시늉을 한 다음 뒤로 당긴다. 이때 화자의 손은 그가 묘사하려는 인물의 손을 표현한다. 제스처와 지시 내상과의 관계는 부분 대 부분이다. 그러므로 도상적 제스처는 사건에 대한 화자

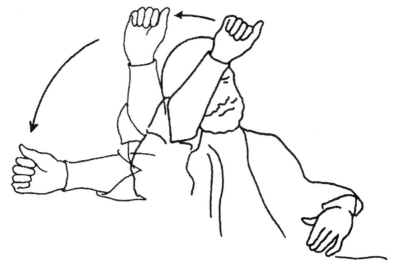

그림 2-2. "그리고 그가 그것을 뒤로 구부린다"라고 말할 때 나타나는 분석적 도상의 제스처.

의 기억 이미지뿐 아니라, 사건에 대한 화자의 시점 ─ 화자가 인물로 참여하든 다른 인물의 행위를 관찰하든 ─ 도 드러낸다.

비유적인 것

비유적 제스처들은 재현적이라는 점에서 도상적 제스처와 같다. 그렇지만 비유적 제스처의 그림 내용은 구체적인 대상이나 사건이 아니라 추상적 생각에 상응한다. 비유적 제스처는 비유의 수단을 보여준다(Richards, 1936). 예를 들어 '결정하다'라는 동사를 말할 때 판단의 정도를 묘사하기 위해 두 손을 사용하는 것과 같다. 매우 다양한 비유적 제스처가 공간, 모양, 움직임이 모두 비유적 가치를 띠는 내러티브 담론 중에 나타난다. 서술의 프레임을 만드는 데 중요한 역할을 하는 비유적 제스처의 구체적인 유형은 "도관(conduit)" 비유이다[이 용어는 비슷한 언어학적 비유에서 따온 것이다(Reddy, 1978; Lakoff and Johnson, 1980 참조)]. 말로 표현된 비유의 예는 "실을 수 있는 것보다 더 많은 생각을 하나의 문장에 담지 마라" 또는 "이 구절은 흥분한

그림 2-3. "그것은 실베스터와 트위티 만화였어"라고 말할 때 나타나는 도관 비유적 제스처.

감정을 전달한다"(Reddy, 1979: 288, 313) 등으로, 옮겨야 할 물질로 정보를 재현한다. 그러나 내러티브 담론에서 도관 비유는 종종 제스처 형태로만 나타나기도 한다. 도관 비유적 제스처는 대부분 컵 모양을 한 손의 형태를 띠며, 내러티브를 그 안에 담아서 청자에게 제공하는 것과 같다. 화자가 자신이 방금 전에 본 만화를 청자에게 다시 이야기하려고 할 때가 그 예이다 (그림 2-3).

화자는 컵 모양의 두 손으로 하나의 '대상'을 만들어내고 지원한다. 비유적으로 그 대상은 만화와 곧 시작될 서술이다. 따라서 제스처는 내러티브

그림 2-4. "그녀가 쳐다볼 때마다, 그는 원숭이 소리를 내려고 했어"라고 말할 때 나타나는 비트 제스처.

사건의 비유적 이미지를 덧붙이는 방식으로 발화를 보완한다.

비트

모든 제스처 중에서 비트는 가장 하찮아 보인다. 그렇지만 겉으로만 그래 보일 뿐이다. 비트는 화자의 내러티브 담론의 구조를 밝혀주는 제스처 중에서 가장 잘 드러나기 때문이다. 비트를 수행할 때, 발화의 리듬에 따라 손을 움직이며, 종종 뒤따르는 발화의 강세와 함께 아래쪽 또는 바깥쪽으로 휘두른다. 도상적이거나 비유적인 제스처와 달리, 비트는 내용과 관계없이 같은 형태를 갖는 경향이 있다(McNeill and Levy, 1982). 전형적인 비트는 손이나 손가락을 위아래 또는 앞뒤로 빨리 움직이는 것이다. 이때 움직임은 간단하면서도 빠르다(그림 2-4).

비트의 기호론적 가치는 비트가 동반하는 단어나 구절이 의미론적인 내용뿐 아니라 담론-화용적 내용 면에서 중요함을 가리킨다는 사실에 있다. 비트는 특히 더 큰 담론 구조나 내러티브 상황을 하나의 전체로서 순간적으로 지시하는 데 민감하다. 예를 들어, 비트는 새로운 인물을 안내하고, 행위를 요약하고, 새로운 장면을 소개하는 것 등이 있다. 따라서 비트는 플롯의 진행과 상관없는 정보를 수반하기도 한다. 비트를 통해 담론의 메타 층위에 있는 이러한 사건들이 내러티브에 삽입될 수 있는데, 이는 그 사건들이 플롯 라인을 구성하는 사건들의 연쇄로부터 벗어나 있음을 알려 준다.

추상적 지시

지시적 제스처나 지시하는 것은 화자 주변의 대상을 표시하는 명백한 기능이 있지만, 지시하는 것이 객관적으로 아무것도 없는 서술에서도 일정한 역할을 한다. 비록 제스처의 공간이 텅 비어 있는 것처럼 보일 때라도, 화자가 볼 때는 제스처 공간이 담론으로 가득 차 있다. 지시적 제스처는 공간 속에 내러티브의 참여자들과 참여 사건들을 정립한다. 화자가 "화가와 앨리스가 나란히 걷고 있어"라고 말할 때, '나란히 걷고 있어'라는 말의 도상적 제스처를 하기 전에 먼저 자기 오른쪽을 가리키고 그다음 자기 정면을 가리키는 것은 내러티브의 참여자들을 정립하는 제스처의 예이다. 화자가 상대방에게, "좀 전에 어디에서 왔지?"라고 물으면서 애매하게 한쪽을 가리키는 것은 참여 사건을 정립하는 제스처의 예이다(그림 2-5). 뒤에서 논의할 특별한 종류의 추상적 지시는 종종 새로운 에피소드와 장면의 도입부에 나타나며, 그 부분에서 지배적인 제스처가 된다. 이러한 맥락에서 지시는 새로운 초점 공간을 확실하게 할 수도 있다(Grosz, 1981).

만화 이야기의 서술에서 모든 절(clause)의 4분의 3 정도는 한두 종류의 제스처를 동반한다. 그중에서 약 40퍼센트는 도상적 제스처이고, 40퍼센트는 비트, 그리고 나머지 10퍼센트씩은 지시적 제스처와 비유적 제스처로

그림 2-5. "좀 전에 어디에서 왔지?"라고 말할 때의 추상적 지시 제스처(왼쪽을 가리키는 화자).

나뉜다. 영화에 대한 서술에서는, 비유적인 제스처와 지시적 제스처의 비율이 도상적 제스처의 희생으로 증가한다(이 통계자료는 McNeill and Levy, 1982; McNeill, 1992에서 가져왔음).

서사학에서 제스처의 기능

제스처는 화자가 주어진 시간에 서사학적 구조 중 어디쯤에서 개입하느냐에 따라 다양한 유형으로 나타난다. 제스처와 서사학적 구조의 주요 연관 관계는 〈그림 2-6〉에서 요약된다. 도표는 서사학적 특질의 여러 가지 조

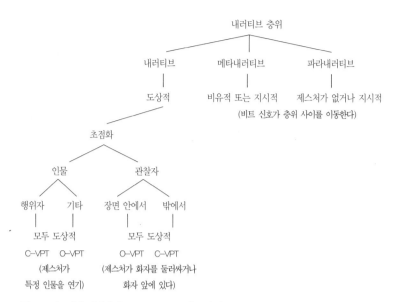

그림 2-6. 제스처와 서사학적 구조 (C-VPT는 '인물 시점'을 O-VPT는 '관찰자 시점'을 뜻한다.)

합으로 얻어진 제스처의 상황을 보여준다. 누락된 조합도 있다는 점에 유의하라. 예를 들어, 메타내러티브 또는 파라내러티브 층위에서는 도상적 제스처도 없고 시각도 없다. 그렇지만 도표의 곳곳에는 다양한 서술태가 있다. 즉 인물, 관찰자, 서술적으로 창조된 역할로서의 화자, 또는 스스로 실험적인 상황에 처해 있는 화자가 있다. 따라서 여러 가지 제스처의 발생이야말로 내러티브 구조에 대한 진정으로 뚜렷한 부가물이며, 발화와 함께 그것들을 따라감으로써, 우리는 실시간으로 펼쳐지고 있는 그대로 내러티브 구조를 밝힐 수 있다.

이 절에서 우리는 내러티브에서 발화와 제스처의 관계, 그리고 내러티브 과정의 일부로서 제공되는 제스처의 기능에 대해 논의할 것이다. 우리는 제스처가 스토리의 여러 가지 요소들을 어떻게 표출하는지에 초점을 맞출 것이다. 즉 제스처가 행위, 인물, 공간, 시간의 묘사에 어떻게 참여하는지 볼 것이다. 또한 제스처가 담론의 과정이나 연결에 어떻게 참여하는지 살퍼볼 것이다. 다시 말해 일련의 추상적인 스토리 요소를 가지고 특정한 방식으로 특정한 이야기를 만들어내는 서술태, 시각, 순서 같은 내러티브 현상에서 제스처가 어떤 역할을 하는지 살펴볼 것이다. 우리는 내러티브의 상호작용 측면, 즉 서술의 과정을 조사하기 위한 노력의 일환으로 이 프로그램을 추구한다. 이제까지는 언어학자로 하여금 "화자가 어떻게 언어화 전략을 점차 구체화하는지, 인지적 이야기(cognitive story)가 언어학적으로 어떻게 조직되는지를 깨달을 수 있게 해주는" 언어학적 장치에 관심을 기울여왔다(Gülich and Quasthoff, 1985: 175). 그러나 똑같은 목적을 달성하는 제스처 장치에 대해서는 지금까지 그다지 관심을 기울이지 않았다.

내러티브 스토리 층위

내러티브 층위는 묘사하는 절과 똑같이 진행되지는 않는다. 이 층위는 실제 혹은 허구인 사건을 텍스트의 순서대로 제시하고 청자는 텍스트의 순서를 이 세상의 사건 순서와 같은 것으로 여긴다. 그러나 이러한 일반적인 도상적 연속체 안에서 사건과 화자 사이의 다양한 거리가 드러날 수 있고 또 드러난다. 제스처는 이러한 내러티브 라인을 강화하는 역할을 한다. 도상적 제스처는 내러티브 층위에 따라오는 중요한 요소이지만, 내러티브의 서술태와 시각 그리고 이러한 파라미터들 안에서 다른 선택을 할 때 암시되는 거리에 따라서 달라진다. 마찬가지로 발화의 문법적 형식도 달라진다. 우리는 발화 자체에서 도상성의 예를 보게 되는데, 그 이유는 다수의 절들을 사용하여 제스처와 마찬가지로 내러티브의 거리를 표시하기 때문이다.

서술태

이야기하고 있는 사람이 누구인가를 표시하는 서술태(voice)는 도상적인 제스처의 형식과 그것이 일어나는 공간으로부터 추론해낼 수 있다. 적절한 방법으로 화자가 온몸으로 묘사할 때 우리는 그 인물을 바로 그 서술태라고 추론할 수 있다. 예를 들어 화자의 손이 그 인물의 손 역할을 하고, 화자의 몸이 그 인물의 몸 역할을 맡을 때 우리는 그 인물이 그 서술태라고 추론한다. 그 제스처는 그 인물을 재연하고, 우리는 그 인물이 바로 지금 이야기하고 있는 그 사람이라고 추론한다. 반대로, 만약 묘사가 화자의 손에 집중되어, 다시 말해 인물 전체가 화자의 손 안에 있는 것으로 보인다면, 그때 서술태는 관찰자/화자 서술태가 된다. 화자의 몸이 구경꾼이고, 서술태는 바로 이 구경꾼이다. 이것은 아마도 소설이론에 나오는 "전지적 관찰자"(Brooks and Warren, 1959)이거나 또는 비디오 화면 앞에서 이전에 자신이 했던 관찰자 역할을 그대로 모사하는 화자 자신일 수도 있다. 공간의 사용은 또한 이러한 서술태들에 따라 달라지며, 그것들을 구분짓는 또 다른 실마리를 제공한다. 인물의 서술태를 통해 공간은 화자를 감싼다. 즉, 이때 공간은 인물이 연기하는 공간이며, 그 중심에는 화자의 위치가 포함된다. 이와 대조적으로, 관찰자의 서술태를 통해서 보면 내러티브 공간이 화자의 앞에 자리한다. 마치 상상의 무대나 화면처럼 말이다. 그리고 이 공간에서 화자는 거의 구분되지 않는 모습으로 움직인다.

다음 예는 관찰자와 인물의 서술태를 모두 보여준다. 발췌문은 관찰자의 서술태로 시작하여(그림 2-7), 인물로 옮겨가고, 다시 관찰자로 되돌아가고, 마침내 인물에서 끝난다. 서술태는 이런 방법으로 앞뒤로 이동하는데, 나중에 살펴보겠지만 무작위는 아니다(O-VPT 곧 관찰자 시점은 관찰자의 서술태고, C-VPT 곧 인물의 시점은 인물의 서술태다).

1. 그가 [홈통 안으로 기어 올라]¹가려고 애쓰는 중이야

   몸통이 기어오르는 것을 보여주는 O-VPT 도상적 제스처

2. 트위티는 달려가서 볼링공을 가져오지

3. [그리고 그것을 홈통 속으로 떨어뜨리는 거야]

그림 2-7. "그는 홈통의 안쪽으로 기어 올라가려고 애쓰는 중이야"라고 말할 때 나타나는 관찰자 시점의 도상적 제스처.

트위티가 볼링공을 아래로 떨어뜨리는 것을 보여주는 C-VPT 도상적 제스처

4. [그리고 … 그가 올라가고 있을 때]

오른손으로는 몸통이 위로 올라가려는 것을, 왼손으로는 위쪽에 볼링공이 가만히 떠 있는 것을 보여주는 O-VPT 도상적 제스처

5. [볼링공이 내려오고 있어]

오른손으로는 인물이 홈통 아래쪽에 떠 있는 것을 보여주는 동안 왼손으로는 볼링공이 내려오는 것을 보여주는 O-VPT 도상적 제스처

6. [그가 그것을 삼키는 거야]

오른손을 펴서 생긴 공간(인물의 입) 내부를 통과하는 (볼링공을) 왼손으로 보여주는 O-VPT 도상적 제스처

7. [그리고 그는 홈통 아래로 나오게 돼]

양손으로 둥근 공이 배 속에 들어간 것을 보여주는 O-VPT 도상적 제스처▸

8. [그리고 그는 이미 배 속에 큰 볼링공을 넣고 있어]

양손으로 둥근 공이 배 속에 들어간 것을 보여주는 C-VPT 제스처

화자는 O-VPT로 시작해서 C-VPT로 즉시 이동하고, 다시 O-VPT로 되돌아와 다른 C-VPT로 끝났다. 거리의 측면에서 화자는 처음에 가상세계에서 멀어지고 그다음 그 안에 들어가며, 그러고 나서 다시 멀어지고 다시 안으로 들어간다. 이때 무작위로 흔들리지 않고, 매 순간 얼마나 사건의 중심에 가까운지를 표현하기 위해 내러티브 라인을 향해 다가갔다가 멀어진다. C-VPT와 근거리는 정확하게 에피소드의 대단원으로 이어지면서 원인과 결과가 되는 사건들과 같이 나타났다. 즉, 인물은 자기 몸 안에 볼링공이 있는 것으로 끝나고, 이것이 결과이다. 원인은 다른 인물이 홈통 아래 볼링공을 떨어뜨린 것이다. 말하자면 이 두 사건은 C-VPT 제스처와 함께 자세하게 서술되었다. 나머지 사건들은 상대적으로 주변적인 것으로 이야기의 전개를 도와주기는 하지만 직접적인 원인과 결과는 아니고(인물이 홈통으로 들어가는 것, 공과 인물이 홈통의 양쪽 끝에 있는 것, 그리고 공이 인물 속으로 들어가는 것 등은 모두 스토리의 주요 인과관계에서 부차적인 것이다), 이런 사건들은 O-VPT 제스처와 원거리로 표시되었다. 모든 제스처들은 도상적이고 모든 절들은 내러티브 층위이다. 그러나 사건과 절들은 스토리 라인의 전개에 똑같은 정도로 기여하지 않고, 이러한 중심성의 차이에 따라 거리가 변하고, 그것이 내러티브의 제스처 서술태에 나타난다.

〈표 2-1〉에서 인물 시점과 관찰자 시점 사이의 이런 구별을 통계적으로

▸ 7번의 제스처에 대한 설명은 8번의 제스처에 대한 설명과 거의 똑같다. 같은 저자들이 1991년 발표한 논문에는 "볼링공과 실베스터를 나타내는 왼손이 홈통 아래쪽을 가리키는 오른손 밑으로 내려오는 것을 보여주는 O-VPT 도상적 제스처"라고 되어 있어, 이 설명이 더 적합하다고 보고 참조를 위해 제시한다.

표 2-1 내러티브 사건의 유형별 비율

사건 유형	C-VPT	O-VPT	지정 불가	사건 수
중심	71	24	5	66
주변	6	93	1	72

확인할 수 있다. 이것은 처치R. B. Church와 동료들(Church, Baker, Bunnag, and Whitmore, 1989)의 세 가지 만화 서술의 분석에 기반을 둔 것이다. 스토리-문법 범주에 기반을 둔 연구에서 처치와 동료들은 스토리 사건들을 "중심"과 "주변"으로 분류했다. 여기서 중심은 (1) 목표 행위의 시작, (2) 주요 목표 행위, (3) 목표 행위의 결과를 의미하는 반면, 주변은 (4) 진술의 설정, (5) 종속적인 행위, (6) 행위와 결과에 대한 반응 등이다(목표의 기술 같은 범주까지는 제스처에서는 결코 묘사되지 않고 발화에서도 거의 묘사되지 않았다). 이런 정의를 활용하면 상당히 다른 맥락에서 두 가지 시점이 나타나는 것을 볼 수 있다. 예를 들어 C-VPT(서술태)는 중심적인 사건과 함께 이야기를 지배하고, O-VPT는 주로 주변적인 사건과 함께 사용된다. 이런 기능의 차이를 보면 인물의 서술태는 사건이 가장 두드러질 때 나타남을 알 수 있다. 화자는 인물의 부분을 직접 연기하기 시작하고 이는 손, 팔다리, 움직임, 그리고 공간의 의미를 변화시키면서 제스처 양식을 C-VPT로 바꾼다.

언어 형식 또한 거리를 표시해준다. 일단 제스처의 서술태에 유의하면, 사실 그와 함께 말로 하는 서술태도 나타난다는 것을 알게 된다. 그러나 이러한 언어적 표현은 늘 분명하게 나타나지는 않는다. C-VPT는 자신의 문법 구성상 서술된 행위 근처의 문장에 나타나는 경향이 있으며 가능하면 행위 동사나 타동사를 사용하는 단문이다. "그리고 그것을 홈통 속으로 떨어뜨리는 거야"가 그 예이다. 이때 손이 등장해 공을 잡고 그것을 다시 홈통 속으로 떨어뜨리는 C-VPT 제스처가 함께 등장했다. 문장 형식 자체도 스토리 라인에 대해 똑같은 근접성을 표현한다. 두 번째 C-VPT 제스처는 자동사와 같이 나타나지만["그리고 그는 홈통 아래로 나오게 돼"], 단문으로 되어 있다. 이것을 보면, C-VPT가 동사의 타동성에만 비례해서 나타나는 것이 아니라 어휘가 허락하는 한 문장 구조와 타동성에 따라 달라지는 서술 스타일의 한 표현이라고 하는 것이 낫다.▸

반대로 O-VPT는 복합문(다수의 절)으로 나타나는 경향이 있는데, 이때 복합문은 행위로부터 거리를 두는 통사 구조를 말한다. 행위가 내포절에 있고 상위 절은 관찰자를 암시하는 내러티브 서술 태도를 나타내기 때문에 거리가 끼어든다. 예를 들어, 위에서 언급된 O-VPT 예에서, 화자가 "그가 홈통 안으로 기어 올라가려고 애쓴다"라고 말했다면, 이때 내러티브 사건은 '올라가는 것'이고, 이것은 인물이 아닌 관찰자의 판단을 보여주는 절["그가 애쓴다"] 속에 포함돼 있다. 마찬가지로, 다른 O-VPT들은 화자와 행위 사이에 구조적으로 거리가 끼어드는("그는 올라가고 있을 때 볼링공이 내려오고 있어") 두 개의 하위 절을 동반했다. "그가 그것을 삼키는 거야"와 같은 세 번째 절은 C-VPT 제스처에 의해 나타났어야 하는 것처럼 보이지만 그렇지 않았다. 트위티가 볼링공을 떨어뜨리는 바로 그 시점에서 결과는 오직 그 제스처로만 나타난다는 점에 주목해야 한다.

이제까지 예들은 단일한 서술태만을 나타낸 것이었다. 이중 서술태(dual voice)는 대화 또는 혼종 구성에 대한 미하일 바흐친Mikhail Bakhtin의 개념 중에서도 핵심적인 것인데, 예를 들어 "하위 절은 직접 저자가 말하는 것이고 주절은 다른 누군가가 말하는 것이다"(Bakhtin, 1981: 304). 제스처에서도 매우 유사한 상황이 나타나는데, 두 가지 서술태가 동시에 들리거나 보인다.

▸ 예문에서 두 번째 C-VPT 제스처는 ["그리고 그는 이미 배 속에 큰 볼링공을 넣고 있어"]라는 8번 문장이어서 원문의 설명과 일치하지 않는다. 이 문장을 중심으로 이해하자면 다음과 같다. "두 번째 C-VPT도 타동사와 같이 나타나고["그리고 그는 이미 배 속에 큰 볼링공을 넣고 있어"], 단문으로 되어 있다. 이것을 보면, C-VPT는 타동사와 유사한 제스처이다. C-VPT는 타동사로 표현될 수 있는 서술 스타일을 보여주는 것이다."

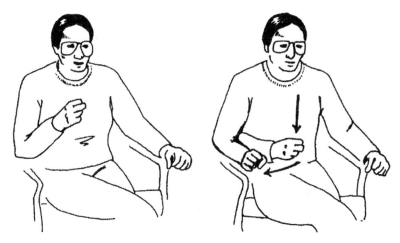

그림 2.8. 이중적 시점의 도상적 제스처. 왼쪽 그림은 "그는 트위티를 잡는다 … 그리고 그가"라는 말과 함께 인물의 시점을 보여주고, 오른쪽 그림은 "다시 내려올 때"라는 말과 함께 이중적 시점을 보여준다. 이 두 번째 제스처는 인물의 **시점**을 유지하고 있는 반면, 손을 아래로 떨침으로써 관찰자 **시점**을 추가한다(화자는 세 번째 제스처에서 이중적 시점을 계속 유지하면서, 여전히 움켜쥔 채로, 실베스터가 달아나는 것을 보여주기 위해 오른쪽으로 자신의 손을 움직인다).

다음 예에서는 인물이 동시에 두 시점, 다시 말해 인물 자신과 외부 관찰자의 시각에서 그려진다(그림 2-8).

1. 그리고 [그가 트위티를 잡는거야 … 그리고 그가] 손이 눈높이(즉 C-VPT)에서 뭔가를 잡으려고 나타난다.
2. [다시 내려왔을 때] 손에 아직도 뭔가를 쥐고(즉 C-VPT) 땅에 곧장 착륙한다(즉 O-VPT).

그림 2-8에서 첫 번째 제스처는 실베스터의 시각에서 트위티를 잡는 모습을 묘사하고 있다. 마찬가지로 동시 문장은 그것의 단순 구성과 타동사와의 거리를 최소화한다("그는 … 잡는거야" 등등). 두 번째 제스처는 첫 번째 제스처의 C-VPT를 유지하면서 동시에 바깥 관찰자의 시점으로 본 대로 손

을 아래로 떨어트린다. 이 문장은 복합적인 구조를 사용하여("그가 다시 내려왔을 때…"와 같은 종속절을 써서) 거리를 둔다. 바흐친의 견해와 마찬가지로, 이중 서술태를 통해서 화자는 두 개의 내러티브, 두 가지 스타일, 두 가지 의미론적 가치론적 믿음의 체계를 동시에 보여줄 수 있다. 또한 여기서처럼 한 서술태가 다른 서술태와 대조를 이룰 때 아이러니한 효과를 발생시키는 것을 짐작할 수 있다(이 경우 관찰자는 인물이 스스로 이겼다고 믿는 순간 그 인물을 바라보는데, 관찰자는 바로 그 순간 재앙의 서곡이 울렸음을 안다).

시각

시각(perspective)은 관찰자가 서 있는 위치를 말하는데, 이는 또한 (O-VPT를 가진 모든) 화자의 제스처로 드러난다. 이것은 서술태와는 다른 질문이다. 다시 말해, 이는 누가 말하는 사람이냐 하는 질문이 아니라, 관찰자를 대변하는 화자가 그 장면을 바라보며 어디에 서 있는가 하는 질문이다. 시각에는 두 가지 형태가 나타나는데, 가장 일반적인 존재는 위의 볼링공 장면에서 묘사된 외부 관찰자이다. 다른 하나는 어린이들에게는 흔하지만 어른들 사이에서는 드물게 나타나는 것으로 관찰자가 그 장면 안에 있는 것이다. 즉, 볼 수는 있지만 참여할 수는 없는 내부 관찰자의 눈 같은 것이다. 다음의 예들에서는 두 명의 화자가 같은 사건을 대조적인 시각에서 제시한다. 첫째는 외부 관찰자의 시각이고, 둘째는 일반적이지 않은 내부 관찰자의 시각이다.

외부 관찰자
1. 그리고 그는 한 건물의 위층 유리창에서 트위티의 유리창[으로 곧바로] 휙 넘어오려 애쓴다. 몸통은 제스처 공간의 오른쪽에서 왼쪽으로 움직인다.

실베스터가 건너편에서 휙 넘어오는 것에 초점을 맞춘 이런 시각은 분명 화자 자신이 만화에서 본 장면을 그대로 재현한다(오른쪽에서 왼쪽으로 움직이는 제스처의 방향은 만화에서 본 궤적과 같다). 말의 구문 구조는 다시 여러 개의 절로 이루어져 있으며 상위 절은 관찰자가 있음을 암시한다("그는 … 하려고 애쓴다"는 인물의 실패에 대한 화자의 평가이다. 인물의 목적을 묘사하는 것이 아니다).

내부 관찰자

1. 그리고 당신은 [밧줄을 가로질러] 휙 넘어오는 그를 본다. 꽉 잡은 양손이 화자의 오른쪽 어깨 앞에서부터 왼쪽 앞으로 움직인다.

이 궤적에서 인물이 넘어오는 공간의 중앙에 서서 뒤쪽에서 앞쪽으로 그가 건너오는 장면을 바라보는 관찰자의 시각을 추론할 수 있다. 공간은 그러므로 인물 중 하나가 아닌 관찰자로 참가한 화자와 함께 가공 세계의 안쪽에 있다. 이 프레임 안에서 화자는 가상의 존재인 내러티브 관찰자의 역할을 한다. 제스처는 화자가 행위의 중간에 정확히 놓이게 한다. 반면 발화는 다른 O-VPT 제스처들과 마찬가지로 "그리고 당신은 … 을 본다"라고 말하면서 사건을 바라보도록 화자에게 거리를 부여한다. 그러므로 내부 관찰자의 위치로 이동하는 것은 오직 제스처에만 뚜렷이 나타난다.

두 가지 예에서, 화자의 제스처를 언급할 때 비로소 시각의 문제가 부각된다. 여기서 중요한 시각의 양상들은 오직 비언어적인 경로에만 뚜렷이 나타난다. 이 제스처에서 인물과 내부 관찰자 모두에 대한 이중적 시점이 채택된다. 꽉 쥔 화자의 손은 실베스터의 앞발을 나타내는 반면, 공간을 가로질러 흔들리는 제스처는 오직 관찰자로서만 이야기할 수 있다. 이 이중적 시점은 두 개의 가치론적 신념 체계의 아이러니한 대조에서 비롯한다. 즉, 인물은 의기양양하게 흔들거리며 힘차게 내려오면서 확신에 가득 차 있지만, 대조적으로 관찰자는 재난이 다가오는 것(인물이 벽과 정면충돌한다)을 알고 비꼬는 태도이다. 관찰자가 장면 안으로 들어가서 내부 관찰자 시각으로 본다면 이런 대조가 더 뚜렷하게 나타날 것이다.

다른 내러티브 층위로의 이동

서술태와 시각에 대한 선택은 내러티브 층위 자체 안에서 이루어지지만, 스토리는 (아마도 어린아이들이 하는 것을 제외하면) 거의 그 층위에서는 서술되지 않는다. 내러티브는 만일 그것이 프레임을 구성하는 절 없이 간접 화법으로만 이루어진 것이라면 무슨 말인지 거의 모를 것이다. 마찬가지로 스토리의 구조를 이루는 각 부분들이 명확하게 드러나야 스토리를 이해하기가 쉽다. 따라서 화자들은 담론 내내 내러티브로부터 메타내러티브 (그리고 파라내러티브) 층위로 이동한다. 층위의 이동은, 움직임을 표시하는 비트의 사용, 그리고 층위 안에서 발견되는 지시적 제스처의 의미론적 가치라는 서로 다른 두 제스처 현상에서 가장 명백하게 볼 수 있다.

앞에서 설명한 바와 같이, 우리가 연구하고 있는 스토리의 화자는 스토리텔링 과정 내내 화자의 역할을 하는 것은 아니다. 화자는 처음에는 시청자, 즉 '시각적 텍스트'로 불리는 텔레비전 화면을 마주 보고 있는 시청자이다. 이때 화면에는 트위티와 실베스터에 대한 특별한 스토리의 이미지가 재현된다. 서술의 (다소) 수동적인 수용자 역할을 하고 나면, 역할이 뒤바뀌어 만화를 전혀 본 적이 없는 누군가에게 수용자가 그 스토리를 서술해주게 된다. 각각의 역할은 상황적 프레임 또는 참여형 프레임(Hanks, 1993에서는 이를 "프레임 I"이라 불렀다)을 수반하며, 이 프레임은 화자와 청자 그리고 사건의 경험적 연속체를 시공간적으로 배치해낸다. 스토리 자체를 구성하는 사건의 연속체는 내러티브를 만드는 수많은 사건 연속체들 중 하나일 뿐이다. 우리가 관심을 갖는 스토리텔링은 다섯 개의 사건 라인 혹은 다섯 개의 사건 연속체로 구성된다. 이러한 사건 라인 중 하나는 내러티브 정보를 포함하고, 셋은 메타내러티브 정보의 항목 아래 오고, 마지막 남은 사건

라인이 파라내러티브 정보를 제공한다. 이러한 서로 다른 프레임 또는 사건 라인은 다음과 같이 세 가지 측면에서 중요하다. (1) 특정 제스처는 사건 라인들 사이의 움직임을 표시한다. (2) 서로 다른 종류의 제스처들은 내러티브의 각 층위에서 발견된다. (3) 제스처들은 그들이 참여하는 사건 라인에 따라 서로 다른 가치들을 갖는다.

내러티브 이동을 표시하는 제스처

다음 발췌문은 만화 서술의 맨 앞 부분에 나오는 성인 화자의 말을 따온 것이다. 이는 제스처가 어떻게 해당 절의 내러티브 정보의 종류를 지시하는 기능을 하는지 보여준다.

1. 음 너는 버그스 [버니 만화]라는 [걸 본] 적이 있니?
　　　　　　비트　　　　　비트

2. [좋아], [그래. 이건] 버그스 버니 만화가 [사실은 아니야]
　비트　비트　　　　　　　　　비트

3. [그건 ― 시리즈 중 하나였어]
　　　　비유적: 대상들의 시리즈 안의 대상

4. 그리고 그건 [트위티와 실베스터]였지
　　　　　비트

5. [그래 그래 그래 네가 알고 있는] [바로 그 고양이]
　비트　　　　　　　　　　비트

6. 맞아 으 응

7. 그리고 어 [네가 볼 첫 장면은 어]
　　　　도상적: 창턱

8. [이 이 창문] [그 안에는 조류 관찰자 협회라고 써 있는데]
　도상적: 창턱　　도상적: 사인

9. 그리고 창문 주위를 [훔쳐보는 실베스터가 있지]

    도상적: 실베스터의 훔쳐보기를 연기함

   이 서술에서 첫 번째 절은 스토리를 설명하기 위해 아무것도 하지 않지만, 대신 청자를 참여시키는 기능을 한다. 그것은 사람들 사이의 기능을 가지고 있다. 이 참여형 프레임은 두 개의 비트에 의해 나타난다. 두 번째와 세 번째 절은 여전히 스토리를 설명하지 않지만, 시각적 텍스트(만화)를 하나의 장르로 분류한다. 즉, 여기서 지시된 사건 라인은 만화의 재현이며, 그 사실은 세 개의 비트에 의해 표시된다. 또한 세 번째 절은 시리즈의 특성을 보여주는 비유적 제스처와 함께 말해진다(어떤 제스처를 했는지에 대해서는 나중에 말하겠다). 스토리의 주인공인 실베스터에 대한 첫 번째 소개는 또한 다섯 번째 행에서 비트에 의해 표시된다.

   일반적으로 서술의 흐름에서 비트는 화자가 순간적으로 내러티브의 플롯에서 빠져나와 또 다른 참여 프레임에 들어갈 때 발생한다. 좀 더 구체적으로 말하면 어휘를 수정하거나(메타언어적 기능) 새로운 인물을 소개하거나[메타내러티브적이고 (재현적인) 사건], 또는 이미 서술에서 도입된 주제에 대해 새로운 정보를 추가하기 위해(이 또한 메타내러티브 기능) 비트를 사용한다. 즉, 비트는 화자와 서술된 사건 사이의 거리가 순식간에 멀어지는 것을 나타낸다. 따라서 비트가 발견되는 절은 종종 세계를 기술하는 지시적 기능이 아니라, 화자와 언급된 말 사이의 관계를 표시하는 메타화용론적(metapragmatic) 기능을 수행한다. 위의 예가 지시하는 관계는 대상화의 한 가지 사례였다. 즉, 그 스토리는 세계에서 벌어진 일련의 사건에 의해서가 아니라, 외부 윤곽을 가진 대상으로서 기술된 것이다. 그다음으로 세 번째 절에서 비유적인 제스처는 대상으로서의 스토리를 적절히 묘사한다. 따라서 비트 제스처는 내러티브 층위 간의 이동, 그리고 층위들 안에서 참여 프레임 간의 이동을 표시해주며, 이러한 이동이 발화를 통해 지속적으로 표시되지 않을 때도 그렇게 한다.

내러티브 공간의 가치

우리는 청자 앞에 있는 제스처 공간을 스토리의 인물의 행위가 재연되는, 그리고 내러티브 관찰자가 그러한 행위들을 보고 있는 것으로 묘사되는 활동 무대로 설명해왔다. 그러나 제스처 공간의 또 다른 특징은 그것의 기호론적 가치가 변한다는 점이다. 즉, 동일한 물리적 공간은 서술하는 동안, 실베스터와 트위티, 텔레비전 스크린과 시청자, 또는 실제 화자와 청자에 의해 다른 지점에서 점유된다. 이러한 가치의 변화를 표시해주는 것은 지시적 제스처로, 현재 해석 프레임의 참여자가 누구인지를 가리킨다. 아래의 발췌문은 앨프리드 히치콕Alfred Hitchcock의 영화[〈블랙메일Blackmail〉(1929)]의 서술 중 일부를 그대로 옮긴 것이다.

1. [그건 — 그건 일종의 페이드아웃이야]

   비유적: 페이드아웃(손을 오므렸다 편다)

2. [네가 알다시피 프랭크는 분명 정신이 나간 채로] [성큼성큼 걸어 나가지]

   지시적: 오른쪽 어깨 너머로

   도상적: 성큼성큼 걷기

3. 그렇다면 그다음 우리는 [누군가가] [연루되었다는 걸 …] 알고 있어

   지시적: 오른쪽 아래를 가리킴

4. 프랭크와 앨 — [프랭크가 아니고]

   비유적: 부정(주먹을 쥠)

5. [화가] [와 앨리스]가 [나란히 걷고 있어]

   2회 지시적: 오른쪽을 가리킨 다음에 중앙을 가리킨다.

   도상적: (앨리스가 있던 곳에서 멀어지며) 왼편에 있는 중앙 쪽으로 걷는다.

몇 가지 지시적 제스처가 이러한 서술의 단편에서 발견된다. 지시적 제스처들은 형태상으로 동일해 보이지만, 각각의 제스처들이 발생할 때 갖는 의미론적 가치는 다르다. 첫 번째 지시적 제스처는 스토리, 즉 내러티브 층위 자체에서 인물이 있는 위치를 가리킨다. 프랭크의 이전 위치는 화자 바로 앞에 있는 중앙에서 행해진 도상적 제스처로 알 수 있었다. 앞에 묘사된 첫 번째 지시적 제스처를 보면 이제 그가 무대의 오른쪽으로 옮겨가는 것을 알 수 있다. 세 번째 절에 나타나는 그다음 지시적 제스처 또한 오른쪽을 가리킨다(위와 뒤가 아니라 이번에는 앞과 아래로). 하지만 이때 그 지시적 제스처는 초점이 새로운 장면 위치[또는 새로운 초점 공간(Grosz, 1981)]을 나타내므로 메타내러티브 층위에서 일어난다. 페이드아웃을 위한 비유적 제스처는 왼쪽에서 화자의 앞에 있는 공간으로 이동하며 행해졌다. 대조적으로, 새로운 장면은 화자의 오른쪽에서 시작된다. 이런 종류의 전체적인 서술에서는 화자 앞에 눈에 보이지 않는 시간대가 설정되고, 시간에 따라 사건이 진행되면 왼쪽에서 오른쪽으로 움직이는 일이 매우 흔하다. 세 번째 지시적 제스처는 공간에서 같은 장소를 가리키는 것이지만, 내러티브 층위로 돌아가 두 명의 새로운 배우들(화가와 앨리스)의 위치를 다시 가리킨다. 두 배우들의 공간화는 그다음 도상적 제스처에서 사용되는데, 여기서는 그 둘이 오른쪽에서 왼쪽으로 걸어가는 것을 보여준다.

지시적 제스처는 파라내러티브 층위에서도 발생한다. 이러한 사실은 다음과 같은 〈실베스터와 트위티〉에 대한 서술의 맨 처음 부분에 잘 나타난다.

1. 자 ++ [그건 음 트위티 파이와 음] ++ 고양이 ++[2] [만화들]

   비트들

   비유적: 손으로 청자에게 만화를 제시한다.

2. [실베스터] 맞아 ++

   지시적: 청자를 가리킨다

이 예에서 지시적 제스처는 사람들 사이의 참여 프레임의 참여자들을 가리키는 역할을 한다. 이 참여자들은 어떤 정보, 여기서는 만화 주인공들의 이름을 공유한다.

지시적 제스처는 화자들이 스토리의 플롯 구조를 도식화하는 한 방식이다. 물리적 공간은 참조 가능성의 공간이 되고, 지시 공간이 재조정되면서 가리키는 것이 분명해진다. 내러티브 모델에 비추어 볼 때, 이 추상적 지시는 내러티브 층위 자체에서는 새로운 인물을, 메타내러티브 층위에서는 새로운 사건을, 그리고 파라내러티브 층위에서는 화자와 청자 사이의 관계를 표시한다.

메타내러티브 층위의 제스처

각 내러티브 층위에서 제스처의 특별한 패턴이 발생한다. 우리가 다루는 스토리의 말뭉치에서, 비트들은 내러티브와 특수 내러티브 층위(메타내러티브와 파라내러티브를 아우르는 범주)에 고루 나타난다. 그러나 비유적 제스처와 도상적 제스처는 편향된 분포를 보인다. 비유적인 것들은 메타내러티브 층위에서, 도상적 것들은 내러티브 층위에서 훨씬 자주 나타난다. 그러므로 여기서는 비유적인 제스처에 초점을 맞추고자 한다.[3]

메타내러티브에서의 비유적 제스처

앞 절에서 우리는 신체적으로는 묘사할 수 없는 생각을 말할 때 동반되는 비유적 제스처가 그 생각을 재현하는 기능을 한다고 했다. 이 기능은 메타내러티브 발화에서 가장 자주 수행되는데, 이때 메타내러티브 발화에서 만화 서술은 말이라는 경로를 통해 객관화될 수 있고 해설될 수 있으며, 제스처라는 경로에서는 하나의 대상으로 제시될 수 있다. 모범적인 예는 앞서 인용된 만화 서술의 도입 부분에서 찾을 수 있다.

그림 2-9. "이제 우리 영화 자체로 들어가 보자"라고 할 때 나타나는 공정 비유적 제스처.

1. 자 ++ [그건 음 트위티 파이와 음] ++ 고양이 ++ [만화들]

비트들

비유적: 손으로 청자에게 만화를 제시한다.

　화자는 여기서 그의 두 손으로 커다란 그릇 모양을 만들고 청자를 향해 무릎에서 그릇을 들어올린다. 이것이 도관 비유적 제스처다. 화자는 마치 정보가 어떤 물건 안에 담겨 있어서 청자에게 전달될 수 있는 것처럼 정보를 제시한다. 이 예에서 발화와 제스처는 진술이 시작되는 메타내러티브 층위를 확실히 하기 위해 함께 작동한다. 발화는 만화를 한 형식("그것은 … 중 하나였다")의 예로 제시한다. 반면 제스처는 화자를 관찰자가 아니라 만화라는 대상의 전달자로서 표현하다.

유사한 예를 만화 서술의 한 에피소드에서 찾을 수 있다.

1. 그리고 … 물론 플롯의 다음 [발전] 단계는

   비유적: 두 손으로 청자에게 대상을 제시한다

만화에서 도관 비유들은 이처럼 에피소드의 연결부에 자주 나타난다. 첫 번째 예의 화자는 특정 사건을 언급하는 게 아니다. 그는 만화 전체와 곧 있을 만화에 대한 서술을 언급하고 있다. 우리 식의 용어로 말한다면 메타내러티브와 파라내러티브에서의 참여 프레임을 언급하고 있다. 내러티브와 메타내러티브 또는 파라내러티브 양자에서 비유적 제스처를 사용하는데, 이때 시간은 플롯 라인에서 다음 사건, 즉 만화를 보는(과거 동사 "…였다"라는 발화에서 분명해지는) 시간이라는, 한정된 실체로서 드러난다. 따라서 화자는 제스처 경로에 따라 다양한 내러티브 시간을 배치한다.

공정(工程)의 비유들도 또한 내러티브에서 상당히 일반적이다. 만화 서술의 도입 부분에는 다음 예(그림 2-9)도 나온다.

1. 이제 우리 영화 자체로 들어가 보자

   비유적: 양손을 청자를 향해 회전한다

여기서 화자는 특정 만화의 특이한 내용과 대조되는, 만화로 이끌어가는 사건들의 연속성에 집중하고 있다.

파라내러티브 층위의 제스처

파라내러티브 층위의 제스처 사용에서 두드러지는 특징은 제스처가 급격하게 줄어드는 점이다. 화자들이 그들 자신이 되어 내러티브 상황을 벗어난, 그러나 사회적으로 규정된 화자와 청자라는 상황에 참여하는 역할을 받아들이면서 그들은 제한된 종류의 제스처를 조금만 사용한다. 비유적 제스처나 도상적 제스처는 거의 나타나지 않는다. 앞에서 설명한 것처럼 화자와 청자가 공유하는 지식을 가리키기 위해서 지시적 제스처가 나타난다. 여기서 지시적 제스처의 역할은 (이른바) 사건의 참여자를 지적하는 것이다. 담론의 파라내러티브 부분의 시작을 알릴 때나, 수정 사항이나 메타언어적인 작업을 알릴 때 비트 제스처가 나타난다. 파라내러티브 층위에서 비언어적 경로가 활발하지 않다는 뜻은 아니다. 예를 들면 시선은 서술되는 사건에서 화자와 청자의 참여를 구조화하는 데 중요한 역할을 한다. 또한 내러티브 담론을 벗어나 있을 때(대화를 할 때) 아주 풍부하게 제스처를 쓴다는 점을 주목해야 한다. 이처럼 내러티브 층위나 메타내러티브 층위와는 대조적으로, 파라내러티브 맥락에서 제스처가 감소하는 것은 파라내러티브 층위의 조직을 이해하는 데 구체적인 단서가 될 것이다.

결론

지난 15년 동안 내러티브 텍스트 분석은 시각과 양식, 서술태와 인물과 같은 여러 교차 축을 중심으로 이루어져왔다. 그러나 아직도 텍스트의 시간적 선형성이라는 일차원적 분석에 머물러 있다. 화자의 동시적 제스처 연구라는 비언어적인 층위를 추가할 때, 내러티브의 선형적 시간 전개와 공존하는 이미지의 교차되는 세계를 보게 된다. 문자 텍스트가 이런 비시간적 구조의 실마리를 포함할 수는 있다. 그러나 문자 텍스트 속에는 이런 구조가 암시적인 차원에 머물고 특정 언어 구조에서 분리될 수 없는 경우가 대부분이다. 오히려 텍스트의 심층 구조는 원래 정확하게 어디에 있는지 불분명한 용례에서 추론해야 한다. 구술 텍스트의 경우, 제스처를 통해 이런 이미지나 담론 구조를 명확하게 할 수 있다. 제스처의 차이를 통해 화자가 서술태와 시각을 바꾸는 순간이나 자신과 내러티브 텍스트 사이의 거리를 변화시키는 순간을 알 수 있다.

왜 제스처가 이런 일들을 하는지 질문을 던질 수 있다. 제스처는 비록 우리가 염두에 두는 그런 종류의 도움을 주지 않는 때조차도, 발화 형성 자체의 조음 과정을 부드럽게 해준다(Freedman, 1972). 화자의 시점에서 볼 때, 제스처는 전달되는 사건과 화자의 관계를 외부화한다는 장점이 있다. 스토리의 '본질'을 전달하고자 할 때 화자는 속이 꽉 찬 한정된 작은 공간을 만들어내는 제스처를 써서 그 개념을 직접 감각적인 방식으로 외부화할 수 있다. 내러티브 안에서 사건이 중심적인지 주변적인지 인지하는 화자의 감각은 제스처의 서술태와 시각으로 구체화된다. 여기서 서술적 거리는 화자와 서술된 것 사이의 물리적 거리로 표현될 것이다. 이러한 이미지는 화자의 생각에서 나올 뿐 아니라, 화자의 생각에 그리고 결국 내러티브와 기억에 실질적이고 지속적인 영향을 미친다. 이처럼 제스처는 화자와 청자 둘다에게 모든 층위에서 서술을 재현하는 데 도움을 주는 한편, 스토리의 '흡인력'에도 중요한 역할을 한다.

〈이혜원 옮김〉

주

이 논문을 준비하는 동안 여러 재단의 연구비를 지원받았다. 국립과학재단으로부터는 BNS 8211440, BNS 8518324 연구비를, 스펜서재단으로부터는 1981년과 1989년에 연구비를, 국립과학재단과 스펜서재단에서 1989~1990년 각각 연구 장학금을 지원받았다. 초고에 대해 논평을 해준 안나 보쉬Anna Bosch와 라우라 피델티Laura Pedelty에게 감사를 전한다. 정확하고 잘 표현된 그림들은 라우라 피델티의 작품이다.

1   [ ]는 제스처의 영역을 표시한다.
2   ++는 휴지의 길이를 가리킨다.
3   표 2-2는 내러티브와 특수 내러티브 층위에 있는 제스처 유형의 빈도를 보여준다. 이
    표는 성인 여섯 명이 행한 〈실베스터와 트위티 만화〉에 대한 서술을 기반으로 만들어
    졌다.

표 2-2 내러티브 맥락에서 제스처 유형의 빈도

절의 유형	도상적	비트	비유적	지시적	없음	합계
내러티브	226	134	1	25	146	532
특수 내러티브	35	134	31	3	44	247
합계	261	268	32	28	190	779

참고문헌

Bakhtin, M. M. *The Dialogic Imagination*. Ed. Michael Holquist. Trans. Caryl Emerson and Michael Holquist. Ausin: University of Texas Press, 1981.

Banfield, Ann. *Unspeakable Sentences*. Boston: Routledge and Kegan Paul, 1982.

Brooks, Cleanth, and Robert Penn Warren. *Understanding Fiction*. 2d ed. New York: Appleton-Century-Crofts, 1959.

Cassell, Justine, and David MacNeill. "Gesture and Ground." *Proceedings of the Sixteenth Annual Meeting of the Berkeley Linguistics Society*. Berkeley CA: Berkeley Linguistics Society, 1990.

Chatman, Seymour. *Story and Discourse: Narrative Structure in Fiction and Film*. Ithaca NY: Cornell University Press, 1978.

_____. "What Novels Can Do That Films Can't (and Vice Versa)." *On Narrative*. Ed. W. J. T. Mitchell. Chicago: University of Chicago Press, 1981.

Church, R. B., D. Baker, D. Bunnag, and C. Whitmore. "The Development of the Role of Speech and Gesture in Story Narration." Paper presented at the Biennial Meeting of the Society for Research in Child Development, Kansas City MO, 1989.

Dray, N. L., and D. McNeill. "Gestures during Discourse: The Contextual Structuring of Thought." *Meanings and Prototypes: Studies in Linguistic Categorization*. Ed. S. L. Tsohatzidis. London: Routledge, 1990.

Ekman, P., and W. V. Friesen. "The Repertoire of Nonverbal Behavioral Categories Origins, Usage, and Coding," *Semiotica* I(1969): 49~98.

Freedman, N. "The Analysis of Movement Behavior during the Clinical Interview." *Studies in Dyadic Communication*. Ed. A. W. Siegman and B. Pope. New York: Pergamon Press, 1972.

Genette, Gérard. *Figures II*. Paris: Seuil, 1969.

_____. *Figures III*. Paris: Seuil, 1972.

Goodwin, C., and M. H. Goodwin, "Context, Activity and Participation." *The Contextualization of Language*. Ed. P. Auer and A. Di Luzio. Amsterdam: John Benjamins, 1992. 77~99.

Grosz, B. "Focusing and Description in Natural Language Dialogues." *Elements of Discourse Understanding*. Ed. A. K. Joshi, B. L. Webber, and I. A. Sag. Cambridge: Cambridge University Press, 1981.

Gülich, Elisabeth, and Uta Quasthoff. "Narrative Analysis." *Handbook of Discourse Analysis: Dimensions of Discourse*. Vol. 2. Ed. Teun A. Van Dik. London: Academic Press, 1985.

Hanks, W. "Metalanguage and Pragmatics of Deixis." *Reflexive Language: Reported Speech and Metapragmatics*. Ed. J. Lucy. Cambridge: Cambridge University Press, 1993.

Hinrichs, E., and L. Polanyi. "Pointing the Way: A Unified Treatment of Referential Gesture in Interactive Contexts." *Pragmatics and Grammatical Theory(Papers from the 22nd Chicago Linguistics Society Parasession)*. Ed. A. Farley, P. Farley, and K. E. McCullough. Chicago: Chicago Linguistics Society, 1986.

Jakobson, Roman. "Closing Statement: Linguistics and Poetics." *Style in Language*. Ed. T. Sebeok. Cambridge MA: MIT Press, 1960.

Kendon, A. "Some Relationships between Body Motion and Speech." *Studies In Dyadic Communication*. Ed. A. W. Siegman and B. Pope. New York: Pergamon Press, 1972.

_____. "Gesticulation and Speech: Two Aspects of the Process of Utterance." *The Relation between Verbal and Nonverbal Communication*. Ed. R. Key. The Hague: Mouton, 1980.

Kloepfer, R. "Dynamic Structures in Narrative Literature." *Poetics Today* 1.4(1980): 115~34.

Lakoff, George, and Mark Johnson. *Metaphors We Live By*. Chicago: University of Chicago Press, 1980.

Marslen-Wilson, W. D., E. Levy, and L. K. Tyler. "Producing Interpretable Dialogue: The Establishment and Maintenance of Reference." *Speech, Place, and Action*.

Ed R. Jarvella and W. Klein. Chichester, Eng.: John Wiley and Sons, 1982.

McNeill, David. *Hand and Mind: What Gestures Reveal about Thought.* Chicago: University of Chicago Press, 1992.

McNeill, David, and E. Levy. "Conceptual Representations in Language Activity and Gesture." *Speech, Place, and Action,* Ed. R. Jarvella and W. Klein. Chichester, UK: John Wiley and Sons, 1982.

Reddy, M. "The Conduit Metaphor —A Case of Frame Conflict in Our Language about Language." *Metaphor and Thought.* Ed. A. Ortony. Cambridge: Cambridge University Press, 1979.

Richards, I. A. *The Philosophy of Rhetoric.* New York: Oxford University Press, 1936.

Ricoeur, Paul. "Narrative Time." *On Narrative.* Ed. W. J. T. Mitchell. Chicago: University of Chicago Press, 1981.

Rime, B. "Nonverbal Communication or Nonverbal Behavior? Towards a Cognitive-Motor Theory of Nonverbal Behavior." *Current Issues in European Social Psychology.* Vol. 1. Ed. W. Doise and S. Moscovici. Cambridge: Cambridge University Press, 1983.

Silverstein, M. "On the Pragmatic 'Poetry' of Prose." *Meaning, Form, and Use in Context: Linguistic Applications.* Ed. D. Schiffrin. Washington DC: Georgetown University Press, 1984.

Todorov, Tzvetan. *Les Genres du discours.* Paris: Seuil, 1978.

영화

Narrative across Media

: The Languages of Storytelling

II부

영화

영화이론이 학문이 된 것은 소쉬르의 언어이론이 (재)발견된 후인 1960~ 1970년대였다. 영화는 매체 연구 영역 중 아직도 언어학이라는 산파에게 빚을 가장 많이 지고 있는 분야다. 소쉬르의 구조주의 틀 안에서 영화 내러티브에 대한 접근은 어떻게 이루어지는가? 롤랑 바르트는 『신화*Mythologies*』 (1957)에서 그 당시 모든 유형의 매체 내러티브에 적용 가능해 보였던 모델을 기술한다. 이 모델은 상호의존적인 의미화 체계의 위계질서에 근거한 것이다. 바르트에 따르면, 제1체계의 기호(기표와 기의의 결합)가 재현이라는 제2체계에서는 기표가 된다. 언어, 영화, 사진이나 음악 등 어떤 매체도 제1체계가 될 수 있다. 바르트는 '신화'라는 문화적 정형을 제2체계로 생각했지만 이 모델이 그 밖의 다양한 의미화 작용에도 적용되리라고 봤다. 예를 들어, 한정된 사전적 의미를 지닌 라틴어 구절이 언어 교육이라는 제2체계에서는 문법적 합의를 보여주는 실례가 될 수 있다. 그때 기본 어의는 그 자체가 목적이 아니라 제2의 의미가 작용하게 해주는 도구가 된다. '내러티브'를 2차적 기호체계로 본다면, 내러티브 매체이론가들의 임무는 쉽게 정의될 수 있는데, 그것은 매체 단위를 규정하고, 매체로부터 자유로운 내러티브 체계를 구성하는 의미들을 규정하고, 내러티브 체계의 의미 위에다 매체 기호의 자리를 매겨주는 '어휘'를 만들어내는 일이다.

이 프로그램이 처음에 구술 내러티브에서는 흥미 있는 결과를 만들어냈다. 예를 들어, 그레마스가 격체계[행위자 = 주격, 피동자 = 대격(직접 목적격), 수익자 = 여격(간접 목적격) 등]를 반영하는 행위소 모델 분류표를 제안했고, 토도로프는 인물을 명사에, 행위를 동사에, 속성을 형용사에 비유했고, 사건의 존재론적 지위는 동사의 양태[기원(祈願), 조건, 그리고 반사실적 가정 등]에 비유했다. 서사학 분야의 주네트 학파는 동사 활용에서 1인칭, 2인칭, 3인칭(이런 양식은 실제로 주인공이 어떻게 서술되느냐와 일치한다)이라는 세 가지 양식의 서술을 끄집어냈다. 그러나 매체 단위와 내러티브 단위의 짝짓기는 어휘적 규정(언어 요소인 a는 내러티브의 요소인 b를 나타낸다)보다는 비유(a와 언어의 관계는 b와 내러티브 구조의 관계와 같다)인 경우가 더 흔해서 관계들의 통합적 체계로 발전할 수가 없었다. 바르트 자신도 제1 혹은 제2체계 내에서 서로 다른 기표와 기의를 애써 구분하지 않고 텍스트를 전체적인 신화적 의미에다 넓게 자리매김하는 데 만족했다. 이런 두 층위의 분류법은 개별적 기호로 분석되기 힘든 영화와 같은 매체에 적용하기가 더 애매하다. 그렇다면 매체와 내러티브의 의미 '체계'의 관계를 어떻게 인식해야만 하는가?

이 책에 실린 데이비드 보드웰의 논문은 구조주의적 영화 연구에 대한 대안의 개요이다. 보드웰의 연구는 그가 SLAB 이론이라고 부르는 소쉬르Saussure의 기호학, 라캉Lacan의 정신분석학, 알튀세르Althusser의 마르크스주의, 바르트Barthes의 텍스트 이론(Quart, 2000: 36)으로부터 자신의 학문을 자유롭게 하는 데 오랫동안 영향을 미쳐왔다. 「신구조주의 서사학과 영화 스토리텔링의 기능Neo-Structuralist Narratology and the Functions of Filmic Storytelling」에서 그는 영화적 기법의 융통성을 보여줌으로써, 영화 요소와 내러티브 단위 사이의 체계적인 대응관계를 구축하려는 구조주의자들의 기획을 약화시킨다. 영화 연구의 최초 구조주의 학파(크리스티안 메츠Christian Metz로 대표되는)는 영화의 기본적인 내러티브 단위가 언어의 문장이나 진술과 동일해야 한다고 주장했다. 메츠에게 이 단위는 이미지였다(26). 그러나 영화에서 이미지란 모호하다. 이미지가 개별 장면을 말하는 것인가, 아니면 연속적인 전체를 말하는 것인가? 제2세대 구조주의자들은 카메라의 숏*이 영화 내러티브의 기본 단위를 이룬다고 답한다. 보드웰은 서로 다른 인물을 다루는 몇 가지 뚜렷한 연속적 내러티브가 단일 숏에 담길 수 있다는 것을 보여줌으로써 이 주장을 해체한다. 아니면 반대로, 말하고 있는 사람에게 초점을 맞춰 숏을 번갈아 이동하면서 전략적 단위를 이루는 두 인물 간의 대화를 제시할 수도 있다고 말한다.

보드웰은 신구조주의에 반대하며 '기능주의적' 또는 '인지주의적' 접근법을 제안한다. 기능주의/인지주의 접근법은 영화 매체를 내재적이고 고정된 내러티브 의미를 지닌 기호 코드가 아니라 자원과 장치의 무한한 레퍼토리로 간주한다. 언어 내러티브에서는 담론 전략이 이런 자원이 될 것이다. 회화에서는 선, 형태, 음영, 원근법 그리고 색채가, 음악에서는 음계에 따라 정렬된 음조, 리듬, 하모니, 멜로디가, 영화에서는 시각적이지 않은 장치의 특정 레퍼토리뿐 아니라 카메라 앵글과 움직임, 장면전환, 몽타주 등이 이런 자원이 될 것이다. 대부분의 구조주의자들이 순전히 형식적 이유로 당연하게 여기는 영화의 화자는 관객들에게는 상상적 현실감이 전혀 없는 존재다. 기능주의적 접근은 이런 유령 같은 영화의 화자를 그냥 무시함으로써 영화의 서술을 "이야기를 구성하기 위한 일련의 신호 배열"(Bordwell, 1985: 62)로 정의한다. 관객은 내러티브 능력을 소유한 것으로 간주된다. 이

▸ 카메라의 중단 없이 한 번에 촬영된 필름 또는 장면. 영화 장면의 최소 단위로서, 흔히 숏(shot)이 여러 개 모여 한 장소나 시간에서 이루어지는 신(scene, 장면)이 되고, 여러 개의 신이 모여 특정 상황의 시작부터 끝까지 묘사하는 시퀀스(sequence)를 이룬다.

능력은 어떤 기본적인 것들을 예상할 수 있도록 해준다. 이런 예상을 만족시키기 위해서 텍스트는 관객들로 하여금 영화의 세계에 발을 들여놓게 하고, 인물을 만들어 특정 아이덴티티를 부여하고, 인물들에게 목표를 주고, 사건과 상황의 인과관계를 암시하고, 시간의 흐름을 추적하고, 연대기적 순서를 뛰어넘으며, 가치 판단을 표현하거나 영감을 주는 등 많은 문제들을 해결해야 한다. 영화의 내러티브 분석은 특유한 매체 자원이 이러한 내러티브 목표에 어떻게 적용되는지를 연구하는 것이다.

기능주의적 접근에는 성취해야 할 목적과 전개되는 수단 사이에 일대일 관계 같은 것은 없다. 특정 장치가 여러 효과를 낼 수도 있고, 또 여러 장치를 동원해서 특정 효과를 이루어낼 수도 있다. 어떤 형식적 요소가 텍스트에 나오는지만 알면 의미가 예측 가능하게 재해석될 수 있도록, 구조주의자들이 1차 기호체계를 2차 기호체계 위에 자리매김하는 것이 구조 계층의 위로부터 아래로 의미를 정하는 하향 방식이다. 반면에 기능주의적 접근은 해석학적 순환을 수반한다. 즉, 관객은 유사한 장치를 사용한 다른 영화를 본 경험, 더 나아가 내러티브를 이해하는 능력이 제공하는 하향 도식을 참조해서 영화적 특징을 상향 방식으로 해석하고 각각의 개별 텍스트에 대한 의미를 평가한다.

언어학이 인문학에 끼친 영향은 모든 매체 안에서 코드와 단위, 기표, 기의와 뚜렷한 특징들을 찾으려드는 것에 국한되지 않는다. 소쉬르 언어학의 또 다른 영향은 기호학적 코드를 자기 폐쇄적 기호체계로 간주하는 것이다. 폐쇄된 체계의 구성 요소들은 외부의 지시 대상들과의 적극적인 관계로부터 정체성을 부여받는 것이 아니라, 같은 체계 내에서 다른 용어들과의 차이에 의해 정체성을 부여받는다. 외부 지시 대상들의 부재는 서로 다른 언어나 기호체계를 상호 비교할 수 없게 만든다. 각 언어는 자체의 계보를 따라서만 인간 경험을 구성하고, 한 언어에 속한 단어는 다른 언어 안에 그 단어의 정확한 등가물을 가질 수 없다. 왜냐하면 그 단어의 가치는 같은 언어

안의 다른 이웃 항과의 관계망에 의해서만 결정되기 때문이다. 이런 견해는 언어상대주의 이론을 지지했고, 이 이론에 따르자면 현실의 정신적 재현과 그 결과인 생각은 언어가 범주를 그리는 방법에 따라 결정된다. 범주가 정해지지 않을 경우, 서로 구별되지 않는 수많은 지각들이 혼재할 뿐이다.

이러한 상대주의는 다른 문화연구 분야에서와 마찬가지로 현대 문학이론에도 강한 영향을 끼쳤다. 신비평은 기호체계는 비교할 수 없다는 개념을 전유했다. 그리고 패러프레이즈*는 이교적 행위이며 문학적 의미는 형언할 수 없다고 선언함으로써("시는 의미하는 것이 아니라 단지 존재하는 것이다"라고 아치볼드 매클리시Archibald MacLeish가 그의 시에서 적고 있듯이), 기호체계는 비교할 수 없다는 개념을 동일 언어 안에서의 해석에까지 확장시켰다. 이런 번역 태도는 또 다른 영향, 즉 19세기 성서 주석에 관한 독일의 전통과 학문 분과에 힘입어 강화되었다. 오늘 우리가 알고 있는 문학 비평은 바로 이 성서 주석 전통에서 자라난 것이다. 이 전통은 선배 신학자들에게서 성서의 문자에 대한 종교적 존경심을 물려받았고, 그 존경심은 형식과 의미는 분리될 수 없다는 교리로 표현된다. 신이 성서의 모든 글자 안에, 그리고 그 글자들 안에서만 현존하듯이, 문학적 의미도 그 텍스트 내에서만 독특하게 현현된다. 의미를 텍스트로부터 분리한다는 것은 그것을 죽이는 일이 될 것이다. 신비평가들과 후기구조주의자들은 그들도 어떻게 그런 일이 일어나는지 정확히 설명하지는 못하지만 단어 하나만 바꿔도 전체의 의미가 변한다는 신조를 굳게 믿었고, 이런 믿음은 작품이 쓰인 언어로 그 작품의 문학적 의미를 번역하는 경우에도 적용된다.

해석을 덧붙이고 문장의 순서를 바꾸는 것이 문학 신봉자들에게는 이교적인 행위가 될 수 있다. 그러나 이것이 영화감독들의 기를 꺾어 문학작품을 영화로 만들지 못하게 한 것은 아니며, 또 관객들로 하여금 영화제작자

▸ 이해를 쉽게 하기 위해 다른 말로 바꾸어 표현하는 것.

들의 노력의 열매를 즐기지 못하게 만든 것도 아니다. 소설을 영화로 각색하는 현상에 직면해서 문화, 문학, 영화 비평가들이 해야 할 일은 무엇일까? 손쉬운 해결책이 있다면 매체를 바꾸어 제작할 수 있다는 개념이 이론적으로 지나치게 단순하다고 치부하는 것이다. 소설과 그것을 영화로 각색한 것은 아무런 연관관계가 없다고 보는 것이다. 그러나 급진적인 기호 자율성의 열렬한 지지자들이 머리를 모래 속에 파묻고 있는 동안, 범매체적으로 각색의 행진은 이어지고 있으며 이들의 선언을 말도 안 되는 소리라고 낙인찍고 있다.

카밀라 엘리엇에게 영화 각색은 기호학적인 일탈이 아니라 형식 대 내용이라는 문제를 다시 생각해보라는 도전이다. 그녀가 쓴 비평인 「문학작품의 영화 각색과 형식/내용의 딜레마*Literary Film Adaptation and the Form/Content Dilemma*」는 눈 가리고 아웅 식의 관행을 거부하는 이론들에 대해 암묵적이고 명시적으로 동조하기는 하지만 무비판적으로 지지하지는 않는다. 문학적-이론적 정통성에 대해 질문을 던지는 것 못지않게 그 질문의 제시 방식에서도 그녀의 비평적 창의성이 드러난다. 형식 대 내용의 문제를 결코 해결된 적이 없는 정신과 육체라는 철학 문제로 통합시킴으로써, 엘리엇은 비평가들과 각색자들이 문학과 영화의 관계를 구축해왔던 다양한 방법을 제시하고, 이 견해들을 에밀리 브론테Emily Brontë의 고전 작품 『워더링 하이츠*Wuthering Heights*』의 영화본을 구체적으로 읽어내면서 설명하고 있다. 각 이론은 브론테의 텍스트든 영화들 중 하나이든 육체적인 것과 정신적인 것 사이의 관계에 대한 특별한 개념을 강조하는 에피소드를 통해 비유적으로 설명된다. 예를 들어, '심령 모델(psychic model)'은 소설의 영혼이 새로운 신체 속으로 옮겨갈 수 있다고 말한다. 그래서 이 떠도는 영혼을 사로잡는 것이 영화의 임무다. '복화술 모델(ventriloquist model)'은 소설의 몸에서 영혼이라는 내용을 비우고 그것에 새로운 목소리를 부여한다. '유전적 모델(genetic model)'은 두 형제자매의 신체가 공유하고 있는 공통적인 유전 코드나 내러티브 심층 구조를 상정한다. '합병 모델(merging model)'에는 신체들이 부패하면서 재결합하는 두 개의 영혼이 있다. 감상자는 각색을 소설과 영화의 합으로 본다. '육화 모델(incarnational model)'은 영화를 소설의 추상적 언어가 열망하는 가시적인 신체로 간주한다. '영화 우위 모델(trumping model)'은 영화를 성전환 수술을 하는 것과 같다고 본다. 소설의 영혼이 잘못된 신체에서 자랐기 때문에 영화가 올바른 물질적 지원으로 그 영혼을 회복시킨다는 것이다.

따로따로 보면, 이 이론들은 하나같이 형식과 내용은 분리될 수 없다는 교리만큼이나 문제가 될 수 있다. 그러나 대부분의 사람들은 영화 각색을 대할 때 이 중 하나의 이론에 따라 반응한다. 정신과 육체의 관계를 분명히 해결해주는 방법 같은 것은 없듯이 소설과 영화의 관계를 설명해주는 '진정하고' 분명하며 모든 것을 다 포함하는 이론 같은 것은 없다. 그러나 각각 다른 유형의 관객 반응을 설명해주는 관점을 선택할 수는 있다. 다른 면은 가리고 한 면만을 드러내는 것이 관점이기 때문에, 관점이란 당연히 부분적이다. 따라서 소설의 영화 각색에 대한 이론을 갖고자 한다면 엘리엇Elliott의 글에서 제시한 가능성들의 총합 정도는 되어야 할 것이다.

영화와 텔레비전은 내러티브 도구의 주요 원천으로 카메라를 공유한다. 그러나 문화적으로나 기술적으로나 그것들은 매우 다른 매체다. 관객들이 영화관에 가는 반면 텔레비전은 그들의 거실로 찾아온다. 영화는 두어 시간 상영되지만 텔레비전은 하루 종일 방영된다. 영화는 자리를 뜰 수 없는 관객에게 상영되는 반면 텔레비전 쇼는 저녁식사, 숙제, 전화 받기, 다른 채널 살펴보기 등 끊임없이 집중을 어렵게 하는 것들과 경쟁해야 한다. 영화는 오랜 시간 심혈을 기울여 만드는 반면 텔레비전은 제작에 드는 시간이 짧으면서 영화에 없는 '실시간' 방영을 한다. 이런 모든 차이점이 왜 영화와 텔레비전의 내러티브가 서로 다른 길을 가고 있는지를 설명해준다. 영화는 판타지를 향하고 텔레비전은 현실을 향해 간다.

이런 경향은 '매체생태계'에 새로운 종을 도입했을 때 나타나는 연쇄 효과를 설명해준다. 텔레비전 시대가 오기 전, 영화관이 활동사진을 전달하는 유일한 전달자였을 때, 장편영화에 앞서 뉴스, 만화, 여행기가 있었고, 영화관의 존재론적 영역은 현실로부터 상상의 세계를 향해 사방으로 뻗어나갔다. 텔레비전은 다큐멘터리의 영역을 차지했을 뿐 아니라 사실과 허구의 새로운 잡종을 도입했다. 활동사진의 영역에서, 카메라와 관계없이 벌어지는 사건의 포착을 사실이라고 하고, 영화에 담기 위해 연출된 현실의 기록을 허구라고 한다면, '텔레비전에 중계되는' 현실세계(즉, 일부러 만든 것이 아닌)의 사건들, 즉 스포츠 경기, 게임쇼, 오스카상 시상식은 이 둘을 혼합한 것이다. (레니 리펜슈탈Leni Riefenstahl의 카메라에 연출된 나치당 총회 장면은 이러한 현상의 보기 드문 영화적 선구였다.)

내러티브의 형태를 훨씬 더 사실적으로 지향하는 것이 "리얼리티 TV"라는 최근 현상이다. 앞서 언급된 텔레비전을 위해 만든 그런 유의 사건들보다 시청각 자료들이 더 다채롭게 형상화된다는 뜻이다. 이러한 형상화는 담론의 수준뿐 아니라 스토리의 수준에도 영향을 미칠 것이다. 스토리 조작의 사례로는 TV쇼 〈서바이버Survivor〉와 〈빅브라더Big Brother〉와 같이 '일상생활을 엿보는 TV 프로그램'으로 알려진 장르들이 해당한다. 이런 쇼들은 닫힌 환경 안에 여러 명의 참가자를 배치하고, 그들을 감시하는 카메라가 지켜보는 가운데 인간관계의 드라마가 다소 자발적으로 전개되도록 만든다. 경쟁을 벌이는 사람들의 인성은 대인 갈등이 최대화될 수 있도록 제작자들에 의해 주의 깊게 선출된다. 이 갈등이 내러티브의 흥미를 끌어내는 주요 원천이 되기 때문이다. 따라서 플롯의 성공은 (다시) 이야기될 만한 행위를 유도해낼 수 있도록 분위기가 잘 짜여 있느냐에 달려 있다. 흥미로운 행동이 전개되지 못할 때, 제작자가 쇼에 끼어들어서 갈등의 씨앗을 뿌리는 것으로 알려져 있다. 예를 들어 온화한 성품의 사람들을 더 공격적인 사람들로 갈아치우는 것이다.

리얼리티 TV에서 이루어지는 또 다른 형태의 조작은 카메라가 포착한 것을 편집과 프레이밍 기술을 써서 적절한 내러티브 형태로 구성하는 것이다. 「리얼리티 TV가 보여주는 일상의 공포Ordinary Horror on Reality TV」에서 신시아 프리랜드는 이렇게 "현실을 내러티브로 구성하는 것"을 〈서바이버〉나 〈빅브라더〉보다 이전의 리얼리티 TV 장르, 즉 〈긴급구조 911Rescue 911〉, 〈동물이 공격할 때When Animals Attack〉, 〈응급실의 삶Life in the ER〉 등을 통해 검토한다. 이런 프로그램은 사건을 겪었던 사람들의 회상이 섞인 재난 사건의 실제 장면이거나 극적으로 재구성된 것이다. 프리랜드가 보여주듯이 이런 내러티브 담론은 다양한 수사학적 과제를 수행하는데, 그러한 과제에는 긴장의 고저를 만들고 내러티브 요점을 강조하고 도입과 종결부를 제공하며 재현된 사건을 평가하는 것들이 포함된다. 프리랜드가 구술 스토리텔링에 대한 윌리엄 라보프의 연구를 언급하지는 않았지만, 그녀가 그러한 TV쇼들의 내러티브 기술을 분석한 것은 라보프의 내러티브 담론 구조 모델과 놀랍도록 유사하다.

그러나 프리랜드의 글은 일상의 공포를 생생하게 보여줄 때 시청자가 매료된다는 것의 본질이 무엇인가에 초점이 맞춰져 있다. 이 글에서 검토된 시청자 반응에 대한 세 가지 해석에 따르면 시청자는 점점 더 똑똑해지고 있다. 시청자가 이미지의 최면에 걸린다고 너무 쉽게 가정하는 것이 문화 비평의 익숙한 반응이다. 이런 가설은 TV쇼의 내용이 현대 사회에 폭력을 확산시킨다고 비난하는 비평가들의 합의에 기여하고 있다. 좀 더 섬세한 분석에서는 시청자들이 이런 쇼의 이데올로기적 하위 텍스트에 예민하다고 주장한다. 예컨대 미국 사회에 내재한 문제로서 비난받는 사건이 아니라, 자연 재앙에 맞서 고통을 겪는 가족을 용감한 백인 경찰이 도와주는 장면처럼 법과 질서가 잡힌 사회에 대해 안심시키는 이미지를 조장하는 하위 텍스트를 말한다. 이런 해석에 따르자면 시청자는 당장 눈에 보이는 내용의 이면을 볼 수는 있지만 그 저변에 깔려 있는 메시지에 대해서는 비평적이지 못하고 내러티브 기술에 대해 모르는 상태이다. 프리랜드는 이런 이데올로기적 해석을 무시하지는 않지만, 프로그램이 만들어지는 과정에 대한 관객의 의식을 더 많이 강조하는 제3의 관점으로 균형을 맞춘다. 프리랜드는 이런 프로그램이 연기도 허술하고 제작도 아마추어 같아서 "스스로를 패러디하는 수준까지" 내려간다는 점을 관찰한다. 그래서 이미지의 마법에 걸리기는커녕, 시청자들은 이런 희화화된 장면들을 "전복적이고 아이러니한 관점에서" 시청하면서 이것은 현실이 아니라 TV를 위해 만들어졌을 뿐이라는, 약간은 냉소적이고 메타텍스트적이며 전형적으로 포스트모던한 인식을 통해 즐거움을 얻는다고 한다.

참고문헌

Barthes, Roland. *Mythologies*. Sel. and trans. Annette Lavers. New York: Hill and Wang, 1972.

Bordwell, David. *Narration in the Fiction Film*. Madison: University of Wisconsin Press, 1985.

Genette, Gérard. *Narrative Discourse: An Essay in Method*. Trans. Jane E. Lewin. Ithaca: Cornell University Press, 1980.

Greimas, Algirdas Julien. *Structural Semantics: Attempt at a Method*. Trans. Daniele McDowell, Ronald Schleifer, and Alan Velie. Intro. R. Schleifer. Lincoln: University of Nebraska Press, 1983.

Metz, Christian. *Film Language: A Semiotics of the Cinema*. Trans. Michael Taylor. New York: Oxford University Press, 1974.

Quart, Alissa. "The Insider: David Bordwell Blows the Whistle on Film Studies." *Lingua Franca* 10.2(2000): 34~43.

Todorov, Tzvetan. *Grammaire du Décaméron*. The Hague: Mouton, 1969.

3장
신구조주의 서사학과 영화 스토리텔링의 기능

데이비드 보드웰David Bordwell

인문학 대부분에서 구조주의는 1980년대를 잘 견뎌내지 못했다. 그렇기 때문에 최근에 나온 영화 연구의 내러티브 이론이 유사-구조주의적이라는 점이 더욱 놀랍다. 크리스티안 메츠, 시모어 채트먼, 앙드레 고드로André Gaudreault, 앙드레 가르디André Gardies, 프랑수아 조스트François Jost와 그 밖의 이론가들은 지난 15년간 영화를 기반으로 한 내러티브 이론을 만들어 냈는데, 이 이론들은 어색하긴 해도 '신구조주의적(neo-structuralist)'이라고 불릴 만한 것들이다.

신구조주의 추세를 드러내는 한 가지 특징이 있는데, 그것은 영화 내러티브의 독특한 원칙들을 가장 잘 이해하기 위해서는 뚜렷한 서사적 특징들 (narrative features)을 밝혀내고 그 특징들 사이의 내적 관계에 대한 도표를 작성해야 한다는 철석같은 믿음이다. 신구조주의 서사학은 이런 의미에서 '특징 중심적'이고, 그래서 내가 "형식적/기능주의적"이라고 부르는 내러티브 이론들과는 다르다.

식사용 포크를 예로 들어보자. 포크는 형태, 크기, 손잡이 모양과 갈라진

살(tines)의 개수 등으로 분류된다. 이런 분류를 하는 것이 당연히 유용하지만 포크가 왜 그런 특징을 갖고 있는지를 설명하기 위해서는 전체 설계에서 그 특징들이 어떤 역할을 하는지도 물어야 할 것이다. 그것 못지않게 중요한 것은 포크가 어떤 목적에 부합한지를 묻는 것이다. 그것이 음식을 찍어 올리고 한입 크기로 끊어내는 데 사용된다는 것을 이해하면 포크의 설계 특징을 더 잘 이해하게 되기 때문이다. 작은 조각들을 찍어 올릴 때 날이 하나뿐인 나이프보다 살이 있는 것이 더 효율적이다. 얇은 칼날이 음식을 잘게 저미도록 하는 데 갈라진 살이 도움이 된다. 살의 굴곡은 마치 잉여의 원리처럼 작은 조각들을 들어 올려 입안으로 넣는 데 도움이 된다.

인간이 만든 것들을 이해하려고 할 때, 우리는 이러한 '설계의 의도를 살피는' 입장을 취하곤 한다. 그래서 질문을 한다. 이 물건은 무슨 용도로 만들어진 것인가? 그 용도가 물건의 재료와 구조에 어떻게 드러나 있나? 즉, 우리는 그 물건의 전반적인 형태를 분석하고 그 물건이 수행할 목적 면에서 **기능적인 설명**을 제공한다.

신구조주의 영화 서사학은 대체로 이런 설명을 회피한다. 내러티브의 특징이나 기본 단위들을 구분하고 특정 영화에서 그것들의 존재 여부를 밝혀내는 것이 그들의 전략이다. 이런 면에서 신구조주의 서사학은 프롭, 토도로프, 주네트의 분류학적 기획을 이어받았다. 이와 대조적으로, 기능주의자의 시각은 메이어 스턴버그Meir Sternberg의 최근 연구를 포함해서 아리스토텔레스와 러시아 형식주의 전통과 연결되어 있다.[1] 이런 관점에서 내러티브를 지배하는 원칙을 밝혀내려는 우리의 노력은 목적과 효과에 대한 가정을 따라 인도되고 있다.

이것이 이 논문에서 필자가 변호하려는 시각이다. 내러티브는 특정 목적을 성취하기 위해 만들어졌다는 면에서 포크와 같다. 이 목적들은 주로 특정 효과를 노리는 것으로 인식된다. 내러티브를 이해할 준비가 된 인지자가 이미 알고 있는 바로 그 특정 효과 말이다. 내러티브 구조와 서술을 조사할 때, 내러티브를 만들고 소비하는 인간의 문화적 행위는 기능적 원칙을 따른다는 것을 당연하게 여겨야 한다. 기능적 원칙은 특징을 기반으로 하는 분류학으로 파악되지 않는다. 더 구체적으로, 내러티브의 어떤 특징들은 설계 목적을 살펴보는 입장을 취할 때 가장 잘 설명될 수 있다. 내러티브에서 파악되는 개별적 특징들은 항상 그 자체가 목적일 수는 없다. 그것들은 전체론적인 전략의 부산물, 즉 효과 이후의 효과로 간주되는 것이 가장 의미 있다.

논의를 집중하기 위해서, 신구조주의 경향의 표본이 될 만한 최근의 프랑스 이론서인 앙드레 고드로와 프랑수아 조스트의 『영화 이야기*Le Récit cinématographique*』(1990, 이후 *RC*로 표기)와 크리스티안 메츠의 『비개성적 서술: 혹은 영화의 자리*L'Énonciation impersonnelle; ou le site du film*』(1991; 이후 *EI*로 표기)에 주로 집중하겠다.[2] 필자의 이 글은 신구조주의적 영화 서사학의 세 가지 문제점으로 여겨지는 것들을 분석하고 있는데, 그 세 가지는 내러티브 장치를 지나치게 원자론적으로 이해하는 것, 이런 장치를 표현하는 영화에 대한 통합적 접근법, 또한 관객들이 내러티브를 이해하는 방식에 대한 적절하지 못한 이해 등이다. 그리고 형식/기능적 시각으로 이런 오류들을 피할 수 있는 몇 가지 방법들도 이 글에서 강조하고자 한다.

I

신구조주의 영화 서사학자들은 대체로 기능에 대한 논의를 피한다. 그들은 (종종 "언표행위"라 불리는) 분명한 서술의 현존 순간들, 시간적 조작(플래시백 같은), 시점(혹은 초점화)과 같은 서사적 특징들을 분류하는 데만 집중한다. 이러한 분류학적 강조에 걸맞게, 이 이론가들은 내러티브 구조와 서술을 물질적 단위와 분리 가능한 장치의 통합으로 이해하는 경향이 있다.

반대로 필자는 내러티브 구조와 서술을 **체계로서** 볼 때 더 잘 이해할 수 있다고 생각한다. 내러티브 구조와 서술은 전략적 기능 원칙을 중심으로 구성되기 때문에 꽤 잡다한 내용 분할이 나타날 수도 있다.

신구조주의적 경향의 한 예로, 영화의 숏이 본래 서술이나 내러티브 구조의 단위라는 흔한 가설을 들어보자. 이 가설은 메츠가 언급한 내러티브 영화의 **거대 통합체**(grande syntagmatique)▸에 명시되어 있다. 그가 도표화한 모든 부분들은 지속시간의 연속이나 생략이 숏과 숏 사이의 관계를 통해 드러난다는 사실을 전제로 한다.[3] 예를 들어, 메츠의 말에 따르자면 시간의 생략은 숏이 바뀔 때 중간 틈을 없앰으로써만 제시될 수 있다.[4] 고드로는 "영화에는 두 가지 유형의 내러티브가 있다. 미시 내러티브(숏)는 그 위에 2차 내러티브 층위가 생성되는 1차 층위다"라고 훨씬 더 명확하게 말한다(Gaudreault, 1990: 71).

숏이 내러티브를 이루는 기본 단위라는 견해는 다음과 같은 이유로 인해 이론적으로 옹호될 수 없다. 우리가 어떤 물질적 단위를 선택한다고 해도, 그것이 영화의 숏이든 문학 텍스트의 문장이든 간에, 반드시 그것을 포함하고 있는 체계의 적절한 기능 단위가 되는 것은 아니다. 숏은 일련의 이미지고 내러티브는 일련의 사건과 상황이다. 이 둘 사이에는 공통된 측정법이 없다. 내러티브 사건과 상황을 숏으로 축소시켜 줄 **이론적** 원칙을 찾을 수 없다는 말이다. 숏을 내러티브의 단위로 보는 것은 〈파르지팔*Parsifal*〉▸▸의 플롯이 마디, 음계, 화음으로 말끔하게 정리될 수 있다고 말하는 것과 같다.

또 다른 방법으로 이 문제를 볼 수도 있다. 원칙적으로는 내러티브의 행위, 시간, 시점 조작이 하나의 숏 안에서 제시될 수 있다. 예를 들어, 단일 숏 안에서 제라르 주네트가 "초점화"라고 부른 것을 이동시킬 수 있다. 장

▸ 영화 내러티브의 분절을 시간과 공간의 다양한 방식으로 계열화하는 유형학.
▸▸ 바그너의 오페라.

르누아르Jean Renoir의 〈랑주 씨의 범죄Le crime de Monsieur Lange〉(1936)에서 법정을 둘러싼 그 유명한 패닝*과 트래킹숏** 기법은 때로는 광학적으로 주관적이고, 또 때로는 인물에 대한 정보와 관계가 없다. 주인공이 악당을 잡는 마지막 장면 같은 행위도 원칙적으로 적당한 양의 카메라 움직임(건물과 나무 꼭대기로 급강하하는 헬리콥터)과 시간의 흐름을 알려주는 벽시계를 보여줌으로써 전달될 수 있다.

숏이 원래 내러티브의 단위라고 믿는 것은 광범위한 이론적 결과를 낳는다. 이 가정을 근거로 고드로와 조스트는 각 숏이 반드시 연속적인 지속성을 보여준다고 주장한다. "고속이나 저속 촬영의 경우를 제외하고는 숏이야말로 행위의 지속적인 통합을 존중한다.…… 이 말은 영화의 역사에서 모든 영화의 모든 숏(앞서 말했듯이 저속이나 고속 촬영을 제외하고는)에 해당한다"(RC, 118). 그러나 물질적 단위로서 숏은 그것이 재현할 수도 있는 내러티브 관계들에 기여하는 바가 전혀 없기 때문에 이 주장은 정확하지 않다. 영화의 역사에서 보면 많은 영화들이 단일한 숏 내에서도 시간적인 단절을 만들어낸다. 찰스 머서Charles Musser가 알려주는 바에 따르면 에드윈 S. 포터Edwin S. Porter는 습관적으로 한 인물로 하여금 세트를 떠났다가 즉시 되돌아오게 하는 방법으로 생략(ellipsis)을 나타낸다. 숏이 변하지 않았어도 관객은 여러 시간이 생략됐다고 이해할 것이다.[5] 이보다 덜 과도한 경우들도 생각이 난다. 카메라의 패닝 기법을 통해 우리는 수세기를 훌쩍 뛰어넘거나, 이미 보여준 행위를 반복하거나 이전 장면에 대한 회상에 들어갈 수 있다(〈황홀함Enchantment〉에서처럼). 알프 쇠베르크Alf Sjöberg의 〈미스 줄리Miss Julie〉(1951)에서는 과거의 사건들이 뒤 배경에서 벌어지는 동안 여자

▸ 카메라를 고정시킨 상태에서 좌우로 수평 이동시켜(panning) 배경이나 공간 등 피사체를 묘사하는 촬영기법.

▸▸ 움직이는 연기자와 일정한 거리를 유지한 채 카메라가 같이 따라가면서 일정한 숏 크기를 유지하는 촬영기법.

주인공은 전경에 그리고 현재에 있다. 테오 앙겔로풀로스Theo Angelopoulos 의 〈순회 연주자*Traveling Players*〉(1975)는 롱 테이크를 통해 해[年]가 바뀌어 가는 움직임을 표현한다.

물론, 실제로 숏이 서술 단위로 기능하는 **경향**이 있기는 하다. 단일 숏 내에서 생략이 일어나는 일은 매우 **드물고**, 시간과 공간의 괴리는 종종 컷 에 의해 전달된다. 그러나 이런 것들은 경험에 따른 목표 지향적 선택이고, 영화의 역사를 통해 자라온 흔한 관행의 결과다. 숏이 서술의 단위 **역할을** 하는 경향이 있다는 것은 매우 흥미롭고 중요한 영화적 사실이다. 그러나 이론상 문제점은 여전히 남아 있는데, 원칙적으로는 단일 숏을 포함해서 숏 들을 배치하는 방식에 따라 어떠한 내러티브 관계든 나타날 수 있기 때문 이다.

편집을 하지 않으면 영화의 서술은 불가능하다는 신구조주의 가설에서 이와 유사한 문제점이 발생한다. 영화가 아나포라(anaphora),▸ 카타포라 (cataphora),▸▸ 연속과 인과관계를 만드는 방법은 몽타주밖에 없다고 주장하 는 메츠도 사실 편집 없이는 영화의 서술이 불가능하다는 말을 하고 있는 것이다(*EI*, 182). 고드로와 조스트는 고립된 숏은 **보여주는** 것에 한정되고, 일련의 숏(몽타주)이 있어야만 진정한 서술이 존재할 수 있다고 말한다. "단 일 숏 안의 영화는 행동의 선형성과 연속성이라는 문제를 다루지도 않고 다루지도 못한다.…… 영화가 플롯의 동질성에 관한 문제들을 풀 수 있으 려면 한 개 이상의 숏을 전제해야만 한다"(*RC*, 115).

이미 보았다시피, 이론서의 저자들은 단일 숏은 그것이 제시하는 행위의 시간적 통일성을 고수해야 한다고 주장해왔다. 그들은 편집만이 서술에 내

▸ 전방 조응: 앞에 나온 실체를 가리키는 뒤에 나오는 대명사나 언어단위. 예) Sally preferred the company of herself. 이 문장에서 herself가 아나포라이다.
▸▸ 후방 대응: 뒤에 나오는 실체와 일치하는 앞에 나온 대명사나 언어단위. 예) Why do we envy him, the bankrupt man. 이 문장에서 him이 카타포라이다.

재된 시간적 변이를 만들어낼 수 있다고 믿는 것이다. 역시나 지속성에 대한 주네트의 분류학을 적용함으로써 저자들은 거의 전적으로 숏의 접합을 언급하고 있다. 예를 들어, 요약은 숏들로 이루어진 하나의 시퀀스 안에서 처리된다고 한다(메츠의 "에피소드식" 그리고 "통상적인" 시퀀스).[6]

어쨌든, 내러티브가 물질적 단위를 가동하는 방법들은 우연하고 규범적인 문제일 뿐 이론이 수반되는 문제가 아니라는 점은 분명하다. 오즈 야스지로Ozu Yasujiro의 〈외아들Only Son〉(1937)의 한 장면은 가족들이 늦은 밤 말없이 절망 상태로 앉아 있고 어머니인 수지코Sugiko가 조용히 흐느끼는 가운데 끝난다. 방 한구석을 비치는 숏에서 컷이 되고 어머니의 흐느끼는 소리는 계속해서 들린다. 1분이 넘는 스크린 시간 동안 빛이 변하고 흐느끼는 소리는 희미해져 간다. 아침이 오고 이웃들이 아침을 맞는 부산한 소리가 들린다. 이음새가 없으므로 이행을 하면서 생략된 시간이란 없다. 오즈는 단일 숏 안에서 시간의 흐름을 **압축했다**. 영화사에 등장하는 모든 영화들이 시간을 조작하기 위해서 이런 기법을 쓰지 않았을 거라는 이론적 이유 같은 것은 없다.

그렇다면 물질적 단위(숏 같은)나 그런 단위의 연속(일련의 숏을 편집하는 것과 같은)이 사실상 내러티브의 단위를 형성한다고 가정하는 것은 오류다. 이것은 논리적 필요를 위해서 우발적인 규범을 선택하는 것이다. 내러티브 구조와 서술은 매체의 모든 물질적 속성들을 매우 다양하게 가동한다. 이러한 현상이 가능한 이유는, 내러티브 구조와 서술 과정이 모두 기능에 의해 주도되고, 다양한 역사적 환경 속에서 서로 다른 기능들이 나타나면서 뚜렷하게 물질적인 방식으로 실현되어왔기 때문이다. 일부는 규범이 되었는데, 시간적인 생략을 숏의 변화를 통해 표현하는 경향 같은 것이다. 그러나 다른 방법으로도 이런 기능을 수행할 수 있는 가능성은 항상 남아 있다.

기능에 의해 주도된 과정으로서 내러티브와 서술은 뚜렷한 물질적 단위로 분리될 수 없는 방식과 효과를 보여준다. 〈외아들〉의 숏은 단일한 물리적 단위라서 어느 시점에서 여러 시간이 56초로 압축되었는지 알 수가 없다. 게다가 사운드트랙도 자체의 지속성을 나타낸다. 이것을 정확히 분절한다는 것은 불가능하다. 수지코가 스크린 밖에서 흐느끼는 소리는 동일한 숏 안에서 몇 초에 걸쳐 점점 희미해지고 아침의 부산한 소리가 그 뒤를 따라 점점 커지면서 그다음 숏으로 흘러간다.

더 극단적인 경우는 자크 타티Jacques Tati의 〈플레이타임Play Time〉(1967)에 나오는 유명한 식당 장면이다. 그 장면은 영화의 45분가량을 소비하지만 로열 가든 식당이 문을 여는 밤 8시경부터 손님들이 식당 여기저기를 뒤집어놓고 그곳을 뜨는 새벽에 이르기까지 저녁시간 전체를 보여준다. 여기서 재미있는 점은 숏 사이에 결정적인 생략이 전혀 없다는 것이다. 매우 많은 숏이 인물의 움직임을 연결하는 것으로 이어지는데, 그런 식으로 지속적 연속성을 알려준다. 더 의미심장한 것은, 모든 사운드트랙이 식당 밴드가 연주하는 영화 속의 음악으로 이루어진다는 것이다. 영화 속의 음악은 시간의 지속성을 알려주는 기준이 되는 단서다. 그래서 사운드트랙에서도 생략을 뚜렷하게 해주는 그 어떤 단절도 찾아낼 수 없다. 물질적 단위들 사이에 시간적 불연속이 전혀 없이 여러 시간이 45분으로 압축된 것이다.

이런 예들은 기능주의 이론에서는 문제가 되지 않는다. 〈플레이타임〉의 시퀀스의 목적은 시간을 압축하는 것이고, 우리는 식당과 시간의 경과에 대한 지식을 적용해서 이 목적을 이해할 수 있다. 〈외아들〉의 숏을 이해하듯이 세상에 대한 우리의 지식은 그 장면을 전체로 이해한다.[7] 이러한 예들은 영화의 시간성은 숏과 시퀀스를 통해서만 알 수 있는 것이 아니라, 스크린에서 보는 것들을 인식하고 범주화하는 지식 구조, 즉 적절한 행위 구도를 통해서도 파악된다는 사실을 암시한다. 숏과 시퀀스는 우리에게 그런 구조를 적용하라는 신호를 보내고 행위를 지적으로 분할하도록 도와준다. 그러나 그것은 영화 스타일 역사에서나 흥미로운 사실이지 영화 서사성의 본질적 조건은 아니다. 더 나아가 이런 예들은 관객이 다소 느슨하고 근접한 시간 개념을 통해서 내러티브를 적절히 이해할 수 있다는 사실을 암시한다. 오즈나 타티의 시퀀스 어디에서 정확히 밤이 새벽으로 이행했나? 어느 관객도 대답할 수 없을 것이고 또 신경도 쓰지 않을 것이다. 분류학을 잘 알고 있는 기능주의 관점은 이런 명확하지 않은 것들을 규정하고 설명할 수 있다.

II

나는 신구조주의 서사학에 만연한, 내러티브 특징에 관한 '원자론적' 이해를 비판하면서 그 일례로 숏이 서술의 기본 단위를 이룬다는 점을 들었다. 신구조주의 서사학의 두 번째 결과는 개별 영화를 장치의 조합으로 보는 것이다. 대규모 구조의 중요성을 가볍게 여겼다고 구조주의자들을 비판하는 것이 이상하게 들릴 수도 있다. 그러나 이런 경향이 영화 연구 분야에서 텍스트 내부의 역학을 이해할 때 매우 점묘주의적인 입장을 갖게 한 것 같다.[8] 내러티브로 요소로서 취할 수 있는 것들을 별개의 "형상들"로 이해하는 것은, 분석가들로 하여금 영화를 이런 형상들이 예시되는 별개의 순간들을 합쳐놓은 것으로 다루도록 부추겼다.

예를 들어, 메츠는 영화적 언표행위(영화의 담론이 관객에게 드러내놓고 말을 거는 과정)가 본래 재귀적이라고 시사한다. 언표행위는 "기호학적 행위이며 **텍스트의 어떤 부분**은 언표를 통해 우리에게 하나의 행위로서의 텍스트에 대해 말해준다"(*EI*, 20. 강조는 필자). 그 이유는 영화에는 고정된 지시적 표시 같은 것이 없기 때문이라고 그는 말한다. 맞는 말이기는 하지만, 문맥을 원리적인 방식으로 통제하는 기능적 규칙 같은 것이 있는지 의문을 제기할 수도 있다. 그 대신에, 메츠는 원자론을 최고의 방법론적 선택으로 여긴다. "각각의 예 안에서 어떤 언표행위의 형상들이 나타나고 어떤 형상들이 나타나지 않는지를 명시하는 것이 더 쉽다"(*EI*, 180).

메츠처럼 고드로와 조스트도 영화에는 안정적인 상호주관적 표시들이 없다고 믿는다. 언표행위는 그래서 문맥과 관객의 감수성 문제라고 주장한다(*RC*, 44). 그러나 역시 그들은 관객들이 예민하게 반응해야만 하는 문맥상 규칙에 대한 이론적 설명의 가능성은 고려하지 않는다.[9]

반대로, 형식/기능주의적 접근법은 영화는 하나의 전체로서 작동하며 개별 부분들은 더 큰 패턴 안에서 정해진 역할을 한다는 전제로부터 유용한 출발을 할 수 있다. 그 패턴과 패턴의 가능한 기능들을 인식하는 것은 더 넓은 역사적 규범과의 관계를 전제한다. 즉, 기능주의 이론은 **모든** 영화를 가로질러 반복해서 등장하는 기능과 전체적인 패턴을 탐구하도록 격려한다. 이런 맥락 속에서 개별적 "형상들"은 관습적이거나 비관습적인 목적을 수행하게 될 것이다.

예를 들어 의식적인 언표행위를 생각해보라. 명백한 서술의 존재가 스토리에 대한 우리의 관계를 형성해준다고 느끼는 그런 순간들 말이다. 메츠, 고드로와 조스트가 항목으로 만든 이런 장치들은 되는 대로 튀어나온 것이 아니다. 고전 할리우드 영화는 특정 순간들을 위해 이런 장치들을 따로 비축해놓는 경향이 있다. 예를 들어, 영화 시작 부분에서는 **내부로 들어가**는 과정을 통해 특유한 방식으로 우리를 내러티브 세계로 밀어 넣어서 이미 전개되고 있는 일련의 행위를 탐구하게 한다. 일련의 숏이 우리를 항구로부터 동네로 데려가는 그리피스D. W. Griffith의 〈흩어진 꽃잎*Broken Blossoms*〉(1919)의 시작 장면이나 미래의 로스앤젤레스를 갑자기 펼쳐 보여주는 리들리 스콧Ridley Scott의 〈블레이드 러너*Blade Runner*〉(1982)를 생각해보자. 이런 대규모 형식의 원칙은 특정 효과들을 끌어내려고 한다. 영화의 세계 속으로 우리를 점점 밀어 넣음으로써, 고전 영화는 관객에게 상황을 알려주고 중요한 정보를 노출시키고 앞으로 중요해질 특정 모티프를 강조한다. 점점 더 안으로 들어가는 움직임은 호기심도 불러일으킨다. 시야를 좁혀가는 것은 무엇을 겨냥한 것일까?

이런 서술적인 제스처가 단일 숏이나 여러 숏 안에서 수행되든, 카메라의 움직임이나 인물들의 움직임으로 만들어지든, 핸드헬드 기법*으로 잡든, 그러한 스타일적 선택은 상당히 다른 효과를 낳는다. 그러나 매우 중요한 의미에서 이것들은 기능적 등가물로 남는다. 마치 구두 서사("옛날 옛적에", "이제 거짓말을 해볼까!")에 나오는 상투적인 시작처럼, 안으로 들어가는 움직임은 내러티브의 세계로 우리를 인도하는 역할을 한다.

고전 영화에는 어느 영화나 의식적인 서술에 대한 규칙들이 더 있다. 행위가 일어나는 장소를 알려주기 위해 문이나 건물에 적힌 표시를 보여주면서 장면이 시작될 수도 있는데, 이것은 관객의 편의를 위한 것이다. 한 장면이 나중에 중요하게 될 세부 사항을 집중적으로 보여주면서 끝날 수도 있다. 역시 그 목적은 내러티브를 알려주는 특정한 패턴을 만들어내기 위한 것이다. 그리고 그 목적은 규범적 패턴들과 더불어 특정한 영화 만들기 전통 속에서 표준화되어왔다.[10] 내가 아는 한, 어떠한 신구조주의자도 한 공간으로 들어가고 나오는 것, 또는 세부 사항을 집중적으로 보여주는 것이 필연적으로 언표행위의 표시가 된다고 시사한 적이 없다. 이론가들은 분명히 문맥의 문제라고 주장할 것이다. 내가 주장하는 바는 문맥에 호소하는 것이 암묵적으로 기능성에 달려 있다는 것이다. 개별 형상이 고립된 상태로는 파악되지 않는다면, 관객들은 어느 정도 기능성을 가정함으로써만 그 의미를 '문맥으로부터' 유추해낼 수 있는 것이다. 더군다나 부분적인 문맥 그 자체는 형식/기능적인 원칙에 의해, 전체의 전개 속에서 그것이 차지하는 자리에 의해, 그리고 특정 영화 제작 전통 안에서 그 문맥이 갖는 규범적 역할 등에 의해 형성된다. 내러티브 기법을 분류하는 것은 필요하지만 그

▶ 카메라를 고정시키지 않고 손으로 들거나 어깨에 메고 촬영함으로써 자유분방하고 생생한 화면을 구성하는 기법.

것으로는 충분하지 않다. 영화가 내러티브 자원을 어떻게 분배하고 사용하는가를 이해하기 위해서는 분류학이 더 국지적인 기능론으로부터 동기를 얻을 필요가 있다. 이론가는 형상들을 구분하는 작업 말고도, 일부 서술의 기능이 텍스트 전체의 특징이 될 수도 있다는 가능성을 고려할 필요가 있다.

특히 시간의 흐름 속에 있는 전체 텍스트를 살펴볼 필요가 있다. 예를 들어, 고전 할리우드 영화에서는 더 명백한 설명으로부터 덜 명백한 쪽으로 점점 이동하는 것은 만연한 서술 일관성의 원칙이다. 모든 것들이 다 동일한 상황이라면, 어떤 장면이나 시퀀스의 시작 부분이 중간 부분보다 서술상 의식적인 면이 더 강한 경향이 있다. 그래서 관객은 분명하고 의식적인 설명 방식에서 은밀하고 인물 중심적인 설명으로 옮겨가게 된다.

점점 흐리게 하는 원칙은 개별적인 장면들에서 보이긴 하지만 영화 전체를 가로질러 서술을 구성하기도 한다. 고전 영화가 허구의 공간으로 진입하며 시작되는 경향에서 이미 보았다시피, 배경 정보가 배치되어야 하는 고전 영화의 시작 부분은 가장 분명하고 전지적인 서술을 종종 제시한다. 대화를 빼거나 설명적인 자막을 이용하는 데서 이런 성질이 특히 두드러진다.

메츠에 따르자면, 무성영화의 설명자막은 "서사적 과거형"을 사용하는 소설적 언어와 유사하다. 그는 조금 가설인 예를 든다["모든 것이 좋아 보였다.……"; "그러나 갑자기 그녀는 의심에 사로잡혔다"(*EI*, 64)]. 그럼에도 역시 특정 영화를 검토해보면 겉보기에 자명해 보이는 관찰을 복잡하게 만드는 문맥적 규칙들을 집어낼 수 있다.

1910년대 이후 미국의 무성영화를 실제로 보면, 설명자막이 영화의 시작 부분을 지배하는 것을 알게 된다. 영화가 진행되면서 설명자막들은 사라진다. 대부분의 자막은 곧 대화체 자막이 되고, 다른 여러 특징이 있지만 그중 하나는 마지막 30분 동안 설명자막이 전혀 보이지 않는다는 것이다. 관객들이 스토리의 배경 지식을 갖췄기 때문에 인물들의 행위가 영화를 떠맡게 된다. 우리는 뭔가를 듣고 있다는 사실을 점차 의식하지 않게 되고 허구의 세계에 더 주의를 기울이게 된다.

설명자막이 점점 사라지고 서술의 부담이 인물의 말과 행동으로 옮겨지면서 다른 흥미로운 일이 발생한다. 설명자막의 동사 시제가 변하는 것이다. 물론 일부 자막은 단순한 구(phrases)로서 동사가 없고, 그래서 스토리의 행위가 일어나는 시간에 대한 시제가 빠져 있다[예를 들어 "일몰(Sunset)"이나 "트람파스를 따라서(On the Trail of Trampas)"라는 식으로]. 영화의 시작 부분에서 최초에는 자막들이 시제가 있을 경우 전형적으로 과거형을 사용하는데 반해 이내 곧 자막의 시제는 현재로 바뀌어간다.

예를 들어, 〈버지니아 사람들*The Virginian*〉(1914)의 첫 설명자막에서 행위의 시제는 과거다. "서부의 중심부에서, 가축들이 골짜기마다 풀을 뜯던 곳 그리고 외로운 이들이 말을 타고 산맥을 달렸던 그곳에선 가장 낭만적인 인물들이 지배했다. 바로 카우보이들." 그다음 자막은 버지니아 사람들에 대해 말해준다. "최고의 솜씨로 능숙하게 수송아지를 밧줄로 묶는" 사람들. 그러나 그다음 자막은 현재 시제로 변한다. "버몬트에서는 몰리 우드가 음악을 가르치며 돈을 벌기 위해 애를 쓴다." 그다음에 이어지는 자막은 주요 스토리 행위가 이미 시작됐음을 확인시킨다. "겁 없고 강인한 버지니아 사람들은 말 잘 듣는 사랑스러운 스티브를 가장 친한 친구로 두고 있다." 영화 시작 후 3분 안에 관객은 진행되고 있는 행위의 한가운데로 들어와 있다. 과거 시제에서 현재로 이동하면서 명백한 서술은 희미해진다. 서술이 더욱 은밀해지면서 배경 설명과 플롯을 개시하는 특정 사건이 구분된다. 나머지 행위는 마치 우리 눈앞에서 펼쳐지듯이 지금 내러티브 안에서 일어날 것이다.

설명자막을 패턴화하는 것은 고전적인 서술의 일관성을 충족하는 하나의 장치에 불과하지만, 그럼에도 그것은 할리우드 영화들이 관객을 서서히 스토리 세계로 '끌어들이는' 다양한 방법을 어떻게 발견했는지 명확히 설명해준다. 이런 패턴을 분석하기 위해서 이런저런 내러티브 장치에만 머물러서는 안 된다. 우리가 추적하려는 것은 내러티브의 재현 과정으로서, 그 과정에는 카메라가 안으로 들어가는 것이나 과거 시제 자막과 같은 개별 장치들이 규범적인 역할을 한다.

영화 내러티브를 연구하는 신구조주의 이론가 중 그 누구도 지금까지 이런 과정에 대한 이론을 제시한 적이 없다. 이 이론에 도달하기 위해서는 그저 단순히 장치들을 분리시키거나 그것들을 분류학적으로 정리하는 것이 아니라 서술 패턴을 밝혀내기 위해 **영화 전체를 분석하는 일**이 필요하다.[11] 이런 분석은 적어도 우리 이론을 섬세하게 하는 데 도움이 되는 동시에 우리가 구축하려는 분류체계를 다듬는 데 도움이 될 것이다.

III

신구조주의적 접근법과 필자가 설명하고 있는 접근법 사이의 차이점을 하나만 더 지적하고자 한다. 이 차이는 분류학적 충동에서 직접 나온 것은 아니라고 보지만 분류학적 충동과 관련이 있을 수도 있다. 이것은 각 견해가 가정하는 관객의 행위에 대한 개념의 차이다.

시작하면서 언급했듯이 신구조주의자의 시각은 특징 중심적이다. 그것은 영화를 차이의 패러다임 안에 포섭될 수 있는 요소들과 관계들을 지닌 고정된 배열처럼 취급하면서 영화에서 분리 가능한 점들을 찾는다. 그러나 분류학이 만들어낸 대안들을 이해하는 데 필요한 관객의 행위에 대한 분명한 설명은 거의 없다.[12]

대조적으로, 내가 제시하는 기능주의적 시각은 영화를 일정한 효과를 끌어내기 위해 만들어진 것으로 취급한다. 한발 더 나아가서, **방법론적 출발점으로서**, 텍스트는 일정한 상호주관적 반응 규칙을 찾아내도록 만들어졌다고 가정해야 한다는 주장을 하고 싶다.[13] 〈외아들〉이나 〈플레이타임〉이 밤에서 새벽으로의 진행을 재현할 때, 관객은 밤에서 새벽으로의 진행 개념을 알고 있기 때문에 이를 이해할 것이다. 마찬가지로 안으로 들어가는 진행과 동사 시제의 변화로 나타나는, 점점 영화의 내러티브 세계로 미끄러져 가는 서술 패턴도 아마 관객이 내러티브 정보에 동화되도록 만들려는 목적을 지닐 것이다. 특징 중심적인 시각에서는 이례적인 것으로 보일 수도 있는 장치들이 설계론의 입장에서는 의미가 통할 수도 있다는 것이 흥미롭다. 그 방법을 알아보기 위해 잠시 영화 내러티브의 시간성 문제로 돌아가 보겠다.

신구조주의 서사학자들은 영화의 이미지가 항상 '현재 시제'라는 점에 동의한다. 그들의 주된 논점은 영화에는 분명하게 시간의 앞뒤를 밝혀주는 것이 없다는 것이다. "영화가 시작되고 나서 영화관에 들어가 보라"고 고드로와 조스트는 제안한다. "지금 스크린에 뜨고 있는 장면이 플래시백인지 이야기되는 사건의 연대기적 순서에 속하는 건지 알 수가 없다. 시간의 축 위에 우리를 즉각 위치시키는 언어와는 대조적으로 영화 이미지는 오로지 한 가지 시간만 알고 있다." 그들이 주장하는 그 한 가지 시간이란 현재를 말하는 것이다. "영화 속의 모든 것은 언제나 현재다"(RC, 101).

이 개념은 익숙하기는 하지만 당황스럽다. 우선 '현재성'과 관련된 속성은 모든 상연 광경에서 분명히 드러나는 것처럼 보일 것이다. 연극이나 발레, 인형극이나 오페라 극장에 들어가 보면, 당장 보고 있는 장면이 플래시백인지 시간적으로 연속적인 사건인지 알려주는 것은 하나도 없을 것이다. 내가 아는 한 상연 매체는 재현되는 사건이 다른 사건의 앞에 오는지 혹은 뒤에 오는지를 알려주는 명백하고도 일반적인 방법을 갖고 있지 않다. 이런 의미에서 영화가 항상 현재 시제라면, 모든 유형의 극공연도 그렇다.

그렇다면 재현 매체 중 언어가 예외적인 것은 행위의 과거성이나 현재성을 명시하는 동사의 시제가 있기 때문인가? 일단 동사가 내러티브 문맥 안으로 들어가고 나면 그런 것 같지도 않다. 문법적 시제는 문학 내러티브에서 플래시백을 나타내는 분명한 지침이 되지 못하기 때문이다.

고드로와 조스트가 중간에 들어가 보라고 한 말에 영감을 얻어서, 소설책 중간을 펴본다고 해보자. 이런 문장이 눈에 들어온다. "서류가방은 X레이 검문을 통과했고, 공항에서 내가 기억하는 그다음 일은 공항 경비원이 심문 같은 것을 하기 위해 나를 데리고 간 것이었다." 동사는 모두 과거 시제다. 그러나 만약 내가 고드로와 조스트가 "사건의 연대기적 순서"라고 부른 것의 어디쯤에 이 행위가 위치하는가를 알고 싶다면 동사가 과거 시제라는 것만으로는 도움이 되지 않는다. 독자는 그 앞 문장을 찾아봐야 할 것이다. "나는 가학적 피학적 성행위 용품들로 가득 찬 커다란 서류가방을 들고서 캘리포니아로 날아갔던 기억을 절대 잊지 못할 것이다"(Cornwell, 1992: 106~107). 이 문장을 읽고 나서야 독자는 그다음에 나오는 과거 시제가 플래시백을 묘사한 것임을 알게 될 것이다. 게다가 소설들은 전체로든 부분적으로든 현재 시제로 씌여왔다. 그럼에도 디킨스Dickens의 『황량한 집 *Bleak House*』(1852~1853)이나 페터 회Peter Høeg의 『스밀라의 눈에 대한 감각*Smilla's Sense of Snow*』(1993)을 읽을 때 한 사건이 다른 사건 앞에 일어났는지 뒤에 일어났는지를 이해하는 것은 어렵지 않다. 영화 〈버지니아 사람들〉은 설명부에서는 과거 시제를 쓰고 나머지 부분에서는 현재 시제를 쓴다. 그러나 연속해서 나오는 사건을 이해하는 것이 문제가 되지는 않는다. 마이클 크라이턴Michael Crichton의 『구체*Sphere*』에서도 마찬가지다.

그가 안으로 들어왔다.
구체가 그의 뒤에서 닫혔다.

어두운 데다가, 눈이 적응을 해가면서 반딧불 같은 것도 보인다. 그것은 춤을 추고 빛이 나는 모양이고, 수없이 많은 점 같은 불들이 그의 주변을 맴돈다.
[이렇게 몇 페이지가 현재 시제로 계속된다.]

그의 뺨은 차가운 금속 위에 닿아 있었다. 그는 등을 젖혔고 자기 위로 둥글게 굽어 있는 잘 닦인 구체의 표면을 바라봤다(Crichton, 1987: 331~336).

시간 순서대로 전개되는 행위가 과거와 현재 시제로 번갈아 묘사되고 있다. 독자는 이 서술이 시간의 순서를 섞지 않았다는 것을 안다. 왜냐면 적절한 행위 구도가 ─ 남자가 구체의 안으로 들어가서 그 내부를 본다 ─ 시제의 변화를 가로질러 일관되기 때문이다. 그렇기 때문에 독자는 현재 시제로 옮겨간 것이 경이로움에 사로잡힌 주인공의 마음 상태에 대한 이해를 높여주는 의미 있는 기능을 한다는 것을 유추할 수 있다.

적절한 상황에서는, 그 자체가 과거 시제로 처리되는 서사적 지금보다 앞서 있는 사건을 현재 시제가 지시해줄 수도 있다. 일상 미국 영어에서도 예를 찾을 수 있다. "지난달 차가 말썽이 많았어. 그래서 정비공에게 가져가 그녀에게 이렇게 부탁하지. '내 차로 밀워키까지 갈 수 있을까요?' 그러면 그녀는 이렇게 말해. '걸어서 돌아오는 게 괜찮으시다면.'" 아니면 좀 더 최신의 예는 "그래서 그가 말했지. '날 위해 이 시험을 봐줘.' 그래서 나는 이렇게 말해. '내가 왜 그래야 하는데?'"(더 많은 예를 보려면 Heckerling, 1995 참조).

동사 서술의 유연성에 시간을 좀 할애했는데, 언어의 과거 시제가 불가피하게 과거를 지시한다는 생각이 서사학자들로 하여금 글로 쓴 서술과는 달리 영화의 이미지는 항상 현재라고 주장하도록 하는 출발점이 되고 있기 때문이다. 이와 달리, 문학적 내러티브에 대해 기능주의자들은 과거 시제든 현재 시제든 적절한 상황에서는 동일한 시간적 관계를 전달할 수 있다고 설명한다. 독자는 동사의 시제뿐 아니라 패턴과 기능도 읽어낸다. 그리고 전체 텍스트의 내재적인 규범에 따라 결정되는 내정 값(default values)이 동사의 표면에서 일어나는 불일치를 해명해줄 수 있다.

따라서 신구조주의 프로그램은 원자론에 또다시 굴복한 것처럼 보인다. 분리할 수 있는 특징(이 경우엔 문법 시제)을 찾다가 형식/기능 원칙을 고려하지 못했다. 형식/기능 원칙은 문맥을 지배하며, 관객에게는 어떤 규범에 따른 작동들을 수행하도록 자극한다.

영화는 '항상 현재 시제'라는 주장은 공허하다는 생각이 든다. 어떤 경우에서든, 서사학자에게 제기되는 문제는 이미지란 본래 무엇인가 하는 것이 아니라 전체 영화의 시간 구조 내에서 이미지가 어떻게 활용되는지, 그리고 일정한 내정 값과 규범을 갖춘 관객이 그것을 어떻게 이해하는가 하는 것이다. 다양한 영화적 단서를 늘어놓음으로써 플래시백을 보여줄 수도 있다. 즉, 음악이나 동작 속도나 색조(컬러/흑백 화면; 명암 대조)의 변화, 언어적인 정보, 더 일반적으로는 구도에 근거한 무수한 암시들[젊었을 때의 영상이 죽 따라오는 노인이나 〈펄프 픽션*Pulp Fiction*〉에서처럼 죽은 자가 지금 다시 살아 있는]과 같은 것이다.

영화에는 분명하게 시간을 나타내는 일련의 단일 표식이 없다는 신구조주의자들의 제언은 옳다. 그러나 영화가 본래적으로 현재 시제'이고' 그래서 과거를 보여주기 위해서는 특별한 관습이 필요하기 때문에 그런 것이 아니다. 오히려 개별 장치가 그 어떤 것이든지 텍스트의 안과 밖 모두에서 확립된 규범과 관계 맺으며 기능하기 때문에 그런 것이다. 그래서 관객은 상당히 넓은 범주의 물질적 단서를 이런 규범을 다소 근접하게 따르는 방식으로 읽어낼 수 있다.

이것이 맞다면, 국부적 장치가 액면 가치 그대로 받아들여지리라고 기대해서는 안 된다. 관객은 텍스트를 계속 공들이면서 틈새를 채울 수 있고 객관적인 불일치를 눈감아 줄 수 있다. 텍스트는 관객으로 하여금 **부분적인** 체계를 취해서 여전히 적절한 추론에 도달하게끔 만들어졌다. 플래시백을 다시 살펴보자.

고전 할리우드 영화에서 플래시백은 한 인물이 과거를 회상하면서, 아니면 청자에게 과거의 사건에 대해 이야기하면서 시작된다. 이런 장치는 많은 서사학자로 하여금 플래시백이 실제로 인물의 기억 이미지나 언어적 보고를 재현한다는 결론을 내리도록 했다. 예를 들어 메츠는, 플래시백은 한 인물의 기억이 우리가 보는 과거 장면의 세밀한 배경까지 정확하도록 과거를 재창조한다는 가정에 근거한다고 주장한다. 그가 "시각으로의 전이"라고 부르는 과정을 통해 플래시백은 인물의 말이나 생각을 이미지로 대체한다. "그녀가 말했을 만한 것"의 정확한 재현인 것이다(*EI*, 121).

그러나 할리우드 영화의 플래시백에서 흔히 볼 수 있는, 이 주장에 맞지 않는 점들을 어떻게 설명할 수 있을까? 플래시백을 시작하고, 서술을 하거나 기억을 하는 인물들이 본인이 회상하는 그 사건을 **목격하는 현장에 있지 않은** 경우가 매우 잦다. 〈리브 허 투 헤븐*Leave Her to Heaven*〉(1946)에서는 중요 인물이 아닌 인물이 무심한 청자에게 실제로 전체 플롯을 모두 들려준다. 그런데 화자는 자기가 들려주는 사건 속에 등장하지 않는다. 게다가 그는 '자신의' 플래시백 안에서 전달되는 매우 은밀한 세부 사항들을 많이 몰랐을 수도 있다. 〈텐 노스 프레더릭*Ten North Frederick*〉(1958)에서 이런 한계를 볼 수 있다. 장례가 끝난 후 죽은 사람의 딸이 자기 오빠에게 아버지의 삶에 대해 말해준다. 이런 삽입된 플래시백의 과정에서 우리는 그 아버지에게 정부가 있었다는 사실을 알게 된다. 그러나 딸은 이 사실을 알지 못한다. 실제로, 플래시백이 끝나고 다시 장례일로 돌아온 후에야 그 딸은 정부의 존재에 대해 알게 된다! 이런 구조가 만연해 있는 사실을 감안할 때, 메츠처럼 플래시백이 인물이 말했을 만한 것들의 재현이라고 할 수는 없을 것이다. 왜냐하면 그 인물도 '자신의' 플래시백이 상술하는 사건을 모르기 때문이다.

기능주의자의 관점에서 보았을 때 이 불일치는 진짜 문젯거리는 아니다. 메츠는 플래시백이 인물의 기억이나 그가 말하는 스토리를 재현한다고 가정한다. 왜냐하면 두드러진 개별 특징 — 기억하거나 말하는 행위 — 에서 플래시백은 시작되기 때문이다. 그러나 플래시백이 경계점에서만 또는 플래시백 안에서 특히 강조된 순간[예를 들어 보이스오버 논평(voice-over commentary)과 행위적 단서를 통해 강조되는 순간l에만 회상이나 말하는 행위를 재현한다고 가정해보자. 아니면 영화에서 플래시백의 중요한 목적이 사건의 **순서를 재배열하는** 것이라고 가정해보자. 이러한 재배열은 호기심, 불안, 놀라움, 걱정이나 향수의 분위기, 아이러니나 상실감 같은 특정한 효과를 만들어내는 데 기여한다. 〈리브 허 투 헤븐〉과 〈텐 노스 프레더릭〉 모두 스토리의 뒷부분에서 시작함으로써 어떤 사건들이 이런 정황을 만들었는지에 대한 호기심을 극대화한다. 플래시백은 우리가 현재 이미 본 것들을 이해할 수 있는 전제 조건들을 제공한다. 과거로 옮겨가는 것은 사건의 현 상태에 대한 관객의 호기심을 한층 키우거나 관객을 오도하는 수단이다.

그러나 고전 할리우드의 전통에서 보자면 '순수한' 플래시백 ─ 아버지의 장례식에서 시작해서 곧바로 아버지의 중년기 위기 상황으로 넘어가는 것 ─ 이란 잔인하리만큼 혼란스러운 것이다. 과거로의 움직임은 신호가 있어야 하고 정당화되어야 한다. 이것이 기억하고/말하는 틀의 목적이다. 기능주의적 관점에서 볼 때, 플래시백을 인물의 기억이나 과거 사건의 재언급으로서 제시하는 것은 준-사실주의적 방법을 통해 행위를 시간적으로 재배열하는 동기가 된다. 그러나 일단 이 동기가 시간을 바꾸는 작업을 시작하면 장면 속 인물은 이미 자신의 목적을 이룬 것이다. 그러고 나면 기억이나 언어적 보고나 개연성에 대한 충실도는 더 이상 문제가 되지 않는다.

관객을 고려 대상으로 삼을 때 이런 설계론적 견지에 의한 설명은 힘을 얻는다. 관객인 우리가 플래시백이 주는 정보의 변칙을 그것들을 반추한 후에야 인식할 수 있다면, 플래시백을 그냥 보고 있는 동안에는 아마 (적어도 우리 대부분은) 그것들을 알아차리지 못할 것이다. 이는 아마도 관련된 내러티브 정보를 찾으려는 것과 관계가 있을 것이다. 관련된 내러티브 정보를 찾는 작업은 어떤 식으로 지식이 제한되는가 하는 세부 사항보다는 인과적/시간적 관계와 연관되기 쉽다. 시간에 묶인 제한을 감안할 때, 스토리를 말하는 사람이 누구이며 매 순간 그가 알고 있던 것이 무엇이었나를 돌이켜 보면서 약간의 주의를 기울여보는 것은 이해에 크게 도움이 되지 않는다. 영화 심리학을 공부하는 학생들이라면 이 질문을 가지고 시간을 들여 실험을 해볼 만할 것이다. 다른 점과 마찬가지로 이 점에서도 영화감독들은 사람들이 인지하고 이해하고 추론하는 능력뿐 아니라 결함 - 감독 자신들이 만들어내고자 하는 경험을 하도록 관객을 인도하는 데 도움이 되는 모든 것 - 까지도 동시에 활용하는 뛰어난 실용적 심리학자들이라는 사실이 드러난다.

신구조주의 전통이 지금까지 마련해온 방법들보다 서술 과정을 더 타당하게 분석하고 설명해줄 수 있는 몇 가지 방법을 형식적/기능적 관점에서 제안하려고 했다. 나는 내러티브의 시간성에 집중해왔다. 그러나 시점과 "내부적" 화자에 대한 신구조주의적 설명에 견줄 만한 문제를 기능주의 비평가가 찾아낼 수 있으리라 본다.[14] 나는 무엇보다도, 분류학이 유용하기는 하지만, 분류학이 가장 유용한 것이 되려면 영화의 전반적인 형식 원리, 적절한 역사적인 기준 그리고 기준과 형식이 특정 내러티브 장치를 동원하는 목적에 의해 지배되어야 한다는 점을 보여주려고 애썼다.

〈유정화 옮김〉

주

1 아리스토텔레스와 관련된 텍스트는 물론 『시학*Poetics*』이고, 특히 연관된 부분은 13 장에서 19장까지다. 러시아 형식주의자들과 관련해서는, 티니아노프Tynianov와 아이 헨바움Eichenbaum 등이 기능주의 관점의 중요한 예를 제공했다. 스턴버그는 참고문 헌에 제시된 논문들에서 기능주의 관점을 유창하게 변호했다.

2 채트먼이 주장한 일부 논지는 스탬Stam, 버고인Burgoyne, 플리터먼-루이스Flitterman-Lewis 그리고 거닝Gunning의 저서에서도 많이 찾아볼 수 있다.

3 메츠는, 지나가는 말로, 적어도 현대 영화에서 그의 거대 통합적 유형들은 모두 어느 정도는 독립된 숏에 담길 수 있다고 시사한다(Metz, 1971: 134~135). 그러나 이러한 의견의 함축적 의미를 추적하지 않아서 메츠는 단일 숏과 통합적 다중 숏 사이의 구 분을 포기하게 된 것 같다. 그래서 **거대 통합체론**을 발견한 계기가 되기도 했다.

4 "통상적인 시퀀스"에 대한 메츠의 논의 참조. 통상적인 시퀀스에서 각 숏은 "그저 생 략되지 않은 행위 순간 중 하나를 제시해줄 뿐이다". 그리고 스크린 지속성과 디제시 스적 지속이 우연히 일치하는 장면에 대한 논의도 참조(1971: 132).

5 〈알프스 산맥에서의 실종*Lost in the Alps*〉(1907)에 대한 머서의 논의 참조(Musser, 1991: 359).

6 고드로와 조스트는 이야기 시간과 스크린 시간의 지속성이 일치하는 주네트의 "장면 (scene)"을 단일 숏과 편집된 시퀀스 안에서 모두 얻을 수 있는 것으로 인식한다. 나 로서는 확신이 가지 않지만, 고드로와 조스트의 예는 주네트의 정지가 원칙적으로 숏 안에 드러난다는 사실을 그들이 찾아냈음을 시사한다.

7 혹은 히치콕Hitchcock의 〈밧줄*Rope*〉의 숏에서 일어나는 시간 압축은 80분간 지속되 는 스크린 시간을 통해 늦은 오후부터 밤까지의 경과를 보여준다.

8 이후에 나오는 상당 부분은 메이어 스턴버그의 강조점, 특히 그가 「시간 속에서 이야 기하기*Telling in Time* (2)」(485~498, 505)에서 한 말에 영감을 받았다. 서신 교환을 통해 이 문제를 명쾌하게 설명해준 점에 대해 감사드린다.

9 예를 들어, 초점화의 유형을 검토한 고드로와 조스트는 "초점화는 전달되어야 할 감 성과 감정 상태와 관련된 영화의 이야기 과정 중에 다양해진다"(*RC*, 143)라고만 말한 다. 내가 명확히 제안하는 작업은 효과와 내러티브 구성 사이의 가능한 관계를 정확 히 이론화하는 것이다.

10 이런 여러 장면들이 보드웰, 슈타이거, 톰슨의 저서 3~6장에서 논의된다(Bordwell, Staiger and Thompson, 1985).

11 이것이 『허구 영화 속 서술(Narration in the Fiction Film)』 제3부에서 내가 하려는 것 이다. 이 부분은 다양한 유형의 영화를 가로지르는 전형적인 서술 패턴을 보여준다.

12 주목할 만한 예외는 채트먼의 『스토리와 담론(Story and Discourse)』의 제1장이다.

여기서 독자의 추론적 행동에 대한 함축적인 설명이 제공된다. 그러나 여전히 이 책의 대부분은 분류학을 다루고 있으며, 채트먼이 윤곽을 그려주는 범주 중 그 어느 것도 내러티브를 "읽어낸다"는 그의 생각에 근거하고 있지 않다.

13 문화연구가들에게 강조하는바, 설계론적 입장이 **모든** 반응은 단일해야 한다고 가정한다는 말은 아니다. 많은 텍스트는 불확정성의 영역을 포함하고 서로 다른 해석과 전유를 위한 공간을 허용한다. 매체 텍스트를 제작하는 많은 사람들은 텍스트 속에 이런 영역을 만들어내는 것이 사실이다. 내 요지는 단지, 설계론적 입장은 **어떤** 상호주관적 반응 규칙을 전제한다는 것이다.

14 예를 들어, 플래시백을 시작하는 기억이나 대화가 플래시백을 사실상 프레임에 끼워 넣지 못한다면, 채트먼이 『이야기와 담론*Story and Discourse*』(Chatman, 1978: 151)에서 제안한 서술의 소통 모델에 문제점이 있는 것처럼 보일 것이다. 기능주의자의 설명은 〈무대 공포증*Stage Fright*〉의 "가짜" 플래시백에 대해 채트먼이 『화해하기 *Come to Terms*』에서 제시한 설명(Chatman, 1990: 131~134)의 대안을 제공하리라 생각된다.

참고문헌

Angelopoulos, Theo, dir. *Traveling Players*. 1975.

Aristotle. *Poetics*. Trans. and intro. Malcolm Heath. New York: Penguin, 1996.

Bordwell, David. *Narration in the Fiction Film*. Madison: University of Wisconsin Press, 1985.

Bordwell, David, Janet Staiger, and Kristin Thompson. *The Classical Hollywood Cinema: Film Style and Mode of Production to 1960*. New York: Columbia University Press, 1985.

Burgoyne, Robert. "Film-Narratology." *New Vocabularies in Film Semiotics*. Ed. Robert Stam, Robert Burgoyne, and Sandy Flitterman-Lewis. London: Routledge, 1992. 69~122.

Chatman, Seymour. *Story and Discourse: Narrative Structure in Fiction and Film*. Ithaca: Cornell Univeristy Press, 1978.

_____. *Coming to Terms: The Rhetoric of Narrative Fiction and Film*. Ithaca: Cornell Univeristy Press, 1990.

Cornwell, Patricia B. *All That Remains*. New York: Avon, 1992.

Crichton, Michael. *Sphere*. New York: Ballantine, 1987.

De Mille, Cecil B., dir. *The Virginian*. 1914.

Dickens, Charles. *Bleak House*. London: J. M. Dent & Sons, ltd., 1932.

Dunne, Philip, dir. *Ten North Frederick*, 1958.

Eichenbaum, Boris. *O. Henry and the Theory of the Short Story*. Trans. I. R. Titunik. Ann Arbor: Michigan Slavic Contributions, 1968.

Gaudreault, André. "Film, Narrative, Narration: The Cinema of the Lumière Brothers." *Early Cinema: Space, Frame, Narrative*. Ed. Thomas Elsaesser. London: British Film Institute, 1990.

Gaudreault, André, and François Jost. *Le Récit cinématographique*. Paris: Nathan, 1990.

Gunning, Tom. *D. W. Griffith and the Origins of American Narrative Film: The Early Years at Biograph.* Urbana: University of Illinois Press, 1991.

Heckerling, Amy, dir. *Clueless.* 1995.

Høeg, Peter, dir. *Smilla's Sense of Snow.* Fox Searchlight Pictures, 1993.

Metz, Christian. *Essais sur la signification au cinema.* Vol. I. Paris: Klincksieck, 1971.

_____. *L'Énonciation impersonnelle; ou le site du film.* Paris: Klincksieck, 1991.

Musser, Charles. *Before the Nickelodeon: Edwin S. Porter and the Edison Manufacturing Company.* Berkeley: University of California Press, 1991.

Renoir, Jean, dir. *Crime of M. Lange.* 1936.

Sjöberg, Alf, dir. *Miss Julie.* 1951.

Staiger, Janet. *Perverse Spectators: The Practice of Film Reception.* New York: New York Univerisity Press, 2000.

Stahl, John, dir. *Leave Her to Heaven.* 1945.

Stam, Robert, Robert Burgoyne, and Sandy Flitterman-Lewis, eds. *New Vocabularies in Film Semiotics.* London: Routledge, 1992.

Sternberg, Meir. "Point of View and the Indirections of Direct Speech." *Language and Style* 15.2 (1982): 67~117.

_____. "Telling in Time (1): Chronology and Narrative Theory." *Poetics Today* II. 4 (1990): 901~48.

_____. "How Indirect Discourse Means: Syntax, Semantics, Pragmatics." *Literary Pragmatics.* Ed. Roger D. Sell. London: Routledge, 1991. 62~93.

_____. "Telling in Time (2): Chronology, Teleology, Narrativity." *Poetics Today* 13.3 (1992): 463~541.

Tarantino, Quentin, dir. *Pulp Fiction.* Bend Apart and Jersey Films, 1994.

Tati, Jaques, dir. *Play Time.* 1967.

Tynianov, Yuri. *The Problem of Verse Language.* Trans. Michael Sosa and Brent Harvey. Ann Arbor: Ardis, 1981.

Yasujiro, Ozu, dir. *Only Son.* 1937.

4장

문학작품의 영화 각색과 형식/내용의 딜레마

카밀라 엘리엇Kamilla Elliott

　문학작품을 영화로 각색한 것에 대한 공식적인 비평 모델은 영화가 원작을 얼마나 충실히 따랐는지를 중심으로 형성되었다. 비평가들은 충실성이라는 격률을 더욱 조장하거나 혹은 그것을 거부하기 위해 이 모델을 이용해왔다. 제프리 와그너Geoffrey Wagner가 제시한 세 가지 각색 모델*은 아주 영향력이 커서 그 후 모든 공식적인 각색 모델의 기초가 되었다. 와그너의 세 가지 모델에 따르면 각색이 원작에 얼마나 **불충실**한지에 따라 각색의 가치가 정해지고 등급이 결정된다. 더들리 앤드루Dudley Andrew와 같은 1980년대 학자들은 균형 있는 개작 모델을 한층 더 옹호했다. 즉, 원작에 대한 충실성과 영화 관습에 대한 충실성이 똑같이 존중되어야 한다고 주장했다. 그러한 충실성에 대한 규범은 1990년대와 2000년대에 와서 큰 비판의 대상이 되었다(Reynolds, 1993; McFarlane, 1996; Cartmell 외, 1996; Cartmell and

---

▸　전환: 원작을 그대로 각색한 것, 논평: 원작을 따르지만 어떤 부분만 변화한 것, 유추:
　원작으로부터 많이 이탈한 것.

Whelehan, 1999; Naremore, 2000). 피터 레이놀즈Peter Reynolds는 각색은 문학 작품의 후속작에 머무르지 말고 마르크시즘적 전복과 변증법을 수행해야 한다고 주장한다(Reynolds, 1993: 3). 로버트 스탬Robert Stam은 미셸 푸코 Michel Foucault가 말한 작가의 탈신비화, 미하일 바흐친의 대화적 교환, 자크 데리다의 원본과 복사본 차이의 전복, 문학과 영화를 '텍스트'로 보는 롤랑 바르트의 기호학적 관점을 통해서 원작에 반드시 충실해야 한다는 "엘리트 가 갖는 편견"을 강하게 거부한다(Stam, 2000: 58). 또한 어떤 비평가들은 공 식적인 근거를 통해 충실성 규범을 거부하기도 한다. 서사학자인 브라이언 맥팔레인Brian McFarlane은 원작에 충실하는 데만 몰두하는 것은 "거의 고착된 것이며", "명쾌하지도 못하며" "파멸적인 기획"이 된다고 주장한다(McFarlane, 1996: 8~9, 194).

최근 후기구조주의자들과 문화연구가들의 주장에 따르면, 몇몇 문학 비 평가들이 각색 연구에 매력을 느끼는 것은 그들이 신비평(New Criticism)과 같은 구식 이론과 인본주의와 같은 정치적 보수주의 이론을 지지하는 데다 가 최근 관심사인 대중문화나 문화연구에 반대하여 문학 정전과 고전 문학 의 퇴행적 고수에 나섰기 때문이다(Thompson, 1996: 12). 그러나 20세기 비 평 전반을 살펴보면, 우리는 각색 비평가들의 사고가 순수 예술을 하는 인 본주의자들이나 신비평가들로부터 시대에 뒤떨어졌다는 혹평을 받아왔음 을 알 수 있다[Balázs, 1952(1970): 258~261; Bluestone, 1957: 258; Babbit, 1910: 186 이하]. 이런 지속적인 혹평에는 많은 이유가 있다. 이 글은 각색이 결국 은 형식과 내용의 분리를 뜻한다는 한 세기 동안 이어져온 이설을 다루고 자 한다. 월터 페이터Walter Pater부터 페르디낭 드 소쉬르를 거쳐 신비평가 들과 구조주의 비평가에 이르기까지 형식과 내용은 분리될 수 없다는 것이 확고한 믿음이었다.[1] 게다가 후기구조주의자들은 형식과 내용의 이분법을 해체하면서 내용이란 개념조차도 무시했다. 그만큼 각색과 각색 연구는 어 느 때보다 시대에 뒤떨어진 것으로 보인다. 각색 이론은 비평 이론과 매번 적대 관계에 있다. 시나리오를 쓸 때 각색의 첫 단계가 되는 패러프레이즈를 해야 하는데, 이때 각색은 패러프레이즈를 반대하는 신비평의 주장에 도전하는 셈이 된다(Brady, 1994; Seger, 1992). 또한 각색은 기표와 기의 사이에 신성한 유대가 있음을 강조하는 구조주의의 이론과도 어울리지 않는다. 왜냐하면 소설을 각색할 때 각색할 수 있는 기호 중에서 단지 어떤 부분만 가능하고 단어나 이미지가 온전한 기호로 모두 번안될 수 없기 때문이다. 후기구조주의에게도 각색은 소설과 영화 둘 다 나타내고자 하는 더 좁은 의미의 기의는 말할 것도 없이, 지탱할 수도 없는 최초의 기의라는 유령까지 불러오는 셈이 될 것이다. 따라서 일반적으로 그렇게 여기듯 각색이란 이론적으로 불가능한 것이었다. 이론에 밝은 비평가들도 각색을 집단적인 문화 환상이라면서 그것을 대체적으로 무시했다. 소설가이자 이 논의에서는 기호학자라고 분류되는 움베르토 에코는 자신의 저서 『장미의 이름The Name of the Rose』과 그것을 각색한 장-자크 아노Jean-Jacques Annaud의 영화는 단지 이름만 같을 뿐 둘 사이에는 아무 관계가 없다고 주장했다["Adaptations: Novel to Film"(online)에서 인용].

그러나 영화제작자뿐만 아니라 대중적이며 비평적인 글에서도 책과 영화 사이에 뭔가 연결되는 것이 있음을 지적하고 있다. 이런 비평적인 글과 심미적 행위에 관한 글을 통해 얻은 각색의 여섯 가지 개념에 대해 이 글은 설명하고자 한다. 이 개념들은 형식과 내용의 관점에서 책과 영화 사이에 어떤 것이 전해지는지를 설명하고자 하는 것이다. 이 여섯 가지 개념은 아주 많은 담론의 형태를 취했기 때문에, 이 논의에서 형식과 내용은 예술 형식 전반이나 '주제' 혹은 이데올로기부터 기호(기표와 기의) 내의 형식과 내용의 분리라는 범위에 이르기까지 느슨하고 다양하게 정의되어야 한다. 어떤 각색 개념 아래서 한 매체는 다른 매체의 내용이 된다. 또 다른 각색 개념 아래에선 두 매체 모두가 다른 형식을 지닌 어떤 외부 기의를 나타내기도 한다. 또 어떤 다른 개념에선 소설과 영화와 관객(독자)의 반응은 서로 합쳐져서 혼합 기호를 만들기도 한다. 이 개념들은 서로 다르면서도 종종 중첩되기도 하며, 이론적으로 적용할 수 있거나 경험적으로 입증된 것은 결코 아니다. 오히려 이 개념들은 소설과 영화의 관계가 어떻게 구성되어 있으며, 이러한 구성이 어떤 목적을 위해 작용하는지를 보여준다. 때때로 소설은 소설에 예속된 영화의 기표에 따라 충실히 재현되는 획일적인 기의로서 보이기도 하고, 어떤 경우에 소설은 영화에 의해 육화되어야만 하는 의미의 불완전한 양식으로 보이기도 한다. 또 다른 경우 소설과 영화는 서로를 향하기보다는 각각 외부의 기의를 더 잘 재현하려고 경쟁하기도 한다.

기호학자들과 미학자들은 형식과 내용의 이론을 해석하기 위해 육체와 영혼의 유비에 대해 오랫동안 연구해왔다.[2] 『워더링 하이츠*Wuthering Heights*』▸는 육체와 영혼의 관계를 집중적으로 드러내고 있기 때문에 이 논의에 가장 적합한 사례로 언급될 수 있다. 두 육체가 하나의 영혼을 지닌다는("우리의 영혼이 어떻게 만들어졌든 간에 히스클리프와 나의 영혼은 같아") 확신이나, 죽은 자가 산 자 안에 존재한다는 황당한 생각("나는 내 영혼 없이 살 수가 없어!"라는 히스클리프의 말은 시체에 대한 욕망과 더불어 유령을 쫓는 행동으로 이어진다)이나, 캐시의 영(spirit)이 친지들의 형상화된 눈을 통해 볼 수 있다는 사고에 이르기까지 육체와 영혼의 다양한 관계가 이 소설에 나타난다. 이런 육체와 영혼의 관계는 문학작품의 영화 각색이 제기하는 형식/내용의 문제에 대한 비유적인 준거점뿐만 아니라 개념적인 모형을 제공하고 있다.

▸ *Wuthering Heights*를 우리말로 번역하면 "바람이 휘몰아치는 언덕 꼭대기"가 된다. 이런 의미에서 이 소설의 제목을 "폭풍의 언덕"이라고 해왔다. 또한 두 사람의 사랑 이야기가 폭풍같이 휘몰아치는 사랑 이야기라는 점에서 의미가 있긴 하다. 하지만 소설에서 '워더링 하이츠'는 언덕이 아니고 집의 이름이다. 즉, 언쇼가의 잉글랜드 북부 요크셔 지방에 있는 집의 이름인 점을 감안할 때 이 작품의 제목을 "워더링 하이츠"라고 번역해야 옳을 것이다.

원작의 심령을 지키는 각색 개념

20세기 들어 지나치게 원작을 그대로 반영한 것은 원작의 심령을 지키는 각색 개념이 지배적이 되었기 때문이다. 원작의 심령을 지키는 각색 개념이란 "텍스트의 정신"이 원작에서부터 영화로 이상적으로 전달된다는 것을 의미한다. 이 개념은 학자와 전문가 그리고 대중 작가 들의 각색 수사학 전체에 다 존재하고 있다. 비평가이자 학자인 크리스토퍼 오어 Christopher Orr는 "좋은 각색은 문학 원작의 정신에 충실해야 한다"고 주장한다(Orr, 1984: 72). 영화제작자 루이스 부뉴엘Luis Buñuel은, 그의 영화 〈열정의 심연*Abismos de Pasion*〉▸은 "가장 중요하게는 …… 에밀리 브론테 소설 [Wuthering Heights(1848)]의 정신을 온전히 지키려고 노력했다"고 주장한다. 시나리오 대본 안내서 저자인 린다 세거Linda Seger는 형식/내용이란 이분법을 형식/정신이란 이분법으로 대체하고 있다. "각색가들은 원작의 정신을 유지하는 것과 새로운 형식을 만드는 것 사이에 균형을 유지하려고 한다"(Seger, 1992: 9). 작가 어빈 웰시Irvine Welsh는 자신의 소설 『트레인스포팅*Trainspotting*』이 1996년 영화로 제작된 것에 대해, 형식은 달라지지만 내용/정신만은 소설에서 영화로 그대로 이동될 수 있다고 주장한다. "어떤 것에 대해 충실한 해석을 기대할 수는 없다. 단지 정신으로만 충실한 해석을 가질 수 있다. 그러나 다른 매체로 바뀔 때 그 해석은 달라질 수 있다"(Hodge, 1996: 118에서 인용).

그러나 원작의 심령을 지키는 각색 개념은 단순히 영화 형식에다 문학정신을 주입하는 것이 아니다. 이 개념은 텍스트의 정신이 소설에서부터 독자로(각색에선 독자가 영화제작자가 된다), 영화로, 관객으로 전달되는 심령적인 연결 과정을 포함한다. 이미 19세기 초에 텍스트가 정신을 가지며, 또

▸ 브론테의 『워더링 하이츠』를 각색한 것으로 1953년 멕시코에서 상연됨.

한 독자들이 그 정신과 영적으로 교감한다는 사고가 있었다. 이는 게오르크 빌헬름 프리드리히 헤겔Georg Wilhelm Friedrich Hegel의 글에서 가장 잘 나타난다. "예술은 단지 감각적인 인식만을 위해 작용할 수는 없다. 예술은 그 자체를 내면의 삶 속에 바로 전달해야 한다. 즉, 예술은 대상 이외 다른 어떤 것도 아닌 그 대상과 온전히 혼합되면서 내면의 삶 속에 스스로를 전달해야 한다는 것이다. 다른 말로 표현하자면 예술은 영혼 깊숙이 마음에, 즉 정서적인 삶에 전달되어야 한다는 것이다. 정신 그 자체의 매체인 예술은 본질적으로 자유를 추구하고, 영혼의 밀실에서만 조화를 찾아 얻는다." 헤겔의 말에 따르면 정신은 "표현의 외부적인 통로를 필요로 하지만 궁극적으로 형식은 비본질적이고 일시적이다"(Hegel, 1971: 525). 이와 유사하게 원작의 심령을 지키는 모델에서는 소설에서 영화로 전달되는 것을 포착하기 어려운 정신이라고 파악한다. 각색의 임무는 바로 그 정신을 포착해서 변화된 매체와 형식에 전해주어야 한다. 따라서 매체(medium)라는 용어는 두 가지 의미로 기능을 한다. 즉, 정신과 접촉하는 사람이라는 기능과 의사소통 매체라는 기능이다. 심령 모델이 작용하기 위해서는 다양한 매체가 존재해야만 한다. 하지만 여러 매체는 없어질 수 있고 없어져야만 하는 것이 본질적이다. 형식은 변화할 수 있지만 정신은 계속 남기 때문이다. 텍스트의 정신은 형식을 넘어서서 생명을 유지하고, 이러한 정신은 형식에 속박되지도 않고 의존적이지도 않다.

원작의 심령을 지키는 각색 개념은 아래의 도식으로 설명할 수 있다. 괄호 안의 것은 영적인 연결을 만들어주지만 필요하지 않아서 없어진 형식들이다.

소설의 정신 → (소설의 형식) → (영화제작자의 반응) → (영화) → 관객의 반응

텍스트의 정신은 형식 없는 의식인 텍스트 이전 정신(pretextual spirit)에서 시작해서 영화 관객의 반응이라는 텍스트 이후 반응(posttextual response)

으로 끝난다. 텍스트 이전 정신은 일반적으로 작가의 의도, 개성, 상상력인 반면, 텍스트 이후 반응은 영화를 보거나 소설을 읽은 후 독자나 관객에게 남는 어떤 것을 의미한다. 어떤 개념이 작가의 의도에서 시작해서 독자의 반응으로 끝날 때, 이 두 가지가 의사소통의 양극단에 있지만 그것을 생략해야 한다고 오어는 예리하게 지적한다. 왜냐하면 "언어적 텍스트나 영화적 텍스트의 정신은 담론(화자가 독자나 관객에게 의사소통하는 방식)의 기능이자 서술성(독자/관객이 텍스트의 의미를 구성하는 과정)의 기능이기"(Orr, 1984: 73) 때문이다.

그러나 텍스트의 정신은 독자의 의도보다 저자의 의도와 훨씬 더 많이 일치된다. 월터 페이터에 의하면, "특정한 사람에게만 해당되는 것 말고는 어떤 것에도 실제로 관심이나 의미를 두지 않는 사람들이 있다. 문학 예술에서 영혼을 가장 잘 감상하는 이들이 그들이다. 그들은 책에서 한 사람을 알아가는데 그것도 직관적으로 그렇게 한다"(Pater, 1890: 24). 20세기 많은 비평가들은 텍스트의 정신을 작가의 의도와 유사한 것으로 만들고 있다. 비평가 하워드 톰슨Howard Thompson은 1951년 제작된 영화 〈크리스마스 캐럴A Christmas Carol〉 관해서 "디킨스가 의도한 그대로"(Thompson, 1970: 47) 제작했다고 평했다. 이것은 문학 비평가 레스터 J. 카이저Lester J. Keyser가 "디킨스의 정신"(Keyser, 1981: 121~122)에 부합한 것이라는 표현과 유사하다. 어떤 사람들은 텍스트의 정신을 작가적인 상상력이라고 했다. 1992년 피터 코스민스키Peter Kosminsky의 〈워더링 하이츠Wuthering Heights〉는 소설을 '상상하며' 광야를 거닐고 있는 에밀리 브론테(영화 마지막의 크레딧 명단에 없었던 시네이드 오코너Sinéad O'Connor▸가 연기)를 묘사하는 장면으로 시작된다. "처음 나는 이곳을 봤다. 누가 살았는지 궁금했다. 그들의 삶이

▸ 1980~1990년대 로마 가톨릭교의 엄격함이나 전쟁과 어린이 학대에 반대해서 여성의 권리와 인권 옹호를 부르짖은 아일랜드 가수.

어떠했는지 궁금했다. 마음속에서 무엇인가가 내게 속삭였기 때문에 나는 쓰기를 시작했다. 내 펜은 이미 있었을지도 모를 내 상상의 세계에 대한 이야기를 만들어낸다. 이것이 바로 내가 하려고 하는 이야기다. 그러나 그 이야기의 어떤 부분에라도 미소 짓지 않으려고 한다." 이 에피소드에서 각색의 마지막 단계에 오는 것인 영화는 텍스트 이전인(pretextual) 작가의 상상력과 동일한 것이라고 볼 수 있다.

텍스트의 정신을 더욱 쉽게 드러내고자 하는 비평가들은 그 정신을 작가의 문체 속에서 발견한다(예를 들어 Battestin, 1998). 그러나 페이터는 텍스트의 정신이 문체 속에서도 나타날 수 있지만, 문체로는 충분히 포함되거나 표현될 수가 없다고 주장한다. "영혼이란 실제로 말해지는 것과 다르지 않을 수도 있고 더 모호하지 않을 수도 있지만, 단어의 의미로 발화될 수 없는 것을 제시한다. 영혼이란 꽉 찬 물체를 담고 있지만 표현되어 나온 것에는 단지 하나의 구절(phrase)이나 면(facet)만 있다. 이것이 영혼의 특징이다"(Pater, 1890: 24, 33).

텍스트의 정신에 충실하다 보면 텍스트의 문자나 형식에는 항상 **불충실**하게 된다. 원작의 심령을 지키는 각색 개념은 각색이 텍스트의 정신에 충실하기 위해 문자 그대로의 시체*를 뒤에 남겨놓아**야만** 한다고 **주장한다**. 소설 기표를 영화 기표로 그대로 충실하게 대체하는 것은 죽은 형식을 죽은 형식으로 대체하는 것이다. 지나칠 정도로 문자 그대로 개작하는 것은 소설의 정신을 추구하려는 개작보다 덜 충실하다. 즉, "아마도 문자 그대로 개작한 것은 지적인 유비"(Wagner, 1975: 239. 와그너의 선호 개념으로서 텍스트를 영화를 위한 "영감의 씨앗"으로만 이용하는 것)보다 훨씬 더 원작 소설을 왜곡해버린다. 원작의 심령을 지키는 각색 개념 때문에 소설과 각색된 영화 사이에 전달된 것이 유령화된다. 이것으로 인해 개인적, 영화적, 문화적인

▸ 텍스트의 형식을 의미.

많은 어젠다가 소설에 투사되게 해주며, 그런 어젠다가 소설 자체의 정신으로 보이게 해준다. 이런 점에서 원작의 심령을 지키는 각색 개념은 비평가들과 영화제작자들에게 인기가 있다.

이런 부과된 어젠다나 투사된 것을 유용하게 만드는 데 문학 작가의 권위는 필수적이다. 작가는 다른 담론에선 쇠퇴하지만 각색 비평과 실천에서는 오랫동안 그 영향력을 발휘해왔다. 왜냐하면 작가는 다른 매체들보다 소설과 영화 매체를 옹호해주는 노력을 통해 작가로서의 권위를 재현하기 때문이다. 20세기 동안 원작의 심령을 지키는 각색 개념은 각색 비평을 영화학 분야가 아니라 문학의 보호 아래 두었다. 즉, 문학가들은 영화가 작가의 정신을 잘 포착했는지 아닌지를 관찰하고 판단했다. 예를 들어 브라이언 맥팔레인은 〈위대한 유산*Great Expectations*〉에 대해 문학 비평가 리비스 Q. D. Leavis가 쓴 글을 읽고 다음과 같이 결론짓는다. "이것은 소설의 큰 장점 중 하나에 대해 정확히 설명하는 것 같다. 이것은 원작에 충실하고자 하는 미래의 영화제작자에게 도전을 권할 것이다"(McFarlane, 1996: 119).[3] 이뿐만 아니라 다른 설명들에서도 작가의 정신이 주요 문학 비평 학파의 주를 이루고 있음을 볼 수 있다.

그러나 1990년대에 와서 몇몇 영화제작자와 텔레비전물 제작자는 영화 제목에 원전 문학 작가의 이름을 집어넣는 새로운 경향을 통해 그 작가들을 받아들였다. 그런 영화로는 〈브램 스토커의 드라큘라*Bram Stoker's Dracula*〉(1992), 〈메리 셸리의 프랑켄슈타인*Mary Shelley's Frankenstein*〉(1994), 〈에밀리 브론테의 워더링 하이츠*Emily Brontë's Wuthering Heights*〉(1992년의 영화와 1998년의 텔레비전 방영을 위해 사용됨), 〈윌리엄 셰익스피어의 햄릿*William Shakespeare's Hamlet*〉(1996), 〈윌리엄 셰익스피어의 로미오와 줄리엣*William Shakespeare's Romeo + Juliet*〉(1996), 〈윌리엄 셰익스피어의 한여름 밤의 꿈*William Shakespeare's A Midsummer Night's Dream*〉(1999) 등이 있다. 더 나아가 영화제작자들은 위의 소유격에다가 소유격을 하나 더 붙인 제목을 영화의 광고와 논평문 그리고 포스터에 썼는데, 이것은 영화감독과 영화사를 문학 비평가보다는 작가의 위치에 편승시켰음을 의미했다. 이런 영화로는 〈프랜시스 포드 코폴라의 브람 스토커의 드라큘라*Francis Ford Coppola's Bram Stoker's Dracula*〉, 〈케네스 브래너의 메리 셸리의 프랑켄슈타인*Kenneth Branagh's Mary Shelley's Frankenstein*〉, 〈피터 코스민스키의 에밀리 브론테의 워더링 하이츠*Peter Kosminsky's Emily Brontë's Wuthering Heights*〉 또는 〈바즈 루어만의 윌리엄 셰익스피어의 로미오와 줄리엣*Baz Luhrmann's William Shakespeare's Romeo + Juliet*〉 등이 있다. 이와 같이 이중 소유격을 사용하는 영화 제목 덕분에 영화는 문학 작가에 의해 인정받게 되었으며, 감독이나 영화사는 해당 작가가 인정하는 권위를 갖게 되었다. 영화 작가는 이제 문학 작가에게 권위를 부여하고 동시에 문학 작가에 의해 권위를 부여받게 된다.

케네스 브래너는 메리 셸리의 『프랑켄슈타인』이 갖고 있는 정신 — 이 사례에서는 작가의 의도라고 공식화되는 — 을 이해해야 한다고 주장한다. 그녀는 이 소설에 대한 이전의 영화 해석뿐만 아니라 소설 자체의 텍스트적인 재현과도 반대되는 해석을 한다. "우리는 과거에 상영된 '프랑켄슈타인'을 다룬 모든 영화에 친숙해 있어 메리 셸리의 마음에 어떤 다른 것이 있을 수 있음을 생각지 못했다.…… 엘리자베스는 소설에선 말해지는 대상에 불과하지만 나는 달라져야만 한다고 느낀다. 프랑켄슈타인이 한 일에 대해 그녀가 문제 삼지 않는 것도 이상해 보인다. 그녀에게 목소리를 주어야 한다고 난 생각한다. 시대에 따라 영화에서도 여성의 역할에 대한 태도가 달라졌음을 고려할 때, 엘리자베스를 단지 사랑의 상대역으로만 보는 것은 적절하지 않을 것이다. 메리 셸리는 아마 퍼시 셸리Percy Shelley도 모를 정도로 강한 여성이었으며, 따라서 엘리자베스를 강한 여성으로 설정하고자 의도했다고 난 확신한다"(Koltnow, 1994: 10에서 인용). 여기서 브래너는 "시대"가 "달라졌다"에 이어 주저 없이 [메리 셸리가] "의도했다고 확신한다"고 말한다. 그러면서 당당히 현대적인 관점과 어젠다를 인정하려는 작가의 의도가

들어 있음을 보여준다. 그렇게 함으로써 메리 셸리가 작가로서 의도했지만 할 수 없었던 것을 영화가 대신 회복시키고 재현해주었음을 암시한다. 이로써 영화의 홍보물이 영화의 제목보다 더 사실인 것으로 입증되었다. "케네스 브래너의 메리 셸리"가 "메리 셸리의 프랑켄슈타인"보다 더 많은 것을 담고 있다는 것이다.

교묘하게도 브래너가 만든 영화는 1987년 출판된 헤럴드 블룸Harold Bloom의 에세이집인 『메리 셸리의 프랑켄슈타인Mary Shelley's Frankenstein』이란 제목과 동일하다. 이 에세이집은 페미니스트들의 공헌이 현저히 나타나는 책이다. 이런 비평가들처럼 브래너는 소설로 되돌아가서 현대의 페미니즘을 읽어내고 그 내러티브를 재구성한다. 이 각색뿐만 아니라 많은 다른 각색에서도 작가의 문학적 정신은 (그 말의 기술적이고도 심리적인 의미에서) 영화적 투사와 떼어놓을 수 없는 것이 되었다.

복화술로서의 각색 개념

복화술로서의 각색 개념은 각색에서 작가의 정신을 지지하지 않는다는 점에서 원작의 심령을 지키는 각색 개념과는 다르다. 오히려 복화술로서의 각색 개념은 소설의 기호를 몽땅 비워내고 그 자리를 영화의 정신으로 채운다. 다른 두 개의 몸이 하나의 영혼을 공유한다는 캐시와 히스클리프의 생각이 원작의 심령을 지키는 각색 개념으로 요약된다면, 캐시의 시체를 보고 히스클리프가 품는 성적 욕망은 복화술로서의 각색 개념으로 요약될 수 있다. 이 복화술 개념에서는 소설에서 각색 영화로 전해지는 것은 살아 있는 영혼이 아니라 죽은 시체이다. 각색은 복화술처럼 시체에 목소리를 주어 죽은 소설을 지탱해준다. 히스클리프가 캐시의 무덤을 팔 때 그녀의 시체는 이미 굳어 아무 반응이 없다는 것을 알지만, 그는 이런 현실을 상쇄하고자 의도적으로 환상을 이용하고 있다. "그녀의 몸이 차가워도 그것은 나를 차갑게 하는 북풍 때문이라고 생각할 것이고, 그녀가 움직이지 않는 것도 그녀가 잠을 자고 있다고 생각할 거야"(Brontë, 1995: 289). 복화술로서의 각색 개념이 원작의 심령을 지키는 각색 개념과 들어맞을 수도 있다. 즉, 히스클리프가 캐시의 시체를 버려두고 그녀의 유령을 따라갈 때, 그 유령은 히스클리프를 그 자신만의 영역, 다시 말해 그의 집과 할 일이 있는 곳으로 그를 편안히 안내한다.

복화술 개념으로 각색이 진행되는 것은 롤랑 바르트의 메타언어(metalanguage) 활동 이론과 유사하다. 그 이론에서는 두 기호체계 사이에 전달되는 것은 텅 빈 형식으로 파악되며 이어 제2체계의 내용으로 채워진다. 바르트에 따르면 메타언어 활동에서는 "제1체계의 기호(즉, 개념과 이미지의 결합체)가 제2체계에서는 단순한 기표가 된다.······ (전달되는 기호가) (순수한) 형식이 될 때, 의미는 형식이 되면서 그 우연성을 잃는다. 의미는 빈약해지고, 이야기는 사라지고, 문자만이 남게 된다"(Barthes, 1984: 114, 117). 복화술 개념은 바르트의 유형론을 따라 두 체계를 구분하는 공식으로 표시된다(위 공식은 제1체계인 소설을 나타내고, 아래 공식은 제2체계인 영화 각색을 나타냄).

소설의 기호 − 소설의 기의 = 소설의 기표
소설의 기표 + 영화의 기의 = 각색의 기호

이 공식은 각색과 영화를 구별하고 있다. 즉, 각색은 순수한 영화가 아니라 소설과 영화의 복합물이라는 것이다.

복화술로서의 각색 개념은 각색에 대한 대부분의 논평과는 다른 입장에 있다. 대부분의 논평은 소설의 의미작용(significations)이 비워지는 지점들에 주목하면서, 영화 아래서 각색은 기호적으로 빈약하다고 비난을 쏟아 붓는다. 사실 이러한 비평은 영화가 덧붙여온 의미작용에 거의 주목하지 않고 있다. 그러나 영화 각색은 소설 길이를 줄이고 응축하지만, 이미지, 음악, 소품, 건축, 의상, 대화를 비롯해 많은 기호학적 풍부함을 덧붙이게 된다. 이런 모든 기호에 문화적이고 상징적인 반향이 실린다. 바르트의 메타언어 활동에 대한 설명에서처럼, "(제2체계의) 의미는 (제1체계) 형식을 위한 즉 석에서 불러올 수 있는 이야기의 저장고, 즉 길들여진 풍요와 같은 것이 다"(118).

이와 동일하게 영화는 소설의 내용(이 경우 이데올로기 곧 '주제')을 비우고 거기에 새로운 내용을 채운다. 예를 들어 비평가들은 MGM 영화사의 〈워 더링 하이츠〉는 소설에 묘사된 복잡한 기질의 열정을 유약한 낭만적 영화 감성으로 축소시켰다고 불평을 한다. 이 영화는 소설에 있는 거칠고 비관 습적인 말과 행동을 모두 없애고, 그것들을 낭만적 욕망을 탐닉하는 경제 역학으로 대체했다. 히스클리프는 이사벨라와 딸 캐시의 낭만적인 환상을 이용해 자신의 경제적 목적을 달성하고자 한다. MGM의 〈워더링 하이츠〉 에서 중심적인 사랑 이야기는 영화 소비에 대한 은유가 된다. 즉, 관객들의 에로틱한 욕망이 영화 속 허구에 대한 욕망으로 연결된다. 린턴의 실용적 경제 세계와 히스클리프와의 낭만적 꿈의 세계 사이에서 캐시가 겪는 갈등 을 통해, 관객은 노동으로 수입을 얻는 행위와 영화 궁전에서의 소비라는 자신의 대조적인 면모를 경험하게 된다.

캐시(멜르 오버런Merle Oberon이 연기)와 히스클리프(로렌스 올리비에Laurence Olivier가 연기)는 '현실' 세계에서 벗어나 왕자와 공주가 되어 페니스톤 꿈의 궁전으로 달려간다. 이처럼 영화 관객도 주중에 돈을 벌어 주말에 영화 궁 전에서 소비하며 즐긴다. 그들은 영화 궁전에서 공주와 왕자 역을 대신 체 험하면서 꿈을 소비하고 소비를 꿈꾸는 끝없는 순환 속에 있다. MGM이 제 작한 〈워더링 하이츠〉의 행복한 결말은 두 연인이 반은 유령의 모습으로 영원히 페니스톤 성으로 되돌아가는 것을 보여준다. 이 결말은 결혼 후 지 속되는 행복이 아니라 영화에 영원히 머무는 행복임을 보여준다.

웨스팅하우스Westinghouse 텔레비전이 극화한 〈워더링 하이츠〉도 이와 유사하게 히스클리프와 에드거 사이에서 보여주는 캐시의 동요를 에로틱하고 서술적이고 물질적인 욕망과 연결 짓는다. 그렇지만 다른 문화적 맥락에 있는 다른 청중이 다른 형태의 산물을 소비하도록 유도한다. 영화 궁전(movie palace)*의 이용이 침체되고 소비 상품들이 넘쳐나던 1950년대 미국에서 제작된 웨스팅하우스의 각색물 〈워더링 하이츠〉는 소비와 오락 사이의 관계를 바꾸어놓았다. 이 각색은 허구적 로맨스를 보고 소비하는 에로틱한 것과 가전제품 마케팅을 연결 짓고 있다. 즉, 어떤 경우에는 텔레비전이라는 제품이 허구의 이야기를 소비하는 바로 그 매체라는 것이다. 웨스팅하우스 제품을 팔기 위해 드라마 중간에 나오는 광고는 드라마의 여주인공을 닮은 여배우의 생생한 연기들로 채워진다. 이 상업 광고는 드라마 '프로그램'의 안내자 역할을 한다("자, 이제 우리의 웨스팅하우스 프로그램을 보시죠"). 나아가 상업 광고는 극적인 유사성을 통해 텔레비전 '프로그램'이 빠진 자리에 마케팅 '프로그램'을 집어넣는다.

웨스팅하우스가 각색한 〈워더링 하이츠〉는 갖지 못한 것을 소유하려는 열망(히스클리프, 낭만적인 허구, 웨스팅하우스 제품)과 그것을 획득할 수 있는 방법(에드거, 1950년대의 남편과 그의 수입) 사이에서 오는 긴장을 묘사하고 있다. 드라마 전반부에서 캐시(메리 싱클레어Mary Sinclair가 연기)는 히스클리프(찰턴 헤스턴Charlton Heston이 연기)와 결혼할 생각을 하지 않는다. 즉, "우리가 함께 있는 것은 결혼 때문이 아니에요"라고 말한다. 이 부분은 원작 소설에는 전혀 나타나지 않는다. 소설에서는 캐시가 히스클리프와 결혼하는 데 유일한 방해물은 그의 사회적 열등감과 가난이다(Brontë, 1995: 80~82)라고 말한다. 이 말은 결혼이 낭만적인 사랑을 빼앗아 갈 수 있음을 암시한다. 결혼이 로맨스에 대한 욕망을 모두 만족시킬 수 있다면 아내들은 결코

▸ 영화가 대형 스크린에 상영됨으로써 극장이 궁전처럼 거대해짐을 의미함.

로맨스적인 허구를 원하지 않을 것이고, 따라서 웨스팅하우스 제품을 팔 통로가 하나 더 줄어들 것이다. 그러므로 각색은 캐시가 페니스톤 성에서 히스클리프와 혼외 로맨스를 즐기도록 만들었다. 그렇지만 그녀는 결혼과 가사의 임무, 즉 가족의 품으로 되돌아간다. 그곳은 가전제품이 소비되는 장소이다. 그 드라마에는 캐시가 간통할 것 같으나 그것을 실천에 옮기지 않는 장면이 계속 이어진다. 1939년의 캐시*가 간통이나 성적인 애무를 단호히 거부하는 반면, 웨스팅하우스 드라마에서 캐시는 페니스톤 성에서 히스클리프를 열렬히 포옹한다. 하지만 캐시는 간통의 유혹을 거절한다. "삶은 위험한 곳에 있지 않아요. 푸르고 유쾌한 골짜기가 제 집이에요.…… 전 당신을 사랑하지만 당신이 두려워요. 당신이 절 갖게 된다면 참새 알 터뜨리듯 쥐어 터뜨릴걸요"라며 캐시는 히스클리프를 거절한다. 이 말에 격분한 히스클리프는 자신의 손목에 상처를 낸다. 그녀도 그렇게 따라 할 것을 요구한다. 그는 두 사람의 상처에서 나오는 피가 같이 섞이길 원한다. 이것은 간통에 대한 명확한 비유이자 암시가 된다. 겁에 질려서 캐시는 법이 허락한 에드거(리처드 워링Richard Waring이 연기)의 품으로 되돌아간다. 아주 놀랍게도 이 장면의 대화는 소설에선 캐시와 히스클리프 사이의 대화가 아니라 이사벨라와 히스클리프의 관계에 대해 캐시가 이사벨라에게 한 말이다.[4] 웨스팅하우스의 캐시는 광적이고 폭력적인 연인으로부터 다시 편안한 스러시크로스 그랜지로 되돌아간다. 여기서 그녀는 브론테 소설의 이사벨라의 자리에 들어선다. 더 나아가 이 각색은 캐시를 히스클리프의 합법적 아내인 이사벨라와 같은 인물로 만듦으로써 히스클리프와 캐시의 밀애를 고상하게 합법화한다. 이렇게 함으로써 각색은 결혼에서 도망치는 소설의 이사벨라를 자신의 결혼생활로 되돌아가는 텔레비전의 캐시로 바꾸고 있다. 각색은 간통의 욕망을 불러일으키지만, 결국 웨스팅하우스 제품을 구

▸ MGM 영화사가 1939년에 제작한 〈워더링 하이츠〉의 캐시를 말한다.

입해줄 수 있는 남편의 품으로 아내들을 돌려보낸다.[5]

상업 광고는 그 자체가 내러티브가 된다. 즉, 상업 광고는 각색의 이야기 가닥을 반향시킴으로써 욕망을 만들어내고, 문제를 해결해주며, 소비를 유도하는 기구들의 내러티브. 웨스팅하우스 전자제품의 광고 모델인 다프네Daphne*는 관객들에게 구형 냉장고를 신형으로 바꾸라고 알려준다. 새로운 제품으로 바꿀 수 있다는 모티프는 소설에서 과거의 사랑을 새로운 사랑으로 대체하는 것에 비유된다. 소설에서 언쇼의 사랑은 힌들리로부터 히스클리프에게로 가고, 캐시는 에드거를 선택하기 위해 히스클리프를 버리지만 또다시 히스클리프에 대한 옛 애정을 품게 된다. 캐시의 딸은 린턴을 사랑하다가 후에 헤어튼을 사랑하게 된다. 그러나 웨스팅하우스 제품에는 이런 문제가 없다. 왜냐하면 구형 모델은 신형 모델로 바꾸면 되고, 두 모델은 하나로 합치면 어떤 갈등도 없어진다. 나이 든 남편은 자금을 투자해서라도 새로운 욕망을 채우는 것이 필요하다.

따라서 웨스팅하우스 제품에 대한 광고는 매우 에로틱하다. 냉장고 제품을 광고하기 위해서 다프네는 제품의 "유명한 매직 버튼"에 대한 에로틱한 말로 구입자들을 현혹한다. 이 매직 버튼은 성에 제거를 하기 때문에 냉동 음식을 알맞게 "딱딱하도록" 만들어주고 주부들의 수고도 덜어준다며, "당신은 버튼을 만질 필요가 없어졌어요"라고 광고한다. 두 번째 광고는 다프네가 확실히 음경과 같아 보이는 웨스팅하우스 텔레비전의 부품을 당기는 화면을 보여준다(음경 표시가 너무나 명확해 내가 말을 꺼내자마자 학생들은 웃음을 터뜨렸다). 이렇게 함으로써 곧 그 텔레비전은 기술적으로 믿을 만한 제품임을 증명해 보인다. 이런 광고에서 크기는 중요하다. 다프네는 시청자들이 웨스팅하우스 텔레비전 극장의 영상물을 더 잘 볼 수 있도록 큰 화면의 텔레비전을 사게끔 유도한다. "왜 2층 좌석에서 보시죠?" "실제로 앞

▶ 그리스신화에 나오는 아폴로에게 쫓기어 월계수로 변한 요정.

자리에 앉아 있는 것처럼 보시지 않겠습니까?"라고 그녀가 말한다. 이런 광고의 권유에서 시청자들은 드라마의 에로틱한 요소에 끌려서 그 허구 이야기를 더 잘 보기 위한 수단을 욕망하게 된다.[6]

유전적으로 닮은 각색 개념

캐시의 시체는 죽어 있는 것이고 그녀의 영혼은 알아보기도 힘들다. 하지만 그녀는 자신과 유전적으로 닮은 오빠 힌들리 속에서 덜 기괴하고 덜 무형적인 내세를 발견한다. 이런 유전적인 닮음은 "이제 캐서린이 죽고 나니까 난 힌들리 씨에게서 캐서린을 보는 것 같아요"(Brontë, 1995: 180)라고 그녀를 회상하는 이사벨라의 말을 통해서도 나타난다. 또한 캐시는 자신의 딸 캐시["자기 어머니의 두 번째 삶"(154)]뿐만 아니라, 조카인 헤어튼["헤어튼은 가슴이 철렁할 만큼 캐서린을 닮아서 겁이 날 정도로 그녀가 연상되곤 해""(324)]과 빼닮은 모습 속에서 내세에서도 유전적으로 유사함을 발견할 것이다.

유전적으로 닮은 각색 개념은 지금까지 그러한 용어로 불리진 않았지만 각색에 대한 서사학적 접근 안에 잘 구성되어 있다. 서사학자들은 문학과 영화 사이에 '전달되는' 것을 유전적 구조와 닮은 근원적 '심층' 내러티브 구조로서 이해한다. 이 심층 내러티브 구조는 유전 물질이 몸의 세포와 조직에서 표상 물체를 기다리는 것과 같은 방법으로, 시모어 채트먼이 "표상 물체"라고 부른 것을 기다린다. 브라이언 맥팔레인이 최근 문학 작품의 영화 각색에 관한 서사학적 연구서를 출간했는데, 여기서 그는 내러티브를 "사건의 과정에 영향을 미치고 영향을 받기도 하는 연속적인 인물을 포함하는, 인과적으로 연결된 일련의 사건들"이라고 정의한다. 내러티브의 "주요 기능"은 심층 구조를 구성해내는데, 맥팔레인에 따르면 이 심층 구조의 요소가 소설에서 영화로 직접 이전될 수 있다는 것이다. 그러나 그 요소들이 구체적으로 표현되려면 "각색으로서 적절한 것", 즉 소설 기호를 대신할 만한 영화 기호가 필요하다는 것이다. 맥팔레인은 소설과 영화는 동일한 이야기, 즉 동일한 "원재료"를 이용할 수 있지만, 장면을 연결시키는 것과 같은 플롯 전략에 따라 서로 달라진다고 주장한다. 그래서 서사학적 접근은 형식을 내용과 분리하는 문제를 우회하고자 한다. 비록 서사학 이론은 기호 차원에서는 형식/내용 원칙을 고수할지라도, 서사학 이론의 전문용어들은 더 높은 범주적 차원에서 형식과 내용의 분리를 유지한다. 그것은 시모어 채트먼이 구분한 이야기(histoire)와 담론(discours), 맥팔레인이 적용한 방브니스트E. Benveniste의 진술[l'énoncé(statement)]과 발화[l'énonciation(utterance)]의 구분, 데이비드 보드웰이 인용한 러시아 형식주의 용어인 슈제트(syuzhet)와 파불라(fabula)이다. 첫 번째 용어는 내용의 개념(말해지는 것)을, 두 번째 용어는 형식의 개념(어떻게 말해지는지)을 나타낸다.

맥팔레인은 소설에서 영화로 기호들이 그대로 이동(가령 소설의 대화 몇 줄이 배우의 연기로 이동)할 때조차, 기호는 분장을 하고 사진을 찍으며 대사를 하는 배우와 같은 "그 기호를 둘러싼 촉매 운동에 의해 '변형이 된다'"(McFarlane, 1996: 12, 23, 14)고 주장한다. 그러나 더 나아가 가끔 표층 기호 수준에서의 변화는 아래에 있는 심층 서술 구조를 해체한다. 역설적이게도 이러한 각색 개념에 대한 필자의 유비와 각색의 서사학적 이론에 비추어 볼 때, 『워더링 하이츠』에 묘사된 인물 간의 유전적인 유사성은 영화 각색에서 서술적 심층 구조 부분을 해체하는 기능을 한다. 캐시와 히스클리프가 서로 하나의 영혼을 소유한다는 소설에서의 개념은 유명한 캐시의 탄식인 "나는 히스클리프야!"(Brontë, 1995: 82)에 가장 잘 나타나 있다. 이 말은 이 소설을 각색한 모든 영화에 다 나타나며 주요한 주제적이고 이념적인 부분을 구성한다. 이 말은 어떤 재현 형태에서 보더라도 과격한 진술로 보인다. 그러나 오로지 글로만 쓰인 소설 문구의 표층 구조에서 드러나는 표현은 소리 나는 영화의 배우 입술에서 나오는 표현보다 구조적으론 문제가 덜 되고 불일치가 덜하다. "나는 히스클리프야!(I am Heathcliff!)"라는 문장은 문법적으로 억지스러운 표현이 아니라 두 사람의 영혼이 올바르게 합일된 것을 의미한다. 여기에서 대명사와 고유명사가 일치된다. I(나)는 대명사를 나타내고, 대명사가 많은 사람들을 재현하듯 그 대명사에 많은 이름과 사회적 정체성들이 결합될 수 있고 결합된다. 어떤 다른 기호학적 형식도 그 단어들과 모순되지 않는다. 그러나 거기엔 캐시와 히스클리프가 함께 나타난 것에 관해선 아무런 설명도 없다. 소설에서는 몸과 그것에 따른 어떤 문법적인 공간과 시간을 차지하는 사회적 정체성이 박탈되지만, 영화에선 그렇지 않다. MGM 버전이나 웨스팅하우스 버전에서 번개, 천둥, 대사의 반주곡인 바이올린 소리는 신화적인 기원을 담고 있지만 그런 혼란을 만들어내지 않는다. 배우가 말하는 나는 여성 얼굴의 입에서 나오는 것이고, 그것은 히스클리프를 나타내는 남성의 몸과 동일하거나 일치할 수가 없다. 온전한 텍스트의 표현에선 묶여 있는 대명사와 고유명사는 중간 단어 이다(am)에 의해 나누어지며, 이 '이다'라는 단어는 두 지시어를 분리시키기도 하지만 동일하게 그들을 묶어버린다. 그러나 내러티브에선 캐시가 서로가 동일하다고 말하기 전에 히스클리프는 워더링 하이츠를 벌써 떠나버렸다. 따라서 이 말을 시각적으로 표현해도 그들이 가깝다는 것이 증명되지 않는다. 서구의 전통적인 방식에 따르면 말이 행동으로 나타나거나 가설이 경험적 증거에 의해 보완될 때만 그 말이 맞다는 것이 입증된다. 이런 각색에서 보이는 시각화된 장면에서는 캐시의 가설이 잘못되었다는 것이 경험적 증거에 의해 입증된다.

영화에서 히스클리프와 캐시의 시각적인 유사성을 보여준다 해도 설득력이 없거나 이상해 보이기 때문에, 많은 각색들이 캐시가 그녀의 친척들과 생물학적으로 닮았다는 점을 강조한다. 루이스 부뉴엘의 〈열정의 심연〉은 육체적인 유사성을 서술적인 유사성으로 확장하여 소설의 심층 내러티브를 해체하고 있다. 영화의 마지막 장면에선 카타리나(캐시)와 오빠 로베르토(힌들리)의 닮은 모습은 그녀와 알레한드로(히스클리프)의 닮은 모습보다 더 강조된다. 생물학적인 유전 구조뿐만 아니라 서술 구조로 보아도 그렇다. 워더링 하이츠에서 로베르토(루이스 아세베스 카스타네다Luis Aceves Castañeda가 연기)는 가학적인 미소를 지으며 파리를 잡아서 그것을 거미줄에 던진다. 이때 거미가 파리를 잡아먹기 위해 거미줄 가운데로 올라온다. 호세(조셉: 프란시스코 레이구에라Francisco Reiguera가 연기)는 죽음의 마지막 순간과 내세의 망각과 악마의 타락과 삶의 덧없음에 관한 허무적인 구절을 읽는다. 관객들은 알레한드로(호르헤 미스트랄Jorge Mistral이 연기)가 카타리나(이라세마 딜리안Irasema Dilián이 연기)의 무덤으로 가는 소리를 듣게 된다. 로베르토는 탄알을 총에 넣고 나간다. 카메라는 어둠 속에서 무덤으로 가까이 다가가는 알레한드로에게 초점이 맞추어지는데, 이때 리하르트 바그너Richard Wagner의 〈트리스탄과 이졸데Tristanu und Isolde〉의 열정적인 반주곡이 나온다. 알레한드로는 지하 무덤이 잠겨 있는 걸 보고 쇠사슬을 풀어보려고 애쓰다가 뾰쪽한 쇠막대기로 그 자물쇠를 연다. 지하 무덤의 무거운 이중문을 젖혀 올릴 때, 카메라는 누구인지 알 수 없는 소총을 든 사람의 팔에 맞추어진다. 총소리가 난다. 알레한드로는 가슴을 움켜잡는다. 총이 내려지고 알레한드로는 지하 무덤 안으로 들어간다. 영화는 지하 무덤의 내부를 비추어준다. 이때 알레한드로는 카타리나의 시체가 있는 관 쪽으로 비틀거리며 간다. 쿵 하는 관 뚜껑 여는 소리가 난다. 카타리나는 하얀 신부 옷을 입고 있으며, 그녀의 머리와 상반신은 반투명한 베일로 덮여 있다. 알레한드로는 무릎을 꿇고 그녀의 손을 잡는다. 손을 당기려 해도 시체는 굳어 꼼짝도 않는다. 그는 그녀의 굳은 팔을 내리고서 얼굴을 빤히 쳐다보면서 머리에 쓴 베일을 천천히 걷어 올리고 얼어붙은 입술에 키스를 한다. 이때 스크린 뒤 어딘가에서 알레한드로의 이름을 부르는 카타리나의 목소리가 들린다. 알레한드로는 시체를 보다가 그녀의 목소리가 들리는 카메라 쪽으로 고개를 돌린다. 카메라의 컷은 지하 무덤 계단에 서 있는 카타리나를 보여준다. 그녀는 하얀 신부 옷을 입고서 미소 지으며 한쪽 팔을 펼친 채 알레한드로에게 신호를 보낸다. 갑작스럽게 ─관객들이 놀란 나머지 자리에서 일어날 정도로─ 카타리나를 둘러싼 희미한 빛의 이미지는 검은 옷을 입은 로베르토의 어두운 이미지로 바뀐다. 그는 카타리나의 뻗은 팔처럼 자신의 뻗은 팔에 소총을 들고 있다. 관객들은 시체에 대한 알레한드로의 성적 욕망을 보고 공포에 질려버린다. 그래서 총을 들고 있는 이상한 사람의 존재도 잊을 정도다. 총소리가 나면서 알레한드로는 카타리나의 시체 쪽으로 쓰러진다. 로베르토는 지하 무덤 문을 쾅 닫아버린다. '끝'이라는 단어가 화면에 나타나고 그것이 관객 쪽으로 향하면서 점점 더 커진다.

카타리나의 이미지는 영화에서 로베르토의 이미지로 대체된다. "나는 히스클리프야!"라는 소설의 캐서린의 말은 "나는 로베르토야!"라는 영화 속의 카타리나의 말로 바뀐다. 여기서 영화의 표상 물체가 소설의 심층 구조를 바꾸어놓는다. 소설에서 히스클리프와 캐시를 동일시했던 심층 구조를 카타리나와 로베르토의 동일시로 대체한다. 부뉴엘은 시작부터 미리 마지막 장면에 있을 카타리나와 로베르토의 동일시를 준비해놓았다. 그 동일시는 시각적인 유사함과 위치 설정뿐만 아니라 서사적 행위에 근거한 것이다. 로베르토는 알레한드로에게 총을 쏴서 그가 바랐던 죽음의 세계로 알레한드로를 보내주며 영화를 끝낸다. 영화의 시작에서도 카타리나는 독수리를 총으로 쏘아 "평화스러운 죽음의 세계"로 보냈었다. 알레한드로가 마치 독수리 같은 자세로 카타리나의 시체를 해치려 하는 마지막 장면은 그녀가 로베르토의 총 쏘는 행위에 가담했음을 시각적으로 보여준 것이다. 이것은 카타리나가 오빠와 같은 포즈를 하며 같은 위치에 서서 로베르토가 가져올 죽음 속으로 알레한드로를 부르는 것을 통해서도 암시된다. 그녀의 유령뿐만 아니라 그녀의 시체도 로베르토의 살인 행위에 공모하고 있다. 얇은 천에 싸인 캐시의 몸은 방금 전 로베르토가 살아 있는 파리를 먹여주었던 거미줄 망 속의 거미와도 닮았다. 로베르토가 거미줄 속으로 산 파리를 던지듯이, 그는 카타리나의 희미한 천 위에다 알레한드로를 총으로 쏴 던져버린다. 그래서 그녀의 몸은 치명적인 모험에 가담하는 신부의 유혹과도 같은 것이며, 카타리나의 유령은 로베르토의 몸과 합쳐 알레한드로를 자신의 유령이 있는 곳에 던져 넣는다.

분해(재구성)하는 각색 개념

『워더링 하이츠』에서 분해(재구성)하는 각색 개념이란, 히스클리프가 캐서린의 시체 옆에 자신의 시체도 함께 묻혀 지하에서 분해되어 합쳐질 수 있다는 그의 생각 속에 집약되어 있다. 여기에서는 각색에 생명을 넣어주기 위해 떠다니는 정령이나 들리는 목소리 등은 필요가 없다. 죽은 물체가 지하에선 유기적인 생명체가 되기 때문이다. 분해(재구성)하는 각색 개념에서 볼 때 소설과 영화는 읽기의 '지하' 층위에서 분해된 복합물이 되며, 종종 어느 것이 소설이고 어느 것이 영화인지 알 수 없는 혼동이 뒤따르게 된다. "린턴이 우리에게 올 때까지 린턴은 무엇이 무엇인지 모를 거야!"라는 히스클리프의 말에서도 이것이 암시된다(Brontë, 1995: 288). 각색은 텍스트와 영화 기호가 그 밖의 문화적인 내러티브들과 함께 관객들의 의식 속에서 합쳐진 (분해)혼합물이다.

케이스 코언Keith Cohen은 "각색은 원작을 전복하며 그 출처를 숨기기도 하고 드러내기도 하는 이중적이며 역설적인 일을 수행해야 한다.…… 원작 구성의 재료를 재분배하고 …… 원작과 달리 배치해야 한다"고 주장한다(Cohen, 1977: 255). 이런 해체주의적 사고를 권장하는 것은 일종의 분해적 합병, 곧 해체주의적 합병을 의미한다. 움베르트 에코는 숭배 대상 논의에서 또 다른 해체를 제시한다. "작품을 숭배 대상으로 전환시키기 위해서는 작품을 파손, 변형, 분리해서 작품의 부분이 원작 전체와 맺는 관계와 상관없이 그 부분만을 기억할 수 있게 만들 수 있어야만 한다"(Eco, 1988: 447).
주요 고전소설의 각색에서는 흔히 고급문화의 일부를 떼어 와서 "숭배" 대
상으로 만든다. 즉, 소설의 일부를 떼어 와서 그 일부를 전체로서 재현한
다. 이것은 소설 전체를 거부하기 위한 행위이다. 소설의 어느 한 부분에
대한 독자이자 영화제작자의 반응이 소설 전체의 각색을 변형시키거나 거
부할 수도 있다. 예를 들어 독자가 특정한 인물을 좋아하거나 그 인물과 자
신을 동일시하기 때문에 각색에서는 그 인물의 특정 부분만 유지하게 된
다. 힐리스 밀러J. Hillis Miller는 다음과 같이 썼다. "(『워더링 하이츠』의 비평
가들은) 저마다 소설의 어느 한 부분만 취해 그것을 전체인 것처럼 설명한
다"(Miller, 1982: 50). 이것을 영화 각색으로 만든 독자들도 꼭 그렇게 했다. 여
기서는 전체를 대신하여 하위 텍스트(subtext)가 읽기의 주요 텍스트가 된다.

결과적으로 이른바 원작을 따르지 않는 각색들은 분해(재구성)하는 각색
개념 아래 작동되고 있다. 각색이 충실하지 못하다고 보는 이유는 비평가
들이 소설에서 영화로 움직이는 한 방향에서만 보고는 영화가 변경을 가했
다고 주장하기 때문이다. 그러나 소설에서 영화로 그리고 영화에서 소설로
향하는, 즉 양방향에서 텍스트를 본다면 그 텍스트에도 불충실함이 아마 명
확히 나타날 것이다. 각색이 명백히 소설에서 완전히 이탈하는 경우 그것
은 소설 속 인물들의 좌절된 희망과 욕망을 성취해주기 위해 작용한다.
1966년 봄베이에서 만든 각색인 〈사랑 때문에 고통도 받는다Dil Diya Dard
Lila〉에서 히스클리프(샹카Shankar)는 캐시(루파Roopa)와 에드거(말라Mala)의
결혼을 막기 위해 때마침 돌아온다. 심지어 고전 독자들에게 초현실주의적
충격을 주고 그들의 기대를 저버린 것으로 유명한 부뉴엘의 독창적인 결말
은 소설 속의 히스클리프의 소원을 성취시킨다. 브론테의 히스클리프는 의
식을 잃은 캐시를 자신의 팔에 안고서 에드거와 대적하며 다음과 같이 외
친다. "그가 나를 쏜다면, 나는 내 입술에 축복을 머금고 죽으리라"(Brontë,
1995: 162). 부뉴엘의 결말은 히스클리프가 경험할 18년간의 고통에서 히스

클리프를 구해주고, 캐시의 죽음 후에 즉시 그녀와 그의 육체와 영혼이 합칠 수 있도록 해주었다. 또한 다른 인물들의 소원도 충족시킨다. 즉, 부뉴엘의 각색은 소설에선 실패했지만 힌들리가 히스클리프에게 총을 쏘도록 허락했으며, 또한 이사벨라가 히스클리프에게 "내가 당신이라면 그녀의 무덤에 엎드려서 충실한 개처럼 죽을 거야"(176)라고 지나치듯 내뱉은 욕설을 현실로 만들었다. 이런 식으로 파편적인 인물들의 욕망이 독자들의 생각과 일치하면서 서술자나 작가의 권위를 앞지르고 대신하게 된다.

육화가 드러난 각색 개념

각색의 수사학에서 육화가 드러난 각색 개념은 원작의 심령을 지키는 각색 개념과 교훈적인 면에서 같지는 않지만 그 개념만큼이나 친숙한 것이다. 기독교 신학에선 말씀이 육신이 된다고 단언한다. 말씀은 그 말씀의 성취를 위해 육화를 필요로 한다. 말씀은 좀 더 총체적 재현에 대한 단지 부분적인 표현에 불과하다. 말씀은 각색으로 하여금 더욱 추상적인 기호에서 덜 추상적인 기호로 육화하는 과정이 되게 한다. 단순히 보고 듣고 만지고 맛보고 냄새 맡는 것을 암시하는 말만으로도 독자는 기호의 육화를 갈구하며 또한 현상학적 경험에 더 가까이 다가가게 된다. 앤서니 버지스Anthony Burgess는 다음과 같이 언급한다. "모든 베스트셀러 소설은 영화로 만들어져야 한다. 책 그 자체는 진실한 성취에 대한 욕망을 자극한다. 즉, 언어의 그림자가 빛으로 바뀌고 말은 몸으로 바뀐다"(Burgess, 1975: 15).[7]

20세기를 통틀어 각색 비평에는 육화, 물화, 현실화 수사학이 스며들어 있다. 1922년 〈허영의 시장Vanity Fair〉의 제작자들은 심지어 "원저를 좋아하는 사람들도 …… 인물들이 매우 살아 생동하는 모습을 보면 기쁠 것이다"("Vanity Fair", 59)라고 말했다. 세르게이 예이젠시테인Sergei Eisenstein은

1940년에 "문학과 달리 영화는 시와 산문의 엄격한 어법을 새로운 범위로 확장하여 원하는 이미지가 바로 시청각의 형태로 물화되게 한다"(Eisenstein, 1949: 182)라고 썼다. 레스터 프리드먼Lester D. Friedman은 1981년 자신의 에세이에서 메리 셸리의 『프랑켄슈타인』을 각색한 제임스 웨일James Whale의 영화에 대해 말했다. "그 영화에 대한 이러한 분석이 보여주듯 웨일은 메리 셸리와 똑같은 방식으로 프랑켄슈타인의 이야기를 이해했다.…… 메리 셸리가 글을 썼다면 웨일은 그 글을 육화했다고 할 것이다"(Friedman, 1981: 66).

육화가 드러난 각색 개념은 원작의 심령을 지키는 각색 개념과 다르다. 왜냐하면 육화가 드러난 각색 개념은 소설을 그것에다가 영화의 적절한 기표만 더하면 되는 초월적 기의로 설정하지 않고, 오히려 소설을 초월적 기표로 설정하기 때문이다. 육화가 드러난 각색 개념은 소설의 기호를 초월적 기표로 재현한다. 이 초월적 기표는 심령을 지키는 각색 모델의 초월적인 기의라는 하늘에서도, 복화술로서의 각색 모델의 텅 빈 기표라는 죽은 송장에서도 찾아볼 수 없는 떠도는 유령이다. 각색의 맥락에서 초월적 기표는 기의를 찾지 않고 기표를 육화할 또 다른 기표를 찾고 있다. 이 육화가 드러난 모델은 좀 더 추상적인 형식은 그 추상 수준을 높이고 또한 덜 추상적인 형식에서는 구체적인 것을 강조한다. 영화의 기호가 소설의 기호를 육화할 때 소설의 기호는 그 물질성을 잃는 결과가 수반된다. MGM의 〈워더링 하이츠〉는 눈보라 속에서 헤맨 록우드의 침울한 모습을 가리는, 굵은 흰 글자로 뒤덮인 숏으로 시작된다. "백 년 전 영국의 황량한 요크셔 광야에는 주변의 벌판만큼이나 황폐하고 쓸쓸한 집이 서 있었다. 단지 눈보라 속에서 길을 잃은 낯선 사람이 워더링 하이츠의 문을 두드렸다." 이 굵은 흰 글자는 시야에 방해가 되기 때문에 관객들은 이 글자가 빨리 사라지기만 바란다. 텍스트의 방해를 받지 않고 영화를 보고 싶어 한다. 글자가 사라지면서 육화는 일어난다. **낯선 사람**이라는 단어는 실제 낯선 사람이 보이는 숏에게 밀려나고, *Wuthering Heights*라는 단어는 워더링 하이츠의 영화 배경 안으로 사라진다.

원작의 심령을 지키는 각색 개념과 복화술로서의 각색 개념이 동전의 양면을 나타내듯, 유전적으로 닮은 각색 개념과 육화가 드러난 개념도 그렇다. 체현된 유령은 만질 수도 없는 심령 개념에서의 유령보다 훨씬 더 무섭다. 원작의 심령을 지키는 각색 개념에선 독자는 작가의 정신을 열정적으로 추구한다. 그러나 육화가 드러난 각색 개념에선 독자가 작가의 정신을 두려워하고 거부한다. 많은 독자들은 소설의 인물과 장면이 각색을 통해 보이고 들리고 만져질 수 있기를 바란다. 영화사학자 짐 히트Jim Hitt는 "우리는 귀중한 소설이나 단편 이야기의 육체적 현실을 보기 원한다. 다시 말해 공기 같은 것이 단단히 만져지는 것으로 되는 걸 보고 싶어 한다"고 주장한다. 찰스 램Charles Lamb과 같은 비평가들은 그러한 현시를 보고 공포감에 움찔한다. 그는 19세기 초 문학이 연극으로 각색된 것에 대해 말했다. "내가 처음 셰익스피어의 비극 한 편이 상연되는 것을 보기 전에 가졌던 큰 만족감이 사라지지 않길 바란다.…… 그 공연은 지금까지 어떤 특이한 형체도 없던 개념들을 체현하고 실현하는 것 같았다." 그러나 육화된 공연에서 이득보다 손실이 더 크다고 그는 지적한다.

그러나 우리가 이러한 독특한 감각, 이러한 미숙한 즐거움을 위해 삶의 값을 지불해야 하는지는 의문이다. 색다른 것이 사라지면, 우리는 하나의 관념을 실현하는 대신에 세련된 상상을 그저 물질화시켜서 피와 살의 수준으로 끌어내렸음을 뼈아프게 깨닫는다. 우리는 얻을 수 없는 실체를 찾아 허상만 쫓고 있다.

자유스러운 개념이 지나치게 딱딱한 실재가 될 정도로 속박되고 압축되어 버린다면, 이것이 마음에는 얼마나 잔인하게 작용할 것인지 …… 자연이라는 구역에 있는 셰익스피어의 인물들은 오로지 상상력에만 호소하는 면모를 갖고 있다. 따라서 그들의 존재를 감각의 대상으로 만들어버리면 변화와 축소의 고통이 따라올 수밖에 없다(Lamb, 1929: 166~167, 189).

말씀이 육신이 된다는 것은 말씀이 육신의 수준으로 떨어졌음을 의미한다. 그렇게 볼 때 각색은 종종 신성한 말씀을 모독하는 것으로 보인다. 기독교 경전은 수세기 동안 유대인들이 그들의 메시아의 육화, 즉 하느님이 육신으로 나타나기를 고대했다고 서술한다. 그러나 메시아가 육신으로 나타났을 때 유대인들은 움찔했으며 나아가 그를 단죄하여 십자가에 처형했다. 찰스 램은 셰익스피어극을 그린 그림을 비난하며 이렇게 쓴다. "나는 자매 예술이 서로 결합하는 것을 못마땅하게 생각한다. 서로 제각기 돋보이면 어떨까. 보이델Boydell[·]이 그린 셰익스피어는 (연극보다는 덜 하겠으나) 내가 아는 셰익스피어에게 해가 되지 않았을까? …… 나를 비롯한 모든 사람들이 알고 있는 셰익스피어를 어떻게 그럴싸한 줄리엣의 얼굴을 그려놓은 그림에 비교할 수 있겠는가? 이모젠[··]을 그리다니! 무한한 모습을 옆모습을 한 인물로 줄여놓다니!"(Lamb, 1945: 394). 줄리엣의 "그럴싸한" 앞모습을 그린 그림부터 연극과 그림이 연계된 각색의 "옆모습"에 이르기까지 램이 보기에는 어떤 것이 삭제되어 있었다. 그 어떤 것이란 언어의 결여에서 오는 손실이다. 그 결여란 무한성과 보편성을 약속했던 것이며, 육화의 구체성은 그것들을 환상이거나 빈 것으로서 폭로해왔다.

언어의 감소를 가져온다고 육화를 비판하는 것은 육화나 가시화가 말씀에 제기하는 실제적 위협을 은폐한다. 육화는 언어가 갖고 있는 한계점을 드러내 보인다. 육화된 각색은 언어를 덜 사실적인 것이라고 폭로하기 때문에 역으로 육화된 각색은 너무 사실적인 것으로 보일지 모른다. 램은 "'보는 것이 믿는 것이다'라는 속담과 달리, 보이는 것은 실제로 믿음을 파괴한

▸ John Boydell, 1719~1804. 영국의 판화가이자 셰익스피어 갤러리 기획자.

▸▸ 「심벨린Cymbeline」에 나오는 여주인공.

다"고 주장한다. 육화는 부분적으로 드러내면서 부분적으로 감추는 언어의 불확실한 부분을 파괴한다. 그것은 램이 "우리가 읽으면서 하게 되는 그 모든 아름다운 타협"이라고 부른 것이며, 또한 "실제로 보이는 것보다 [더 중요한]" 것이다(Lamb, 1929: 188, 190). 램은 언어에 대한 믿음의 상실이 잘못된 믿음의 시작일 수 있다고는 보지 않는다. 육화가 언어의 결여와 비어 있음을 모두 폭로해버린다는 것은 램뿐만 아니라 다른 사람들에 의해 지지를 받는다. 이유는 말의 육화를 본 후에는 말의 환상으로 되돌아가는 것이 불가능하다고 파악한 점에서이다. 램은 쓰고 있다. "나는 '사느냐 죽느냐'로 시작하는 '햄릿'의 유명한 독백을 전혀 감상할 수가 없다. 웅변조의 소년들이나 남성들에 의해 너무 길들여지고 다듬어져왔기 때문에, 그 독백이 좋은지 나쁜지 혹은 그저 그런지를 말할 수가 없다"(167~168). 임금님이 옷을 입고 있지 않다는 걸 본다면 그 옷을 개조할 수도 없는 법이다.▸

대부분의 비평가들은 육화가 드러난 개념이 언어에 대해 제시하는 비판적인 견해를 두고 심각하게 생각하지 않는다. 그 대신 그들은 육화로 구현된 것이 영적이고 초월적인 의미의 도덕적인 부패로서 천한 것이며, 또한 낭만화된 '신성한' 상상력의 타락이라고 혹평을 한다.

영화를 우위에 두는 각색 개념

어느 매체가 우위인지 결정짓는 각색 개념은 어느 매체가 더 잘 재현하는지에 비중을 둔다. 그 매체는 영화나 소설 중 어느 하나일 수 있지만 대부분의 각색 비평은 영화보다 소설을 우위에 둔다. 이 논의에서는 소설보

▸ 임금님의 옷은 언어의 환상에 비유되고, 임금님이 옷을 입지 않고 벌거벗은 모습으로 폭로된 것은 육화에 비유될 수 있다. 즉, 언어의 불확실한 부분을 파괴하는 육화의 작용으로 인해 언어의 환상으로 되돌아갈 수 없다는 뜻이다.

다 영화 각색을 우위에 두는 사례를 강조하고자 한다. 대부분의 각색 비평에선 "각색에 어떤 문제가 있는지?"를 묻지만, 각색 우위 개념은 "원작에 어떤 문제가 있는지?"를 묻는다. 『워더링 하이츠』에서 록우드가 보기에 책 여백에 휘갈겨 써놓은 캐시의 글이 "모두 합당하지는 않았다"(Brontë, 1995: 18). 이처럼 이 개념에서는 소설에 재현된 것을 역사, 정신분석이론, 현대 정치와 같은 더 권위적인 텍스트에 비추어 해석함으로써 소설의 재현이 모두 합당한 것이 아님을 발견한다.

영화를 우위에 두는 각색 개념 아래에선 소설 기호는 소설의 기의라는 명목 때문에 재현상의 권위를 잃어버린다. 이때의 기의는 각색 영화가 더 잘 재현했다고 볼 수 있는 기의로서, 소설이 '의도했거나', 그렇게 하려고 '시도했거나', '재현했어야 하는' 바로 그것이다. 영화를 우위에 두는 각색 개념은 소설의 형식을 내용에서 분리시킨다. 왜냐하면 소설의 형식이 소설의 내용을 어겼음을 주장하기 위해서이다. 즉, 소설의 기표들이 기의들에게 거짓되며 기의들을 어겼다고 주장하기 위해서이다.

특히 영화를 우위에 두는 각색에서 공통적으로 나타나는 형식은 영화가 더 정확하게 육화시킨다는 개념에서 나온 것이다. 각색은 소설의 언어로 묘사된 물질문화를 현실화하려고 할 때, 물질문화의 역사를 연구하다보면 종종 소설의 묘사에서 잘못된 것을 발견하고 그것을 '수정하게 된다'. 지금은 분실된 1923년 영화 〈허영의 시장〉을 감독한 휴고 벌린Hugo Ballin과의 인터뷰가 그 과정을 설명해주고 있다. "휴고 벌린, 시대적 착오를 없애며 『허영의 시장』을 편집하다"라는 인터뷰의 제목은 영화가 영화 속 장면을 편집하는 것이 아니라 소설을 편집함을 의미한다. 즉, 소설의 시각적 묘사를 재편집하고, 물질문화에 대한 소설의 언어 묘사를 올바르게 고쳐주는 것을 말한다. 벌린은 다음과 같이 설명한다. "영화에 나오는 의상이 소설의 의상보다 더 정확하다.…… 새커리Thackeray의 소설에선 군인들이 구레나룻을 가졌는데, (그 당시의) 영국 군인들은 얼굴에 수염을 기르지 못하도록 되어 있었다. 또한 새커리는 여성들 앞에서 담배 피우는 남성들을 묘사했는데, 워털루전쟁 시대에는 명확히도 '그런 일은 없었다'는 것이다. 또한 새커리는 편지봉투의 사용에 대해 언급하고 있는데, 사실 1839년까지는 편지봉투가 사용되지 않았다는 점이다.…… 물론 영화에선 이런 구체적인 것까지도 가능한 한 올바르게 묘사하려고 노력했다"("Hugo Ballin", 6:3). 이러한 재현은 역사적 사실에 더욱 충실하려고 함으로써 새커리의 소설을 "그대로 따라 하지 않는 것"이다. 그 과정에서 이런 재현은 소설의 기호를 육화한다기보다는 바로잡는다. 벌린은 그런 변화를 텍스트의 편집자가 작가의 철자와 구두점을 수정하는 것처럼 "당연한 결과"로서 본다. 그는 소설과 영화의 기호가 모두 권위 있는 외부적 기의 − 이 경우엔 물질적인 역사 − 를 향해 있다고 가정한다. 영화는 소설에 충실하지 못하더라도 무엇보다도 그 기의를 올바르고 충실하게 재현해야 한다는 것이다. 텍스트의 맥락에 지나치게 충실하다보면 텍스트 그 자체에는 충실하지 못할 수 있다.

소설의 물질적인 역사적 오류와 소설의 이념적인 오류 간의 차이는 거의 구분할 수 없다. 피터 보그다노비치Peter Bogdanovich는 〈데이지 밀러*Daisy Miller*〉(1974)에서 누드 혼탕 장면을 삽입했다. 그는 이 누드 혼탕 장면에 대한 비판을 방어하면서 "혼탕 목욕은 그 당시에 진짜 있었다"고 주장했다. 맥팔레인은 이것을 아주 잘 반박했다. "아마도 그 당시에 혼탕이 진짜 있었을지도 모르나, 헨리 제임스Henry James에겐 그렇지 않았다"(McFarlane, 1996: 9). 이렇게 역사적 사실로 장식해놓은 이면에는 이성 성욕을 억제한 제임스에 대한 비판이 숨어 있다. 즉, 이런 비판에는 역사적인 물질문화에 대한 인식보다 빅토리아 시대의 성적 억압에 대한 1960년대 이후의 인식이 더 많이 반영되어 있다.

빅토리아 소설에 대한 20세기의 각색은 빅토리아 시대의 심리학, 특히 빅토리아 시대의 섹슈얼리티를 올바로 수정하는 데 몰두했다. 1974년에 보그다노비치는 일반적으로 빅토리아 소설과 소설가에 대해서 더 넓은 문화적 공감대를 표출하고자 했다. 그는 비꼬아 말했다. "(『데이지 밀러』에서) 제임스가 말하고자 한 것에는 관심이 없다.…… 어쨌든 그런 것이 어떤 종류의 억압 아래 있다는 것이다"(Hitt, 1992: 50에서 인용). 보그다노비치는 자신의 영화를 빅토리아 시대의 억압에 대한 하나의 분출구로 재현하고 있다. 그는 제임스가 '실제로' 생각하고 느꼈으나 표현하지 못한 것을 말하고자 한다. 그래서 각색은 소설에 대한 정신분석학적 작업을 수행한 것으로 제시된다. 이와 유사하게 패트리샤 로제마Patricia Rozema의 영화〈맨스필드 파크Mansfield Park〉(1999)는 20세기 후반 소설 비평을 받아들여 노예제에 대한 페미니즘적 탈식민주의 비판을 덧붙였는데, 소설을 그대로 각색한 것보다 훨씬 더 강하게 노예제를 비판하고 있다. 이런 식으로 영화는 맥락이 되는 역사적 '사실'을 삽입하거나 증폭시킴으로써 역사와 무관하게 원작 저자의 가치관이나 관점을 수정한다.

영화 각색자들은 소설의 시대착오적 이념을 "바로잡기" 위해 지나칠 정도로 역사적 소재를 그대로 재현하고 있다. 이런 각색들이 19세기의 역사를 과민하게 충실히 재현할 때조차도 빅토리아 시대의 심리나 윤리나 정치를 일관성 없이 열심히 거부하게 된다. 역사적으로 정확한 소재들을 영화 각색자가 현대적 의미로 정치적으로 올바른 입장에서 해석할 때, 결국 현대 이데올로기에 진정성이라는 권위를 부여하게 된다.

결론

각색에서 소설과 영화 사이에 어떤 것이 전해진다는 사고를 이론적으로 옳지 않다고 무시하는 것, 그리고 낡은 기호학 이론을 외쳐대는 순진한 대중적 환상으로 치부함으로써 학문적인 가치가 없다고 무시하는 것은 문학과 영화 각색 사이에 인지되는 수많은 상호작용을 보지 못하는 것이다. 각색을 실행하고 그것을 비평하는 데서 오는 이설을 통해 문학과 영화의 연관성에 관한 가장 많은 것을 얻을 수 있다. 아마 언젠가는 각색과 각색 비평의 이설은 주요 이론들이 스스로 점검에 들어가야 할 정도로 그 이론들에 도전할 것이다.

〈김진옥 옮김〉

주

1 "육체적인 몸에서 그것을 구성하는 색깔, 몸의 외연과 같은 성질들을 분리시키는 것은 불가능하다. 그렇다면 육체적 몸을 텅 빈 추상적인 것으로 축소하거나, 다른 말로 표현하자면 육체적인 몸을 파괴해야 하기 때문이다. 그처럼 사고에서 형식을 분리시키는 것은 불가능하다. 왜냐하면 사고는 오로지 형식에 힘입어 존재할 수 있기 때문이다"(Pater, 1890: 28). "언어는 하나의 종이에 비유될 수 있다. 사고는 앞면이고 소리는 뒷면이다. 뒷면을 자르지 않고 앞면만 자를 수는 없다. 이처럼 언어에서도 사고로부터 소리를 분리시킬 수 없고, 또한 소리에서 사고를 분리시킬 수 없다"(de Saussure, 1986: 649).

2 예를 들어 헤겔은 『예술 철학*The Philosophy of Fine Arts*』에서 형식과 내용에 관한 논의 전반에 걸쳐 몸/영혼의 유비를 들고 있다. 또한 최초의 기의에 대한 데리다의 거부는 기독교의 성육신 신학에 대한 거부에 함축되어 있다.

3 그러한 많은 예들로서 몇 가지만 인용하고자 한다면 베자Beja(1976), 블루스톤 Bluestone(1957), 와그너Wagner(1975)의 저서를 참조할 것.

4 소설에서 캐시는 사랑에 굶주린 이사벨라에게 말한다. "그가 아가씨를 귀찮은 짐으로 생각하게 되면 참새 알 터뜨리듯 쥐어 터뜨릴걸요. 그가 린턴 집안 사람을 사랑할 수 없다는 걸 난 알아요. 그렇지만 아가씨의 재산과 물려받을 유산을 보고 얼마든지 결혼할 수 있는 사람이기도 하지요"(Brontë, 1995: 102).

5 야외 장면들이 빠진 것은 부분적으론 텔레비전 극이라는 형태 때문이기도 하지만, 다른 한편 가정 공간을 우선시하도록 해준다.

6 비디오판은 웨스팅하우스가 제작한 〈워더링 하이츠〉에서 광고를 삭제했다. 또한 이 작품의 라이선스와 판매권을 소유한 비디오 예스터이어Video Yesteryear의 감독인 존 마슬란스키John Maslansky도 CBS 재고 영상에서 광고를 삭제했음을 인정한다. 따라서 이와 같은 예는 비슷한 청중을 겨냥한 웨스팅하우스 제작사의 〈제인 에어*Jane Eyre*〉 각색(1952년 8월 4일에 방영)에도 나타난다. 두 작품의 상호텍스트성(〈제인 에어〉와 〈워더링 하이츠〉의 주요 주제는 과거의 사랑을 새로운 사랑으로 바꾸라는 것이다)뿐만 아니라, 패치 스톤만Patsy Stoneman이 연구한 두 작품이 공유한 20세기의 문화적 흐름은 그런 자유(옛것을 새로운 것으로 바꾸는 것)를 인정해준 것 같다. 나아가 웨스팅하우스 각색에 대한 다양한 연구를 통해, 모든 광고가 광고 모델과 주연 여배우 사이의 유사성이나 혹은 텍스트의 플롯과 광고 대사(sales pitch) 간의 유사성을 극화하고 이용하고 있음을 알게 되었다. 따라서 필자의 전반적인 논의가 여기서는 꼭 들어맞는다.

7 이 인용은 맥팔레인에 빚지고 있다.

참고문헌

책과 논문

Adaptations: Novel to Film (online). Urbancinefile, April 2000. Available from World Wide Web at http://www.urbancinefile.com.au/home/view.asp?Article_ID=3463.

"Hugo Ballin Edits 'Vanity Fair,' Cutting the Anachronisms." *New York Tribune*, May 6, 1923, 6:3.

"Vanity Fair." *Bioscope*, January 26, 1922, 59.

Andrew, Dudley. "The Well-Worn Muse: Adaptation in Film History and Theory." *Narrative Strategies: Original Essays in Film and Prose Fiction*. Ed. Syndy M. Conger and Janice R. Welsch. Macomb: Western Illinois University Press, 1980.

Babbitt, Irving. *The New Laocoön: An Essay on the Confusion of the Arts*. Boston: Houghton Mifflin, 1910.

Balázs, Béla. *Theory of Film: Character and Growth of a New Art*. Trans. Edith Bone. 1952. Reprint. New York: Dover, 1970.

Barthes, Roland. *Mythologies*. Trans. Annette Lavers. New York: Hill and Wang, 1984.

Battestin, Martin C. "Tom Jones *on the Telly: Fielding, the BBC, and the Sister Arts*." *Eighteenth-Century Fiction* 10.4 (Jult 1998): 501~5.

Beja, Morris. *Film and Literature*. New York: Longman, 1976.

Bloom, Harold. *Mary Shelley's Frankenstein*. New York: Chelsea House Publishers, 1987.

Bluestone, George. *Novels into Film*. Berkeley: University of California Press, 1957.

Bordwell, David. *Narration in the Fiction Film*. Madison: University of Wisconsin Press. 1985.

Brady, Ben. *Principles of Adaptation for Film and Television*. Austin: University of Texas Press, 1994.

Brontë, Emily. *Wuthering Heights*. Oxford: Oxford University Press. World's

Classics, 1995.

Burgess, Anthony. "On the Hopelessness of Turning Good Books into Films." *New York Times,* April 20, 1975, S2:1.

Cartmell, Deborah, I. Q. Hunter. Heidi Kaye, and Imelda Whelehan, eds. *Pulping Fictions: Consuming Culture across the Literature/Media Divide.* London: Pluto Press, 1996.

Cartmell, Deborah, and Imelda Whelehan, eds. *Adaptation: From Text to Screen, Screen to Text.* New York: Routledge, 1999.

Chatman, Seymour. *Story and Discourse: Narrative Structure in Fiction and Film.* Ithaca: Cornell University Press, 1978.

Cohen, Keith. "Eisenstein's Subversive Adaptation." *The Classic American Novel and the Movies.* Ed. G. Peary and R. Shatzkin. New York: Ungar, 1977. 245~55.

De Saussure, Ferdinand. "The Nature of the Linguistisc Sign." *Critical Theory since 1965.* Ed. Hazard Adams and Leroy Searle. Tallahassee: Florida State University Press, 1986. 546~657.

Eco, Umberto. "Casablanca: Cult Movies and Intertextual Collage." *Modern Criticism and Theory: A Reader.* Ed. David Lodge. New York: Longman, 1988.

Eisenstein, Sergei. *Film Form: Essays in Film Theory.* Trans. Jay Leyda. New York: Harcourt, Brace and World, 1949.

Friedman, Lester D. "The Blasted Tree." *The English Novel and the Movies.* Ed. Michael Klein and Gillian Parker. New York: Ungar, 1981. 52~66.

Harold Bloom. *Mary Shelley's Frankenstein.* New York: Chelsea House, 1987.

Hegel, Georg Wilhelm Friedrich. *The Philosophy of Fine Art: Critical Theory since Plato.* Ed. Hazard Adams. New York: Harcourt Brace Jovanovich, 1971. 518~31.

Hitt, Jim. *Words and Shadows: Literature on the Screen.* New York: Citadel, 1992.

Hodge, John. *Trainspotting and the Shallow Grave.* London: Faber and Faber, 1996.

Keyser, Lester J. "A Scrooge for All Seasons." *The English Novel and the Movies.* Ed. Michael Klein and Gillian Parker. New York: Ungar, 1981.

Koltnow, Barry. "Kenneth Branagh Picks Up the Pieces in Mary Shelley's Monster Classic." *Buffalo News,* November 5, 1994, 10.

Lamb, Charles. "On the Tragedies of Shakespeare. Considered with Reference to the Fitness for Stage Representation." *The Collected Essays of Charles Lamb.* Intro. Robert Lynd; notes by William MacDonald. New York: Dutton, 1929. 163~96.

_____. Letter to Samuel Rogers, n.d. (December 1833?) *The Letters of Charles Lamb.* Ed. E. V. Lucas. New York: Dutton, 1945. 394.

McFarlane, Brian. *Novel to Film: An Introduction to the Theory of Adaptation.* Oxford: Clarendon Press, 1996.

Miller, J. Hillis. "*Wuthering Heights*: Repetition and the Uncanny." *Fiction and Repetition: Seven English Novels.* Cambridge: Harvard University Press, 1982. 42~72.

Naremore, James. *Film Adaptation.* New Brunswick NJ: Rutgers University Press, 2000.

Orr, Christopher. "The Discourse on Adaptation." *Wide Angle* 6.2 (1984): 72~76.

Pater, Walter. "Style." *Appreciations.* London: Macmillan, 1890. 1~36.

Reynolds, Peter, ed. *Novel Images: Literature in Performance.* New York: Routledge, 1993.

Seger, Linda. *The Art of Adaptation: Turning Fact and Fiction into Film.* New York: Henry Holt, 1992.

Stam, Robert. "Beyond Fidelity: The Dialogics of Adaptation." *Film Adaptation.* Ed. James Naremore. New Brunswick NJ: Rutgers University Press, 2000.

Thompson, Howard. *The New York Guide to Movies on Television.* Chicago: Quadrangle Press, 1970.

Thompson, John O. "Film Adaptation and the Mystery of the Original." *Pulping Fictions: Consuming Culture across the Literature/Media Divide.* Ed. Deborah Cartmell, I. Q. Hunter, Heidi Kate, and Imelda Whelehan London: Pluto Press, 1996.

Wagner, Geoffrey. *The Novel and the Cinema.* Rutherford NJ: Farleigh Dickinson University Press, 1975.

영화와 텔레비전 각색물

Dil Diya Dard Liya. Dir. A. R. Kardar. Kary Productions, Bombay, 1966.

Abismos de Pasion. Dir. Luis Buñuel. Plexus Films, Mexico, 1953.

Emily Brontë's Wuthering Heights. Dir, Peter Kosminsky. Paramount, Hollywood, 1992.

Bram Stoker's Dracula. Dir. Francis Ford Coppola. Columbia, Culver City, 1992.

Mary Shelly's Frankenstein. Dir. Kenneth Branagh. Columbia, Culver City, 1994.

Emily Brontë's Wuthering Heights. Dir. David Skynner. LWT and WGBH/Boston, 1998.

William Shakespeare's Hamlet. Dir. Kenneth Branagh. Columbia, Culver City, 1996.

William Shakespeare's Romeo + Juliet. Dir. Baz Luhrmann. Fox, Los Angeles, 1996.

William Shakespeare's A Midsummer Night's Dream. Dir. Michael Hoffmann. Fox, Los Angeles, 1999.

Wuthering Heights. Dir. William Wyler. MGM, Los Angeles, 1939.

Wuthering Heights. Dir. Paul Nickell. Westinghouse Television Theater, CBS, New York, 1950.

5장

리얼리티 TV가 보여주는 일상의 공포

신시아 프리랜드Cynthia Freeland

이 글에서는 내가 '일상의 공포(ordinary horror)'[1]라고 부르는 개념을 특징적으로 보여주는 리얼리티 텔레비전 프로그램에 대해 고찰하려고 한다. 내 초점은 주로 1990년대에 나타났거나 시리즈로 방영된, 오늘날의 〈서바이버Survivor〉 같은 게임-경합 리얼리티쇼의 선구자인 프로그램들이다. 나는 범죄, 사고, 자연재해, 그 밖의 일상의 공포를 오락거리로 보여주는 〈캅스Cops〉▸, 〈긴급구조 911Rescue 911〉, 〈동물이 공격할 때When Animals Attack〉와 〈미국의 일급 현상수배범America's Most Wanted〉 같은 프로들을 염두에 두고 있다.[2] 나는 리얼리티 TV쇼가 도덕적이고도 심미적인 일정한 효과를 만들어내기 위해서 다양한 내러티브 전략을 어떻게 이용하는가 하는 문제를 천착하려고 한다. 이런 많은 쇼들은 폭력의 스펙터클한 장면에 대한 시청자들의 관심을 추정하기도 하고 조장하기도 한다. 이 프로그램들은 범죄자에 대한 인종주의적 공포, 더 많은 경찰력 개입에 대한 바람, 전문

▸ cops는 '경관들'을 뜻한다.

적 의료 기술에 대한 믿음 그리고 (전형적으로 남성적인) 권위 있는 인물들에 대한 숭배 등을 지지함으로써 보수적인 의도를 고취하는 것처럼 보인다. 따라서 이들은 문화 산업에 의해 생산된 이데올로기라는 비판을 불러들인다. 그러나 나는 이 프로그램들의 이 같은 엄청난 증식 현상이 아이러니, 냉소 그리고 전복적 유머를 포함하는 다양한 반응을 불러일으킨다고 주장한다. 물론 이러한 반응들과 사려 깊은 도덕적 비판 사이에는 차이가 있을 수 있다. 그렇다 하더라도 나는 리얼리티 TV에서의 일상적 공포의 확산이 몇몇 매체 비평가들이 주장해온 것처럼 우려할 정도는 아니라고 믿는다.

비디오드롬

리얼리티 TV에서의 공포가 오락을 위해 짜인 것이고 높은 시청률을 얻고 있기 때문에 우리는 비디오드롬(Videodrome)이라는 영역으로 들어간 것처럼 보인다. 〈비디오드롬〉은 데이비드 크로넨버그David Cronenberg가 감독한 1982년의 SF 공포영화로서 오늘날 많은 리얼리티 TV가 있게 될 것을 제대로 예견해주었다. 이 영화는 생생한 공포 장면에 대한 인간의 기본적 관심이 어떻게 폭력적인, 궁극적으로는 자기 파괴적인 행동으로 나아가는지를 예증한다. 〈비디오드롬〉은 실제의 살인, 강간, 고문 그리고 죽음의 장면을 방송하는 어느 텔레비전 방송망에 관한 것이다. 영화 속에서 이 '비디오드롬' 채널은 TV 방송국 중역인 맥스 렌Max Renn(제임스 우즈James Woods가 연기)이 무인가 위성수신 장치로 받아 보는데, 그 자신이 소유한 방송망은 이미 '소프트코어 포르노그래피로부터 하드코어 폭력에 이르기까지 모든 것'을 전문으로 다루고 있다.[3] 맥스는 여기에 푹 빠졌고 또한 '라디오 유명인물'인 니키 브랜드Nicki Brand(데버러 해리Deborah Harry가 연기)와의 사디즘-마조히즘 모험(s/m adventure)에 얽히게 됨에 따라 환각에 빠지기 시작한다. 니키는 자신이 고통으로 자극받고 "비디오드롬 세계에 존재하려고 태어났다"고 말한다. 맥스는 자신의 환각 현상뿐만 아니라 니키와의 상호작용에도 두려움을 느껴 '미디어 예언자'인 브라이언 오블리비언Brian O'Blivion에게 도움을 청한다. 오블리비언은 교수이고 자기가 TV 화면에 나와야만 인터뷰에 응하는 사람인데 그는 오로지 "TV에, TV에"만 나타나려고 한다.[4] 그는 "텔레비전 화면은 마음의 눈의 망막이 되었다"라든지 "텔레비전은 현실이고, 현실은 텔레비전보다 못하다" 같은 극단적인 진술을 읊조린다.

이 영화의 가장 생생하고 유명한 이미지는 사람의 몸이 텔레비전과 합해지는 것인데, 이로 인해 '새로운 몸'의 탄생에 관한 오블리비언의 예언이 실현된다. 비디오 디스크가 맥박이 뛰고 텔레비전의 딱딱한 표면이 말랑말랑해지고 감각을 갖게 되며, 맥스는 니키의 관능적인 입술이 TV 화면 밖으로 삐져나와 움직일 때 그녀를 껴안는다. 교수는 이렇게 설명한다. "텔레비전 화면은 실제 뇌 구조의 일부입니다. 따라서 화면에 나타나는 것은 무엇이든지 화면을 보는 사람들에게는 하나의 날것 그대로의 경험으로 나타납니다." 맥스는 또 자기의 복부 속에 여성의 질 같은 갈라진 틈을 키우는데, 그의 비디오드롬 제어기는 그를 점점 더 폭력적이 되도록 지시하는 테이프를 그곳에 삽입한다. 오블리비언은 결국에는 비디오드롬의 전송장치들이 그를 병들게 했다고 맥스에게 실토하며 "난 뇌종양이 있었고 환상이 보였지. 나는 그 환상이 종양을 생기게 한 것이지, 종양이 환상을 생기게 한 건 아니라고 믿어"라고 말한다. 방송망의 전송기기들은 정말로 암에 걸려 있다. 즉, 그것들은 종양을 일으키고, 그 종양들을 지켜보는 사람들은 환각을 일으키기 시작하면서 미쳐가고 다른 사람들 혹은 자기 자신들을 죽인다. 이 야기가 결말에 이르자 우리는 어떤 보수적 자경단(自警團)이 그런 프로를 볼 '인간쓰레기들'을 자기 나라에서 정화하기 위해 비디오드롬 방송망을 개발

▸ 데버러 해리는 1970년대 유명 혼성 그룹 블론디Blondie의 리드싱어이다.

하고 사용해왔다는 것을 알게 된다. 종국에 맥스는 비디오드롬 방송 중에 화면상으로 자기 자신의 자살을 예견하고 이어서 행동에 옮긴다.

어떤 사람들은 〈비디오드롬〉이 지난 20년간의 다양한 발전을 예견했다고 말할지도 모른다. '텔리비전 폭력에 관한 연합(Coalition on Television Violence)' 같은 집단은 공격적인 매체 이미지의 위험과 해로운 영향력을 강조함으로써 TV에서의 폭력 증식을 비난해왔다. 예를 들면 펜실베이니아 대학의 아넨버그 언론대학(Annenberg School of Communication)의 전 학장이었던 대니얼 거브너Daniel Gerbner는 다음과 같이 언급한다. "텔레비전은 …… 세계에 관한 일관된 모습을 제시하는데 …… (그것은) 폭력적이고, 비열하며, 억압적이고, 위험하고 그리고 부정확하다. 텔리비전의 프로그램 제작은 미쳐 날뛰는 시장 세력들이 만드는 유독한 부산물이다. 텔레비전은 문화적으로 풍요롭게 하는 힘이 있지만 …… 오늘날 텔레비전은 공포와 분개가 경제적 좌절과 뒤섞여 이르게 될 모습을 키우고 있다. 즉, 민주주의의 침식(浸蝕)이 그것이다."[5] 거브너 교수가 텔레비전의 폭력이 위험하다고 생각한 것은 이 폭력이 무관심하고 정형적이며, 무의미하고 앞뒤가 안 맞는 '행복한 폭력'이기 때문이다. 그의 말은 비디오드롬의 전송장치들을 암과 동일시했던 오블리비언 교수와 상당히 비슷하다. 현실이 '텔레비전보다 못하게' 되면서 천박해졌다는 이러한 애도 외에 또 다른 결론이 가능할까? 난 이렇게 생각한다. 즉, 오블리비언과 거브너 두 사람 다 리얼리티 TV에서 보이는 공포 이미지의 **상반되는** 메시지와 효과에 주목하지 못했다. 이런 프로들은 흥미를 돋우는 동시에 무감각하게 만들고, 공포에 질리게 하면서 동시에 안도감을 주며, 심각하면서 코믹하고, '사실적'이면서 '비사실적'이다. 그러므로 시청자들이 이들을 수동적으로만 소비할 필요는 없다.

리얼리티 TV의 범주들

일상의 공포를 중심으로 하는 리얼리티 TV쇼는 상당히 다양하다. 내 생각에 가장 분명한 예는 매주 정기적으로 (아니면 가끔은 매일 밤) 방영되는 프로그램들인데 〈트라우마: 응급실의 삶 *Trauma: Life in the ER*〉, 〈캅스〉, 〈긴급구조 911〉, 〈코드 3 *Code 3*〉,▸ 〈긴급 전화 *Emergency Call*〉 그리고 〈내가 목격한 비디오 *I Witness Video*〉 등이 그것이다.[6] 잘 짜인 플롯 대신에 TV 공포물은 축약된 시간 속에 전개되며 대개는 공포의 결과를 그린다. 일상의 TV 공포물은 공포영화처럼 괴물과 악을 그린다기보다는 파괴, 피해, 두려움 그리고 흐느낌에 관한 것이다. 공포영화는 종종 잘 발전된 플롯을 이용해서 문제 해결을 두고 관객들의 흥미를 이끌어낸다. 장편영화의 길이는 공포가 서서히 공격하게 하고, 공포 뒤에 도사린 괴물도 점점 발견되도록 하는 정교한 연출이 가능하다. 그러나 영화에 대한 관객의 적절한 반응, 즉 원인과 해결에 대한 감정이입적인 탐색과는 대조적으로, 텔레비전의 일상적 공포물은 대개는 훨씬 더 단순하고 상당히 개략적인 내러티브를 사용하며 결과에 집중하는 경향이 있다.[7] 이러한 일반적인 패턴에도 불구하고 리얼리티 TV의 공포물은 다양한 모습을 취하는데, 편의상 두 가지의 넓은 범주로 나눌 수 있다. 첫째로 **자연**의 공포를 강조하는 많은 프로그램이 있다. 둘째로 범죄나 사고에 영향 받은 **사람**들을 그리는 프로그램이 있다.

여러 가지 면에서 나는 자연재해 프로그램이 최악이고 가장 심란하게 만든다는 것을 알았는데, 인간의 폭력과 범죄에 대한 프로그램을 비난해온 거브너의 견해와는 대조된다.[8] 인간 중심적인 프로그램은 자연에 근거한 프로그램보다 더 전통적인 해결법과 더 안도감을 주는 메시지를 제공한다.

▸ 1950년대에 미국에서 방영된 TV 프로그램 이름. 원래 의미는 생명이 위태로운 긴급 상황에서 경찰차나 소방차는 통행우선권을 가지며 그럴 때 경광등과 사이렌을 울리며 운행해야 한다는 규정.

TV에서 인간이 저지르는 공포는 대개 경찰이든 의사든 능력 있는 전문가들에 의해 처리된다. 이와 대조적으로 자연의 공포물들은 전적으로 예측 불가능하고 비합리적이며, 결과에 대처하는 것 말고는 어떠한 진정한 반응도 가능하지 않다. 종종 자연의 공포에 관한 프로그램에서 보이는 장면들은 〈토네이도: 대평원의 광포Twister: Rage on the Plains〉에서와 같이 아마추어들이 홍수, 화재, 폭풍과 맞닥뜨리는 동안 녹화한 것이다. 디스커버리 채널의 〈광포하게 날뛰는 혹성Raging Planet〉 시리즈는 천년 만에 보는 스펙터클한 화재와 홍수 그리고 엄청난 화산 장면도 덧붙여 보여준다. 야생동물에 관한 프로그램은 경악할 만큼 피비린내 나는데 온갖 줄무늬, 가죽, 서식지, 크기를 지닌 육식동물과 그 먹이 동물이 많은 피 – 그 피가 전부 붉은색은 아닌 – 를 흘리는 장면을 보여준다. 종종 그런 프로그램들은 사자이건 악어이건 육식동물에게 삼켜지는 불운한 새끼 동물들의 얼굴을 줌렌즈로 확대한다.

이런 방영물 중에서 가장 강력한 예는 〈재난이 닥칠 때When Disasters Strike〉와 〈동물이 공격할 때〉(이 프로들은 특집 시리즈로 진화했다) 같은 폭스 네트워크 방송의 프로그램에서 발견된다.[9] 전자의 프로는 물, 불, 바람 같은 범주들로 세분되었다. 이런 프로그램 중 내가 본 어떤 장면에서는 한 남자가 다가오는 폭풍을 비디오로 찍고 있는데, 그 사이 아내는 그에게 안으로 들어오라고 비명을 지르고, 지붕 조각이 떨어져 나와 그를 치고, 그러자 카메라가 땅에 떨어지더니 화면이 사라진다. 동물이 공격하는 프로그램에서 우리는 사람들이 엘크, 악어, 코끼리, 사자, 벌, 뱀, 고릴라, 회색곰, 핏불투견 등 온갖 동물들에게 공격받는 실제의 장면을 시청할 수 있다. 이런 프로그램들은 현재 미국 텔레비전에서 보이는 것과는 또 다른 종류의 질 나쁜 취향을 드러내며 굉장한 논란을 불러일으켰다(비록 이 프로그램들이 계속 높은 시청률을 기록하기는 했지만). 〈재난이 닥칠 때〉의 광고주인 도요타 자동차는 자사의 이름이 반복 언급되지 않게 해달라고 요청했고, 이런 프로그램들은 어떤 NBC 방송의 중역에 의해 그저 '스너프 텔레비전'[10]에 불과하다고 매도당했다.

물론 사람이 등장하는 공포물과 자연이 대상인 공포물은 여러 가지 방식으로 섞일 수 있다. 어떤 자연 공포 프로그램은 인간적 관심사로 기울어지기도 하는데, 이런 프로그램에서 우리는 전형적으로 사람들이 시련에 굴하지 않고 강인하며 상황에 대처할 능력이 있다는 것을 본다. 그리고 이 각각의 범주에 해당하는 모든 프로그램이 비슷한 것은 아니다. 리얼리티 TV의 내러티브 전략에 좀 더 꼼꼼하게 집중하기 위해 자연 공포 프로그램은 제쳐놓고, 다음으로 좀 더 자세하게 두 번째 범주인 사람들에 관한 일상적 공포물들의 여러 가지 형태를 볼 것이다. 나는 이런 프로그램의 내러티브가 어떻게 일정한 생각과 정서를 이끌어내도록 구조화되는지를, 또 이 내러티브가 어떻게 자기가 그리는 공포물들을 분석하는가를 탐색해보려고 한다.

사람에 관한 리얼리티 TV의 공포

사람을 다루는 리얼리티 TV의 프로그램들은 다양하며, 거기에는 경찰이 등장하는 쇼, 의사가 등장하는 쇼와 재난 이야기가 포함된다. 이런 프로그램들은 '리얼리티'에 관해 어지러울 정도로 많은 변종들을 제공한다. 이것들은 사람 범죄자의 실제 장면과 재연된 장면을 둘 다 이용하는데, 가령 유모가 자기가 맡은 갓난아기를 부엌 찬장에 집어던지며 학대하는가 하면 경찰이 마약 딜러의 집을 급습하고, 술집에서는 싸움판이 벌어지고, 음주 운전자가 누군가를 치어 죽인다. 사고들은 〈긴급구조 911〉에서 그려지고 또

▶ snuff television. 원래 'snuff film'에서 나온 말인데, 이는 관객을 끌어들이기 위해 실제의 살인 장면을 특수효과 없이 보여주는 영화를 가리킨다.

러닝 채널(Learning Channel)의 〈아드레날린 러시아워*Adrenaline Rush Hour*〉▸와 〈트라우마: 응급실의 삶〉과 같은 프로에 등장한다. 이런 쇼들도 의료진이 자동차 사고, 총격 사건, 칼로 찌른 사건 등의 현장으로 호출될 때의 응급 상황을 실제 장면과 재연 장면을 섞어서 사용한다. 이런 사고들의 녹화물은 홈비디오에 힘입어 눈에 띄게 증가했다. 〈긴급구조 911〉은 종종 어린이들이 관계된 긴급 상황을 묘사한다. 가령 어떤 소년이 칫솔에 목이 찔렸다든가, 어떤 아이가 뒤집혀진 무거운 공구 선반에 깔렸다든가, 소년이 학교에서 혀가 쇠 물병에 끼였다든가 하는 것이 그것이다. 의학 프로그램에서는 끔찍한 묘사의 기준이 경찰 프로그램보다 훨씬 더 소름끼치는 것까지 허용되는데 이번에도 이것은 거브너가 간과한 사실이다. 한번은 〈트라우마〉에서 재봉합을 위해 놓인 누군가의 절단된 손가락들과 엄지손가락을 클로즈업으로 보여주기도 했다.

이런 프로그램들은 내가 '진실주의(verism)'라고 이름 지은 것부터 '재연(reenactment)'까지 이르는 연속체의 어디쯤에 있다고 표현하는 것이 도움이 될 것이다. '진실주의적' 혹은 모방적인 쇼는 〈캅스〉나 〈내가 목격한 비디오〉처럼 전부 혹은 대부분 실제 비디오 장면을 이용하는 것이다. 〈캅스〉는 이런 형태의 리얼리티 TV쇼의 기준을 제시하는데, 근무 중인 경찰들에 관한 '진짜' 비디오 장면으로만 이루어진다. 이 프로그램은 각각 짧은 한 장면의 시작과 끝에서 화면에는 등장하지 않는 경찰관의 목소리를 이용하고 진행자 코멘트나 카메라를 들이댄 인터뷰는 하지 않는다. 카메라가 끼어든다는 표시는 거의 나지 않는다. 〈캅스〉의 외우기 쉬운 레게 스타일의 주제곡인 「나쁜 사람들*Bad Boys*」은 프로그램의 시작과 끝에서만 사용되지 중간에는 사용되지 않는다.[11] 또한 핸드헬드 촬영과 대본 없는 대화, 그리고 경찰

▸ 스턴트맨이 묘기를 보이다가 높은 곳에서 떨어지거나 불붙은 자동차에서 빠져 나오지 못하는 장면들, 혹은 자동차가 가게로 밀고 들어와 점원과 손님이 다치거나 혼비백산하는 장면들을 주로 보여주는 프로그램.

무전기의 잡음으로 강조되는 무작위 소리의 사용을 통해 현실감이 살아난다. 〈캅스〉에서 경찰관들은 상당히 소소한 범죄를 처리하는 경우가 많은데, 가령 가정 내의 언쟁에 관여하거나 소액 절도를 저지른 남자를 쫓아가기도 한다. 그러나 때때로 이 프로그램은 더 끔찍해지기도 한다. 어느 방영분에서는(1993년 9월 3일 방영) 경찰이 시골 지역에서 살인 전화를 받고 어느 집에 들어서는데 거기에서 목 졸린 시체 두 구가 발견된다. 가족들이 바깥에서 울부짖을 때 카메라는 시체들의, 심지어는 옷이 벗겨진 시체들의 모습을 놀라울 정도로 생생하게 보여준다.

이런 프로그램들의 드라마 구조는 감춰져 있는데, 왜냐하면 이들이 거칠고 가공 안 된 '직접성'을 보여주도록 의도되기 때문이다. 겉보기에는 이렇게 되는 대로 만들어진 것 같아도 그것들에는 엄연히 구조가 있다. 〈캅스〉 같은 방영물이 사실은 상당히 편집되기는 하지만, 그것들은 뭔가가 개입하지 않은, 현실의 임의적 단편으로서 스스로를 보여준다.[12] 〈캅스〉의 제작자는 프로그램에 사용된 세 가지의 기본적인 내용을 묘사했다. 즉, 액션 장면, 서정적 장면, 그리고 '생각해볼' 장면이 그것이다[13]. 그런데 아마도 〈캅스〉에서 가장 잘 알려져 있고 열성 시청자들을 끌어 모으는 장면들은 액션 영화의 공식을 모방하고 있다. 여기에서 지겨운 순간들과 일상의 의무는 먼저 약간의 서스펜스를 곁들인 흥분되는 개입으로 이어지고, 그런 다음 짤막한 해결을 제공한다.

이와 대조적으로, 의학 진실주의 프로그램에서는 멜로드라마가 지배적인 유형이다. 응급 상황과 그 공포에 반응하면서 전문 의료인과 희생자가 모두 경험하는 강렬한 감정이 초점의 대상이다. 우리는 종종 사이렌이 울릴 때 어린아이들이 울고 어른들이 비명 지르는 것을 본다. 화면에는 피가 보이고 죽음이 가까이 떠돈다. 〈트라우마: 응급실의 삶〉의 방영분은 〈캅스〉보다 길기 때문에 희생자와 전문 의료인 모두의 성격을 더 지속적으로 그리는 데 용이하다. 내러티브의 구조는 한 병원에서 어떤 사람들을 한 시간 내내 추적하면서 전형적으로 하루 저녁에 일어나는 몇몇 응급 상황들을 그 결과와 해결을 덧붙여서 보여준다. 이런 프로그램은 뚜렷이 구분되는 시작, 중간, 끝이 있어서 훨씬 더 잘 짜인 스토리를 보여준다. 그것들은 또한 더 큰 정서적 결말도 제공한다. 〈트라우마〉는 몇몇 사건들을 추적하여 최종 결과에 이르는데, 이것은 두 가지 형태 중 하나를 취한다. 즉, 병원에서 퇴원하거나(행복한 결말), 아니면 의사가 가족에게 희망이 없다고 말하면서 죽음으로 끝난다(슬픈 결말). 이 프로그램의 한 회 방영분은 대개 두세 개의 사건 이야기를 서술하기 때문에, 전체적으로는 각 종결 유형의 예를 전형적으로 제공하게 될 것이다.

이 스펙트럼의 반대쪽 끝에는 재연 프로그램이 있다. 비록 이 프로그램들도 사실주의적인 공식을 채택하기는 하지만 극적인 장면을 재창조하기 위해 배우들을 이용하고, 한편으로는 실제의 참여자들이 이 장면을 카메라 앞에서 서술한다. 〈최고 경찰Top Cops〉, 〈미국의 일급 현상수배범〉 그리고 〈고속도로 순찰대 실화Real Stories of the Highway Patrol〉 등이 그 예이다. (재연은 종종 디스커버리 채널의 프로그램인 〈새 수사관: 법의학 사례 연구The New Detectives: Case Studies Forensic Science〉에서처럼 범죄 해결 프로그램에 병합되기도 한다). 재연 프로그램에서 내러티브의 구조는 멜로드라마의 공식을 따른다. 서스펜스, 플롯, 액션, 결과는 덜 강조되고, 연민과 공포와 같은 정서가 관계된 기본적 상황이 더 강조된다. 슬픔, 흐느낌, 그리고 감정이입이 두드러진다. 어떤 재연 프로그램, 가령 〈최고 경찰〉에서는 배우와 실제 경찰을 구별하기가 쉽고 이 구별을 불분명하게 하려는 시도는 없다. 이 프로그램은 자신들의 주요한 성공 이야기를 얘기하고 되새기는 실제 경찰관들의 화면 인터뷰에서 범인 체포 드라마의 재연으로 옮아가는데, 이 재연에서는 반드시 판에 박힌 '용감한 경찰관'다운 더 잘생기고 젊은 배우들이 실제의 사람들로 나타나게 된다. 〈최고 경찰〉의 어떤 끔찍한 방영분(1993년 8월 27일에 방영)에서는 '선한 경찰들'이 뚜렷한 이유도 없이 흑인 용의자를 추격하며 잔인한 구타와 욕설을 한다.

재연 프로그램들은 시청자의 감정을 고조시키기 위해 음악, 각색, 연기, 조명, 카메라 앞의 인터뷰, 틀짜기 등을 사용한다. 또한 임박한 재난, 재난에 따른 참여자의 공포와 고통, 탈출 혹은 해결 시에 이들이 느끼는 궁극적 안도가 돋보이게끔 TV나 영화의 전략을 사용한다. 예를 들어 〈긴급구조 911〉의 어느 방영분은 어떤 사람의 새집을 다 불살라 버린 화재에 관해 말한다. 재연에서 크리스마스트리에 불이 붙자 카메라는 최초로 화재를 목격한 개에게 초점을 맞춘다. 고전적인 〈래시Lassie〉▸류의 방식으로 개는 사람들에게 경고하려고 끙끙거리기 시작하지만 가족들은 즐겁게 하던 일을 하고 있다. 우리가 이 가족이 자기들 집이 불타서 재가 될지를 언제 눈치채려나 걱정하는 가운데 서스펜스는 점점 커진다.

이런 프로그램들은 종종 비디오 기법을 바꾸어 재연을 통한 상황의 발전 혹은 개시나 진행을 보여주다가 정서적 반응으로 옮겨가는데, 이 반응은 재난에 관련된 실제 사람들의 카메라 인터뷰를 대하는 시청자들에게 큐 사인을 보내는 것이다. 사람들은 종종 사건을 다시 얘기할 때 운다. 심지어 남자 어른들도 집이나 자식을 잃을 뻔했다는(하지만 그것을 피했다는) 것을 생각하면서 운다. 이들의 목이 메자 카메라는 이들의 눈물을 보여주려고 줌 렌즈를 작동한다.

프로그램이 불가피한 결말로 옮겨 갈 때 내러티브 기법은 다시 재연을 이용한다. 〈긴급구조 911〉에서의 재난은 다 해피엔딩이고, 심지어는 구조되기 전에 가족들이 함께 기도하는 장면을 보여주는 데서 나타나듯이 기적적으로 보이는 결말이다. 따라서 이 내러티브의 구조는 어떤 신성한 힘이 그들의 기도를 듣고 개입했다는 것을 암시한다. 또 이 프로그램의 모든 장

▸ 1940년의 원작 소설을 바탕으로 1943년에 영화로, 1954년부터는 TV시리즈로 방영된 프로그램이며 콜리 종의 개인 래시와 그 가족의 이야기다.

면은 하나의 종지부를 전제한다. 이 종지부는 가족이 재결합하여 놀고, 수영하고, 자연미를 간직한 호숫가에서 바닷가재를 먹으며 피크닉을 하고, 그네를 타거나 개를 데리고 공원을 걷는 밝고 행복한 장면을 보여준다. 〈긴급구조 911〉에서의 이런 목가풍의 밝은 장면은 〈캅스〉의 화면이 보여주는 거친 야간 장면과 정반대이지만 해결부는 종종 같은 메시지를 전달한다. 즉, 영웅적인 개인 혹은 전문가에 의해 문제가 해결되어서, 이 프로그램을 본다고 여겨지는 시청자들(중산층이고 대개는 백인)에 속하는 '우리 같은' 사람들은 안전하고 걱정 없다는 메시지다.

〈긴급구조 911〉은 사실주의와 재연 간의 특별히 묘한 결합이다. 비록 가끔 이 프로그램이 〈최고 경찰〉의 공식을 사용하면서 배우와 화면상의 실제 인물인 화자들 사이를 왔다 갔다 하지만, 〈긴급구조 911〉에서 더 특징적인 것은 응급 상황에 연루된 실제 사람들이 재연 속에서 스스로 연기한다는 점이다(맨 나중에 이름이 오르는 연기 지도자의 체면을 세워주며). 이 사람들에는 희생자 본인들과 그 가족 구성원들뿐만 아니라 영웅적인 구조자들도 포함되는데, 가령 의사, 간호사, 전화교환수, 그리고 앰뷸런스 의료팀이 그것이다. 그 당시에 어떻게 느꼈는지에 관해 훗날 언급할 때 다양한 참여자들은 카메라 앞에서 인터뷰를 한다. 그리고 바로 이 **똑같은 사람들**이 앰뷸런스를 몰고, 수술을 하고, 울부짖고, 911을 부르고, 혹은 휠체어에 실려 응급실로 가는 재연 부분에 나타난다. 〈긴급구조 911〉에 등장하는 극적 장면들은 대부분 사소한 편이지만 매우 끔찍해지기도 한다. 가령 어떤 여자가 뒤집힌 트럭 밑에서 진흙에 질식당하거나, 보트에 가득 탄 사람들이 홍수 난 강에 갇혀 있다거나, 어떤 남자가 외딴 건축공사 현장에서 네일 건으로 우발적으로 자신의 심장을 쐈다거나 등이다. 카메라 앞의 인터뷰가 어떤 공식에 따라 긴급 상황을 설명하는 이야기 사이사이에 흩어져 있고, 극중 액션이 잠시 멈출 때 감정을 서술하고 고조시키는 클로즈업된 독백이 동반된다. 이런 인터뷰는 내가 말했듯이 울기든 감사해하기든 강렬한 감정을 강조하기 때문에 멜로드라마적인 효과를 높인다.

〈내가 목격한 비디오〉는 가장 흥미로우면서도 심란하게 만드는 리얼리 티 TV쇼 가운데 하나이다. 이 쇼는 〈캅스〉의 액션 공식이나 〈트라우마〉와 〈긴급구조 911〉의 멜로드라마 공식에 맞지 않는다. 더 진짜로 무작위적이고 종종 해결되지 않은 채 있는 재난을 다루기 때문에 자연의 공포를 그리는 그냥 평범한 TV쇼에 가깝다. 이 프로그램은 시청자들이 보내온 재난 사건의 비디오에 근거하기 때문에 〈미국에서 가장 웃기는 홈 비디오America's Funniest Home Videos〉의 근엄한 맞수가 된다. 후자의 쇼처럼 〈내가 목격한 비디오〉는 이른 황금시간대 가족 시간에 방영됐다. 전형적인 방영 내용에는 화재나 홍수 때 만들어진 홈 비디오가 포함되는데 가끔은 비행선 추락이나 학대하는 유모 등을 내보내기도 했다. 이 쇼는 진행자의 이야기와 보내온 비디오물 그리고 참석자들과의 카메라 인터뷰를 섞었다. 이 시리즈의 초기 방영분은 상당히 끔찍하다. 예를 들면 첫 회분은 경찰관이 차량 운전자를 체포하려다가 총에 맞아 죽는 장면을 기록한 경찰차의 카메라 비디오를 이용했다. 또 다른 방영분은 홍수에 휩쓸려가 죽은 것이 확실한 남자를 보여줬다. 이러한 섬뜩한 장면들은 상당한 역반응을 일으켜서 나중의 방영분들은 분명한 죽음 장면을 보여주지 않도록 정도를 낮췄다. 그렇다 하더라도 이후 방영분들은 아이를 학대하는 유모를 보여줄 때처럼 몹시 끔찍해질 수 있다. 이 방영분에서 유모가 아이에게 해를 끼친다고 의심해온 어느부부가 출타하면서 유모를 찍으려고 비밀 비디오카메라를 설치했다. 그들은 유모가 비명 지르는 애기를 반복적으로 부엌 바닥에 팽개치는 상당히 긴 방영분을 비디오테이프에 담았다는 점에서 '성공했다'. 이 광경의 끔찍함은 같은 장면을 최소한 세 번 틀어주는 간단한 방법으로 더 고조되었다. 이 필름 장면은 널리 알려진 보스턴에서의 루이즈 우드워드 '유모(au pair)' 공판 후에 새로운 반향을 획득하는데, 이 공판에서 젊은 영국 유모가 자신에게 맡겨진 갓난아이를 살해하여(나중에 판사에 의해 과실치사로 감형됨) 유죄판결을 받았다. 물론 이 방영분 역시 결말, 즉 그 유모가 강제출국 당했다는 것을 이야기함으로써 안도감을 제공했다.

리얼리티 TV 평가의 방법

리얼리티 TV 프로그램은 〈트라우마〉와 〈내가 목격한 비디오〉와 같은 쇼뿐만 아니라 〈동물이 공격할 때〉처럼 명백히 충격적인 내용으로 인해, 20년 전에는 〈비디오드롬〉 같은 SF 작품 세계 안에서만 가능해 보였던 폭력 묘사의 수준에 이르렀다. 이 프로그램들은 스스로를 미적 대상물이 아니라 리얼리티의 그럴듯한 본보기로 제시한다. 이것이 말해주는 것은 무엇인가? 텔레비전의 폭력 연구에 대한 한 가지 접근법을 많은 전문 사회과학자들이 설명해준다.[14] 이들의 연구는 TV에서의 폭력이 시청자들을 둔감하게 만들고 더 많은 폭력의 순환을 조장한다고 결론 내린다. 폭력적인 TV에 관한 사회과학의 연구는 종종 연구자들로 하여금 사실적인 결론뿐만 아니라 도덕적인 결론까지도 이끌어내게 만든다.

예를 들면 거브너는 리얼리티 TV의 메시지가 거짓일 뿐만 아니라 지배계급의 이해관계를 돕는다고 주장하는데, TV 폭력을 시청하는 것은 파시즘을 낳는 태도를 심어준다는 것이다. 리얼리티 쇼가 폭력을 지나치게 강조하고 맥락 없이 사용하는 것은 특히 하층 계급들에게 편집증과 공포를 불러온다고 여겨졌다. 거브너의 연구는 곧바로 검열 노력으로 이어졌고, 그는 문화환경운동(Cultural Environment Movement: CEM)의 설립을 도왔다. 이 단체와 텔레비전 폭력에 관한 전국연합(National Coalition on Television Violence)은 1996년에, 미국에서 만들어진 모든 텔레비전이 1998년 2월까지 '브이칩(v-chip)''을 장착하도록 요구하는 텔레커뮤니케이션 법령의 입법을 위해 로비했다.

여러 가지 재현이 낳는 효과에 대한 경험적 분석은 교육적일 수는 있지만, 폭력에 관한 대부분의 사회과학적 연구는 (포르노그래피에 관한 유사한 연구와 마찬가지로) 재현의 미학에 관한 몇몇 중요한 문젯거리들을 간과한다. 내 생각엔 이것이 시청자의 수동성은 과도하게 강조하는 반면 시청자의 비판적 역량은 덜 강조한다.[15] 대중매체 텍스트를 읽는 청중의 행위의 복합성은 노엘 캐럴Noël Carroll의 1998년 책『대중예술의 철학A Philosophy of Mass Art』에서도 강조된다.[16] 캐럴은 대중예술을 수용하고 해석하는 의미심장한 청중의 행위가 있다고 주장한다. 반면에 사회학적 연구와 인문학자들의 이데올로기 비판은 종종 '대중'을 일종의 말없는 희생자로 암시하는데, 이 말은 곧 이들 대중에게 학자들이 제시하는 해방과 계몽이 필요하다고 생색내는 것이다. 수많은 수사학적 기능들이 다양한 종류의 대중예술에 의해 실행되는데 그들 모두가 다 입맛에 맞는 것은 아닌 데다가, 청중들 역시 단순히 그러한 수사학의 수동적 희생자는 아니다. 논란의 여지가 있고 과도하게 사용되어온 이데올로기의 개념에 대한 캐럴의 분석은 핵심적으로 두 가지 양상을 강조하는데, 즉 **인식론적** 양상(이데올로기는 그릇된 정보를 제시한다)과 **지배** 양상(그릇된 정보가 지배 계급이나 집단의 목적에 봉사한다)이 그것이다. 특정 형태의 대중예술(가령 리얼리티 TV)이 이런 점에서 어떻게 이데올로기적인가를 보여주려면 내용 분석과 여러 종류의 경험적 연구를 결합할 필요가 있다. 인지주의자로서 캐럴은 감정과 사고 모두에 대한 청중의 능력을 하나의 범주로 상정함으로써 다양한 장르의 대중매체가 어떻게 작용하는지를 천착해야 한다고 믿는다.

만약 이러한 관점을 리얼리티 TV쇼에 적용한다면, 우리는 그런 프로그램들이 특별한 효과를 산출하기 위해 구조화되고 특별한 내러티브 전략을

▸ 부모가 아동의 TV 시청을 통제할 수 있게 만드는 장치로서 'v'는 '시청자 통제(viewer control)'를 의미한다.

사용한다는 것을 인정하게 될 것이다. 캐럴과 나처럼 영화와 텔레비전 연구에 대한 인지적 접근을 옹호하는 사람들은, 영화와 TV 프로그램의 자극에 대한 사람들의 정서적 반응은 복합적이면서도 잘 발달된 인지적, 인식적 그리고 정서적 능력의 발휘에 의존한다고 주장한다. 폭력적 TV의 재현물을 읽으려면 시청자는 생각과 의견을 조직화해야 하는데, 그 모든 것이 보고 있는 프로에 의해 좌지우지되는 것은 아니다. 인지주의적 전략은 이데올로기 비평에 새로운 틀을 제공하는데, 이 틀은 텍스트의 구조 그리고 비판적 능력을 포함하는 청중의 심리학적 능력 둘 다를 받아들인다. 재현의 심미적 특징들과 그 특징들에 대한 청중의 인지적이고 정서적인 반응을 둘 다 관찰함으로써 우리는 대개의 사회과학 연구가 허용하는 것보다 더 큰 복합성을 알아볼 수 있다.[17] 그런 독법은 청중의 관심을 프로그램들이 제공하는 인지적 혹은 내러티브적 맥락 속에 위치 짓겠지만, 결과는 거브너 같은 비평가들이 주장하는 몇몇 관점보다는 덜 직설적일지도 모른다.

간단히 말해서 텔레비전 폭력에 관한 많은 연구에서는, 그런 재현들이 특정한 독해를 위해 어떻게 구조화되어 제시되는지에 관한 세부 사항을 주목하지 못하고 있다. 더 나아가, 우리는 사람들이 어떻게 실제로 자신들이 보는 재현물을 해석하는지에 대해 더 면밀히 주목할 필요가 있다.

리얼리티 TV쇼: 특징과 기능

앞에서 나는 보통 사람들에게 닥치는 일상의 공포를 강조하는 리얼리티 TV 프로그램들이 뚜렷한 구조를 갖는다는 것을 보여주었다. 드라마적인 부분은 실제 비디오 녹화물의 세심한 편집과 꼼꼼하게 구축된 재연, 이 두 가지로 만들어진다. 멜로드라마적인 요소는 사건 후의 카메라 인터뷰를 미리 계산하고 이용한다는 점이 특징이다. 좁은 범위에 한정되지만 드라마적인 프로그램에는 더 많은 플롯 전개가 있다(행복한 결말이든 불행한 결말이든).

다양한 유형의 리얼리티 TV쇼들은 일정한 목표와 효과를 공유한다. 한 가지 두드러진 공통 기능은 오락을 제공하는 것이다. 고전적인 공포물, 미스터리물과 멜로드라마처럼 리얼리티 TV는 무섭거나 서스펜스가 있거나 감동적이 됨으로써 시청자를 즐겁게 한다. 그러나 이 쇼들은 이들과 관련 있는 허구적 장르의 더 깊은 구조를 특징적으로 결여하고 있는데, 왜냐하면 이들의 '플롯'이라고 하는 것이 매우 축소되어 있고, 공식에 꿰맞춰지고, 빈약하기 때문이다. 멜로드라마적인 프로그램은 비극의 심오한 인식을 유지하지 못하는데, 그건 더 정교한 이야기들에서조차 우리는 희생자에 대해 아주 조금밖에는 알지 못하기 때문이다. 이 희생자들은 전형적으로 그 삶이 상당히 평범하며, 고대 비극의 주인공처럼 두드러지는 사람이 아닐뿐더러 또한 어떠한 비극적 몰락에도 거의 기여한 적이 없는 사람들이다. 그 결과 감정이입은 멜로드라마를 이용하는 방영물에서조차 상당히 억지로 이루어지며 얄팍하다.

반면에 인물들보다는 스펙터클한 장면에 더 의존하는 것처럼 보이는 프로그램들에서는 공포가 집중적이지 않을 때가 많다. 그래서 '스너프 TV'는 사람을 다루는 대개의 리얼리티 TV 프로그램에서는 보이지 않는다. 그 대신 이런 프로그램들은 상당히 안전한 관음적 스릴을 제공하는데 왜냐하면 이들은 대개 깔끔한 결말로 포장되기 때문이다. 긴급 상황에서 다른 사람들에 대한 걱정에는 이러한 재난이 시청자들 당사자에게 일어난 일이 아니라는 안도감이 동반된다. 심지어는 최악의 경우를 상정하는 시나리오에서도 불가피한 상황은 수용되는데, 예를 들면 〈트라우마〉의 죽음 장면에서처럼 우리는 의사들이 최선을 다했다는 것을 알고 있다.

사람이 등장하는 많은 리얼리티 TV쇼가 공유하는 두 번째 구조적 특징은 따라서 시청자의 마음을 안심시킨다는 것이다. 눈에 보이는 공포는 전형적으로 부인되거나 정도가 약해지는데, 왜냐하면 공포가 능력 있는 전문가들 혹은 우리 주위의 영웅들 — 심지어는 911 전화 다이얼을 기억하는 어린아이들을 포함해서 — 에 의해 처리될 수 있기 때문이다. 이러한 프로그램들은 이 나라(미국)에서는 모든 것이 다 괜찮다는 메시지를 제공하는데, 무서운 광경을 공개하는 것은 바로 안전에 대한 이미지를 떠올리게 하려는 의도이다. 리얼리티 TV의 쇼들은 전형적으로 핵가족 그리고 전통적인 법집행 기관들, 종교, 의학 등을 옹호한다. 이들 프로그램은 몇 분간 끔찍한 광경을 즐기지만 설명과 달콤하고 행복한 결말을 제공한다. 아기를 학대하는 유모는 은밀하게 녹화되어 덜미를 잡힌다. 그리고 네일 건으로 못을 자신의 심장에 박은 남자는 병원 팀에 의해 구조된다. 하와이 카우아이 섬의 허리케인을 중계 방송하던 라디오 방송 진행자는 재난이 지난 후에 모든 사람에게 축하한다는 이유로 방송 중에 결혼한다. 그리고 '최고 경찰'이 경관 살해범인 마약 밀매상을 체포하는 이야기 등이다.

일상의 공포를 다룬 프로그램들이 시청자를 뻔하게 안심시키는 것은, 내게는 이 프로그램들이 거브너가 파시즘으로 유도한다고 걱정하는 그런 종류의 편집증을 실제로 키우지는 않는다고 이해된다. 물론 이들 프로그램이 사회계급 위계를 현상 유지하기 위한 그릇된 메시지를 제공한다는 점에서 이데올로기라고 부르는 것이 여전히 정당화되는 것처럼 보인다.[18] 가정 폭력에 관한 전국적 통계가 빈약함에도 불구하고 결혼은 구원적인 것으로 회복된다. 우리나라(미국)의 특별난 보건의료의 불평등에도 불구하고 긴급구조 팀은 칭송받는다. 경찰들에 의한 악명 높은 인종차별이 있기는 하지만 무섭고 폭력적인 '인간쓰레기'는 (재연 과정에서) 정말로 항상 흑인 범법자들이라는 것을 우리는 안다.

이런 프로그램들의 세 번째 구조적 특징은 이들이 전통적 종교와 중산층 사람들의 가치를 대표하고 옹호한다는 것이다. 〈캅스〉는, 경찰이 다루는 유일한 범죄자들은 하층 불량배인 알코올 중독자와 마약 중독자들이며 이들은 분명히 감금되어 마땅한 사람들이고 감금될 것이다라고 시사한다.[19]

〈긴급구조 911〉은 전형적인 중산층의 걱정거리들을 가지고 인기를 누리지만 또한 동시에 그 걱정거리들을 누그러뜨리기도 한다. 즉, 여러분들은 유모가 여러분들의 아기를 학대하지 않을 거라고, 여러분들의 아이가 우연히 자기 목을 칫솔에 찔리지 않을 거라고, 강간범이 당신의 욕실에 침범해 들어오지 않을 거라고, 혹은 크리스마스트리에 붙은 불이 당신의 새집을 다 불사르지 않을 거라고 확신할 수 있는가? 우선은 간절히 기도해볼 수 있을 것이다. 예를 들어 뇌를 다친 아이가 기적적으로 수술팀에 의해 구조되는데, 이 장면은 쇼의 이야기 속에서 아이의 아버지가 기도한 다음에 일어나는 것으로 재현되며 아이와 가족들은 그 후 교회에 같이 간다. 이러한 쇼들에서 악독한 유모는 유죄 판정 받아 국외로 추방되고, 다친 아이는 구조되고, 강간범은 체포되고, 집은 다시 지어진다. 이런 프로그램들은 여러분들이 해악을 회피하기 위해 어떻게 삶을 제어해야 하는지에 대해 힌트를 준다. 다른 무엇보다도 이런 쇼들을 더 시청해보시라. 그러면 만약 당신 아이의 목에 칫솔이 박힌다면 어떻게 해야 할지 안다. 그러면 당신들도 〈긴급구조 911〉의 화면에 모습을 드러낼지도 모른다.

걱정과 뻔한 안도의 이 같은 결합을 통해 리얼리티 TV는 범죄 뒤에 숨어 있는 사회 조건들과 사회 변화에 대한 진정한 노력을 이해하지 못하게 한다. 그러나 내 생각에는 재현된 폭력을 비난하는 연구와 운동도 그렇다. TV에서 폭력을 끝낸다고 해서 어린이 학대, 가난, 문맹 그리고 인종차별이 끝나지는 않을 것이다.[20] 일상의 공포는 현재의 사회적 질서가 어떻게 범죄의 풍토를, 가령 인종차별과 교육과 보건의료, 사회적 경제적 지위와 정치 권력의 불균형 그리고 실업, 도시의 황폐화와 도시로부터의 탈출, 마약 사용 그리고 총기 법안 등을 만들어내는지에 관한 진실을 은폐한다. 〈캅스〉에서는 왜 한 번도 화이트칼라 범죄는 화면에 등장하지 않는가? 왜 남자들은 성폭력에 관한 자신들의 태도는 바꾸지 않으면서 여자들에게 위험하니까 집에서 샤워도 하지 말고 또 스스로 알아서 강간범들을 피하라고 하는가? 왜 사회의 태도가 변하여 남성들이 여성들을 때리는 것을 그치고 이런 상황에서 여성들이 실질적인 대안을 얻도록 하지 못하고, 경찰이 개입하여 가정 폭력 상황을 해결해야만 하는가?

리얼리티 TV쇼가 공유하는 네 번째의 구조적 특징은 이들이 가부장제와 전통적 핵가족의 가치를 영속화한다는 것이다. 〈캅스〉에는 가정 폭력에 대한 사건이 자주 등장한다. 〈캅스〉에서의 '한 사건'은 광고 사이에 등장하고 기껏해야 7분간 진행된다. 각 사건은 이 시간 내에 해결되어야 한다. 어떤 사건에서는 경찰이 범법자를 쫓아내면서 그의 아내나 동거자에게 다른 곳에 가서 머무르는 게 좋겠다고 말한다. 또 다른 사건에서는 어느 경관이 부부에게 더 의사소통을 잘하는 법을 배울 필요가 있다고 말한다. 나는 그 아내가 경관에게 잘난 척하지 말라고 욕하면서 자신들의 문제는 경관의 짧은 메시지로 파악된 내용보다 심각하다고 말하는 것을 듣고 깜짝 놀랐다. 그럼에도 프로그램의 내러티브 논리로는 경관은 '옳고' 그 여자는 '틀렸다'. 그리고 남편은 끝부분에 등장해서 아내를 껴안으며 사랑한다고 말하고 그동안 내내 지켜보며 울고 혼란스러워하던 아이들을 안아준다. 한 무리의 남자 경관들이 함정 단속을 실시해서 매춘부를 한 명 붙잡았을 때, 그 여자는 도덕적으로 타락한 것으로 보이는 반면 남자(경관)들은 순결하고 강인한 영웅들로 그려진다. 그리고 매춘부의 손님은 완전히 무시되고 종종 화면상에서 얼굴이 흐리게 처리된다. 여자 경관들은 이런 프로그램에서 아주 소수만 등장한다.

리얼리티 TV 프로그램, 특히 〈긴급구조 911〉, 〈고속도로 순찰대 실화〉, 〈코드 3〉 같은 프로에서는 평범한 사람들의 노력을 두드러지게 하는 것이 전형적인데, 여기서 이 사람들은 거의 항상 남자들이고 이들은 어린아이들을 물에 잠긴 뗏목에서 구조하거나 부서진 차에서 탑승자들을 빼주려고 차를 뒤집는 일 등을 함으로써 '영웅'으로 떠오른다. 도구를 다루는 그들의 기술, 아니면 그들 자신의 순전한 힘이 승리하게 된다. 그런 다음 이 남자들은 결말부에서 "나 원 참, 전 영웅이 아니에요" 식의 인터뷰로 감상적인 음악과 함께 그려진다. 여기에서 이데올로기적 메시지는 가부장제/권위의 세력들이 가장 사려와 분별이 있고, 남자들은 강하고 훌륭하며, 아버지들은 가정 우두머리로 적합하고, 일단 경찰들이 개입하거나 모범적이고 적절한 남성적 행위를 하면 문제점들이 사라진다는 것 등인데, 이는 그릇되고 위험한 획일적 메시지다.

이러한 프로그램들의 젠더 메시지에 대한 내 주장은 프로그램의 진행자들을 살펴볼 때 더욱 뒷받침된다. 내가 언급한 리얼리티 TV쇼 가운데 여성 진행자는 단 한 명도 없다. 더 나아가 각 진행자는 고령으로 퇴직한 영웅들이다. 가령 〈긴급구조 911〉의 진행자는 〈스타트렉Star Trek〉의 우주선장 커크(윌리엄 섀트너William Shatner)이고, 〈코드 3〉은 벅 로저스(질 제라드Gil Gerard), 〈동물이 공격할 때〉는 사설탐정 로버트 스펜서(로버트 유리히Robert Urich)이고, 〈풀리지 않은 사건들Unsolved Mysteries〉은 엘리엇 네스(로버트 스택Robert Stack)이다. 확실히 이들이 모두 영웅주의, 훌륭한 경관, 모험심 있는 제독, 그리고 정직한 형사에 관한 우리의 문화적 신화와 연관된 상징적 남자들이라는 점은 의미심장하다. 이건 마치 TV에서 의사 역할을 해온 사람들이 타이레놀 같은 상품을 사라고 외치는 꼴이다. 이들이 화면에 나오는 것은 그럴싸한 전문지식과 권위의 분위기를 제공한다. 재난 프로에서 우리에게 익숙한 우상의 존재는 영웅주의가 결국은 살아 있고 좋은 것이라는 메시지를 강화한다.

지금까지 나는 일상의 공포를 범죄나 긴급 상황의 전경(前景)에 내세우는 리얼리티 TV 프로그램의 네 가지 기본적인 구조적 특징을 설명했다. 이런 프로그램들은 현재의 사회적 계급구조를 받아들이고, 재확인시키고, 지지하기 위해, 그리고 가부장제의 가치들을 강화하기 위해 다양한 기본 내러티브 구조를 활용한다. 내 생각에 이런 프로그램들의 또 다른 내용상 특징은 더 복잡한 데다가, 아마도 〈서바이버〉 유형의 리얼리티 TV 프로그램 같은 새로운 종류가 인기를 누리게 만드는 특징일 것으로 보인다. 바로 그 특징은 평범한 사람들에게 15분짜리 명성을 제공하는 것이다. 다양한 종류의 리얼리티 TV는 현실과 재현의 경계를 모호하게 하며, 평범한 사람들로 하여금 텔레비전의 흥미로운 영역에서 주인공이 되도록 만들어준다. (그리고 재연 장면에서 아마도 여러분보다 훨씬 더 잘생긴 누군가가 여러분의 역을 맡게 될 것이다!)

아이러니컬하게도 리얼리티 TV에서 재현된 세계가 일상 현실의 평범한 특징을 더 많이 갖게 됨에 따라, 실제의 사건은 그 자체로(삭제가 여기에서 이루어진다) '발가벗겨진 채' 즉각적으로 경험되지 않는다. 말하자면 그것은 대리로 경험되거나, 아니면 스스로가 매개체가 될 때라야 더욱 훌륭해지는 방식으로 경험된다. 토네이도를 증언하거나 아니면 아동 학대가 실제로 존재한다는 것을 보이기 위해 우리는 캠코더를 통해 그 경험을 기록해야만 한다. 우리는 심지어는 실제의 재난도 매개된 것으로 경험한다. 이것은 종종 오클라호마 시 폭발 사건 같은 끔찍한 사건의 생존자들에 의해 언급되는데, 이들은 그 장면을 '재난영화 같아' 보인다고 묘사한다(세계무역센터 공격이 있고 난 후에도 사람들이 이런 표현을 종종 쓴다). 아큐라Acura▸ 광고는 이런 종류의 태도를 말도 안 되게 장황하게 늘어놓는다. 이 차는 "당신을 영화처럼 살게 만들고", 그 영화 속에서 "당신은 앞 좌석에 앉고" 당신은 "자신만의 사운드트랙을 선택합니다!"

리얼리티 TV 비판적으로 읽기

리얼리티 TV 프로그램의 내용상의 특징을 묘사할 때 마치 내가 리얼리티 TV를 무척 부정적으로 평가하는 것처럼 보일지도 모르고, 내가 하는 말

▸ 일본 혼다 자동차의 고급 브랜드 차종.

도 아마 (현실의) 거브너 혹은 (허구의) 오블리비언 같은 매체 비평가의 말처럼 들릴지 모른다. 그러나 이 절에서 나는 시청자들이 리얼리티 TV 프로그램을 비판적으로 읽는 독법에는 실제로 다양한 방식이 있다는 점을 전제하면서, 내용의 특징보다 시청자 반응의 특징에 더 집중하고자 한다. 거브너는 〈비디오드롬〉의 브라이언 오블리비언처럼 이런 공포에 우리가 친숙한 것이 폭력을 부추기고 편집증을 증가시킬 것이라고 느낀다. 나는 이러한 견해들이 그 프로그램의 내러티브가 실제로 어떻게 작용하는지를 제대로 인식하는지 의문스럽다. 그 대신 나는 그런 내러티브들에서 드러나는, 무디게 만들고 밋밋하게 만드는 효과를 서술했었다. 이것은 물론 둔감화를 의미하는 것처럼 보인다. 그러나 이 문제를 좀 더 생각해보자.

나는 여기에서 논의되는 부류의 텔레비전 쇼들이 포스트모던한 역전을 창조해낸다고 말하고 싶다. 다시 말해서 비록 텔레비전은 자신을 현실보다 우위에 두는 일종의 지위를 획득했을지 모르지만, 동시에 텔레비전은 밋밋한 현실, 즉 생생한 광경 묘사에도 불구하고 분별없고 공식에 꿰맞춘 듯하며 지루한 현실을 드러내는 것처럼 보인다. TV에서의 내러티브와 생생한 폭력 장면이 현실의 밋밋하고 비현실적인 경험과 같아진다면 이는 폭력과 악의 더 풍부하고 의미 깊은 내러티브, 즉 말하자면 『시학』에서 아리스토텔레스가 설명한 고전 비극의 전형과 비슷한 것을 사람들이 실제로 추구하고 있기 때문이다. TV 스크린에서 유혈이 낭자함을 묘사하는 것은, 만약 그 묘사가 의미 있는 플롯 속에서 더 진정한 도덕적 메시지에 대한 염원을 수반한다면 그렇게까지 비도덕적이지는 않을 것이다. 그렇다면 아마도 사람들이 허구에서, 심지어는 더 이해함직한 내러티브를 창출해내는 현재의 사건들에 관한 허구에서, 깊이와 의미를 발견한다 해도 놀라운 일은 아니다. 텔리비전의 서술이 감동도 주지 못하고 상업적인 시각적 전시에 불과한 생생한 광경 속에서 상실되고, 축소되고 밋밋해지고 종속된다면 악으로서의 공포의 의미 또한 상실된다. 걸프 전쟁의 '실제' 이미지들을 〈다이 하드*Die*

Hard〉, 〈터미네이터 II *Terminator II*〉 혹은 〈트루 라이즈*True Lies*〉의 '허구적'
이미지들과 비교하거나 아니면 아프가니스탄 전쟁의 이미지들을 〈라이언
이병 구하기*Saving Private Ryan*〉나 〈블랙호크 다운*Black Hawk Down*〉과 비
교하면, 이들 중 어느 이미지가 더 현실 같고 강력한지, 즉 더 표준적인 주
인공과 악당, 잘 전개된 내러티브가 있고 정서적 반응에 대한 더 명료한 단
서들이 있는 이미지가 어떤 것인지 분명해진다.

많은 매체 비평가들은, 관객들이 〈라이언 이병 구하기〉와 스필버그Spielberg
의 〈쉰들러 리스트*Schindler's List*〉 같은 영화를 즐기면서도 한편으로는 제2
차 세계대전이나 유대인 대학살과 같은 사건의 허구화된 이야기들 속에서
'의미심장함'을 찾으려 하는 것을 조롱한다. 그러나 거브너 같은 비평가는
이 둘 중에 하나를 택해야 한다는 입장이다. 시청자 대중은 자신들의 능력
에 대한 경멸만을 드러내는 이런 논리에 의해 피할 수 없는 딜레마에 빠진
다. 만약 시청자 대중이 허구적인 생생한 장면으로 관심을 돌린다면 그들
은 도피주의자가 되고, 반면에 그들이 진짜 광경을 본다면 그들은 관음증
환자가 된다. 아마도 악에서 선을 골라 그리는 더 심오한 내러티브에 대한
갈망은 기실 그렇게 경멸스러운 것은 아니다.

리얼리티 TV를 비판적으로 읽을 수 있는 시청자들의 역량에 더 중점을
두는 두 번째 이유는, TV에 나타난 일상의 공포가 너무나 원래부터 반복적
이고 밋밋해서 사람들은 아마도 아이로니컬하고, 참여적이고, 유머가 있고
패러디하는 입장에서 그냥 그 공포를 즐길 뿐이기 때문이다.[21] 그렇다면 이
것 또한, 리얼리티 TV에 대한 시청자들의 반응은 획일적으로 〈비디오드
롬〉에서 맥스 렌이 저지르는 살인과 자살로 이끄는 위험한 중독이나 암 덩
어리가 아님을 의미할 것이다. 프로그램들은 분명 공식에 꿰맞춘 듯하고
천박하고 또 골치 아픈 메시지를 전달하는 게 사실이다. 그러나 외설성에
판돈을 거는 이 프로그램들의 시도는 빤히 보이기 때문에 오히려 스스로를
우스꽝스럽게 만드는 기능을 한다. 이런 이미지들이 과다하게 증식되고 손

쉽게 이용되는 것, 이들의 친숙한 포장에는 유머와 아이러니와 자기 패러디가 내재할 가능성이 있다.

리얼리티 TV 프로그램을 시청자가 경험할 때 분명히 유머가 있다는 사실은 이들 프로그램에 대한 풍자와 패러디가 자주 등장한다는 데서 뚜렷이 드러난다. 레슬리 닐슨Leslie Nielson▶이 〈에어플레인Airplane〉 같은 재난영화를 제멋대로 주물러 재난영화 장르 자체를 슬랩스틱 코미디 수준으로 격하시켰듯이, 리얼리티 TV에 대한 몇몇 놀라운 패러디도 있었다. 최근의 영화 〈시리즈 7: 경쟁자들Series 7: The Contenders〉▶▶은 경쟁자들로 하여금 이기기 위해 서로를 살해하도록 요구하는 이른바 리얼리티 TV 게임을 극화함으로써 이런 공식을 극단적으로 적용했다.[22] 리얼리티 텔레비전에 대한 수많은 패러디가 TV 자체물로도 생겨났는데, 가령 멋지게 제목이 붙은 〈가장 겁나는 경찰 추격전에서 세계에서 가장 바보 같은 범죄자World's Dumbest Criminals in Scariest Police Chases〉가 그렇다. 또 다른 프로그램인 〈자동차가 공격할 때When Cars Attack〉는 내가 지금껏 시청한 것 중에 가장 웃기는 프로그램이다. 이 프로그램은 미쳐 날뛰고 이상하게 행동하는 자동차들이 저지르는 일을 묘사하기 위해 무표정하지만 걱정하는 내레이션 스타일을 이용한다. 이 프로그램은 용의주도한 경찰이 따라붙는 동안 겉보기에 자기들 스스로 운전하며 요리조리 체포를 피하는 자동차들을 아주 재치 있게 처리한 장면으로 보여준다.

사실 리얼리티 TV의 많은 프로그램들이 자기 스스로를 패러디하는 지경에까지 이르렀다. 얼마나 많은 질 나쁘고 괴상하고 낯선 프로그램들이 리얼리티 TV라는 가면 아래 급격히 양산되어왔는지 시청자 대중이 이해하지 못한다고 상정하는 것은 그들에게 믿기 어려울 정도로 자존심 상하는 일이

▶ 캐나다 출신의 미국 희극 배우로 패러디 영화에 많이 출연했다.
▶▶ 'Series 7'은 원래 미국에서 증권 중개인이 되기 위해 치러야 하는 시험을 가리킨다.

다. 리얼리티 TV는 다기(多岐)화된 자기 지시성으로 인해 그 재미가 입증될 수 있다. 가끔은 프로그램들이 리얼리티 TV 장르 그 자체에 대한 시청자들의 세련된 지식과 이해에 의존하기도 한다. 〈긴급구조 911〉의 어떤 기념 방영분은 예전 방영분들을 시청했던 사람들의 도움으로 구조됐다고 주장하는 백 명 이상의 사람들에 관한 특별 방영이었다. 〈미국의 일급 현상수배범〉은 원래 프로그램에 등장했던 '진짜' 가족을 배우들이 연기하는 TV 영화로도 만들어졌다. 의미심장하지만 형이상학적이고 혼란스러운 한 장면에서 TV 배우들은 〈미국의 일급 현상수배범〉의 TV 방영분에 나오는 진짜 가족을 자기 자신들이 연기하는 모습을 본다! 좀 더 지역적인 차원에서 리얼리티 TV는 또한 비록 섬뜩하기는 하지만 마치 희극적인 모습을 띤다. 휴스턴의 어떤 신문에서 존 메케이그 기자는 지역의 배우 한 사람이 지역 TV 쇼인 〈범죄 차단자Crimestoppers〉에서 8년 반 동안 범죄자 역할을 한 뒤에 네 번 체포되었다고 보도했다. "경찰 신분증을 갖고 다닌 것이 석방을 좀 더 쉽게 해주었지만 자신을 체포하는 경찰관들에게 총을 겨누는 것을 막지는 못했다"(Makeig, 1994: 29A).

어떤 리얼리티 TV의 사례들은 이 장르를 너무나 거침없이 그 원초적 수준으로 끌어내리기 때문에 역시 자기 패러디가 되곤 한다. 〈코드 3〉의 어떤 방영분은 재난 장면 세 개를 부각한다. 이 셋은 모두 내가 보는 바로는 진실주의적이다. 즉, 이들은 재연이 아니라 실제 장면을 사용했다. 첫 장면은 나이 많은 남녀가 피닉스Phoenix▶의 기습적 폭우로부터 구조될 때의 무미건조한 농담을 그린다. 보이스오버 내레이션으로 이 남자는 맥 빠진 넋두리를 늘어놓는다. "그들이 나를 마른 땅에 내려놓았을 때 처음 든 생각은 내가 그곳에서 빠져나오게 되어 신께 감사하다는 것이었다. 난 '아내가 수영을 못하는데 그들이 그녀를 어떻게 그곳에서 빼낼까?' 하고 생각하지 않

▶　미국 애리조나 주의 주도(州都)이며 최대 도시.

았다." 두 번째는 돌고래 한 마리가 구조되는 장면인데 만화영화 〈밤비 *Bambi*〉▸에서의 장면들처럼 부드럽게 넘어간다. "사람의 목숨만 구조가 필요한 건 아니다"라는 대사와 함께 교묘하게 두 장면이 이어진다. 이런 다소간 가볍고 행복한 에피소드 뒤에 별다른 경고도 없이 등장하는 세 번째 장면은 멕시코 과달라하라에서 일어난 끔찍한 천연가스 폭발 결과에 대한 화면이다. 재난 장면들과 잔해에 갇힌 사람들의 몇몇 장면이 나오고, 건물 더미에서 구조되어 신과의 새로운 관계를 찾았다고 눈물을 글썽이며 말하는 남자의 (번역된) 인터뷰도 나온다. 또다시 이 프로그램은 그 달콤한 메시지와 천박함을 통해 공포를 덜어준다. 끝맺으면서 질 제라드는 공허한 논평을 읊조린다. "이 재난은 3억 달러의 재산 피해를 초래했습니다. 그러나 사람의 목숨에는 가격을 매길 수 없죠. 모든 생명은 소중한 것입니다. 다음 주에 다시 뵙겠습니다.……" 이런 유의 프로그램에는 패러디라곤 전혀 필요 없다.[23]

이와 유사하게 공허한 프로인 〈긴급 전화〉도 리얼리티 TV 장르를 너무나 의식화(儀式化)하고 공식에 꿰맞춘 듯한 방식으로 극도로 축소시키는 바람에 괴상하고 서투른 모방으로 끝나고 만다. 잘생긴 로버트 스택이나 '커크 선장' 혹은 '벅 로저스' 같은 강력하게 남성적인 진행자 대신에, 이 프로그램은 우리가 한 번도 들어본 적이 없고 뭔가 어울리지 않는 낮은 라디오 목소리를 지닌 작고 땅딸막한 남자를 내세운다. 이 쇼는 사이렌 소리, 심장 박동소리와 함께 번쩍이는 통계숫자들 같은 장치들도 사용하여 각각의 장면 전에 엄청난 과장 상태를 만들어내려고 하지만, 이 모든 장치들은 되는 대로 삽입되어 아무런 효과도 내지 못하는 것처럼 보인다. 다른 리얼리티 TV쇼와는 달리 이 프로그램은 종종 어떠한 해결도 제공하지 않은 채 재난 장면을 중단한다. 어떤 프로는 자동차 사고 장면들로 시작한다. 처음에 나

▸ 1942년 월트디즈니사가 제작한 만화영화에 나오는 어린 사슴의 이름.

오는 사고에서 부모는 안전벨트를 매지 않아 다치지만 아이들은 안전벨트에 고정된 채 무사하다. 이와 비교되는 장면은 아이들이 다쳤고 안전벨트를 매지 않았던 사고를 보여준다. 이 이야기의 교훈은 아주 분명하지만 내레이터는 엄숙하게 이 교훈을 강조한다. 그다음으로 우리는 자동차 사고를 당한 어린 희생자의 신발을 줍는 앰뷸런스 요원들의 얼굴 위로 눈물이 흘러내리는 감동적인 장면을 본다. 어린 소년이 들것에 올려져서 앰뷸런스에 실린다. 앰뷸런스는 출발해 사라진다. 그때 내레이터가 이렇게 비장하게 읊조린다. "경주는 계속되고 있습니다. 의사들이 이 어린 네 살배기 아이에게 …… 다섯 살을 보게 될 기회를 주려고 대기하고 있습니다." 그러나 광고가 하나 뜨고, 또 이런 식이다! 네 살짜리 자동차 사고 희생자가 죽는가 사는가? 누가 알기나 하겠는가? 누가 신경이나 쓸까? 잠시 쉬었다가 우리는 필라델피아의 거리에서 누군가 칼에 찔린 재난 장면을 새롭게 보게 된다. 이것은 그런 종류의 행복한 결말은 어찌되었건 그저 덧칠해진 것에 불과함을 암시한다.

시청자는 리얼리티 TV의 프로그램을 어떻게 읽는가? 나는 〈고속도로 순찰대 실화〉에 푹 **빠졌다**고 고백하는 많은 사람들을 만났는데, 이들은 한결같이 그건 이 프로그램이 너무나 매력적일 정도로 나쁘기 때문이라고 말한다. 과도한 카메라 작업, 엉터리 연기, 그리고 지나치게 과장된 드라마는 그저 누구에게나 너무나 웃겨서 심각하게 받아들일 수가 없다. 이 프로그램이 〈생방송 토요일 밤 *Saturday Night Live*〉(패러디를 1993년과 1998년에 내보낸 바 있는)의 패러디 공식에 완벽하게 들어맞는 게 놀랍지도 않다.[24] 이것은 우리로 하여금 프로그램과 시청자가 일종의 협정이나 상호이해를 갖는다는 가설로 이끈다. 모두가 이 장르의 공식에 꿰맞춘 듯한 진부한 성격을 알아채고, 그래서 우리는 그런 패러디물을 전복적이고 아이로니컬한 정신으로 지켜보는 데 참여한다.

마치며: 플러그인된다는 것에 대하여

언급할 만한 가치가 있는 세 번째이자 마지막 현상은 리얼리티 TV에 대한 비판적 반응의 가능성에 관한 내 가설을 뒷받침하는데, 이것은 〈비디오드롬〉의 오블리비언 교수가 예견하지 못한 어떤 중요한 매체상의 발전과 연관된다. 물론 여기서 나는 인터넷 얘기를 하려는 것이다. 이 매체는 많은 보통 사람들에게 자신들의 견해를 표현하고 현실의 새로운 매체 버전, 즉 거브너 같은 전문가들이 논의하지 않은 버전을 글로벌하게 창조하는 데 참여하는 수단을 제공해왔다. 집에서 만든 인터넷 사이트는 대단한 부나 제도적인 지위, 심지어는 컴퓨터 코드화 전문 지식이 없어도 많은 보통 사람들에 의해 제작될 수 있다. '웹 로그(Web logs)'나 '블로그(blogs)'가 급격히 늘면서 사람들로 하여금 그 어떤 주제에 관한 것이건 자기들 의견을 표현할 수 있게 하며 때로는 수천의 접속 횟수를 이끌어낸다.[25] 수많은 팬사이트와 채팅룸은 심지어는 팬들과 스타 사이에 더 넓은 참여와 상호작용을 허용한다(가령 웹사이트 www.williamshatner.com과 같이). 그런 사이트에서 표현되는 견해들은 굉장히 다양하고, 그 사이트 자체가 상업적 사이트라 하더라도 꼭 특정한 회사의 비위를 맞추지 않아도 된다. 웹사이트는 세련되고 잘 디자인된 것부터 매력적일 정도로 아마추어적인 것까지 망라한다. 이것들은 세속적인 논의와 깊이 있는 비판적 평가 둘 다에 접근 수단을 제공하고, 재치 없는 열정으로부터 거칠고 천박한 조소에 이르기까지 광범위한 의견들을 만들어낸다.

인터넷은 (학술적으로 검증된 저널 논문은 말할 것도 없이) 라디오, 텔레비전, 영화 스튜디오 제작물 같은 이전의 상업적 매체에서는 가능하지 않았던 일종의 민주적 참여와 자기 표현(또는 자기 유혹?)을 위한 공간을 열어놓았다. 웹의 세계는 그 성격 자체가 즉각적이고 단명하고 융통성 있는데, 높은 차원의 세부적인 상호작용과 교환은 물론이고 스피드 있고 다원적으로 진행되는 대화도 가능하게 한다. 따라서 웹은 내가 시청자의 역량이라고 언급한 것들인 시청자 참여, 비판 그리고 패러디의 방식을 통한 비판적 반응을 용이하게 한다. 웹에서 리얼리티 TV에 대한 청중의 반응을 찾다보면 우리는 팬사이트가 확산되고 많은 비판적 반응을 접할 수 있는 영역으로 아주 빠르게 들어가게 된다.

예를 들면 나는 학생들의 TV 논평을 출판하는 어느 대학 내 웹사이트에서 폭스 TV의 〈동물이 공격할 때 II *When Animals Attack II*〉에 대해 날카롭게 비판하는 뛰어난 온라인 논문을 발견했다. "리얼리티가 공격할 때(When Reality Attacks)"라는 재치 있는 제목이 붙은 이 논문은 평균적인 시청자도 음란한 내용 같은 데는 흥미를 두지 않고[26] 동물 공격에 대한 폭스 TV의 인기 시리즈물 같은 스튜디오물 이면에 숨어 있는 경제적 이해관계를 분간해 낼 수 있다고 분명히 주장한다. 더 재미있고 아주 흔한 것은 패러디 팬사이트인데, 예를 들면 사이트 〈큰 지느러미*Big Fins*〉는 플래시(Flash) 기법▸을 이용해서[27] 〈서바이버 4: 감염 병동*Survivor 4: Infection Ward*〉과 〈돼지 죽이는 사람*Pig Killer*〉 같은 종종 유쾌한 패러디물을 수많은 짧은 비디오에 담아 화면에 내보낸다.

리얼리티 TV가 다루는 일상의 공포는 철학적 고찰의 대상이 되기에 충분할 만큼 널리 유행하면서 우리를 심란하게 만드는 현상이다. 리얼리티 TV에 나타난 일상의 공포의 핵심적 특징들은 어떤 평가를 해달라고 크게 소리친다. 즉, 공포의 일상성, 플롯 없음, 생생한 장면 강조하기와 현실과 재현 사이의 혼동 등이 그것이다. 실제로든 허구로든 내가 언급했던 몇몇 매체 비평가들의 견해와는 달리, 내 자신의 평가는 리얼리티 TV에서 이중적 효과를 가진 역설적 분야와 마주친다. 여기에는 무척 보수적인 효과도 포함되지만 또한 청중의 허무주의와 회의주의 그리고 아마 상당히 도덕적

▸ 순간 장면을 보여주는 것.

인 비평으로서 전복적 해석을 산출하는 냉소 능력을 알아차리는 효과들도 포함된다.

〈최인환 옮김〉

주

1 이 글은 〈캅스Cops〉(1989년에 첫 방영) 같은 프로그램을 패러다임으로 택한다. 나는 〈현실 세계Real World〉, 〈서바이버Survivor〉와 〈빅 브라더Big Brother〉 같은 유의 좀 더 최근 프로들은 논하지 않는다. Reality 2 같은 웹 사이트도 참조할 것. 나는 이 논문의 초고를 읽어주고 많은 개선점과 참고자료를 추가로 제시해준 데커드 호지Deckard Hodge와 마리-로어 라이언Marie-Laure Ryan에게 감사를 표한다.

2 리얼리티 TV 접속 사이트 http://www.realitylinks.com을 참조할 것. 이 사이트는 전 세계적으로 아주 많은 프로그램은 물론 미국 내의 이런 프로그램들을 실제로 수십 개 올려놓고 있다. 나는 〈데이트라인Dateline〉이나 〈하드 카피Hard Copy〉 같은 '뉴스 매거진' 프로그램들은 포함시키지 않는다. 리얼리티 TV로 간주될 수 있는 다른 프로그램으로는 〈미국에서 가장 웃기는 홈 비디오America's Funniest Home Video〉(여기에서 유머의 90퍼센트는 잔인한데, 예를 들면 누군가가 통나무에서 떨어지거나 진흙탕에 빠지는 장면 같은 것이 나온다)가 있다. 리얼리티 TV의 간략한 역사에 대해서는 로웬Rowen의 글을 참조할 것. 로웬은 이 장르의 기원을 찾아 1948년의 〈몰래 카메라Candid Camera〉와 심지어는 그보다도 앞선 '리얼리티 라디오'에까지 거슬러 올라간다: "앨런 펀트Allen Funt는 원래 동료 병사들의 불평거리를 녹음해서 미군 라디오 방송에 내보냈고 자신의 생각을 1947년에 〈몰래 마이크Candid Microphone〉라는 프로그램으로 공중파 라디오로 전했다."

3 이 영화는 처음에 프로그램들을 외국의 어떤 곳에서 유래된 것으로 제시하다가 나중에는 피츠버그에서 보내온다고 밝히는데, 아마도 〈좀비들의 밤Night of the Living Dead〉과 그 속편을 제작한 영화감독 조지 로메로George Romero를 빗대어 언급하는 것이다.

4 사실, 우리는 그가 죽었고 테이프가 끊임없이 업데이트되면서 그의 딸 비앙카 오블리비언이 운영하는 거대한 도서관에서 열람되고 있다는 것을 나중에 알게 된다.

5 Stossel, 1997: 86~104 참조. 나는 온라인 판을 인용하고 있다.

6 다른 예로는 〈졸업기념앨범Yearbook〉, 〈평결Verdict〉, 〈진짜 형사True Detectives〉, 〈현장에서On Scene〉, 〈심층취재Inside Edition〉, 〈풀리지 않은 사건들Unsolved Mysteries〉, 〈최고 경찰Top Cops〉, 〈미국의 일급 현상수배범〉, 〈하드 카피Hard Copy〉와 〈시사 문제A Current Affair〉 등이 있다. 더 많은 참고와 논의를 위해서는 카터Carter(1989)와 스튜어트Stewart(1991) 참조.

7 공포영화에서의 플롯의 역할과 내러티브, 사상 및 생각에 관해서 더 알려면 캐럴Carroll의 『공포의 철학Philosophy of Horror』과 프리랜드Freeland의 글(1999) 참조.

8 다음의 글은 거버너의 입장을 특별히 잘 대변해준다. "미국 텔리비전에서의 폭력은 3년 내리 감소했지만 UCLA 대학의 연구에서 보듯 폭력 프로그램의 새로운 원천인 '충

격 다큐멘터리(Shockumentaries)'는 증가했다. 이 연구는 네 곳 공중파 방송의 폭력 텔레비전 시리즈의 숫자가 이전 두 시즌과 비교했을 때 1996/97 시즌에 감소했음을 밝혔다. 폭력은 또한 TV용 영화와 방송광고에서도 줄어들었다. 그러나 어느 보고에 따르면 리얼리티 액션 특집물 혹은 '충격 다큐멘터리'에는 심각하고도 새로운 걱정거리들이 있는데, 가령 〈세계에서 가장 위험한 동물World's Most Dangerous Animals〉, 〈동물이 공격할 때〉, 〈비디오 재판: 테이프에 찍힌 범죄Video Justice: Crime caught on Tape〉와 〈세계에서 가장 무서운 경찰 총격전〉 등이 그것이다. UCLA 커뮤니케이션 정책연구 센터의 소장이자 이 보고서의 저자인 제프리 코울Jeffrey Cole은 이렇게 말했다. "대다수의 프로그램들은 폭력의 주제에 대해 책임감 있게 다루지만 리얼리티에 기초한 특집물들은 그렇지 않다. 이렇게 폭력으로 채워진 특집물의 숫자는 1996/97 시즌 동안 계속 증가했다."

9 심지어는 1-800-COLLECT 전화번호를 홍보하는 텔레비전 광고가 있고 여기에 피터 맥필리Peter McPheeley가 등장하는데 그는 이 광고에서 사슴에게 공격받는 사냥꾼이다. (이 정보에 대해 나는 데커드 호지에게 감사한다.)

10 "한 NBC 최고위 중역이 이른바 리얼리티 TV쇼를 점점 더 많이 방영한다며 폭스 TV를 화요일에 힐난하면서, 동물의 공격을 보여주는 프로그램은 '스너프 영화와 진배없다'고 말했다. 폭스 TV 관계자들은 NBC 서부 지국 회장인 돈 올마이어Don Ohlmeyer가 자기들 방송국 일이나 걱정해야 한다고 넌지시 비쳤다. 닐슨 미디어 리서치Nielson Media Research에 따르면 11월 18일에 폭스 TV가 방영한 〈동물이 공격할 때 II〉는 해당 주간 프로그램 중에서 여섯 번째로 시청률이 높았다. 폭스 TV는 성난 동물에 관한 특집 프로를 11월에 두 번 내보냈는데, 11월은 '싹쓸이' 달이었고 이달에 지역 텔레비전은 광고비 책정 시에 시청률을 감안한다. 올마이어는 이런 프로를 방영하는 폭스 TV는 '부끄러움을 모른다'고 말했다. 그는 동물 방송을 살인 장면이 등장하는 일종의 포르노그래피인 스너프 영화에 비유했다. 지난달에 폭스 TV는 또한 지진, 홍수, 토네이도 및 다른 자연 재앙 장면을 보여주는 〈재난이 닥칠 때〉와 임사 체험(near-death experiences)을 묘사하는 〈구사일생: 죽음을 속이기Close Call: Cheating Death〉를 방영했다. 폭스 TV 관계자들은 자신들만 이런 종류의 방송을 하는 건 아니라고 하면서 NBC도 최근에 황소 뿔에 찔린 사람을 등장시키는 〈데이트라인 NBC〉의 방영분을 선전했다고 언급했다"(AP 통신).

11 〈캅스〉에서 드물게 음악 반주가 사용되기도 한다. 예를 들면 나는 흥분시키는 타악기 사운드트랙이 깔린 마약 소탕전을 보여주는 에피소드를 시청했다.

12 〈캅스〉 제작자인 존 랭글리John Langlely는 자신의 전략을 이렇게 설명한다. "난 항상 진행자도 없고, 내레이션도, 재연도 없이 경찰관을 여기저기 따라다닌다는 생각을 좋아했다. 모든 재료가 모여 로스앤젤레스로 오는데 현장 스태프가 스토리가 될 만한 것들에 꼬리표를 붙인다. 그런 다음 우리의 편집 스태프가 가장 흥미로운 소재들만 따로 모으는데, 나는 그것을 갖고 필요하다면 커트하거나 손본 뒤에 무엇이 보여줄 만한 것인지 결정한다." 편집 작업을 도와준 어떤 언론인의 좀 더 냉소적인 평가를 보려면 시걸Seagal의 글 참조.

13 "기본적으로 우리는 재미있게 꿰맞추어 배합하려고 한다. 예를 들면 액션 장면(시청자를 사로잡는), 서정적 장면(감정을 더 고조시키는), 그리고 생각 장면(시청자들로서는 생각을 자극받는) 등이 그것이다"(Langley, 2001).

14 이 분야의 많은 출판물들이 있다. 주요한 것으로는 해밀턴Hamilton(1999), 위버와 탐보리니Weaver & Tamborini(1996) 그리고 두 개의 온라인 소스로서 「전국 텔레비전 폭력 연구*The National Television Violence Study*」(http://www.ccsp.ucsb.edu/ntvs.html)와 미국 심리학회American Psychological Association의 「텔레비전에서의 폭력 *Violence on Television*」[http://www.apa.org/pubinfo/violence.html(2002. 3. 25)]이 있다.

15 나는 매체 폭력 연구에 대한 비평이 포르노그래피 연구의 지나치게 단순한 성격에 대한 비판에서 도움을 얻을 수 있다고 믿는다. 예를 들어 밴스Vance의 글(1990)을 보라. 거브너의 연구에 대한 비판에 대해서는 기틀린Gitlin(1994)을 참조할 수 있는데 그는 다음과 같이 쓴다. "오늘날의 화면 폭력이 아무리 도덕적 예술적으로 비난받을 만하더라도 텔레비전 폭력에 대항하는 폴 사이먼Paul Simon 상원의원과 재닛 리노 Janet Reno 법무장관의 십자군 운동은 포르노그래피에 대한 캐서린 맥키논Catharine MacKinnon의 전쟁과 마찬가지로 쓸데없는 시도이다. 폭력을 미디어의 탓으로 돌리는 데는 기실 이유가 있지만 이 둘 사이의 관련은 최근의 뉴스 제목들이 사람들로 하여금 믿게 만들려는 것보다는 약하다. 미디어를 악마로 매도하는 시도는 폭력이 창궐하는 진정한 이유와 그에 대한 진지한 치료로부터 우리의 주의를 흩어놓는다"(○○○).

16 Carol, *Philosophy of Mass Art*, 특히 360~412쪽 참조.

17 이런 좀 더 복잡한 종류의 분석과 살인마 영화(slasher film) 장르의 한 가지 예는 라이언과 켈너Ryan and Kellner(1988), 192~193쪽에서 발견된다.

18 피스크Fiske(1987), 특히 15장 참조.

19 캐슬린 커리Kathleen Curry는 이렇게 보고한다. "대부분의 응답자는 이 프로그램이 범죄에 대한 그들의 두려움이나 타인에 대한 신뢰 수준 어느 것에도 영향을 끼치지 않았다고 말했다. 반대로 대부분의 응답자들은 다음의 인용문처럼 염려하는 목소리를 냈다. '내 생각엔 그것은 프로그램 자체에 관한 문제입니다.…… 그것은 당신과는 떨어진 일이죠. 왜냐하면 내 생각엔, 아, 사건은 저기 있고 난 여기 있고 나는 이 동네에 살고 있으니 그 일이 내게는 일어나지 않을 테고 …… 내가 그 동네에 들어가지 않는다면 …… 다른 누구나가 범죄를 두려워하듯 나도 두렵지만, 하지만 사실은 두려움을 느끼지 않으니까요.'(마티Marty, 23세, 백인 여성)"(Curry, 2001: 180).

20 유사한 입장을 아주 강력하고 훌륭하게 기틀린이 밝힌 바 있다.

21 또 다른 논문에서 나는 일상의 공포에 관련된 리얼리티 TV 프로의 속성을 토크쇼와 연관시키려고 하는데, 많은 토크쇼들 또한 성과 폭력이 난무하는("그녀는 의붓아들과 잤다" 혹은 "엄마는 딸의 약혼자를 가로챘다") 사적인 가족드라마의 공포스러운 장면을 부각한다.

22 팀 크라이더Tim Kreider는 이렇게 쓰고 있다. "데이비드 미나한David Minahan 감독은 자기 케이크를 갖고 싶어 하고 우리도 그걸 먹기 원한다. 비록 그가 리얼리티 TV 장

르를 그 투명할 정도로 조작된 기법과, 자막이 붙은 서스펜스, 그리고 싸구려 인간적 관심을 조롱하면서 무자비하게 패러디하기는 하지만 그도 또한 자기만의 드라마적인 목적을 위해서 똑같은 기법을 사용한다."

23 이 주제에 관해서는 포스트먼Postman(1986) 참조.

24 http://snltranscripts.jt.org/scripts/98dpatrol.phtml 참조. 또한 비판적 웹사이트를 하나 볼 것. "만약 당신이 뭔가 진짜 저급한 것을 보고 싶다면 〈고속도로 순찰대 실화〉를 한번 보세요. 이건 〈캅스〉와 꼭 같은데 덜 고급스럽습니다. 난 농담하는 거 아닙니다. 범죄는 열 배는 덜 극적이고 사람들이 교통위반 딱지 떼는 장면보다 그저 약간 더 흥분되는 정도입니다"[Cop Clones, "Fries Mister", *Hotwired*, http://hotwired.lycos. com/teevee/96/38b.html(2002. 3. 29; 2002. 4. 26)].

25 '블로그' 현상에 대해서는 하워드 커츠Howard Kurtz의 「당신이 뭘 생각하는지 누가 신경 쓰겠는가? 블로그하고 찾으라 *Who Cares What You Think? Blog, and Find Out*」, *Washington Post*, 2002. 4. 22, COI 참조. 온라인은 http://www.washingtonpost.com/ wp-dyn/articles/A25512-2002Apr21.html(2002. 4. 26) 참조.

26 저자는 크리스 브라운Chris Brown이다(1996. 11. 24). 나는 이 원래의 논문을 보관해놓지 않았고 이 사이트는 더 이상 유효하지 않다.

27 〈서바이버 4〉와, 미술과 음악이 둘 다 있는 다른 패러디들은(〈부시와 체이니가 컨보이를 노래한다 *Bush and Cheney sing Convoy*〉를 포함하는)는 http://bigfins.com/sur- vivor.html 참조. 또한 리얼리티 TV 팬들은 http://www.realitytvfans.com 참조.

참고문헌

Associated Press. "NBC Exec Rips Fox for Reality TV." *New York Telegraph Herald*, November 11, 1996.

Carroll, Noël. *The Philosophy of Horror*. New York: Routledge, 1990.

_____. *A Philosophy of Mass Art*. Oxford: Clarendon Press, 1998.

Carter, Bill. "NBC News Decides to Stop Using Dramatizations." *New York Times*, November 21, 1989, 13Y.

Curry, Kathleen. "Mediating *Cops*: An Analysis of Viewer Reaction to Reality TV." *Journal of Criminal Justice and Popular Culture* 8.3 (2001): 169~185.

Fiske, John. *Television Culture*. London: Methuen, 1987.

Freeland, Cynthia. *The Naked and the Undead: Evil and the Appeal of Horror*. Boulder: Westview, 1999.

Gerbner, Daniel. "Study Finds U.S. TV Violence Declining." Reuters News Service, January 14, 1998.

Gitlin, Todd. "Imagebusters." *American Prospect* 5.16, December 1, 1994. Online at http://www.prospect.org/print/V5/16/gitlin-t.html(March 25, 2002).

Hamilton, James T., ed. *Television Violence and Public Policy: Duke Conference on Media Violence and Public Policy*. Ann Arbor: University of Michigan Press, 1999.

Kreider, Tim. "Review of *Series 7: The Contenders*." http://www.lipmagazine.org/articles/revikreider_108.htm(April 12, 2002).

Kurtz, Howard. "Who Cares What you Think? Blog, and Find out." *Washington Post*, April 22, 2002, CO1; online at http://www.washingtonpost.com/wpdyn/articles/A25512-2002Apr21.html(April 30, 2002).

Langley, John. "Interview." http://www.tvcops.com/pages/exclusive_langley_crime.html(August 17, 2001).

Makeig, John. "Actor as Crook has Pulled 82 Robberies, Carjackings, Rapes."

Houston Chronicle, February 18, 1994, 29A.

Postman, Neil. *Amusing Ourselves to Death: Public Discourse in the Age of Show Business.* New York: Viking, 1986.

Rodley, Chris, ed. *Cronenberg on Cronenberg.* London: Faber and Faber, 1992.

Rowen, Beth. "Reality TV Takes Hold." Infoplease.com, (c) 2002 Learning Network, March 29, 2002. http://www.infoplease.com/spot/realitytv1.html (April 12, 2002).

Ryan, Michael, and Douglas Kellner. *Camera Politica: The Politics and Ideology of Contemporary Hollywood Film.* Bloomington: Indiana University Press, 1988.

Stewart, Susan. "Re-enactment Shows Blur the Lines on Everything but Shock." *Detroit Free Press,* July 14, 1991, GI.

Stossel, Scott. "The Man Who Counts the Killings." *Atlantic Monthly* 279.5 (May 1997): 86~104.

Vance, Carole S. "The Pleasures of Looking: The Attorney General's Commission on Pornography and Visual Images." *The Critical Image.* Ed. Carol Squiers. Seattle: Bay Press, 1990. 38~58.

Weaver, James B., III, and Ron Tamborini, eds. *Horror Films: Current Research on Audience Preferences and Reactions.* Mahwah NJ: Lawrence Erlbaum, 1996.

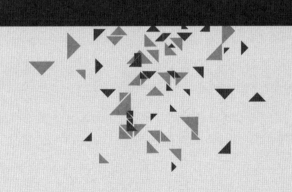

III부
디지털 매체

Narrative across Media

: The Languages of Storytelling

III부

디지털 매체

오늘날 컴퓨터는 수많은 인간의 활동 영역으로 침투해 들어갔으며, 만약 우리가 무언가를 만들거나 작동시키기 위해 전자기술을 사용하는 매체를 일컬어 디지털이라는 용어로 부른다면, 실상 모든 전송 매체와 상당 부분의 예술 매체가 여기에 포함될 것이다. 오늘날 소설 창작도 워드프로세서로 작업하고, 그래픽 예술도 이미지의 디지털 조작으로 만들어낸다. 음악 작곡 역시 전자 키보드에서 연주되는 곡조를 악보로 바꿔놓는 소프트웨어를 사용한다. 그러나 이러한 소프트웨어 프로그램을 통해 만들어진 곡이나 영상, 텍스트는 전시되거나 공연 또는 배포될 때 컴퓨터에 의존하는 것만은 아니다. 한편, 제작 과정에는 디지털 기술이 수반되지 않지만 전달하고 표현하는 매체로는 컴퓨터를 사용하는 예술작품도 많다. 우리는 인터넷상으로 잭슨 폴록Jackson Pollock▸의 그림을 감상할 수 있고, 전자책을 통해 제인 오스틴Jane Austin의 『오만과 편견*Pride and Prejudice*』을 읽을 수 있다. 또한

▸ 20세기 미국 화가. 추상 표현주의 운동의 기수.

베토벤의 9번 교향곡을 CD로 듣기도 하고, 영화 〈카사블랑카*Casablanca*〉의 DVD 판을 개인 컴퓨터로 즐길 수 있다. 디지털 매체를 사용했다고 인정받기 위해서는 텍스트(여기서는 가장 확장된 의미로 쓰고 있음)가 단지 컴퓨터를 통해 제작되었을 뿐 아니라 전시하는 경우에 반드시 컴퓨터가 수반되어야 한다. 진정한 의미에서 디지털 텍스트는, 디지털 기술이 이들의 생명을 지탱해주는 힘이기 때문에 컴퓨터와 분리되어 생각될 수 없다.

텍스트로 하여금 디지털 환경에 의지하게 만드는 것은, 이른바 컴퓨터 시스템의 가장 두드러진 특징이라고 할 수 있는 변하는 환경에 대한 발 빠른 대응성을 텍스트가 최대로 활용하기 때문이다. 사용자의 입력에서 비롯하는 변화일 경우 우리는 이것을 쌍방향적 속성(property interactivity)[1]이라고 부른다. 디지털 텍스트가 지닌 쌍방향적(interactive) 성격은 피드백 루프(feedback loop)로 나타나는데, 이 과정에서 사용자의 몸과 연결된 마우스, 키보드, 조이스틱, 휴대용 스캐너인 마술 지팡이, 센서가 부착된 데이터 입력용 장갑인 데이터글러브 또는 헤드셋으로부터 — 종종 가상 인물을 통해서 — 프로세서로 정보가 전달되고, 다시 프로세서에서 디스플레이 장치로 정보가 전달되며, 이때 사용자가 내린 명령에 의해 정보가 수정되는 것이다. 수정된 디스플레이는 다시 사용자의 마음으로, 그리고 다시 사용자의 몸으로 돌아온다. 디지털 매체는 우리를 고정된 텍스트 앞에 가져다놓는 것이 아니다. 디지털 매체는 우리를 시스템 안에 위치시킨 후 계속적으로 역동적인 대상을 만들어낸다. 캐서린 헤일스N. Katherine Hayles가 말하듯이, "우리는 매체이고 매체가 우리가 된다"(Hayles, 2001: 37).

1980년대 이후 등장한 컴퓨터를 활용하는 다양한 내러티브 형태로 판단해볼 때, 지난 20년이 이루어낸 기술적 혁신은 내러티브 역사상 중추적인 사건이라고 볼 수 있다. 이러한 내러티브 형태로는 이른바 포스트모더니즘 소설이 보였던 '비선형적'이며 끝없이 갈라지는 플롯을 지닌 하이퍼텍스트 소설(hypertext fiction), 플롯 중심의 아리스토텔레스식 대본을 바탕으로 사용자가 인공지능이 만들어낸 인물들과 서로 반응하는 쌍방향 드라마(interactive drama), 사용자가 자신의 인물을 만들어낸 다음 실시간으로 다른 사용자와 대화할 수 있도록 고안된 '내러티브 세계(narrative worlds)', 그리고 이런 모든 범주와 섞일 수 있는 컴퓨터게임 장르 등이 있다. 그러나 이런 여러 장르가 생겨났음에도 불구하고, 쌍방향이라는 환경이 만들어준 서사적 장점에 대한 의문은 여전히 풀리지 않고 있다. 쌍방향적 내러티브 형태는 분명 존재한다. 하지만 디지털 매체의 이러한 특징이 과연 내러티브적 의미를 구축하는 데 기여할지 아니면 방해가 될지는 의문이다. 쌍방향적 텍스트가 내러티브적 일관성을 획득한다고 말할 때, 과연 매체와의 조화로운 관계를 통해서인지, 아니면 매체와 정면충돌하며 얻게 된 것인지를 살펴보아야 한다.

이 문제를 우선 하이퍼텍스트 이론의 입장에서 접근해보기로 하자. 왜냐하면 하이퍼텍스트가 디지털 매체의 내러티브적 가능성을 최고로 활용하기 때문이 아니라, 이 장르를 옹호하는 사람들이 컴퓨터가 지닌 내러티브적 장점에 대해 가장 큰 목소리를 내기 때문이다. 하이퍼텍스트의 제1세대 이론가들은 내러티브가 쌍방향적 환경에서 발전할 뿐 아니라, 이런 쌍방향성 때문에 내러티브의 법칙이 완전히 다시 쓰이게 될 것이라고 주장했다. 하이퍼텍스트에 대한 획기적인 책을 펴낸 조지 랜도George Landow는 내용 가운데 한 장의 제목을 '내러티브의 재구성(Reconfiguring Narrative)'이라고 불렀다. 이러한 재구성은 독자의 역할과 더불어 시작된다. "하이퍼텍스트에서 독자는 독자-작가가 된다.…… 이 적극적인 독자-작가는 마치 화자가 '다른 사람'의 어법과 어휘, 구문으로부터 자신의 문장과 담화를 만들어내듯이 '다른 사람'의 텍스트로부터 텍스트와 의미를 만들어낸다"[Landow, 1992(1997): 196].

재구성 과정은 전통적인 내러티브 구조에서도 계속 진행된다. "하이퍼텍스트는 아리스토텔레스 이후 진행되어온 플롯과 스토리 개념에 의구심을 던진다"(181). 하이퍼텍스트는 왜 아리스토텔레스식 플롯 개념에 도전장을 던지는 것일까? "전자 하이퍼텍스트 소설의 이야기는 미리 정해진 사건의 연속보다는 가능성의 망으로 구성되어 있다"(Hayles, 2001: 210). "한 번 읽으면 끝나는 그런 이야기는 없다. 왜냐하면 매번 읽어나가면서 이야기 진행이 결정되기 때문이다. 이제 우리는 이야기는 없고 단지 읽기들만이 있다고 말할 수 있다"(Bolter, 1991: 124). 물론 이런 주장을 펴는 이론가들이 내러티브와 스토리의 개념을 느슨하게 적용해 **문학적 허구와 같은 뜻으로 쓰는** 것은 아닌가 생각해볼 수도 있다. 하지만 분명한 점은 완전히 다른 매체에 바탕을 둔 하이퍼텍스트가 전통적인 인쇄본 소설과는 다른 텍스트적 경험을 제공한다는 사실이다. 이 사실조차 부인한다면 이는 이 책이 근거하고 있는 기본 전제를 거부하는 셈이 된다.

그렇다면 이러한 새로운 텍스트에 대한 경험이 기본적인 내러티브 구성 요소인 플롯, 인물, 사건, 시간성, 인과성 등에 영향을 미친 것이라고 결론 내릴 수 있는 것일까? 아니면 하이퍼텍스트 기계가 만든 결과물이 새로운 종류의 플롯이 아니라 미완성된 플롯이거나 아니면 플롯 초안 몇 가지에 불과한 것은 아닌가? 아무런 거리낌 없이 이론과 미래학을 마구 뒤섞어 쓰는 몇몇 학자들은 인간의 향상된 기억 능력과 빨라진 컴퓨터 속도 덕에 디지털 기술이 인간의 마음을 더욱 발전시킬 수 있을 것으로 본다. 만약 인간과 기계적 지능의 혼성화가 더욱 진전된다면, (인간기계로서의) '우리'는 사건의 선형적인 배열보다 더욱 복잡한 그러한 플롯들을 끊임없이 만들어낼 수 있게 된다는 것이다. 이렇게 될 경우, 이전 시대와는 근본적으로 다른 플롯 개념을 과연 플롯이라고 할 수 있는 것인가라는 새로운 문제가 생겨난다.

포스트휴먼 시대를 예언하는 사람들은 전통적인 내러티브 구조에 대한 이러한 하이퍼텍스트식 전복을 문화적인 이득으로 보겠지만, 스토리에 몰입하기를 원하는 사람들은 이를 손실로 간주한다. '책 형태'의 내러티브를 가장 열렬히 옹호하는 비평가인 스벤 버커츠Sven Birkerts는, 내러티브적 긴장감 속에서 다음 사건을 기대한다거나 등장인물과 정서적인 유대감을 갖기 원하는 독자라면 텍스트상의 네트워크를 자기 맘대로 탐색하기보다는 작가의 지시에 따라 책을 한 장씩 넘길 것이라고 보았다.

전통적 서사성과 쌍방향적 텍스트성 간의 논쟁은 거의 자신들의 입장을 홍보하는 수준으로 진행되어왔다. 이러한 논쟁의 본질을 직시하려고 한 몇 안 되는 비평가 가운데 한 사람인 레프 마노비치Lev Manovich는 디지털 매체의 뚜렷한 자질을 (1) 엄청난 저장 자료와 (2) 자료에 대한 임의적인 접근 능력이라고 보았고, 이러한 자질을 최대로 활용하는 정보구조가 다름 아닌 데이터베이스라고 했다. 마노비치는 데이터베이스를 '데이터의 체계적인 집합'이라고 정의한다. "데이터베이스에 저장된 자료는 그저 축적된 자료 모음이 아니라 컴퓨터가 신속하게 탐색해서 찾아낼 수 있도록 조직되어 있다"(Manovich, 2001: 218). 데이터베이스는 두 가지 요소, 즉 일정한 구조로 배열된 개별 대상물의 집합과 사용자가 필요에 따라 대상을 가져올 수 있게 하는 유연한 매개변수를 바탕으로 한 탐색 알고리즘으로 구성되어 있다. 데이터베이스의 내용이 각각 개별적이고 자율적인 항목으로 구성되어 있기에 내용을 불러오는 순서는 중요하지 않다. 또한 사용자 역시 원하는 대상 정보를 제대로 활용하기 위해 모든 데이터베이스를 탐색할 필요는 없다.

데이터베이스는 열린 구조이기에 언제라도 새로운 정보가 더해질 수 있다. 전형적인 디지털 작품, 또는 "뉴미디어 대상물"은 "사용자들이 보면서 항해하고 탐색할 수 있는 정보 항목들의 집합체"(219)인 셈이다. 이와는 대조적으로 내러티브는 엄격한 내부 논리에 따라 경험을 조직하는 방식이기에 그 순서가 매우 중요하며 닫힌 구조로 진행된다. 내러티브는 흐름이 방해받으면 안 되며, 등장인물이 갈등을 해결하고자 행동을 취하면 성공을 하든 실패를 하든 결말을 향해 진행되어야 한다. 또한 블라디미르 프롭이 언급하듯이, 인물의 행동은 이야기 전반에서 자신이 맡은 역할에 따라 의미를 갖게 되는 '기능(functions)'이어야 한다. 이는 내러티브가 파편적으로 완성되어서는 안 된다는 의미다. 마노비치는 이러한 차이 때문에 "데이터베이스와 내러티브는 당연히 적수"(225)일 수밖에 없다고 결론 내린다. "만약 사용자가 그저 임의적인 순서로 각각의 사건에 접속할 경우, 이러한 사건들이 내러티브를 구성해줄 것이라고 가정할 이유가 없다"(228)고 보기 때문이다.

그러나 당연한 적수라고 해도 이따금 협상 테이블에 나올 수는 있다. 임의로 접근하는 데이터 뱅크인 디지털 매체가 내러티브와는 아무런 내재적인 유사성을 갖고 있지 않다고 해서 꼭 디지털 매체가 내러티브적 경험을 옹호할 수 없다는 것을 의미하지는 않는다. 매체가 지닌 주요 특성을 무시한 완전히 고정된 글 읽기라는 극단적 경우와, 아무런 이유 없이 다양한 선택권을 주면서 언제라도 임의로 접근할 수 있다는 또 다른 극단적인 경우 사이에는 서로 다가설 수 있는 다양한 방식의 화해 여지가 있다. 즉, 사용자의 선택 공간을 적절하게 제한한다거나, 플롯의 구조를 적절하게 고른다거나, 주제를 적절하게 선택하는 식으로 쌍방향의 데이터베이스에서 내러티브적 의미를 끌어내기 위한 적절한 기획이 있을 수 있다. 실상 예술은 항상 어떤 한계를 극복하는 것과 관계를 맺어왔다. 하지만 선택된 대안적인 한계가 의미를 지니려면 무언가 이익을 산출해내야만 한다. 사용자의 선택권에 대한 제한이 보상받기 위해서는, 디지털 내러티브가 이러한 사용자의 선택 행위에 의미를 부여하는 방향으로 나아간다거나 매체가 지닌 다른 자질들을 최대한 활용할 수 있게 해주어야 한다. 디지털 시대에 작가의 임무는 사용자에게 주도권을 부여하는 내러티브적 경험을 고안하는 것이며, 비평가의 임무는 이러한 도전 가운데서 과연 무엇을 얻어냈는지를 밝혀주는 것이다.

이 장에 실린 글 첫 두 편은 내러티브의 개념과 관련해 완전히 새로운 문제를 다룬다. 내가 쓴 첫 번째 글은 내러티브가 디지털 매체 안에서 어떤 형태, 어떤 상황, 어떤 양식으로 나타나는지를 탐색하는 내러티브 이론가의 입장을 대변하고 있다. 에스펜 아세스의 글은 사이버텍스트와 컴퓨터게임 이론가의 입장을 대변하면서 컴퓨터게임의 진수를 포착하려는 연구자들에게 과연 내러티브의 개념이 어느 정도 유용한지를 묻는다.

「새로운 매체는 새로운 내러티브를 만들어낼 것인가?*Will New Media Produce New Narrative?*」라는 첫 번째 글에서 나는 이 책 서론에서 제시한 내러티브의 정의를 따랐다. 잠재적인 또는 가상적인 양식의 서사성이라는 가정을 통해, 그리고 '내러티브임(being a narrative)'과 '서사성을 가짐(possessing narrativity)'이라는 구분을 통해, 내러티브에 대한 나의 정의는 최소한 경계선 위에 있는 경우를 포함해 일상적으로 내러티브라고 여기지 않는 현상도 포괄한다. 여기에는 대개 플롯 자체 때문에 즐기는 것이 아니라, 게임 참여자들을 끌어들이기 위해 종종 인물, 배경, 행위 등 구체적인 내러티브 요소에 기대는 컴퓨터게임도 포함된다. 이러한 풍부한 내러티브적 배경이 체스나 바둑과 같은 전형적인 보드게임과 컴퓨터게임을 구별해주는 큰 차이점이라 할 수 있다. 이런 방식으로 접근하면 서술적(diegetic) 의미에서든 엄격한 모방적 의미에서든 내러티브가 아닌 게임도 ― 게임이 서술적이라기보다는 모방적인 양식에 가깝기는 하지만 ― 내러티브로 읽힐 수 있다. 내 글은 만약 디지털 매체가 새로운 형태의 서사성을 만들어낸다고 한다면 그 새로움은 의미론적이 아니라, 보여주는 전략(담론적 차원) 그리고 무엇보다도 화용론적 요인과 관련이 있다고 본다. 여기에는 새로운 양식의 사용자 참여, 새로운 유형의 인터페이스, 그리고 작가(또는 시스템 구축자)와 플롯(또는 복수의 플롯들)과 사용자 간의 새로운 관계가 포함된다.

「포스트-내러티브 담론으로서의 탐색게임*Quest Games as Post-Narrative Discourse*」에서 에스펜 아세스는 컴퓨터게임의 영역을 고전적인 서사학이나 문학이론의 영역 안으로 포획하려는 어떠한 시도도 거부한다. 그는 컴퓨터게임을 문학 담론의 일부가 아니라 게임 이론의 맥락에서 연구하는 '놀이학(ludology)' 분야의 열렬한 옹호자이다. 그가 문학적이고 내러티브적인 모델을 게임 영역에 적용하기를 거부하는 것은 게임 이론에 미학적인 가치가 없기 때문이 아니다. 반대로 그는 컴퓨터게임이 "잠재성이라는 유일한 미학적 영역"(Aarseth, 1997: 17)이라고 줄기차게 주장해왔다. 게임의 즐거움은 이른바 문학적 내러티브에 적용되는 기준들, 즉 그럴싸한 인물들, 잘 구축된 플롯, 고상한 형이상학 같은 기준에 기대지 않는다. 게임 속에서 힘을 부여받았다는 느낌, 경쟁에 참여한다는 느낌, 시스템을 능가하는 새로운 영리한 방법을 찾는다는 느낌(특히 게임 구축자들이 예견하지 못한 해결책일 경우 강렬한 즐거움이 온다), 게임 세계의 공간을 아바타의 움직임을 통해 경험하는 느낌 등에서 참여자들은 즐거움을 찾는다. 컴퓨터게임이 내러티브처럼 인물, 배경, 사건을 갖는다고 해서 내러티브와 게임 참여가 지닌 엄청난 차이가 사라지는 것이 아니라고 그는 보았다. 게임은 게임이고 내러티브는 내러티브다. 아세스는 게임과 내러티브가 공통적인 특징을 갖기 때문에 유사한 것이 아니라 둘 다 삶에서 영감을 얻는다는 점에서 유사하다고 본다. 하지만 내러티브가 재현 대상으로서의 삶에 관여하는 반면, 게임은 시뮬레이션 대상으로서의 삶에 관여한다. 차이는 무엇인가? 내러티브적 재현은 다시 보여준다는 의미에서 시선을 뒤로하며 결과물의 관점에서 사건에 의미를 부여한다. 아세스는 랑힐 트론스타드Ragnhild Tronstad의 말을 인용하면서, 벌어진 사건을 우리에게 말하는 데 목적을 둔다는 점에서 내러티브적 재현의 언표내적 양식(illocutionary mode)은 사실진술문적(constative)이다. 반면에 앞을 지향하는 시뮬레이션은 언표내적 양식이 수행적(performative)이다. 실제 삶에서 그러하듯이, 사용자들은 목적을 성취하기 위해 어떤 행위에 의지한다. 행위에 열정적으로 몰두하는 ― 게임이 선호하는 테마를 나타내는 적합한 표현이다 ― 사용자들에게는 사건이 지닌 의미는 정지된 상태이다. 자신이 추구한 것을 얻을 때, 다시 말해 자신들의 행동을 회고하는 순간에야 비로소 의미가 얻어진다. 소급해서 의미를 찾을 수 있다는 것만으로도 게임에 서사성을 부여할 수 있다는 것이 나의 입장이지만, 아세스는 게임이 끝나면 모든 것이 끝난 것이고, 서사성으로 빠져든다는 것은 시뮬레이션으로서 게임의 죽음을 의미하는 것이라고 대답할 것이다. 게임 – 컴퓨터 게임뿐 아니라 모든 게임 – 의 본질을 보고자 한다면, 우리는 게임 이후에 벌어지는 일이 아니라 실시간으로 벌어지는 경험에 주목해야 할 것이다.

이 장의 마지막 글인 피터 루넨펠드의 「쌍방향 영화라는 신화*The Myths of Interactive Cinema*」는 디지털 예술의 미래에 대한 솔직하고 담담한 시각을 보여준다. 이 글은 하이퍼텍스트의 발전을 반겼던 1990년대 초반의 과장된 이론이 아직도 쌍방향 영화와 쌍방향 텔레비전이라는 개념에 쏟아지고 있다고 지적한다. 마치 자신들의 주장을 하이퍼텍스트 이론서에서 직접 끌어온 것처럼 쌍방향 영화 옹호자들이 사용하는 수사법은 섬뜩하리만큼 비슷하다. 이들은 쌍방향성이 시청자들을 수동적 청취라는 경험에서 해방시킬 것이며 사용자를 "스토리를 만들고 보여주는 작업에 적극적으로 참여하는 자"(데븐포트Davenport의 루넨펠드 인용)로 바꿔버릴 것이라고 말한다. 다양한 스토리 전개의 선택권을 독자들에게 줌으로써 소설이라는 내러티브 형식을 가지고 끝없이 좋은 내러티브를 만들 수 있다고 생각한 하이퍼텍스트 문학이론가들처럼, 쌍방향 영화의 주창자들 역시 할리우드식 영화의 내러티브 유형을 가지고 관객이 취향에 맞게 플롯을 선택함으로써 더 좋은 영화를 만들 수 있다고 생각했다. 그 결과, 아리스토텔레스식 플롯 전개를 엄격히 따르는 할리우드식 극작법과 쌍방향적 형태의 결합은 〈아임 유어 맨*I'm Your Man*〉이라는 기억에도 생생한 15분짜리 B급 영화를 만들어냈다. 관객들에게는 파티에 참석하는 여주인공을 과연 누구로 결정할 것인가라는 엄청나게 힘을 갖는 결정권이 주어진다. (경찰과 공조하는) '착한 인물'로 할 것인지 아니면 (문제를 해결하기 위해 남을 유혹해내는) '나쁜 인물'로 할 것인지, 그리고 남자 주인공은 과연 비겁하게 행동할 것인지 아니면 영웅적인 인물로 행동할 것인지를 선택할 수 있다.

하이퍼텍스트는 학계의 평자들로부터 사랑을 받긴 했지만, 소설 시장에 별다른 영향을 주지는 못했다. 가장 기억에 남는 작품들조차 매체의 신선함과 만화경 같은 효과만 가지고 독자들의 관심을 끌었을 뿐이다. 재닛 머레이가 지적하듯이, 같은 틀을 가지고 새로운 모양으로 재배치했을 뿐, 그 어느 독자도 플롯이나 어떤 내러티브적 자질 때문에 하이퍼텍스트를 읽지는 않았다. 그렇다면 이러한 현상은 어떤 의미를 갖는 것일까? 소설이나 내러티브 영화를 한층 고양시키는 그런 쌍방향적 걸작을 아직도 계속 기다려야 하는 것일까? 아니면 우리가 이미 갖고 있는 양식을 재개발한다는 생각을 접고 예술적 표현을 위해 컴퓨터의 힘을 활용할 수 있는 근본적으로 다른 방법을 모색해야 하는 것일까? 루넨펠드는 우리의 문화가 이미 내러티브에 푹 빠져 있기 때문에 내러티브라는 영역을 재배치하는 것만으로도 충분하다고 주장한다. 그는 하이퍼텍스트 체계 대신에 하이퍼콘텍스트 (hypercontexts) 체계를 묘사하면서 이를 선형적인 내러티브를 지원하고 감싸는 쌍방향적 표층으로 보고, 이러한 참고사항을 다는 확장 작업 자체가 네트워크 문화의 '접근 가능한 모든 것을 담은 창고'라고 주장한다. 그는 쌍방향 영화의 실패라는 말을 슬쩍 회피하는 대신 이제 힘차게 떠오르는 비디오 설치 예술이 제공하는 풍요로운 결과를 기대한다는 말로 마무리를 짓는다.

주

1 사용자가 경험하는 모든 것을 텍스트로 부를 때, 모든 디지털 텍스트는 스스로 수정
해나가는 능력을 지닌다. 그렇지만 모든 것이 사용자 입력에서 비롯되는 것은 아니
다. 에스펜 아세스는 몇몇 사이버 시(cyberpoetry)의 경우 — 예를 들어 존 케일리John
Cayley의 「말하는 시계*The Speaking Clock*」 — 텍스트 자체가 컴퓨터 시계에 반응을
보인다고 했다.

참고문헌

Aarseth, Espen. *Cybertexts: Perspectives on Ergodic Literature.* Baltimore: Johns
Hopkins University Press, 1997.

Birkerts, Sven. *The Gutenberg Elegies: The Fate of Reading in an Electronic Age.*
New York: Fawcett-Columbine, 1994.

Bolter, Jay David. *Writing Space: The Computer, Hypertexts, and the History of
Writing.* Hillsdale NJ: Lawrence Erlbaum, 1991.

Hayles, N. Katherine. "The Transformation of Narrative and the Materiality of
Hypertext." *Narrative* 9.1 (2001): 21~39.

Landow, George P. *Hypertext 2.0: The Convergence of Contemporary Critical
Theory and Technology.* 1992. Reprint. Baltimore: Johns Hopkins University
Press, 1997.

Manovich, Lev. *The Language of New Media.* Cambridge: MIT Press, 2001.

Murray, Janet. *Hamlet on the Holodeck: The Future of Narrative in Cyberspace.*
New York: Free Press, 1997.

6장

새로운 매체는 새로운 내러티브를 만들어낼 것인가?

마리-로어 라이언Marie-Laure Ryan

컴퓨터를 사무기계에서 문학작품을 제작하는 기계로 바꿔놓은 혁명이 시작된 이래로 내러티브와 디지털 매체 간의 관계는 논란의 대상이었다. 조지 랜도는 하이퍼텍스트가 독자를 공동 저자로 만들어놓음으로써 내러티브적 경험을 재구성할 것이라고 주장했고, 『홀로덱 위의 햄릿*Hamlet on the Holodeck*』이라는 책 제목*이 암시하듯이, 저자인 재닛 머레이는 디지털 매체를 구 내러티브가 새로운 영역에서 다시 공연되는 새로운 무대라고 간주했다. 에스펜 아세스는 사이버텍스트의 미래가 스토리텔링에 있는 것이 아니라 컴퓨터게임에 있다고 보았다. 캐서린 헤일스Katherine Hayles는 디지털의 의미를 복잡성, 파편화, 유동성, 전체화에의 저항, 난제(aporia), 역설, 돌연변이 또는 자생적 능력 등으로 파악하면서, 이러한 특징들이 내러티브의 기본 조건을 변화시키는 것이 아니라 포스트-내러티브, 포스트-휴먼 문학을 가져올 것으로 보았다. 과연 누구의 주장을 따라야 할까?

▸ 홀로덱은 디지털 매체가 만들어낸 가상공간을 말한다.

디지털 내러티브의 가능성을 좀 더 견고한 바탕 위에서 논의하려면 우선 세 가지 문제가 정리되어야 한다. 첫째, 내러티브를 정의할 필요가 있다. 여기서는 이 책 서론에서 제시된 정의를 따르도록 한다. 즉, 내러티브 텍스트란 인간의 마음에 특정한 세계를 떠올리게 하고(배경) 그 세계를 지적 능력이 있는 행위자(인물)로 채운 공간이다. 이러한 인물들이 특정 행위를 통해 벌어지는 일(사건과 플롯)에 참여하고, 그 결과 내러티브 세계에 전반적인 변화가 발생하게 된다. 내러티브란 결국 세상과 그 구성원의 역사의 한 부분을 포착해내는 인과적으로 엮인 상황들과 사건들을 우리의 마음속에 재현한 것이다. 내러티브에 대한 이런 논리적·의미론적 설명은 보편적으로 받아들이기에는 다소 추상적인 면이 있다고 하겠지만, 다양한 변형들 – 단순한 플롯, 복잡한 플롯, 병렬 플롯, 영웅 플롯, 연속적으로 이야기 속 이야기를 품고 있는 러시아 인형식 액자구조 등 – 을 포괄적으로 담아낼 수 있는 유연한 정의다. 내러티브는 주제적인 차원뿐 아니라 이러한 다양성의 차원에서 역사적, 문화적, 매체적인 요인의 영향을 받게 된다.

두 번째 중요한 문제는 디지털 매체의 주요 특징과 관계가 있다. 이러한 특징들의 목록을 만든다고 해서 디지털 매체가 통일된 영역이고 매체를 사용할 때마다 매번 이런 각각의 특징들이 드러난다는 뜻은 아니다. 이와는 반대로, 디지털 텍스트성과 관련된 다양한 장르가 존재하며 각 장르는 서로 다른 특징을 활용한다. 편의상 우선 다음 다섯 가지를 디지털 매체의 기본적인 특징[1]으로 선별해보았다. 다음의 특징들은 긍정적인 방식이든 부정적인 방식이든 서사성에 영향을 미친다.

1. 반응적 그리고 쌍방향적 성격. 이는 변화하는 조건에 대응하는 디지털 매체의 능력을 의미한다. 반응성은 환경 변화나 디지털 매체 사용자의 비의도적인 행동에 대한 반응을 의미하며, 쌍방향성은 사용자의 의도적 행위에 대한 반응을 의미한다.

2. 다양한 감각적 기호적 채널. 다매체적 매체라는 역설이 괜찮다고 한다면 이를 '멀티미디어 능력'이라고 부를 수 있다.

3. 네트워킹 능력. 디지털 매체는 공간을 가로질러 사람과 기계를 연결시켜 이들을 가상환경 속으로 불러온다. 이는 멀티유저 시스템을 가능하게 하고, 지연된 소통뿐 아니라 실시간 소통의 가능성을 열어준다.

4. 확장 가능한 기호. 컴퓨터 메모리는 음과 양을 오가는 비트 단위로 구성되어 있다. 책이나 그림과는 달리, 디지털 텍스트는 물질적인 재료를 소진하지 않으면서도 재생될 수도 다시 기록될 수도 있다. 이는 디지털 이미지가 지닌 견줄 수 없는 유동성과 역동적인 성격을 보여준다.

5. 모듈 방식. 데이터를 쉽게 재생산할 수 있기에 디지털 작품은 다양한 자율적인 부분으로 구성되는 경향이 있다. 이 부분들은 여러 맥락과 조합으로 재활용될 수 있고 작업 중에도 다양하게 변신할 수 있다.

디지털 매체가 갖고 있는 풍부한 표현력은 이러한 모든 특징을 언급하지 않고서는 설명될 수 없겠지만, 특히 첫 번째 특징인 쌍방향성이 디지털 매체만이 지닌 근본적인 자질이라고 할 수 있다. 소설은 디지털화된 후 인터넷상에서 공유될 수 있다(3번 특징). 그리고 최근에 스티븐 킹Stephen King▸이 보여준 출판 실험에서 알 수 있듯이 소설 형태를 유지한 채로 매일 다시 새롭게 쓰일 수 있다(4번 특징). 이와 유사하게 영화도 다양한 경로를 통해 제공되며(2번 특징), 스크린 상에서 서로 쉽게 대치될 수 있는 유동적인 이미지(4번 특징)[2]를 제공한다. 나아가, 영화가 지닌 내러티브적인 잠재성에 심각한 영향을 미치지 않은 채로 인터넷에서도 볼 수 있다(3번 특징). 하지

▸ 미국의 작가, 극작가, 영화제작자.

만 쌍방향성이 텍스트나 영화에 첨가되는 순간 스토리를 전달하는 능력과 전달되는 스토리에 적지 않은 영향을 미치게 된다.

본격적인 논의에 앞서 언급되어야 할 세 번째 문제는 쌍방향성 개념에 대한 정교화 작업이다. 이 글은 디지털 매체에 대한 사용자의 참여 형태가 내부적인가 외부적인가, 그리고 탐색적인가 존재론적인가 하는 이분법에 바탕을 두게 될 것이다.[3]

내부적 참여 / 외부적 참여

내부적 참여 양상일 경우 사용자는 자신을 아바타와 동일시하거나 아니면 1인칭 관점에서 가상세계를 이해함으로써 자신을 가상적 세계의 일원으로 여긴다. 외부적 참여 양상일 경우 독자들은 가상세계 외부에 자신을 위치시킨다. 그들은 위에서 내려다보면서 허구세계를 조정하는 신적인 역할을 하거나 데이터베이스 속에서 길을 찾아 나서는 일을 한다. 이 구분은 엄격하게 이분법적인 것은 아니고 사용자의 위치가 어느 정도 내부적일 수도 외부적일 수도 있다. 같은 텍스트가 서로 다른 상상적 행위를 유발할 수도 있다. 어떤 사용자의 경우 자발적으로 자신을 텍스트 세계 속에 위치시킬 수 있고, 어떤 사용자들은 거리를 둔 관점을 선호하기도 한다.

탐색적 참여 / 존재론적 참여

탐색적인 참여 양상에서 사용자들은 마음대로 데이터베이스를 돌아다닐 수 있다. 하지만 이러한 움직임은 이야기의 어떤 흐름을 만들지도 플롯을 바꾸지도 않는다. 사용자들은 가상세계의 운명에 아무런 영향을 주지 않는다. 이에 비해, 존재론적 참여 양상에서는 사용자의 선택이 가상세계의 흐름을 다른 갈림길로 이끈다. 이러한 선택은 존재론적이다. 왜냐하면 선택한 상황이 어떤 가상세계, 결과적으로 어떤 스토리가 진행될지를 결정하기 때문이다. 둘 사이의 대조적인 관계는 내부적/외부적 참여보다는 더 이분법적으로 나눠진다. 하지만 이들의 혼합형도 논의될 것이다.

이 두 쌍의 이분법을 서로 교차시키면 텍스트에 사용자가 참여하는 방식이 내부적/탐색적, 내부적/존재론적, 외부적/탐색적, 외부적/존재론적이라는 네 가지 유형으로 나타난다. 이러한 유형학이 모든 가능성의 영역을 담아낸다고 주장하는 것은 아니다. 예를 들어, 쌍방향성은 링크 상에서 마우스로 클릭한다는 점에서 선택적 유형일 수 있고, 대화나 몸짓을 통해 서사 행위에 참여한다는 의미에서 생산적 유형이라고도 말할 수 있다. 또한 모든 텍스트가 이러한 네 가지 양상 가운데 하나로 깔끔하게 떨어진다고 말하고 싶은 것도 아니다. 이따금 사용자의 역할이 프로그램 진행 중에 바뀌기도 하고, 어떤 경우에는 사용자의 참여 양상이 두 가지 방식 모두로 보일 수도 있다. 이러한 네 가지 양상을 선택한 이유는 이들이 쌍방향적 서사성의 다양한 양상을 보여주는 데 편리한 틀을 제공해주기 때문이다. 이 글에서 나는 하이퍼텍스트, 텍스트를 기반으로 하는 가상환경, 쌍방향 드라마, 컴퓨터게임, 그리고 웹캠을 통한 실시간 인터넷 이미지 전송이라는 다섯 가지 디지털 장르에 대해 논의할 것이다.

하이퍼텍스트

하이퍼텍스트 개념은 이제 문학도들에게도 친숙한 개념이 되었다. 하이퍼텍스트는 링크로 연결되는, '렉시아(lexia)' 또는 '텍스트론(textron)'으로 불리는 텍스트 조각들의 네트워크이다. 독자들은 버튼을 누름으로써 텍스

▶   렉시아나 텍스트론은 하이퍼텍스트에서 링크로 연결되는 조각인 텍스트 블록을 말한다.

트 상에서 마음대로 돌아다닐 수 있고, 대부분의 텍스트 조각들이 버튼을 갖고 있기 때문에 선택에 따라 다양한 순회를 할 수 있다. 바로 이러한 다수성이 하이퍼텍스트에 대한 끝없는 이론화 작업을 가능하게 해주기에 중요한 의미를 갖는다. 특별히 우리의 주제와 관계 지어본다면, 매번 읽을 때마다 다른 경로를 택할 수 있기 때문에 하이퍼텍스트는 끝없는 자가 재생이 가능하다고 해석할 수 있다. 나는 이러한 해석을 보르헤스의 단편소설인 「알렙*The Aleph*」▶에 비유해, 이를 하이퍼텍스트가 지닌 알렙식 개념이라고 부르겠다. 이 소설은 알렙이라는 어떤 신비한 상징물을 유심히 보다 보면 역사와 현실의 모든 면을 자세한 부분까지 생각할 수 있게 된다는 내용을 담고 있다. 알렙은 매달려 있는 조그만 물체인데, 이를 통해 끝없는 광경을 볼 수 있게 되고 이를 보는 사람은 평생 수많은 장면을 생각하며 지낼수 있게 된다. 이와 같이 하이퍼텍스트 역시 독자들로 하여금 각각의 렉시아가 담긴 엄청난 데이터베이스로부터 새로운 기호의 줄을 풀어나갈 수 있게 한다는 점에서, 다양한 텍스트로 확장되는 매트릭스라고 해석되었다.

이러한 기호의 연속을 '내러티브'에 견준다면, 마치 문법을 통해 끝없이 문장을 지어낼 수 있듯이, 하이퍼텍스트 역시 이야기를 지어내는 기계가 되는 셈이다. 바로 이러한 맥락에서 마이클 조이스Michael Joyce는 인쇄물 내러티브에는 없는 하이퍼텍스트만의 참신함을 예고한다. "새로운 순서 배치는 새로운 텍스트를 요구한다. 그러므로 모든 글 읽기가 새로운 텍스트가되는 것이다.…… 하이퍼텍스트 내러티브는 가상공간의 이야기꾼이 되는셈이다"(Joyce, 1995: 193). 이제는 고전적인 하이퍼텍스트 소설이 되어버린 조이스의 『오후*Afternoon*』는 허구세계의 다양한 버전을 제안함으로써 하이퍼텍스트가 다양한 이야기의 매트릭스라는 개념을 비유적으로 보여준 작

▶ 아르헨티나의 시인이자 소설가인 보르헤스가 쓴 단편집 『알렙』에 실린 동명의 단편 소설.

품이다. 화자가 어떤 교통사고를 목격한다는 사실이 작품상의 다양한 내러티브를 관통하는 공통 소재로 등장한다. 한 이야기에서는 치명적인 교통사고의 희생자들이 화자의 전처와 아들로 등장한다. 다른 이야기에서는 낯선 사람들이 희생자로 나온다. 세 번째 이야기에서는 심각한 정도의 사고가 아닌 것으로 나온다. 네 번째 이야기에서는 화자 자신이 사고를 당한다. 또한 모든 내용이 꿈속에서 벌어지거나 환영을 본 것일 수도 있다. 하이퍼텍스트에 대한 알렙식 해석을 옹호하는 사람에게는 매번 읽을 때마다 각각 다른 렉시아로 가게 되어, 렉시아 간에 색다른 의미로 연결되고 결과적으로 사고의 내용을 둘러싸고 매번 다른 이야기가 만들어진다.

이러한 개념이 매력적으로 보일 수 있지만 — 계속 자가 재생을 하는 열린 결말의 작품이라는 생각에 어찌 매혹되지 않겠는가? — 말 그대로 모든 것을 다 받아들일 수는 없다. 첫째, 하이퍼텍스트가 지닌 쌍방향성 때문에 같은 사건에 대한 다양한 이야기가 만들어지는 것은 아니다. 이는 마이클 조이스가 교묘하게 자신의 데이터베이스에다가 서로 상충하는 내용을 담은 렉시아를 집어넣었기 때문이다. 인쇄 환경에서도 그는 똑같은 일을 할 수 있었을 것이다. 실제로 많은 포스트모더니즘 소설은 믿을 만한 사실들에 기반을 둔 탄탄한 사실적인 세계를 구축하기를 거부하고 있다.

둘째, 이야기 생산 기계로서의 하이퍼텍스트 개념은 선형적 순서와 링크의 내러티브적 유의미성에 의문을 제기한다. 만약 말 그대로 데이터베이스를 가로지를 때마다 다른 이야기가 등장한다는 주장을 받아들인다면, A 다음에 B 그리고 C의 순서로 세 부분을 대하는 독자는 같은 부분을 B, A, C의 순서로 대하는 독자와 다른 이야기를 구축하게 되는 것이다. 하지만 독자들이 각각의 렉시아가 제공하는 정보를 자신이 원하는 내러티브 위치에 놓을 수 있다면 렉시아 자체를 어떤 순서로 접근할 것인지는 별 문제가 되지 않는다. A, B, C의 순서나 B, C, A의 순서가 결국 같은 이야기를 제공해줄 것이기 때문이다. 어떤 인물이 죽었다고 말하는 렉시아를 먼저 대하고 그

다음에 같은 인물이 생존하고 있다는 렉시아를 대하게 되는 독자를 상정해 보자. 이 경우 독자는 두 가지 선택을 하게 된다. 만약 연결 순서가 내러티브 내용상 중요하다고 한다면 그 인물이 다시 살아난 것으로 생각할 것이다. 하지만 이 경우 초자연적 세계를 가정해야 하기 때문에 초자연적 요소가 전혀 없는 『오후』의 이야기 전체 의미 구조와 상충하게 된다. 그 대신 독자들은 링크가 설정해준 순서는 인과관계나 시간적 순서를 재현하지 않는다고 생각할 수 있다. 이 경우 인물의 죽음을 말해준 렉시아를 예기적 서술법(prolepsis), 즉 앞일을 미리 보여주는 장면으로 여기게 될 것이다. 이렇게 되면 결국 두 가지 렉시아를 반대 순서로 대했던 독자들과 똑같은 이야기를 구축하게 되는 셈이다.

만약 서사성이라는 것이 논리적인 원칙의 제한을 받는 실제 세계를 우리의 머릿속에 재현하는 것이라면, 텍스트 조각 모음의 모든 순열로부터 앞뒤가 들어맞는 논리적인 이야기를 만들어내는 것은 말 그대로 불가능한 일이다. 왜냐하면 조각들 역시 암묵적으로는 앞뒤 맥락이나 소재의 인과관계, 심리적인 동기 부여, 시간적 추이에 따른 순서에 맞도록 배열되기 때문이다. 텍스트 조각들을 가로지르면서도 내러티브적 연계성을 유지할 수 있는 경우는, 마치 아동용 챕터북인 '당신만의 모험 선택(Choose Your Own Adventures)' 같은 책들처럼, 독자의 선택에 따라 결말이 달라지는 가지치기 식의 구조를 지닌 하이퍼텍스트일 경우이다. 이런 가지치기 모형에서는 다른 식의 글 읽기는 다른 가지를 선택할 때 가능하다. 그렇지만 한 가지에서 나온 한 렉시아는 항상 일정한 렉시아가 앞뒤에 오게 된다. 그래야만 작가가 독자의 읽기 방향을 통제할 수 있고 결과적으로 제대로 된 논리적 순서를 보장할 수 있기 때문이다. 하지만 대부분의 문학 하이퍼텍스트는 복잡한 네트워크로 짜여 있어서 주어진 렉시아가 다른 문맥에서도 나타날 수 있게 한다. 이러한 경우 작가가 특정한 마디에서 독자의 진행 방향을 조절할 수는 있겠지만, 몇 번의 변환 과정 후에는 진행 방향을 예상할 수 없게 된다.

독자를 공동 작가로 규정한 그의 유명한 이론에서 조지 랜도는 조각들 간의 논리적 공백을 메워나가는 몫을 독자의 상상력에 맡겼다. "하이퍼텍스트 환경에서 선형적 플롯이 부족해서 내러티브가 붕괴되는 것은 아니다. 독자들은 항상, 그리고 특히 이러한 상황에서 스스로 작품 구조와 의미의 연속을 만들어가기 때문에 이야기를 읽을 때, 또는 이야기를 만들기 위해 글을 읽어 나갈 때 별다른 어려움을 느끼지 않는다"(Landow, 1992: 197). 하지만 렉시아가 등장하는 순서마다 이를 서사적으로 조리 있게 끼워 맞추려면 천사 정도의 수준이 되는 지적 능력이나 포스트휴먼적인 능력이 있어야 할 것이다. 인간 정신에 관한 한 하이퍼텍스트가 제공하는 것은 이야기 생산 기계가 아니라 마치 그림 조각 맞추기 식의 내러티브에 가까운 것이기 때문이다. 독자들은 마음속으로 서서히 모양을 잡아가는 포괄적인 패턴에 개별 렉시아를 끼워 맞춤으로써 이리저리 임의적인 순서로 다가오는 조각들의 서사적 이미지를 구축한다. 마치 퍼즐을 풀다가 잠시 외출하고 와서도 다시 작업할 수 있듯이, 하이퍼텍스트 독자들 역시 번번이 프로그램을 열 때마다 백지 상태에서 새로운 스토리를 시작하는 것이 아니라 모아진 그림을 여러 번에 걸쳐 수정하거나 완성해나가는 과정에서 머릿속에 재현된 것을 이해하는 것이다. 하이퍼텍스트 내러티브가 디지털 매체의 쌍방향성을 활용한다는 의미는 에스펜 아세스가 언급한 "내레이션 게임(game of narration)"(Aarseth, 1997: 94), 즉 무질서한 그림 조각을 독자들이 다시 맞춰나가는 과정을 의미한다. 하이퍼텍스트는 조각화와 연계라는 이러한 새로운 구문론적 특징으로부터 새로운 담론 형식을 만들어내는 것이다.

이러한 내레이션 게임에서 독자의 역할은 외부적이고 탐색적인 쌍방향성이라는 변수로 설명될 수 있다. 독자가 텍스트 세계의 구성원 역할을 하지 않으면서 마치 신이 위에서 내려다보는 것과 같은 관점으로 텍스트 네트워크의 설계를 내려다보기 때문에 외부적이라고 할 수 있다. 독자들은 텍스트를 자신들이 그 안으로 몰입되는 공간으로 보는 것이 아니라, 탐색해야 하는 데이터베이스로 여긴다.[4] 그리고 독자를 공동 저자라고 지칭한 조지 랜도의 이론에도 불구하고, 독자의 탐색 경로는 내러티브 사건 자체에 영향을 미치는 것이 아니라 자신의 마음속에 전체 내러티브 패턴 — 만약 그런 것이 있다고 한다면 — 이 그려지는 방식에 영향을 미치기 때문에 존재론적 참여보다는 탐색적 참여라 할 수 있다. 마치 그림 조각 맞추기 게임처럼 참여자마다 맞춰나가는 방식은 다르겠지만, 참여자는 조합된 모양에 영향을 주지는 않는다. 그림 조각 맞추기 게임에서 그림 이미지가 전체 그림의 구축 과정에 예속되듯이, 외부적/탐색적 쌍방향성 역시 무언가 발견한다는 게임을 선호하되 내러티브 자체는 중요시하지 않는다. 예를 들어 데븐포트나 슬론Sloane 같은 학자들은 인물의 운명에 독자가 정서적으로 동참하거나 불안감을 느끼는 그런 멋진 플롯을 구축하기에는 하이퍼텍스트가 좋은 매체는 되지 못한다고 보았다. 주제 면에서 말하자면 고전적인 하이퍼텍스트의 외부적/탐색적 쌍방향성은 추후 벌어질 사건의 추이에 대한 관심으로 독자를 사로잡는 그런 내러티브 세계보다는 메타소설*에 더 어울린다. 이런 형태는 허구세계에 몰입되는 대신에 소설을 위에서 내려다보는 그런 위치를 선호한다. 우리는 왜 많은 문학적 하이퍼텍스트가 문학이론과 내러티브 조각을 섞은 형태를 취하는지 알 수 있다.[5]

그러나 최근 들어 하이퍼텍스트는 그림 조각 맞추는 내러티브 모형에서 레인 코스키마Raine Koskimaa가 이른바 탐색 보관소라고 명명한 모형으로 개념 전환을 모색하는 새로운 방향으로 나아가고 있다. 이 새로운 방향은 디지털 시스템의 멀티미디어 능력을 개선하려는 노력과 연계되어 있다.[6] 멀티미디어 상황에서 하이퍼텍스트는 전형적인 소설 양식으로 다시 돌아가지 않으면서도 더욱 견고한 내러티브 구조와 더욱 선형적인 플롯 모습을 취할 수 있다. 왜냐하면 이제는 텍스트를 마구 넘나드는 그런 쌍방향성이

▶   소설 속에 소설 제작의 과정을 보여주는 소설 형식.

아니라 한 매체에서 다른 매체로 전환하는 형태를 취하기 때문이다. 이런 점에서 나는 하이퍼텍스트가 순수한 언어 차원을 떠났을 때 디지털 문학의 황금기는 끝났다고 단언한 로버트 쿠버Robert Coover의 견해에 근본적으로 반대한다. 하이퍼텍스트를 횡단하는 독자에게 많은 경이로움을 선사하려면 미술가의 책, 어린이용 팝업(pop-up) 북,' 동작을 구현하는 책, 재림절 달력(advent's calendar),'' 그리고 미술 CD-ROM 등에서 무언가 배워야 한다. 드러나거나 숨어 있는 링크를 이용해 관심 부분에 마우스를 갖다 대는 촉각적 즐거움 또는 그 결과 무언가 벌어진다는 즐거움을 줌으로써 텍스트 세계가 다양한 감각적 경험으로 확장되어야 한다. 이러한 텍스트를 접하는 독자들은 문서 모음 속을 자유롭게 탐색하면서 텍스트 이야기 속으로 파고드는 탐험가 같은 역할을 하게 될 것이다. 문서고를 탐색한다는 개념에 적합한 글 소재나 양식은 가족의 역사, 문화적 기억을 담은 이야기, 마을 공동체 이야기 같은 지역사, 아니면 전기문 같은 것이 될 것이다. 이러한 주제는 특히 비교적 자유롭게 하이퍼텍스트를 횡단하는 데 적합할 것이다. 왜냐하면 한 사람이나 공동체의 이야기는 어느 절정을 목표로 전개되는 극적 내러티브이기보다는 다양한 순서로 읽힐 수 있는 자족적인 단위로 이루어진 삽화적 내러티브이기 때문이다.

텍스트 기반 가상환경(MOOs and MUDs)

텍스트 기반 가상환경은 네트워크를 통해 접근 가능한 사회적 만남의 장

▸ 책을 펴면 입체적으로 그림이 튀어나오는 어린이용 책.
▸▸ 재림절 기간 동안 매일 한 장씩 넘길 수 있도록 24개의 숫자가 적힌 작은 문이 달린 아동용 달력.

소이다. 사용자들은 시스템에 로그온한 후 가상인물로 등장해 서로 소통한다. '아바타'라는 이름으로 알려진 이 가상인물은 마치 소설가가 허구 담론이 지닌 수행적인 효과를 통해 인물을 만들어내듯이, 생김새를 내걺으로써 만들어진다. 시스템 구축자들은 이와 같은 방법으로 영구성 있는 배경도 만들어내는데, 텍스트에 묘사된 물건들을 갖춘 방들이 딸린 큰 건물이 그 전형적인 예가 된다. MOOs는 배경 건물이나 인물의 행위 묘사 면에서 대개 환상적인 주제가 지배한다.[7] 진지한 문제들을 다루는 공간이 아닌 경우, 이 환경은 자유로운 환상 여행의 세계나 블랙 유머, 초현실주의식의 모순이나 불일치 같은 소재를 다루는 장이 된다. MOOs상에서 이루어지는 상호작용은 내러티브의 주제로 적합하지 않은 사소한 이야기나 몸짓 등으로 이루어져 있다. 그렇지만 이러한 사소한 이야기도 어렵지 않게 대화적 스토리텔링으로 발전한다.

당근(Carrot)이 웃는다

당근이 손을 흔든다

순무(Turnip)가 당근에게 손을 흔든다

당근이 안녕 하며 인사한다

순무가 새로운 일이 있어요 하며 묻는다

당근이 농담 들어볼래요 하며 말한다 :-;

순무가 답한다

당근이 농담을 전한다

당근이 순무에게 전하는 농담은 줄거리가 있는 스토리텔링의 전형적인 예이다. 글로 소통하지만 실시간이라는 압박과 구어식 문체적 관행에 따라 이야기가 진행된다. MOOs상에서 효과적으로 소통하려면 자판을 빨리 칠 수 있어야 하겠지만 동시에 머리 회전이 빨라야 한다. 이야기할 때 일반적으로 수반되는 사소한 몸짓 역시 텍스트 상으로 흉내 낼 수 있어야 한다. 담론의 관점에서 볼 때 구어와 문어가 섞여 있는 혼재성은 MOOs 스토리텔링만의 특징이 된다. 상상력이 풍부한 사용자들에게는 MOOs상의 대화도 극적인 내러티브의 수준까지 올라간다.

> 벡이 팬더에게 잘 포장된 상자를 던진다. "열어보세요! 당신을 위해 가져왔어요."
> 릴리패드가 상자를 열고는 강아지를 꺼낸다.
> 릴리패드(벡에게): 예쁜 강아지예요. …… 어디서 구했어요?
> 벡(릴리패드에게): 오래된 창고에서 발견했어요. 집으로 데려와 씻겼어요. 좋아하셨으면 해요. 여기 강아지용 장난감도 보냅니다.
>
> (Kolko, 1995: 115에서 끌어옴)

MOOs 참여자들은 허구의 대상을 만든 후, 이를 둘러싼 정교한 각본을 만드는 것으로 알려져 있는데 여기서는 강아지가 그 대상인 셈이다. 실제로 이러한 창조적인 역할놀이가 벌어질 때, MOOs는 합동으로 내러티브를 만드는 행위가 진행되는 무대가 된다. 참여자들은 자신들이 만족하는 즉흥적인 대본을 만들기 때문에 저자이자 관객, 그리고 배우 겸 인물이 되는 것이다. 화용적 차원에서 MOOs 경험이 지닌 특이성은 다음 세 가지 형태의 쌍방향성이 교차한다고 말할 수 있다.

- 존재론적-외부적: 생김새를 게시함으로써 인물을 만들어내거나, 거주 공간을 구축한다. (인물 외부적 행위)
- 존재론적-내부적: 어떠한 행위를 하거나 대사를 올림으로써 다른 사용자들과 소통한다. (인물 내부적 행위)
- 탐색적-내부적: MOOs 내부 공간을 배회하거나, 거주 공간을 찾아가거

나 대상을 응시한다. (중립적 행위)

　과연 MOOs를 새로운 내러티브 형태라고 부를 수 있는 것인가? 문제는 MOOs가 보여주는 새로움이 아니라 벌어지는 행위들이 보여준 서사성인 것이다. MOOs는 내러티브의 세 가지 기본 요소 가운데 배경과 인물을 제공한다. 엘리자베스 리드Elizabeth Reid가 지적하듯이 문제는 플롯인데 무대는 만들어내지만 대본이 없다는 점이다.[8] 대부분의 MOOs 참여자들은 사소한 이야기에 만족한다. 스토리로서 하나의 드라마 같은 궤도를 가지려면 즉흥적으로 반응하는 기술, 기꺼이 역할에 충실하려는 태도, 그리고 참여자의 상호 협조에 그 열쇠가 있다 하겠다.

가상현실(virtual reality)에서의 쌍방향 드라마

　텍스트를 기반으로 하는 가상환경이 다중 사용자 공간이라면, 가상현실은 제한된 수의 사용자만 수용할 수 있다. 기술이 완벽해지면 사용자들이 가상현실 공간상의 3차원적 배경에 실제 인물로 등장하여 오감을 동원하여 이 공간을 경험할 수 있을 것이다. 개발자들은 이러한 3차원적 가상공간 속에서 쌍방향적 드라마가 수용될 수 있을 것이라는 당찬 꿈을 갖고 있다. 브렌다 로렐Brenda Laurel은 "이러한 시스템을 사용하는 사람들은 마치 무대 위로 올라가 직접 말과 행동으로 다양한 인물의 역할을 맡는 청중 배우가 (될 것이다)"라고 언급했다(Laurel, 1991: 16). 재닛 머레이는 미래의 드라마가 TV 인기 드라마인 〈스타트렉Star Trek〉의 홀로덱(Holodeck) 모델을 따를 것으로 보았다. 홀로덱은 이 작품에 등장하는 일종의 가상현실 공간으로 엔터프라이즈호 우주선의 승무원들이 쉬거나 여가를 즐길 때 들어가는 곳이다. 이 공간 내에서 컴퓨터가 허구적인 3차원적 공간을 운영하고, 방문객들 ─ 이들을 '쌍방향 소통자'라고 부르자 ─ 은 디지털 소설의 인물이 된다. 플레이어들이 컴퓨터가 만들어낸 인공지능형 가상인물들과 상호소통하는 가운데 이 소설 속의 플롯은 살아나게 된다. 머레이는 우주선인 보이저(Voyager)호의 여자 기장인 캐스린 제인웨이가 홀로덱으로 들어가 빅토리아 시대의 한 귀족 집안의 아이들을 가르치는 가정교사 루시가 되는 것을 그 예로 든다. 루시는 아이들의 아버지인 벌리 경과 사랑에 빠지면서 이 둘은 격정적으로 입맞춤을 나누게 된다. 하지만 책임감이 있는 캐스린은 가상인물과의 사랑이 실세계에서 직무 수행에 지장이 된다는 것을 깨닫고는 결국 컴퓨터로 하여금 이 인물을 삭제하도록 명령을 내린다. 머레이는 가상현실에 기반한 쌍방향 드라마가 보여주는 이러한 모습을 들어 문학적 내러티브가 지닌 흥미와 교육적 가치에 비견될 수 있는 충분한 증거가 된다고 주장한다. "여타의 문학적 경험처럼 홀로덱은 우리가 억누를 수밖에 없는 혼란스러운 감정을 안전한 공간에서 대면하게 한다는 점에서 소중하다고 할 수 있다. 가장 위협적인 환상에 짓눌리는 대신 우리로 하여금 이러한 환상을 인식하게 해주기 때문이다"(Murray, 1997: 25).

그렇지만 홀로덱 개념이 보여주는 디지털 내러티브 모델로서의 가능성은 기술적으로도 그리고 알고리즘적 이유에서도 의구심이 든다. 정말 살아 있는 듯한 3차원적 가상현실을 만들 수 있는 기술도 부족한 데다가 복잡한 성격의 인물을 창조할 만한 인공지능도 개발되지 않았기 때문이다.[9] 지금껏 홀로덱 경험을 가장 그럴싸하게 실행에 옮긴 시도는, 카네기멜론 대학(Carnegie Mellon University)의 조셉 베이츠Joseph Bates와 마이클 마테아스 Michael Mateas가 최근 개발한 쌍방향 드라마 기획이다. 이 기획은 프라이타크의 삼각형(Freytag triangle)＊이 제시하는 플롯 흐름을 따라 아리스토텔레

▶ 독일 극작가인 프라이타크가 발단, 상승, 절정, 반전, 대단원의 5단계로 제시한 플롯 단계설.

스식의 대본을 사용하는데, 한 명의 참여자(마테아스는 이를 방문자로 불렀다)가 15분 동안 고도로 감성적인 상태에서 가상현실에 참여할 수 있게 했다. 더 길어지면 참여자뿐 아니라 시스템 자체가 피로를 느끼게 된다. 참여자는 인물로 등장해 대부분 대화를 통해 인공지능으로 탄생한 인물과 소통하게 된다. 이 시스템은 참여자의 행동이 유발하는 6개의 플롯 변화를 허용한다. 수차례 방문하게 되면 참여자는 결국 모든 내러티브의 가능성이 소진되었다는 것을 알게 된다. 개발자의 궁극적인 목표는 3차원적 가상현실 환경 속으로 온 육체를 몰입시키는 것이지만 컴퓨터와 사람을 연결하는 현재의 인터페이스 장치는 컴퓨터 모니터, 키보드와 마우스뿐이다[기술적인 면은 Mateas and Stern(2000) 참고. 내러티브에 대한 논의는 Ryan(2001) 10장을 볼 것]. 마테아스가 현재 기획한 플롯은 다음과 같다.

그레이스와 트립은 둘다 경제적으로 성공하고, 분명 모두가 좋아하는 모범적인 부부이다. 그레이스와 트립은 직장일로 인해 플레이어, 즉 사용자를 알게 된다. 트립과 드라마 참여자는 친구 관계이며, 그레이스와 참여자는 최근 들어 서로 알게 된 사이다. 저녁식사차 집에 오게 된 참여자에게 그레이스는 사랑을 고백한다. 참여자는 저녁 시간을 통해 이 부부가 심각한 견해 차이와 상대방에 대한 실망감으로 인해 결혼생활이 파탄에 이르고, 서로 외도를 하면서 사랑이 식어가고 있다는 사실을 알게 된다. 이 둘의 결혼이 어떻게 금이 가는지, 무엇이 폭로되는지, 그리고 이 둘의 결혼 관계가 어떻게 해체되는지는 참여자의 행동에 달려 있다(Mateas and Stern, 2000: 2).

이 플롯은 분명 고도로 감성적인 드라마를 지향하고 있다. 하지만 그 실현 가능성은 불투명하다. 두 사람이 맺은 평생 관계가 어떻게 주어진 15분 안에 해결될 수 있단 말인가? 『누가 버지니아 울프를 두려워하랴?Who's Afraid of Virginia Woolf?』에서 에드워드 올비Edward Albee는 한 부부의 결혼

관계를 해체시키는 데 두 시간이 필요했다. 오랜 시간 부글부글 끓어왔던 문제를 무대 행위라는 제한된 시간 구조 속에서 위기 단계를 지나 대단원에 이르게 하는 것은 드라마 기술의 핵심이라고 하겠다. 하지만 그레이스와 트립의 결혼에 종지부를 찍는 것을 남들이 이해할 수 있는 방식으로, 그리고 올비보다 훨씬 적은 시간을 들여 해결한다면 그건 진정 엄청난 일을 해냈다고 볼 수 있을 것이다.

머레이와 마테아스가 제시한 감성적인 성격 위주의 플롯은, 드라마 참여자가 이런 드라마나 이야기 속의 인물이 됨으로써 과연 어떤 만족감을 얻을 수 있을까라는 어려운 감정적 문제를 불러온다. 이런 경험이 주는 흥미로움의 값어치는 참여자들이 자신들의 아바타와 어떠한 관계를 맺는가에 달려 있음은 물론이다. 즉, 역할을 연기하는 배우처럼 드라마 속 인물과 내심으로는 거리를 둔 채 감정을 흉내 낼 것인지, 아니면 인물들을 이끌어가는 사랑, 증오, 공포감, 희망 등을 실제 느끼면서 1인칭으로 인물을 소화할 것인지 하는 점이다. 문학적인 대부분의 인물은 무언가 즐겁지 않은 운명을 보여주기 때문에, 참여자가 1인칭 시점에서 스스로 그 운명에 동참하기 위해서는 ─ 실제 차원이든 아니면 비유적 차원이든 ─ 자신에게서 벗어나야 한다.

우리들이 안나 카레리나나 햄릿, 또는 보바리 부인의 비극적인 운명에서 미적인 즐거움을 끌어낸다면, 또한 진정으로 (이들이 흘리는 눈물뿐 아니라) 우리가 흘리는 눈물을 만끽한다고 한다면, 이는 우리가 1인칭 시점과 3인칭 시점을 절충하면서 플롯에 참여하기 때문이다. 인물들의 마음속에 들어간 것을 상상하면서 이들의 내적인 삶의 모습을 흉내 내지만, 동시에 스스로 외부 관찰자임을 인식하고 있는 것이다. 자신을 의식하면서 인물을 흉내 내는 데 의존하는 감정이입의 경험을 진정으로 감정에 몰입하는 1인칭 시점으로 바꾸려는 모든 시도는, 대개의 경우 고통과 즐거움을 갈라놓는 미묘한 경계선을 넘나들어야 하는 것이다. 그러므로 내가 보기에 마테아스 기획이 드라마 참여자에게 주는 미적 만족감은 감성적인 몰입의 문제가 아니라 창의적인 시스템에 대한 호기심 차원의 문제라고 볼 수 있다. 참여자들은 예닐곱 번 시스템에 들어가다 보면 이 기획이 지닌 드라마 구조를 파악하게 될 것이다.

참여자가 직접 소설이나 드라마의 인물이 된다는 생각이 만들어내는 훨씬 심각한 문제는, 참여자의 자유로운 행동 선택이 과연 미적으로 흥미로운 플롯을 창조하는 것과 잘 어울릴 수 있을까 하는 점이다. 플롯은 신과 같은 존재인 작가에 의해 구축된 허구세계에 하향식으로 부여되는 전반적인 기획이고, 인물의 행동은 이 허구세계 내에서 스토리를 펼쳐낸다. 작가가 전반적인 플롯의 흐름에 주목하면서 인물들의 운명을 조정해나갈 때 인물들은 이에 따라 자신의 삶을 운영해나가는 것이다. 참여자들이 미적 목적론이 요구하는 방향에 따라 살아가지 않고 실제 세계에서 어떻게 살아남느냐에 관심이 있는 그런 인물로 행동한다면, 과연 무슨 방법으로 참여자를 설득해 적절한 미적 과정에 의거해 플롯을 유지하도록 만들 수 있을까? 조셉 베이츠와 그의 동료인 켈소Kelso 등은 쌍방향 드라마는 관객이 시청하기 위한 것이 아니라 실제 연기하는 데 목적이 있기 때문에, 이런 식의 참여 형태 드라마는 우리가 주목하는 플롯과는 다른 기준에서 평가되어야 한다고 주장한다. 이 말은 쌍방향 드라마에 적용하는 기준은 문학이나 전통적 드라마를 평가하는 그런 잣대처럼 엄하지 않다는 의미다. 하지만 가상현실 환경에서의 사용자의 행위를 어떻게 대본화하고 참여자를 미적으로 만족스러운 방향으로 인도할 수 있을지는 여전히 풀어야 할 과제로 남는다.

나는 참여자가 맡은 인물과 관련해 아리스토텔레스식의 완전한 플롯을 지닌 드라마를 구축한다는 생각을 포기할 때, 쌍방향 드라마가 지닌 감정적인 문제와 짜임새의 문제가 최소화될 수 있을 것이라고 본다. 대개의 드라마 플롯에서 등장인물들은 운명이라는 맹목적인 힘에 대항해 싸우는 것을 자신의 숙명으로 받아들이지만, 마음 깊은 곳에는 통제할 수 없이 꿈틀대는 열정을 품고 있는 모습으로 그려진다. 하지만 가상세계에 진입할 경우, 이제는 고뇌하는 수동적 행위자가 아니라 무언가를 적극적으로 쟁취하는 행위자로 변하게 된다. 이 말은 자신이 선택한 감정적 경험과 이에 따라 결정되는 선별된 참여 형태만이 참여자로 하여금 1인칭 시점으로 쌍방향 드라마에 관여하게 만든다는 것이다. 참여자는 소설이나 드라마 속의 인물이 되면서 자신의 정체성을 잃는 것이 아니라 낯선 환경에서 자신과 유사한 인물로 연기하게 되는 것이다. 허구적인 온갖 인물형을 감안할 때 과연 우리는 어떤 인물형과 경쟁해야 하는 것일까? (1) 햄릿, 보바리 부인, 카프카의 「변신The Metamorphosis」에 등장하는 그레고르 잠자, 안나 카레리나, 『줄리어스 시저Julius Caesar』의 배반자 브루투스 형일까, 아니면 (2) 러시아의 민담에 등장하는 용과 대적하는 영웅, 이상한 나라의 앨리스, 해리 포터, 셜록 홈즈 같은 형일까? 나라면 두 번째 형의 인물들을 선택할 것이다. 이들은 평면적(flat) 인물들이며, 풍부한 내적인 삶이나 강렬한 감성적 경험을 배경으로 플롯에 이바지하는 것이 아니라 한 세계를 탐험하고 행동하면서 문제를 해결하고 적과 겨루는, 무엇보다도 시각적으로 자극을 받는 환경에서 흥미로운 목적을 품고 전진하는 그런 인물들이다. 이런 형태의 참여가 빅토리아 시대 소설이나 셰익스피어 극 속의 세계에서 살 때보다 컴퓨터게임을 할 때 훨씬 더 알맞은 형태일 것이다. 한편, 미래의 작가가 가상현실 환경 속에서 고상한 문학적 플롯에 상응하는 작품을 무대에 올려야 한다고 주장한다면, 참여자들은 차라리 관찰자로서 미미한 역을 맡는 것이 한결 더 나을 것 같다. 이들은 존재적 차원에서 이런 사건에 연루되기보다는 진행되는 사건에 대해 자신들의 관점을 선택하고 가상현실 세계를 항해하면서 자신의 역할을 하게 될 것이다. 그러므로 나는 쌍방향 드라마가 가상환경 속에서 두 가지 가능성을 갖는다고 본다. 플롯이 모험과 문제 해결에 초점을 맞출 때는 존재론적/내부적 유형의 참여라 할 것이고, 개인 간 관계와 진지한 감성적 경험에 초점을 맞출 때는 탐색적/내부적 유형의 참여라 할 수 있을 것이다.

컴퓨터게임

세 번째 장르인 컴퓨터게임은 내러티브의 주제나 구조 면에서 가장 모험적 성격이 적은 장르일 것이다. 하지만 수백만이 넘는 게임 중독자들이 증명해주듯이 사용자를 등장인물로 만든다는 의미에서는 가장 성공적인 장르이다. 게임이 지닌 서사적 면에서의 성공 비결은 플롯을 진전시키는 가장 근본적인 힘, 즉 문제를 해결하는 힘을 활용한다는 점이다. 플레이어는 게임 세계의 운명을 결정하는 일련의 움직임을 실행함으로써 게임이 설정한 목적을 성취해낸다. 이 운명은 무엇이 서술되는 방식에 의해서가 아니라 직접 행동함으로써 만들어진다. 하지만 일반적인 드라마와는 달리, 관객에게 보여주는 행위가 아니라 자체 목적을 지향하는 행위이다. 행위 자체가 게임의 핵심이며 플레이어가 얻는 즐거움의 원천이 된다. 이들은 임무에 몰두한 나머지 자신의 행위가 만들어내는 플롯에 신경을 쓸 겨를이 없다. 하지만 컴퓨터게임을 둘러싼 사건은 여전히 전형적인 이야기의 형태를 취한다. 제2차 세계대전 당시의 러시아에서 벌어진 독일군의 전투를 재현한 게임 〈전투 임무*Combat Mission*〉에 대한 피터 올라프슨Peter Olafson의 설명을 들어보자. "내가 지닌 두 대의 IVG 탱크는 운이 좋았다. 교차로에 도착해서 언덕을 올라가는 도중에 위치를 잘못 잡은 두 대의 연합군 셔먼 탱크를 포착했는데, 한 대가 다른 한 대의 조준 방향을 방해하고 있었다. 조준 포격으로 순식간에 연합군 탱크들을 잡았으며 승무원들은 화염에 쌓인 탱크를 버린 채 근처 숲 속으로 도망쳤다"(*New York Times*, 2000년 10월 5일자). 많은 사람들이 지적하듯이, 사람들은 게임을 하면서 이야기처럼 진행되는 흐름을 만들기 위해서가 아니라, 문제를 해결해 적을 제압한다거나, 전략적 기술을 개발한다거나, 온라인상의 동호회에 참여하기 위한 목적으로 이를 즐긴다. 이제까지 논의된 장르와는 대조적으로 (MOOs는 제외하고) 게임이 지닌 서사성은 그 자체가 목적이 아니라 목적을 성취하기 위한 수단이 된다.[10] 가장 복잡한 게임의 경우에는, 플레이어를 유인하기 위해 내러티브로 치장할 필요도 없다. 바둑이나, 〈테트리스Tetris〉, 체스, 〈팩맨 Pac-Man〉 등 고전적인 게임을 즐기는 사람들의 경우 아예 추상적인, 또는 일부 추상적인 대상들을 가지고 게임을 하기도 한다. 이들은 게임 세계의 상상적 충격 때문이 아니라 잘 고안된 전략적 교묘함 때문에 게임을 하게 된다. 서사적 각본은 독특하고 우수한 기획이 부족할 때 이를 보충하기 위해 있을 뿐이다. 켄들 월턴Kendall Walton은 이를 두고 "진짜처럼 보이게 하는 장치"라고 불렀다. 게임의 법칙이 전략적 차원에서 충분한 다양성이나 참신함을 주지 못할 때 시나리오를 통해 상상적인 경험의 다양성을 만들어 준다는 것이다.

서사적 배경이 갖는 의미는 게임의 장르별로 다양하다. 복잡한 소설 플롯이 왜 게임의 형태로 제시될 수 없는지, 왜 플레이어/독자의 관심 대상이 되지 않는지에 대해서는 원칙적으로 특별한 이유가 없다. 플레이어들은 단지 다음 사건으로 이동하기 위해 문제를 해결하거나 특정한 임무를 달성하게 된다. 이들은 경험상 소설의 플롯 공식이 게임에는 그다지 성공적이지 않다는 것을 알고 있다. 독자들이 정말로 '다음에 무슨 일이 전개될까?'에 관심이 있을 경우, 이들은 불필요한 장애물이 중간에 끼어드는 것을 원하지 않는다. 그러기에 컴퓨터게임의 내러티브적 요소들은 전형적으로 게임 행위에 종속되어 있다. 플롯이 가장 눈에 띄고 정교한 것은 앞서 MOOs에 대한 글에서 언급했던 역할놀이(RPG: role-playing) 게임이다. 이 게임에서 참여자들은 자신이 원하는 방식대로 인물을 만들어내는 데 시간을 투자하는데, 허구세계를 돌아다니다가 게임에 참여하지 않는 인물들(NPGs: non-playing characters)을 많이 접하게 된다. 또한 이러한 게임은 짧지 않은 영상 클립인 '컷신(cut-scenes)'을 보여준다. 그렇지만 정교한 플롯을 전개하려다 보면 플레이어의 행위 시간을 끊게 되는데, 이는 영상 클립이나 게임에 참여하지 않는 인물들의 대사는 그저 구경할 수밖에 없기 때문이다. 진정한 액션 게임에서 플롯은 단지 빠르게 진행되는 행동(게임에서는 항상 무언가 할 일이 있다는 것이 성공을 위한 조건으로 보인다)을 옹호해주는 구실만 할 뿐이다. 플레이어들은 전투 와중에서 자신들의 움직임이 갖는 내러티브적인 목적을 이내 잊어버리게 된다. 액션 게임의 내러티브 대본은 게임 전략적 계획을 따르는 것이고, 계획의 유형이 한정적이기 때문에 액션 게임은 동일한 마스터 플롯의 다양한 변형 – 공주를 용으로부터 구해 오기, 사악한 외계인으로부터 지구를 구하기, 테러범들을 무장해제하기 또는 직접 테러범 되기 – 을 제공하게 된다. 게임 산업이 당면한 긴급한 문제는 더 많은 게임 참여자를 모으기 위해 새로운 내러티브 패턴을 개발하는 일이다.

컴퓨터게임에는 서로 구분되는 다양한 장르가 있으며, 내러티브 설정이나 참여자의 참여 유형도 각각 별도로 다루어져야 한다. 여기서는 간단하게 세 가지 장르를 논의한다.

모험게임

모험게임 가운데 대표적인 것들은 이른바 1인칭 시점의 명사수들에 관한 것으로서, 〈둠Doom〉, 〈퀘이크Quake〉, 〈하프 라이프Half-Life〉 등이 있다. 모험게임은 내부적/존재론적 참여 형태를 보여준다. 플레이어들은 허구세계 속의 한 인물을 조정하는데 이들의 게임 기술이 바로 이들 아바타의 운명을 결정한다. 사용자와 허구세계 간의 상호작용을 통해 한 인물에게 새 생명이 주어지고, 결과적으로 시스템이 매번 돌아갈 때마다 새로운 삶의 스토리가 만들어진다. 모험게임이 선호하는 내러티브 구조는 블라디미르 프롭과 조셉 캠벨Joseph Cambell이 묘사했던, 모험을 떠나는 영웅이라는 원형적 플롯 형태를 따른다. 토르벤 그로달Torben Grodal이 지적하듯이 이러한 게임은 수준 등급을 올리거나, 에피소드를 늘리거나, 비슷한 구조를 지닌 액션을 주기적으로 순환시킴으로써 끊임없이 플롯을 펼쳐간다. 이러한 반복적인 성격 때문에 전형적인 모험게임의 내러티브 대본은 직접 참여하지 않을 경우 결코 흥미를 유지할 수가 없게 된다. 하지만 반복성이 이 게임의 자산이 되기도 하는데, 이는 참여자들이 같은 행동을 계속 반복하는 동안 게임에서 이길 수 있는 실제적인 기술을 습득하기 때문이다.

또한 모듈 형태로서의 반복은 사용자의 자유와 내러티브 패턴 간의 갈등을 해결해준다. 상황마다 사용자의 선택이 매우 제한적이고 매번의 행동이 비교적 자족적인 사건을 만들기 때문에 게임은 적절한 궤도에서 플롯을 유지하게 된다. 예를 들어, 사격 게임에서 플레이어의 선택권은 어느 방향으로 움직일 것인지, 적이 나타날 경우 쏠 것인지 아니면 도망칠 것인지, 그리고 쏠 경우 어느 무기를 골라 조준할 것인지 등으로 구성되어 있다. 이런 선택권을 계산하기 위해 시스템이 요구하는 기억의 범위는 플레이어가 쓸 수 있는 자원, 즉 무기가 얼마나 있는지 또는 몇 명의 군인이 남아 있는지를 추적해가는 것이다. 이와는 달리, 복잡한 소설 플롯의 경우 매번 결정적인 순간에 인물에게 주어지는 선택의 범위는 훨씬 풍부하면서도 훨씬 엄격하게 속박되어 있다. 풍부한 이유는 그 선택의 범위가 바로 삶 자체의 범위이기도 한 데 있으며, 훨씬 속박되는 이유는 미래가 과거에 의해 만들어지고 각각의 삶이 다양한 다른 운명선들과 교차하면서 영향을 받는 데 있다.

시뮬레이션 게임

시뮬레이션 게임의 원조는 〈심시티Simcity〉, 〈문명Civilization〉, 〈시저Caesar〉, 〈베이비즈Babyz〉, 〈심스The Sims〉 등이다. 이때의 참여 방식은 존재론적이고 외부적이다. 사용자들은 도시나 제국 또는 인간 집단 같은 복잡하고 역동적인 체제의 구성원들을 마음대로 조정할 정도의 전능한 신적 인물은 아니지만 그래도 강력한 권한을 지닌 인물로 등장한다. 시스템을 구성하는 모든 것은 플레이어의 결정에 대하여 인공지능 알고리즘이 규정한 입력된 행동 방식에 따라 반응한다. 플레이어는 각각의 대상을 조정하면서 전체 집단의 역사를 써나간다. 개인의식을 지닌 인물이 아니라 다양한 마이크로 처리장치microprocess 집단이 전체 이야기의 진정한 주인공이다. 플레이어의 행위 목적은 비교적 균형 잡힌 상태에서 시스템을 유지하면서 허구세계를 재앙으로 이끌지 않는 것이지만, 변수가 워낙 많아 모든 가능성을 예측할 수는 없다. 게다가 컴퓨터가 무작위로 사건을 배열함으로써 일을 복잡하게 만든다. 허구세계가 꾸준하게 변화하기 때문에 플레이어가 승자가 될 수는 없다. 하지만 자신 있게 게임을 운영해나가면서 시스템이 보여주는 비교적 예측 불가능한 행동을 관찰함으로써 플레이어는 만족감을 얻는다.

시뮬레이션 시스템을 작동하기 위해서는 신적 권력을 지닌 위치가 요구되지만, 여기 언급된 많은 게임들은 사용자에게 허구세계의 구성원 역할을 줌으로써 극적 흥미를 키우려고 시도한다. 〈시저〉의 경우 사용자는 로마 제국의 통치자가 되며, 〈심시티〉의 경우에는 도시의 시장이 된다. 황제나 시장은 자신의 부하나 시민들과 같은 시공간에 등장하지는 않는다. 이들은 신적인 관점에서 조망하는 그래픽 화면이 말해주듯이, 위에서 시스템을 지배한다. 또한 실시간을 따라서 작동하는 것이 아니라 자신이 결정을 내릴 수 있는 충분한 시간과 공간을 갖는다. 이런 점에서 사용자들을 외부적 참여자라 할 수 있다. 그렇지만 자신들의 운영 방식에 따라 운명이 결정되기 때문에 내부적 참여자라고도 말할 수 있다. 만약 도시 행정이 시민들을 만족시키지 못할 경우 시장은 자리에서 물러나야 하고, 시저 역시 야만인들의 침입을 받을 경우 황제의 자리에서 물러나야 한다. 이러한 두 가지 특징 때문에 이 게임들은 외부적 참여와 내부적 참여의 중간에 위치한다.

미스터리 게임

미스터리 게임은 플레이어가 추구하는 것이 바로 수수께끼를 풀어내는 것이라는 점에서 롤랑 바르트가 "해석학적 규약"이라고 부른 것을 앞세우는 셈이다. 이 장르는 두 가지 내러티브적 수준, 즉 단서를 찾기 위해 허구

세계를 돌아다니는 플레이어의 행동으로 구성된 내러티브 층위와 이후 재구축된 스토리가 만들어낸 내러티브 층위를 연결하기 때문에, 다른 어떤 장르보다 복잡한 내러티브 구조가 있는 편이다. 두 번째 층위의 스토리는 사용자의 행동과 무관하기 때문에 마치 소설의 플롯처럼 작가/설계자에 의해 조정될 수 있다. 이 장르는 내부적/탐색적 참여 유형을 보여준다. 그러나 게임의 구조상 가끔 존재론적인 참여와 외부적인 참여의 구분을 모호하게 만들기도 한다. 과거를 탐색하는 임무를 부여받는 게임을 생각해보자. 사용자가 취하는 행동에 따라 두 가지 가능한 과거 가운데 하나가 실행된다고 가정하고, 다른 하나는 반사실(Counterfactual)의 영역으로 내려간다고 생각해보자. 이 경우 사용자는 자기도 모르는 사이에 허구세계의 과거 역사를 기술한 것이 된다. 이런 비슷한 순서가 고전적인 게임인 〈미스트*Myst*〉에서 벌어진다. 플레이어는 사악한 두 형제와 그들의 아버지인 선한 마술사 아트러스Atrus를 감옥에 넣게 만든 사건들의 의미를 풀어내야 한다(Murray, 1997: 140~141). 이들은 그 허구세계의 이야기를 전해주는 책의 일부를 복원하면서 이 임무를 수행하게 된다. 어떻게 게임을 완수하느냐에 따라 두 가지 결말로 나누어진다. 한 결말에서는 플레이어가 아트러스를 석방시키고 다른 결말에서는 두 형제 중 한 사람을 석방시키는데, 그는 풀려나는 즉시 플레이어를 감옥에 가둔다. 그러므로 과거 이야기가 플레이어의 현재로 확장되는 셈이다. 플레이어는 결국 자신의 행동이 초래한 존재론적 결과를 깨닫지도 못한 상태로 허구세계의 운명을 결정하게 된다.

웹캠

디지털 매체의 세 번째 특징인 네트워킹 능력과 네 번째 특징인 확장 가능한 기호를 특히 잘 활용하는 내러티브적 현상은 웹 카메라를 통해 축소된 세계의 변화를 실시간 기록하는 것이다. 웹캠(webcams)은 특정한 배경을 향해 주기적으로 이미지를 찍어 모든 사람이 볼 수 있도록 이를 인터넷에 올린다. 우리가 알다시피, 웹캠이 가장 성공한 사례는 성적인 행위가 벌어질 만한 곳에 카메라 초점을 맞추는 것으로, 리얼리티 TV쇼인 〈빅브라더 Big Brother〉와 〈로프트 스토리Loft Story〉가 그 대표적인 경우이다. 하지만 디지털 세계에서 엿보기를 진정으로 즐기는 사람들은 오히려 이색적인 취향이 덜 한 내용에서 보상을 찾는다. 대표적인 예로 어느 캘리포니아 목동 가족의 매우 평범한 일상을 보여주는 www.nerdman.com이 있다. 아이오와 주의 어느 농장에서 옥수수가 자라는 모습을 보여주는 웹캠도 있다.

서사성의 개념을 확장해 특정한 단체가 겪는 일련의 일회성 사건도 내러티브에 포함시킨다면, 담아낸 모습이 진부하다는 사실과는 관계없이, 웹캠은 서사성의 개념에 새로운 전환점을 제공해주는 셈이 된다. 웹캠은 한 지역만 감시하는 것이기에 어떤 이야기를 전달하지는 않지만 내러티브의 재료가 될 수 있는 것들을 끊임없이 전달해준다. 웹캠이 잡은 영상은 플롯의 완성이나 인과성, 그리고 형식적 구성 등이 없는 사건의 주기적인 연속, 즉 헤이든 화이트Hayden White가 연대기(chronicle)라고 부른 것의 시각적 대응물이라고 하겠다. 여기서 스토리를 만들어내는 것은 시청자의 몫이 된다. 웹캠이 보여주는 것은 계속 시청하는 것이 아니라 사이트에 대한 신속하고도 순간적인 방문 – "그랩스(grabs)"[11]라고 불림 – 을 위한 것이다. 영리한 사이버 염탐꾼들은 감시 아래 있는 대상의 습관을 연구한 다음 가장 흥미로운 행동을 잡기 위해 언제 웹사이트를 방문할지 알게 된다. 예를 들어, 너드먼(Nerdman) 게임에서 플레이어들은 모니터 상을 종종 횡단하는 유령 같은 흔적을 찾아내어 자신들의 마음속에 '기록을 한다(score)'. 가장 큰 행운은 스크린 상에서 사람을 만나게 될 경우이지만, 마치 미니멀리즘 예술처럼 극적인 것이 빈약한 상황에서는 조그마한 변화 자체도 내러티브적 사건이 된다. 리놀륨 마룻바닥을 스치는 그림자, 사무실 주차장을 떠나는 차, 고양이

상자 안의 모래밭 무늬의 변화 등이 그 예가 된다. 소설가들이 끊임없이 흐르는 인물들의 삶으로부터 극적인 순간들을 추려내듯이, 시청자들 역시 웹캠이 보여주는 끊임없는 영상 속에서 가장 흥미로운 사건 — 즉, 기억에 남을 만한 사건이 카메라 앵글 속으로 '걸어(walk)' 들어온 순간 — 을 잡아내기 위해 노력한다. 불규칙적으로 화면을 확인하지만 플레이어들은 자신들이 훔쳐본 것이 지속적으로 진행되는 삶이라고 상상한다. 카메라와 마주친 세계의 구성원들은 항상 보이는 대상이 아니지만, 우리가 언제든지 이들의 삶의 공간을 찾아가서 살고 있는 흔적을 볼 수 있기 때문에 그들은 어떤 의미로는 늘 접근 가능한 존재들이다. 웹캠의 내러티브 경험은, 실시간으로 진행되며, 순간적으로 지나치는 자료 모음에서 이미지를 포착해내는 사용자의 취향에 적응한다고 화용론적으로 기술될 수 있다. 사용자들이 외부에서 안을 들여다보지만 어항 속에 거주하는 사람들의 운명을 조정하는 것은 아니기에, 웹캠의 쌍방향적 참여 유형은 탐색적이자 외부적이라고 하겠다.

결론

내러티브에 대한 보편적 개념을 염두에 두면서, 내러티브가 지닌 기본적인 의미라는 차원에서 생각해보자면, 이 글의 제목으로 붙여진 질문 "새로운 매체는 새로운 내러티브를 만들어낼 것인가?"에 대한 대답은 수사적인 것에 그치고 만다. 즉, 포스트모더니즘 소설의 실험성이 그러했던 것처럼, 디지털 매체 역시 우리가 텍스트의 의미를 걸러내고 인간의 행위를 이해하는 기존의 인식론적 모델에 별다른 충격을 주지 못한다. 디지털 매체가 지원하는 텍스트가 보편적인 인식 모델을 다양하게 만족시키면서 내러티브적 경험에 대한 창조적인 대안을 만들어줄 수 있기는 해도, 결국 서사성의 기본적 조건을 바꾸지도 않고 바꿀 수도 없다.

하지만 내러티브 이론은 기본적인 조건을 충족하는 이외의 것도 포함하고 있다. 충실한 언어 문법 영역에 세 가지 분야, 즉 의미론, 통사론 그리고 화용론이 있듯이, 내러티브 이론에도 의미론에 해당하는 플롯이나 스토리 연구가 있고, 통사론에 해당하는 담론 또는 내러티브 기술에 대한 연구가 있다. 그리고 화용론에 해당하는 스토리텔링의 활용 연구나 내러티브를 수행하는 과정에서의 인간의 참여 형태에 대한 연구가 있다. 디지털 매체는 이런 세 가지 방식으로 내러티브에 영향을 미친다(요약을 위해서 표 6-1을 볼 것).

우선, 화용론적 차원에서 디지털 매체는 사용자의 새로운 참여 방식과 내러티브를 가지고 할 수 있는 새로운 것들, 즉 실시간으로 이야기를 바꾼다거나, 인물을 체현해낸다거나, 스토리 집단 창작에 참여한다거나, 스토리를 쫓아 어떤 세계를 탐험하는 식의 경험을 제공해준다(표 6-1에서 '쌍방향성 유형'과 '사용자의 역할'이라는 칸을 볼 것). 또한 디지털 매체는 디지털 의사소통 방식을 통해 내러티브에 다양한 차원의 중요성을 부여해준다(표의 마지막 칸을 볼 것).

담론적 차원에서 디지털 매체는 스토리를 제시하는 새로운 방법을 만들어준다. 이를 위해 사용자에게는 새로운 해석 전략이 필요해진다. 예를 들어, 헤일스가 말하는 하이퍼텍스트의 기술인 '덩어리로 묶기(chunking-link-ing)'는 그림 조각 맞추기 식 읽기로 이행된다('담론/기술'이라는 칸을 볼 것).

마지막으로 의미론적 차원에서 디지털성은 어떻게 새로운 논리를 개발하느냐 하는 문제보다는, 매체 그리고 내러티브의 형식과 내용을 어떻게 하면 제대로 짜 맞출 수 있는가에 대한 문제로 기존 내러티브 세계에 영향을 준다. 각각의 매체는 특정 주제나 특정 플롯 형태와 특별한 친화성을 갖는다. 같은 형태의 이야기를 무대 위에서 그리고 글쓰기 형태로, 대화를 통해 그리고 천 페이지가 넘는 소설 형태로, 두 시간짜리 영화로 그리고 몇 년 걸리는 TV 드라마 형태로 똑같이 표현할 수는 없다. 새로운 매체에 맞는 이야기를 개발하는 사람들이 당면한 시급한 문제는 어떤 주제와 어떤 종류의 플롯이 매체의 본래 특성을 제대로 활용할 수 있는가를 해결하는 것이다. 표의 네 번째 칸인 주제와 구조는 이 문제에 접근하는 첫 시도라 할 수 있다. 내가 조사한 바에 따르면 내러티브 구조에 내재하는 선형성을 디지털 매체의 쌍방향성과 엮는 것이 그리 쉽지 않다고 보고되어 있다. 하지만 디지털 내러티브를 가지고 꼭 빅토리아 시대 소설이나 셰익스피어 연극과 경쟁할 필요가 없다는 사실을 기억한다면 이것이 아주 힘든 일만은 아닐 것이다.

내러티브의 역사를 되돌아본다면, 내러티브가 구어적 전통에서 문어적 전통으로, 원고 형태에서 인쇄 형태로, 책에서 다매체 형식으로, 그리고 무대 형식에서 영화 형식으로 바뀌면서 살아남았다는 사실을 알게 된다. 이러한 각각의 기술적 혁신은 매번 새로운 내러티브의 에너지를 방출해냈으며 또한 새로운 가능성을 활용했다. 과거 역사가 보여주는 이러한 내러티브의 유연성을 감안한다면 내러티브는 디지털 혁명을 어렵지 않게 건뎌낼 수 있을 것으로 보인다. "새로운 매체는 새로운 내러티브를 만들어낼 것인가?"라는 내 질문은 잘못된 것일 수도 있다. 내러티브의 존재 여부가 새로운 매체에 대한 적응력에 달려 있던 것은 아니기 때문이다. 내러티브는 오랫동안 우리 주위에 있어왔기 때문에 컴퓨터라는 매체에 어떤 두려움도 느끼지 않는다. 즐거움을 주는 하나의 형태로서 새로운 매체의 앞날이야말로 자신만의 새로운 서사성의 형태를 개발할 수 있느냐 없느냐에 달려 있다고 말할 수 있다.

〈윤교찬 옮김〉

표 6-1 디지털 매체의 내러티브적 특성

장르/활용의 특징*	내러티브 양식	담론과 기술	주제와 구조	사용자의 참여 방식	사용자의 역할	기회의 문제	내러티브의 중요도
하이퍼텍스트 1 (2) 4 5	• 묘사식 서술(말로 전달하기)	• 조각 형태로 보여주기; 넘어리로 묶기	• 메타픽션적 내러티브 • 파일 저장식 내러티브	• 외부적 • 탐색적	1. 조각난 이야기 모아 맞추기 2. 저장고 탐색	• 다선형적 환경에서 논리적 일관성 유지하기	• 중추적, 그럼에도 일종의 줄다주 형식인 비내러티브적 텍스트와 연계 가능
텍스트 기반의 가상환경(MOOs) 1 3 4 5	• 수행적 연출을 통한 재연 • 대화 • 묘사적 스토리텔링	• 내부적 행위를 하는 대상 • 탐색 공간 • 문어적 구어성	• 개인 차원의 관계 • 환상적 주제	• 내부적 또는 외부적 • 탐색적 또는 존재론적	• 역할놀이 • 탐색, 세계 및 구성원과의 상호 반응	• 주제본 만들기	• 간헐적(연극적 행위 그리고 스토리 텔링과 사소한 내화의 교차)
쌍방향 드라마 1 2 4 5	• 비교적 자유로운 대사와 제스처를 통한 재연	• 3차원 영상 • 가상체계에 거주 • 탐색 공간	• 시도된 것: 아리스토텔레스식 플롯 • 추천안: 환상적 주제, 탐험, 삼화식 내러티브	• 내부적 • 존재론적 또는 탐색적	• 인물, 배우, 공자 • 자료선의 사용자, 경험 결과의 수혜자	• 내러티브적 논리와 행위를 유지하며 사용자 참여를 가능하게 하는 대본 만들기	• 중추적
컴퓨터게임 1 2 (3) 4 5	• 시스템에 정의된 행위를 통한 재연	• 탐색 공간 • 내부적 행위를 하는 대상	• 모험 • 복잡한 구성체의 발전 • 미스터리 이야기	• 외부/탐색적이거나 않은 모든 양식의 혼합	• 특정 업무 수행	• 플롯의 다양성 부족 • 폭력적 주제에 대한 제안 제공	• 도구적
웹캠 1 3 4	• 보여주기	• 실시간, 시간내적 제시	• 일상적 생활 • 성적 행위	• 외부적 • 탐색적	• 엿보는 자인 독자 • '누아제기(Gabbing) 가족구성원	• 내러티브적 행위가 거의 없음	• 간헐적(정지화상이 많음)

* 숫자들은 이 글 285~286쪽에 제시된 항목에 해당한다.

주

1 많은 디지털 매체이론가들이 특징 목록을 제안해왔지만 저마다 다른 목록을 제시했다. 하지만 서로 다른 목록들이 종종 연관된 개념을 담고 있다. 예를 들어, 재닛 머레이는 '디지털 환경의 네 가지 본질적인 특징' — (1) 절차적인(즉, 컴퓨터 코드에 의해 작동된다는 의미에서), (2) 참여적인(내가 언급한 '쌍방향적인'), (3) 공간적인(그런데 공간성만 지적하고 시간성은 왜 뺐는지 의문이다), (4) 백과사전적인(Murray, 1997: 71~90) — 을 들었다. 레프 마노비치는 (1) 숫자적 재현, (2) 모듈 방식(내가 마노비치에게서 직접 빌려오는 범주이다), (3) 자동화(머레이의 '절차적인'), (4) 다양성(내가 표현한 '변환성'), (5) 트랜스코딩(내가 언급한 '다양한 통로'에 해당하는 기술적 특징)(Manovich, 2001: 27~48)을 들었다. 어느 특징이 중요한 것인가는 선택 기준에 달려 있기는 하지만 이를 선택하는 작가의 목적에도 달려 있다. 즉, 이러한 목록이 디지털 매체만이 가진 특성에 한정된 것인지, 이런 매체가 가장 효과적으로 수행하지만 다른 매체와도 공유하는 특징(예를 들어, 머레이가 언급한 공간성과 백과사전적 범위)을 포함하는 것인지, 사용자는 모르는 기술적인 수행과 관련된 것(예를 들어, 숫자적 재현)을 의미하는 것인지, 아니면 공개적으로 내보이는 특징에 한정해야 하는 것인지와 관련된다. 나는 서사성에 영향을 주는 특징들을 선호했다. 그것들은 디지털 매체만의 독특한 것이거나 디지털 매체에 의해 새로운 차원으로 받아들여진 것들, 그리고 사용자가 즉각적으로 인식하는 것들이다.

2 이는 영상 이미지에 해당한다. 이미지를 투사하는 영상 필름의 경우 컴퓨터 파일이 아니면 쉽게 업데이트할 수 없다.

3 이분적인 두 쌍은 에스펜 아세스가 만든 사이버텍스트에서의 사용자 기능과 관점에 대한 유형학에서 끌어와 적용했다(Aarseth, 1997: 62~65). 하지만 여기서는 사용자와 가상세계와의 관계에 중점을 두기 위해 다른 표현을 사용한다.

4 이장의 서두에 실린 데이터베이스에 대한 레프 마노비치의 정의를 볼 것.

5 예를 들어, 마이클 조이스의 『오후』 또는 마크 아메리카Mark Amerika의 『그라마트론 *Grammatron*』.

6 이런 유형의 대표적인 작품으로 두 편의 하이퍼텍스트인, 커벌리M. D. Coverley의 『캘리피아*Califia*』(Eastgate, 2000)와 또 그가 현재 작업 중인 『날마다 발표하는 책*The Book of Going Forth by Day*』이 있다.

7 MUD는 다사용자 감옥(Multi-User Dungeon)을 의미하고 MOO는 대상 지향적 다사용자 감옥(Multi-User Dungeon, Object Oriented)을 의미한다. 'Object Oriented'는 프로그래밍 기술을 뜻한다.

8 최초의 MUDs는 내장된 플롯을 지닌 텍스트로 된 게임 환경이었다. (머리글자인 MUD 역시 역할놀이 게임인 〈던전스 앤드 드래곤스*Dungeons and Dragons*〉을 참조

한 것이다.) 1980년대와 1990년대에 들어 MOOs가 개발되어 대화 장소나 사교적 만남의 공간에 등장하면서 시스템이 구축한 플롯이 사라졌다. 하지만 목적 지향적이고 플롯이 있는 게임과 자유 대화가 〈울티마 온라인*Ultima Online*〉과 〈에버퀘스트 *EverQuest*〉 같은 최고로 인기가 높았던 다사용자 역할놀이 게임에서 다시 살아났다. 최초의 MUDs 형태와는 대조적으로 이 환경은 그림으로 재현된 세상에서 텍스트로 소통하는 환경을 제공했다. 수십만의 플레이어들이 더 이상 언어적 묘사를 통해 인물을 창조할 필요가 없게 되었고, 이제는 시각적 메뉴에서 골라 자신들의 아바타 모습을 구축할 수 있게 되었다.

9   브루터스*Brutus*라는 최첨단 이야기 생성 프로그램을 만든 컴퓨터 과학자 셀머 브링스요드*Selmer Bringsjord*는 논리적 증거를 들어 주장하기를, 인공지능은 사람이 만들어낸 복잡한 성격의 문학적인 인물 수준에 근접하는 그런 인물을 만들지 못할 것이라고 했다. 그의 주장은 2029년이 되면 소설가를 포함해 중요한 많은 예술가들이 기계가 될 것(Kurzweil, 1999: 223)이라는 사이버 전문가인 레이 커즈와일*Ray Kurzweil*의 예언을 정면으로 반박한 것이다. 하지만 커즈와일은 나노기술이 인간의 뇌를 디지털 회로로 내려받을 수 있기 때문에 기계가 소설을 쓸 수 있다고 했으며, 기계가 인공지능 알고리즘을 필요 없게 만드는 빠른 방법을 찾아낼 것이라고 주장했다. 실리콘에 저장된 프루스트의 정신이 훌륭한 작품을 창조해낼 수 있다는 것이다. 하지만 실리콘 프루스트가 과연 기계로서 가능할지는 의문이다.

10 게임 개발자 모두가 이 견해에 동의하는 것은 아니다. 이제는 사라진 회사인 퍼플 문(Purple Moon)을 운영한 브렌다 로렐은 특히 여성의 성장 경험에 관한 문제를 다룬 게임을 개발했다. 게임의 서사적 내용은 도구적 수단이 아니라 게임 경험의 핵심이었다. 퍼플 문의 게임의 궁극적 목적은 고대 사회에서 신화의 역할이 그러했듯이, 이야기를 통해 '문화적 내용'을 제공하는 것이었다(Laurel, 2001: 61).

11 테레사 젠프트*Theresa Senft*의 용어임(McLemee, 2001: 7에서 재인용).

참고문헌

Aarseth, Espen. *Cybertexts. Perspectives on Ergodic Literature.* Baltimore: Johns Hopkins University Press, 1997.

Amerika, Mark. *Grammatron.* http://www.grammatron.com (April 28, 2002).

Barthes, Roland. *S/Z.* Trans. Richard Miller. New York: Hill and Wang, 1974.

Bringsjord, Selmer. "Is It Possible to Build Dramatically Compelling Digital Entertainment(in the form, e.g., of computer games)?" *Gamestudies* I (2001). http://www.gamestudies.org/0101/bringsjord/index.html (April 30, 2002).

Coover, Robert. "Literary Hypertext: The Passing of the Golden Age." http://www.feedmag.com/document/do291lofi.html (March 24, 2000; no longer available).

Coverley, M. D. *Califia.* Watertown MA: Eastgate Systems, 2000. (Hypertext software.)

_____. *The Book of Going Forth by Day.* http://califia.hispeed.com/Egypt (April 28, 2002).

Davenport, Glorianna. "Your Own Virtual Storyworld." *Scientific American* (November 2000): 79~82.

Grodal, Torben. "Stories for Eye, Ear, and Muscles: Computer Games, Media, and Embodied Experience." *The Video Game Theory Reader.* Ed. Mark J. P. Wolf and Bernard Perron. London: Routledge, 2003. 129~55.

Hayles, N. Katherine. "The Transformation of Narrative and the Materiality of Hypertext." *Narrative* 9.I (2001): 21~39.

Joyce, Michael. *Afternoon, a Story.* Watertown MA: Eastgate Systems, 1987. (Hypertext software.)

_____. *Of Two Minds: Hypertext, Pedagogy, and Poetics.* Ann Arbor: University of Michigan Press, 1995.

Kelso, Margaret Thomas, Peter Weyhrauch, and Joseph Bates. "Dramatic Presence." *Presence: Teleoperators and Virtual Environments* 2.1 (1993): 1~15.

Kolko, Beth. "Building a World with Words: The Narrative Reality of Virtual Communities." *Works and Days* 13.1-2 (1995): 105~26.

Koskimaa, Raine. Digital Literature. "From Text to Hypertext and Beyond." Ph.D. diss., University of Jyväskylä(Finland), 2000.

Kurzweil, Ray. *The Age of Spiritual Machines*. New York: Viking, 1999.

Landow, George P. *Hypertext 2.0: The Convergence of Contemporary Critical Theory and Technology.* 1992. Reprint. Baltimore: Johns Hopkins University Press, 1997.

Laurel, Brenda. *Computers as Theatre.* Menlo Park CA: Addison-Wesley, 1991.

_____. *Utopian Entrepreneur.* Cambridge: MIT Press, 2001.

Mateas, Michael, and Andrew Stern. "Towards Integrating Plot and Character for Interactive Drama." Working Notes of the Social Intelligence Agents: The Human in the Loop Symposium. AAAI Fall Symposium Series. Menlo Park CA: AAAI Press, 2000. Version used here online at http: www-2.cs.cmu.edul~michaelm/publications/SIA2000.pdf (April 24, 2002).

McLemee, Scott. "I Am a Camera." *Lingua Franca* (February 2001): 6~8.

Murray, Janet E. *Hamlet on the Holodeck: The Future of Narrative in Cyberspace.* New York: Free Press, 1997.

The Nerdman Show. http://www.nerdman.com (April 28, 2002).

Olafson, Peter. "Game Theory." *New York Times*, October 5, 2000.

Ryan, Marie-Laure. *Narrative as Virtual Reality: Immersion and Interactivity in Literature and Electronic Media.* Baltimore: Johns Hopkins University Press, 2001.

Sloane, Sarah. *Digital Fictions: Storytelling in a Material World.* Stamford CT: Ablex, 2000.

Walton, Kendall. *Mimesis as Make-Believe: On the Foundations of the Representational Arts.* Cambridge: Harvard University Press, 1990.

White, Hayden. "The Value of Narrativity in the Representation of Reality." *On Narrative.* Ed. W. J. T. Mitchell. Chicago: University of Chicago Press, 1980. 1~24.

7장

포스트 - 내러티브 담론으로서의 탐색게임

에스펜 아세스Espen Aarseth

최근 한 새로운 나라가 세계 경제에 편입되었다. 국가명은 노라스(Norrath). 지도상에 존재하지 않고, 국경선도 없고, 타국과 외교관계도 수립하기 않았으며 유엔 같은 초국가적 기구에 대표도 파견하지 않는다. 그럼에도 1인당 국민총생산으로 보면 전 세계 국가들 중 77위를 차지하며(러시아 바로 아래), '플래티늄'이라 불리는 이 나라 동전(화폐)의 환율은 엔화 및 리라와 비슷하다.[1]

노라스는 가상적이지만 결코 허구는 아니다. 그것은 버란트(Vertant)사가 개발하고 소니(Sony)가 소유한 '대규모 멀티플레이어' 역할놀이 게임인 〈에버퀘스트*EverQuest*〉 속에 존재한다. 통상 30~40만에 이르는 사람들이 노라스에 정기적으로 들어와 그곳에서 놀고 (일하고) 일부는 그곳에서 실제 삶의 절반 이상을 보낸다. 사람들은 playerauctions.com 같은 사이트에서 진짜 돈을 사용하여 마법, 무기, 갑옷, 아바타 같은 유용한 품목들을 매매한다. 즉, 이러한 품목들의 생산과 거래는 노라스의 경제적 원동력이 되는 것

▸ Verant Interactive: 소니의 분사.

이다. 노라스 화폐도 이런 장터에서 거래된다. 즉, 노라스의 가상적 화폐가 실제 화폐로 바뀌는 것이다. 이렇게 하여 노라스 경제는 사람들이 현실 세계에 통용되는 진짜 돈을 버는 장이 되기도 한다. 물론 〈에버퀘스트〉는 하나의 게임에 불과하다. 혹자는 이를 원시적 형태의 오락이라고 폄하하기도 한다. 그러나 이 대규모 게임은 스포츠를 제외한 여타 오락 장르들에 비해 훨씬 복잡하고 또한 실제 세계에 미치는 영향력도 훨씬 크다. 이 복잡한 매체를 서사학과 같은 기존의 매체이론으로 해석하는 것은 애초부터 무리한 일이었다. 왜냐하면 서사학은 원래 전혀 다른 장르를 대상으로 개발된 것이기 때문이다. 그리고 컴퓨터가 진화를 거듭함에 따라 이것은 더욱더 어려워지고 있다.

지난 30년간 컴퓨터게임은 그 어떤 문화적 장르들보다 더 급속도로 발전하고 확장해왔다. 물론 그 시작은 소박했다. 예를 들어 1950년대와 1960년대에는 주로 자동화된 체스와 체커 게임이었다. 특히 아서 새뮤얼 Arthur Samuel▸이 개발한 자가학습식 체커 프로그램인 〈체커스플레이어 Checkersplayer〉는 1960년대 초반에 명인의 반열에 올랐다. 이후 컴퓨터게임은 눈부신 발전을 거듭하여 1990년대에는 3D 게임까지 탄생했고, 이러한 놀라운 진화는 아직도 계속되고 있다. 어쩌면 이것은 몇몇의 구체적 문화적 실행을 향한 하나가 아닌 몇몇의 진화들인지도 모른다. 실제로 이 분야에 대해서 단지 "게임" 혹은 "디지털 게임"이라고 뭉뚱그려 말하는 것은 무책임해 보인다. 왜냐하면 여러 가지 게임 장르, 게임이 벌어지는 상황, 그리고 기술 사이에는 크고 넓은 차이점들이 있기 때문이다. 이 글은 여러 게임 유형들 중 하나인 디지털 탐색게임에 초점을 둘 것이다.

▸ 1901~1990. 미국 출신의 컴퓨터게임 및 인공지능 분야의 선구자. 그가 고안한 게임 〈체커스플레이어〉는 컴퓨터 스스로 학습해나가는 프로그램이다. 1961년 그의 프로그램은 미국 전체 랭킹 4위인 코네티컷 주의 체커 챔피언과 대결해서 이김으로써 체커 명인의 반열에 올랐다.

컴퓨터게임을 학구적으로 설명하는 대부분의 사람들은 게임을 하나의
('쌍방향적인') 스토리, 즉 새로운 종류의 스토리텔링이라고 보는 것 같다. 그
리고 이러한 새로운 스토리텔링을 전통적 서사학에 따라 분석하려고 하며
심지어는 전통적 서사학을 통해 그것을 구성하는 것도 가능하다고 주장한
다. 이 글은 아래 관찰들을 토대로 그런 견해를 반박할 것이다.

- 스토리와 컴퓨터게임 사이에는 매우 중요한 담화적인 차이점들이 있
으며 그것은 소설과 영화 사이의 차이보다 훨씬 더 본질적이다(Juul, 2002
참조).
- (아리스토텔레스의 『시학』과 같은 가장 기본적이고 오래된 이론을 비롯한) 여
러 내러티브 이론은 컴퓨터게임 분석에 잘 들어맞기 때문이 아니라, 단지
더 나은 것이 없기 때문에 사용되는 것 같다. (그리고 또한 게임에도 시작과 중
간 및 결말이 있다는 단지 그 이유 때문에 사용되기도 한다.)
- 게임을 스토리로 분석할 경우, 게임과 여타 스토리와의 차이점들 그리
고 게임의 내재적 특성들을 이해하는 것이 거의 불가능해진다.
- 내러티브식 접근은 게임을 열등한 내러티브 예술로 취급하며, 게임 장
르에 타 장르의 미학을 적용한다. 이 접근법에 따르면 게임은 더 높은 '문학
적' 혹은 예술적 차원에 도달할 때만 그 열등성에서 벗어날 수 있다.[2] 그런
데 이러한 접근법은 잘못된 것이다.
- 컴퓨터게임 연구는 '서사주의(narrativism)'에서 벗어날 필요가 있으며
그 연구 분야, 즉 게임 장르에 고유한 대체 이론이 마련되어야만 한다.
- 그럴 때 비로소 우리는 게임과 스토리와의 관계에 대해 알 수 있을 것
이다. 스토리는 어떻게 게임 속에서 활용되는가? 가상세계 속에서 스토리는
어떻게 게임 활동과 통합되거나 갈등하는가? 이런 문제에 대해 우리는 더욱
분명하게 보기 시작할 것이다. 그리고 어쩌면 이를 통해 스토리와 게임이라
는 두 개의 담화적 양식에 관해 뭔가 새로운 것을 배우게 될지도 모른다.

이 글은 서로 다른 세 가지 디지털 탐색게임들을 분석한다. 이를 통해 나는 전통적인 서사학적 수단과 모델을 통한 게임 분석이 타당하지 않다는 것을 보여줄 것이다. 우리의 분석 대상 게임은 1인칭 멀티플레이어 사격 게임인 〈리턴 투 캐슬 울펜슈타인*Return to Castle Wolfenstein*〉(ID/Raven, 2001)과 우주 전투/탐험/상거래 게임인 〈엑스(X) ― 비욘드 더 프론티어*X ― Beyond the Frontier*〉(Egosoft, 1999), 그리고 실시간 판타지 전투 시뮬레이터인 〈신화 II: 소울블라이터*Myth II: Soulblighter*〉(Bungie, 1997)이다. 여기서 나는 특히 게임의 개방성을 강조할 것이다. 즉, 게임 플레이어들이 어떻게 자신들의 담화적 전략을 구성하고 자신들만의 고유한 방식으로 게임의 구성 요소들을 사용하는지, 그것이 어떻게 가능하고 또 때로 필요한지를 보여줄 것이다.

가상환경 속 게임들

그러나 먼저 게임 장르를 정의하는 문제점들에서 시작하여 디지털 탐색게임들이 속한 더 큰 게임 장르를 논의해보자. 게임 분야를 장르로 나누는 많은 방법들이 있다. 대부분의 장르는 마케팅 범주에 속하는 것으로서 대중언론과 게임 산업과 더불어 시작된 것 같다. 그렇게 하는 것이 잘못된 것은 아니지만 시장이라는 이데올로기적 압박은 학술적 분석적 행위에 최상의 환경은 아니다. 상품 판매 용어로서 잘 작동하던 것도 이론적 관점에서 전혀 작동하지 않을 수도 있다. 비록 이러한 임시변통(ad hoc) 용어들과 범주들을 진지하게 채택해서 이것들을 충분히 평가해야 한다고 온갖 이유를 들더라도 말이다. 하지만 게임들의 경우, 그 범주들은 분명히 문제가 있으며 중복된다.

게임 유형들의 전형적 항목에는 이런 것들이 포함된다. 액션, 모험, 운전, 퍼즐, 역할놀이, 시뮬레이션, 스포츠 그리고 전략.[3] 우리가 그것을 제이슨 존스Jason Jones와 동료들이 개발한 최근 게임인 〈헤일로Halo〉(Bungie, 2001)에 적용을 해본다면, 이런 분류화의 문제점이 명확해질 것이다. 이 게임은 인류가 여러 외계 종족들로부터 멸종 위협을 당하는 우주 속 (환)고리 세상에 배경을 둔 공상과학 전투 게임이다. 〈헤일로〉는 1인칭 사수이지만, 주위를 돌아 몰고 들어올 차량이 있기 때문에(그리고 그것으로 적군들을 박살 낼 목적으로) 이따금 '3인칭 운전수'이기도 하다. 운전석에 들어서면 시점이 1인칭에서 3인칭으로 바뀐다. 〈헤일로〉는 틀림없이 **액션게임**이지만 한편으로는 **퍼즐게임**이다. 거기에는 미로처럼 해결해야 할 문제들이 있기 때문이다. 많은 장애물들을 피해 가려면 가차 없는 무력과 반사 능력보다는 **전략적** 사고가 요구된다. 인공두뇌적으로 증강된, 이름 없는 '대장'의 역할과 관련하여 플레이어가 할 수 있는 **역할놀이**는 많지 않다. 그러나 이 게임은 한 단계에서 다음 단계로 선형적으로 진행되기 때문에, 미리 녹음된 대화 컷신들(cut-scenes)이 군데군데 끼어들면서 전형적 **모험게임**이 된다. 사실상 모든 컴퓨터게임이 일종의 물리적 환경의 **시뮬레이션**이기 때문에, 이런 범주를 문자 그대로 받아들인다면 그다지 도움이 되지 않을 것이다. 그리고 **스포츠**는 어떤가? 물론 〈헤일로〉의 멀티플레이어 목록에는 틀림없이 서너 개의 스포츠 식 게임 유형들, 즉 〈Oddball〉, 〈King of the Hill〉, 〈Capture the Flag〉 그리고 〈Rally〉가 있다. 간단히 말해, 〈헤일로〉는 역할놀이만 제외하면 모든 범주들에 들어맞는다. 그리고 게임에 더해진 역할놀이 층(layer)을 상상하는 것은 어렵지 않다.

〈헤일로〉의 '복합양식(multimodality)'은 예외적인 것이라고 보기 힘들다. 대다수 최신 컴퓨터게임들 역시 앞서 제시한 목록에 따라 서너 개의 유형으로 특징지을 수 있다. 사실 이 목록은 게임이 오늘날보다 덜 복잡했고 덜 다면적이던 시절부터 생겨난 체험적 찌꺼기지만, 그 당시조차 이런 종류의 검토는 인정받지 못했을 것이다. 오늘날 우리가 게임이라 부르는 것(몇 개를 거론하자면 〈퀘이크 아레나Quake Arena〉, 〈스타크래프트Starcraft〉, 〈에이지 오브 엠파이어*Age of Empires*))은 게임 **플랫폼**이라고 더 적절히 묘사될 수 있는 기술적 인프라 구조이다. 마치 카드 한 벌에 수많은 다른 게임들[솔리테르 (Solitaire), 포커(Poker), 브리지(Bridge), 블랙잭(Blackjack) 등]을 담을 수 있는 것처럼 말이다.

분명히 우리가 게임 장르를 연구하길 원한다면 내가 제시한 목록보다 더 나은 분류가 필요하다. 그러나 이것은 세부적 노력이 필요한 영역이 아니다. 그렇다면 디지털게임 장르를 두 개의 주된 항목으로 나누는 것으로 충분할 것 같다. (1) 전통적 게임(카드 게임, 보드 게임, 주사위 게임, 핀볼처럼 기계로 작동되는 아케이드 게임*)이 **디지털화된** 버전들, (2) **가상환경 속 게임**(가상환경은 반드시 우리 자신의 세상은 아닌, 대개는 훨씬 덜 복잡한 물리적 세계의 시뮬레이션이다). 후자 유형은 놀런 부슈넬Nolan Bushnel의 〈퐁*Pong*〉(Afari, 1971: 흔히 인정하듯 지극히 단순한 가상환경) 같은 대부분의 오리지널 컴퓨터 게임을 포함한다. 이따금 그 환경들은 꾸준히 인기를 누린 〈테트리스〉(Alexei Pajitnov, 1986)의 경우처럼 최소적이며 추상적이다. 컴퓨터 기술이 더 나아지고 더욱 막강해짐에 따라 기술적 잠재성을 실현하기 위해 게임도 확장되었고 더욱 복잡해졌다. 게다가 가상환경의 복잡성은 게임의 프로그램 코드의 규모와 관련이 있는 것 같고, 최근 몇 년간 대부분의 상업적인 게임들은 〈히어로즈 오브 마이트 앤드 매직*Heroes of Might and Magic*〉 같은 2D(3인칭, 지도 경관)이든, 〈엑스(X) ─ 비욘드 더 프론티어〉나 〈리턴 투 캐슬 울펜슈타인〉 같은 3D(1인칭, 주관적 시야)이든 크고 복잡한 가상환경을 갖게 되었다.

게임이 한층 더 크고 좀 더 상세하고 복잡한 가상환경의 방향으로 진화하고 있다는 사실은, 가장 중요한 공통 특성에 따라 명명되는 유효한 서술

▸ 과거에 오락장에서 즐길 수 있었던 비교적 단순하고 초보자도 쉽게 도전할 수 있는 게임들을 말한다.

범주로서 가상환경을 명백하게 정당화한다. 만약 우리가 (컴퓨터게임, 디지털게임 혹은 비디오게임보다는 오히려) 가상환경 속 게임을 우리가 탐사할 최고의 범주로 채택한다면, 지나치게 모호하고 과다하게 사용된 게임이라는 용어는 쓸모 있게끔 그 범주가 좁혀진 것이다.

그러나 지금 우리가 다루는 주제인 내러티브와 관련하여 훨씬 심도 있는 구분이 필요하다. 예를 들어, 〈토니 호크 프로 스케이터 3 *Tony Hawk's Pro Skater 3*〉(Gearbox, 2001) 같은 스포츠 게임은 순수한 기술게임이다. 이 게임은 게임과 내러티브 담론 논의와는 관련성이 적거나 없다. 이와 유사하게 〈심시티*Sim City*〉 혹은 〈심스*The Sims*〉(Will Wright, 1987 and 2001)처럼 열린 결말을 지닌 시뮬레이션 구성 게임은 모두가 시스템의 규칙을 습득하고 이것을 창조적으로 사용하는 것에 관한 것이다. 따라서 우리는 환경이나 시뮬레이션 규칙에 숙달하는 것이 게임의 일차적 목적이 아닌, 오히려 이런 요소들이 매우 특별한 성취와 목표에 비해 부차적인 그런 가상환경 게임에 집중할 필요가 있다. '〈테트리스〉 속 내러티브'에 관한 논의 혹은 '〈스페이스 인베이더*Space Invaders*〉에서 배경 이야기의 기능'에 관한 논의는, 아주 솔직히 말해서 시간에 대한 지성의 낭비다. 우리는 가장 문제적이면서도 반(反)내러티브 관점에서 무시하기 어려운 게임을 논의해야 한다. 우리가 찾는 것은 고도로 특이한 방식으로 이기는 게임이다. 이런 게임 속 환경은 힘겹지만 정복이 가능한 장애물들이 놓인 경치 좋은 길로 축소되어왔다. 왜 그런가? 이런 게임들이 '내러티브 게임'의 아주 전형적인 예들이기 때문이다. 그러나 과연 그럴까?

모험게임 시학의 문제점들

인본주의적 미학의 시각에서 보면 컴퓨터게임은, 그 자체로서 그리고 그 자체의 기준을 지닌 장르로서보다는 항상 다른 예술적 장르의 관점에서 파악되었다. 초창기 모험게임에 관한 논의 시도들(Niesz and Holland, 1984; Buckles, 1985에서 시작한)은 게임을 문학적 시각에서 대부분 바라보았다. 놀랄 일이 아닌 것은, 살펴보고자 했던 게임들이 텍스트에 기반을 두고 있었기 때문이다. 게임이 시각적으로 발전함에 따라, 특히 3D로 발전하면서, 연극과 영화 비평이 사용되었다. 비록 초기의 이런 시도들이 별다른 영향을 끼치지는 않았으나(브렌다 로렐의 저술은 예외이지만) 게임을 마치 뭔가 다른 것인 양 논의하려는 일반적 접근은 그럼에도 오늘날 여전히 지배적이다. '내러티브로서의 게임' 접근 방식은 분명히 학자들한테 너무나 매력적이어서, 대수롭지 않은 결과를 보여준 지난 20여 년 동안 연구 방법론은 변하지 않고 있다.[4]

모험게임과 스토리 사이에 어떤 구조적 주제적 유사성이 분명히 존재하는 반면에, 전자의 장르가 정말로 후자'이다'라는 점은 따라서 자명하지 않았다. 이에 못지않은 합당한 가정은 두 유형에 동기를 유발하는 공통된 문화적 충동이 있다는 것이다. 유사한 문화적 주제들이 흔히 매체를 가로질러서 그리고 여러 표현 양식들을 가로지르며 나타난다. 예를 들면, 패션이 영화이고 그 반대도 마찬가지라는 식으로 주장하지는 않더라도 영화와 패션의 유사성을 말하는 경우이다. 마찬가지로 모험게임과 스토리의 구조가 유사한 것은 영감의 공통된 근원인 삶 그 자체의 탓일 수 있다.

실제 삶을 사는 사람들처럼, 스토리의 독자들과 게임 플레이어들은 자신들이 조우하는 상황을 이해하고자 해석이 가능한 요소들에 의존한다. 이런 요소들에는 갈등, 적군과 우군, 바람직한 목표들, 장애물의 극복 및 응전, 이기고 지는 것이 포함될 수 있다. 이런 기본 요소들이 세 가지 현상 모두에 나타난다는 사실은, 내러티브가 그 요소들을 사용하는 것이 단지 2차적이라는 이유 때문에 그것들을 게임용으로 사용하는 것을 3차적인 것으로 만들지 않는다. 게임에서는 정반대로 실제 삶에서처럼, 결과(이기고 지는 것)는 스토리와는 달리 경험자에게 실제 일어난 것이며 개인적인 것이다.

소설을 모험게임으로 각색하는 작업, 말하자면 멜버른 하우스(Melbourne House)의 〈호빗 *The Hobbit*〉(1982)이 톨킨J. R. Tolkien▶의 이야기의 일부 사건들을 (깜짝 놀랄 정도로 약한 방식으로) 재연(reenact)하려 한다는 사실만으로는 게임이 스토리가 되지는 않는다. 최근의 〈툼 레이더 *Tomb Raider*〉란 영화가 게임으로 잘못 여겨질 수 없듯이 말이다. 그러나 많은 이론가들은 게임 스토리로 부르는 것을 겁내지 않으며 헨리 젠킨스Henry Jenkins처럼 좀 더 사려 깊은 사람들은 '새로 출현하는 내러티브(emergent narratives)'라는, 초점에서 벗어난 용어들을 사용한다. 물론 게임은 스토리에서 (혹은 첩보 행위 같은 스토리를 생산하는 문화적 신화에서) 유래될 수 있지만 그림 또한 그러하다. 틀림없이 게임은 게임 플레이용 영감의 원천으로 스토리를 사용할 수 있지만, 그렇다고 소설을 영화로 각색하는 방식처럼, 게임이 파생물이라고 할 수는 없다. 차이코프스키의 〈1812년 서곡 *1812 Overture*〉은 나폴레옹이 러시아에서 당한 치명적 전투를 이야기하진 않는다. 단지 그것을 악보로 만들 뿐이다. 톨킨 이야기의 몇몇 주요 사건들을 모방함으로써 〈호빗〉 모험게임은 스토리를 사용하여 얼마간 게임 플레이에 동기를 부여하고 구조화하지만, 그것을 다시 말하지는 않는다.

우리가 내러티브들에 대해 가장 폭넓은 (그리고 가장 완고한) 개념, 즉 내러티브들이 연속적이기보다는 건축 구조물 같은 것일 수 있고, 이야기된다기보다는 상연되며, 집합적이고 정적으로 관찰된다기보다는 개인적으로 독특하게 경험된다는 개념을 받아들인다 할지라도, 존재론적 차이는 여전히 남는다. 이런 차이는 아마도 **선택**이란 단어로 가장 잘 묘사될 수 있다. 게임에는 선택이 있기 마련이다. '아주 우연한' 기회의 게임에서조차 무엇

▶ 영국의 소설가 · 학자. 신화적인 과거를 배경으로 아동용 〈난쟁이 요정 호빗〉(1932)과 3부작인 〈반지의 제왕〉(1954~1955)을 썼다.

을 내기할 것인지, 얼마 내기를 할 것인지 등의 선택이 있다. 그뿐만이 아니라, 이런 선택들은 긴요할 수밖에 없다. 게임에서는 모든 것이 플레이어의 선택 능력 위주로 진행된다. 플레이어에게 제시된 선택들이 너무 제한되어 액션이 어찌할 수 없는 방향으로 이어질 것이 자명하다면 그런 선택들은 의사(擬似) 선택들이며, 게임도 의사 게임이 된다. 혹은 좀 더 직설적으로 표현하자면, 스토리는 게임 기술을 이용하여 그 자신을 말하면서 게임으로 위장한다. 이런 것의 예로는 "당신만의 모험 선택(Choose Your Own Adventures)"이라고 종종 불리는 "게임북(game books)"이 있는데, 이것은 단순한 나뭇가지 구조들을 사용자(user)/독자(reader)/플레이어(player)가 통과하는 탐정소설 텍스트 게임이다. 이런 게임의 경우 초창기 컴퓨터 모험게임들처럼 독자가 지배적 플롯을 '발견'하지만, 사실 그것은 그곳에 본디 있어왔던 것이라 발견이라고 할 수 없다. 이런 게임들은 선택에 관한 것이 아니라 받아들일 수 있는 길을 재발견하는 것에 관한 것이다. 전형적으로, 그리고 다른 게임 유형과는 달리, 이 게임들은 딱 한 번만 실행될 수 있는 것이다.

컴퓨터게임은 다른 매체 기기를 흉내 낼 수 있는 기계에 담긴 시뮬레이션들이므로, 게임이 서술용으로 사용될 수 있다는 것은 우리에게 놀랄 만한 일이 아니다. 〈하프 라이프*Half-Life*〉(Valve, 1998)의 시작 장면이 좋은 예인데, 여기서는 플레이어-아바타가 지하 터널을 통과하여 모노레일의 칸막이 객실 속으로 이송된다. 플레이어는 객실 내에서 자유롭게 움직이고 어느 방향이든 내다볼 수 있지만, 여정은 플레이어가 시도할 수도 있는 어떤 행동에도 영향을 받지 않고 예정된 코스로 계속 진행된다. 이 시작 장면은 〈하프 라이프〉 같은 '게임들'이 지닌, 단일 곡선(unicursal) 구조의 완벽한 알레고리다. 즉, 실현되어야만 하는 완벽한 길 혹은 '이상적인 순서'가 있다. 그렇지 않으면 게임/스토리는 지속될 수 없을 것이다. 〈하프 라이프〉는 잘 짜인 스토리 덕분에 찬사를 받아왔지만, 제스퍼 쥴Jesper Juul이 지적하듯

"〈하프 라이프〉를 완결 짓도록 이끄는 방대한 여정의 상당 부분이 세부적으로 다시 말해진다면 몹시 괴로울 정도로 지루할 것이다".

〈하프 라이프〉 같은 게임들은 진주목걸이 구조로 짜여 있다. 개개의 진주알 (혹은 축소판 세상) 안에는 수많은 선택들이 있지만, 목걸이 차원에서는 전혀 선택이 없다. 진주알 사이에는 다른 종류의 구슬들이 있다. 즉, 이것은 다가올 액션을 설명하고 유발하는 컷신들(짧은 애니메이션 영화)이다. 초기 텍스트 모험게임들이 이런 구조 혹은 컷신들을 갖고 있지 않다는 점에 주목하는 것은 자못 흥미롭다. 당신은 바로 그 지점에서 시작 부분으로 돌아가 줄곧 방황할 수도 있다 — 그것이 당신을 많이 도와주지는 않는다. 물론 이유는 〈하프 라이프〉 같은 아주 복잡한 3D 세계는 처리 부담이 커서 이것을 작동시키는 컴퓨터들이 즉시 전체 세계를 다룰 수가 없기 때문이다. 그래서 게임 기술의 현재 상태는, 하나의 모델 속에 완결된 게임 세계를 갖추려는 과도한 수요에 대해 에피소드 풍으로 구성된 진주목걸이 구조로써 사실상 보답한다. 그리하여 내러티브 구조처럼 보일지도 모르는 것이 또한 경제적인 것이다.

3D 게임들이라고 모두 진주목걸이 구조를 따르는 것은 아니다. 소니의 〈에버퀘스트〉처럼 대규모 멀티플레이어 게임들의 경우 진주알이 상호 연결되어 2차원에서 배치된다. 또한 눈에 띄게 다른 점은 컷신들의 부재이다. 아마도 게임을 하는 동안 〈에버퀘스트〉 내 구역들 사이의 경계선들이 쌍방향에서 반복적으로 횡단되기 때문이다.

많은 모험게임들이 명백히 게임들로 현명하게 위장하여 스토리를 말하려는 시도인 반면에, 이 게임들이 달성한 제한적 결과들(빈약하게 구현된 인물 성격, 지극히 파생적인 행동 플롯, 영리하게도 형이상학적 주제를 피하는 것)은, 비록 그것들이 지배적 요소로서 인지된다 할지라도 스토리가 게임 환경의 인질이라는 점을 말해준다. 심지어 우리는 더 이상 스토리를 보는 것이 아니라 예술적 가치가 빠져 있는 (진주) 껍데기를 파내고 있는 것이라고 추측

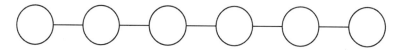
그림 7-1 〈하프 라이프〉

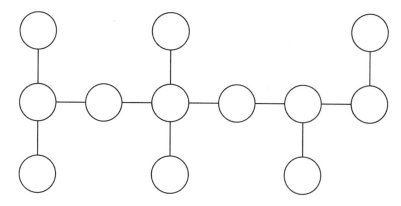
그림 7-2 〈에버퀘스트〉

할지도 모른다. 그러나 그것은 부당할 것이다. 왜냐하면 플레이어들이 〈하프 라이프〉와 〈호빗〉 같은 게임들의 진가를 분명히 알기 때문이다.

〈하프 라이프〉의 도입부처럼 게임이 거의 완벽하게 스토리처럼 되는 것을 막을 방도는 없다. 시각적 게임 환경에서 이것은 단순히 애니메이션 영화가 될 것이며, 〈이즈 퀘이크Id's Quake〉 같은 게임 엔진 시리즈가 그런 영화들을 생산해내는 데 정말로 사용되어왔다. 그러나 물론 그것은 더 이상 게임이 되지는 않을 것이다. 게임들이 재미있으려면 스토리텔링이라는 야심을 결코 달성할 수는 없을 것이다. 그 대신 내러티브가 사용하는 수단과는 다른 수단들을 통해서 사용자의 관심을 끌고 동기를 부여해야만 한다. 그러나 다른 수단들이란?

많은 모험게임들을 고찰해보면 형식의 관점에서 모두 아주 유사해 보일 것이다. 플레이어-아바타는 일련의 도전을 극복해가는 동안 목표를 달성하기 위해 어떤 경관을 통과하면서 움직여야만 한다. 이 현상을 탐색이라 부른다. 모험게임들의 목적은 플레이어들이 탐색을 완수할 수 있도록 해주는 것이다. 이것이 게임들의 지배적인 구조이다. 스토리텔링이 아니다.

랑힐 트론스타드Ragnhild Tronstad는 MUDS(Multi-User Dungeon)와 수행성에 관해 분명한 설명을 제시한 글에서, 몰리에르Molière의 『돈 후안Don Juan』에 대한 펠만Felman의 화행(speech act) 분석틀에 기대어 탐색에서 행위와 의미가 갖는 관련성을 논의한다. "행위와 의미 사이의 갈등은 탐색의 행위에도 존재한다. 탐색을 한다는 것은 탐색의 의미를 찾는다는 것이다. 이 의미에 도달하면 탐색은 해결된다. 의미를 찾게 되면 탐색은 **탐색**으로서 기능을 멈춘다는 것은 탐색의 역설이다. 의미가 찾아지면 탐색은 **역사**가 된다. 탐색이 다시 행해질 수는 없다. 두 번째 퍼즐 탐색을 해결하는 것은 그저 동일한 경험이 아니기 때문이다." 트론스타드는 탐색과 스토리 사이의 차이를 '수행적인 것(performatives)'과 '사실진술문적인 것(constatives)' 사이의 차이라고 주장한다.

스토리는 일반적으로 사실진술문적인 것과 함께 의미의 질서에 속하지, 행위의 질서에 속하지 않는다. 반면에 탐색은 기본적으로 수행적인 것이다. 즉, 탐색은 최우선으로 행위의 질서에 속한다. 탐색이 해결되자마자 탐색은 사실진술문적인 것으로 바뀐다. 탐색이 '스토리'와 쉽사리 혼돈될 수 있는 이유는, 우리가 탐색을 이미 해결한 후에도 당연하게 회고 속에서 탐색을 분석하고 있기 때문이다. 이런 식으로 탐색의 수행적 측면을 무시하는 것은 근본적으로 탐색 행위를 관행으로 오판하는 것이다. 탐색이 의미이기 이전에 행위여야 하기 때문에 우리는 탐색이 어떻게 작용하는지를 이해하기 위해서 탐색이 **실행하는**(act) 방식에 집중해야만 한다(Tronstad, 2001: 4.1).

비록 우리가 탐색을 하는 동안 탐색을 '분석한다'(이것이 정확한 단어라면)는 것이 분명하다 할지라도, '요점만 말하는 분석(the in medias res analysis)'

은 완벽한 지식의 부족으로 인해 제약을 받게 된다. 그래서 우리는 전략적인 분석과 성찰적인 분석을 구분할 필요가 있다. 연구자들은 게임을 해본 이후, 게임을 분석한다. 그리고 트론스타드의 말이 옳다면 이것은 사실진술문적 요인을 선호하여 수행적 측면을 불명료하게 만들 것이다. 스토리는 이미 사실진술이기 때문에 트론스타드가 지적하는 것처럼 유사한 의미의 '가림(eclipse)'은 스토리 분석을 방해하지 않는다.

만약 우리가 탐색과 탐색 행위를 게임을 이해하는 열쇠로 여긴다면, 서너 개의 질문들이 불쑥 생겨날 것이다. 모든 탐색들은 구조적으로 유사한가? 탐색들이 모든 종류의 게임들 속에 존재하는가? 탐색의 유형학 혹은 탐색의 문법을 제안하는 것이 가능한가? 이런 것들은 중대한 질문이며, 아마도 더 나은 전략은 적어도 당분간은 게임을 탐색으로 분석하는 것이고 탐색들에 관해 좀 더 찾아내는 것이다.

하지만 가설적으로 게임의 많은 유형들에 탐색이 포함되어 있다는 점은 분명한 것 같다. 비유적으로 탐색은, 〈팩맨Pac-Man〉의 고득점 리스트에 여러분의 이름의 머리글자를 올리기 위한 탐색처럼 일종의 목적 지향적인 것을 의미할 수 있다. 하지만 우리가 **탐색**을 단지 게임을 이기는 것보다는 구체적인 결과를 찾는 것을 뜻한다고 정의하면, 흔히 〈퀘이크Quake〉처럼 플레이어들 간의 데스 매치(death match)나 〈테트리스〉 같은 게임들처럼 자격을 갖추지 못한 게임들도 있을 것이다. 〈테트리스〉에서는 최종 해결책이 없으며, 플레이어가 하나의 실수를 많이 범할수록 상황은 계속 어려워지기만 한다. 그리고 체스와 마찬가지로, '〈퀘이크〉형 데스 매치'에서는 더 나아질 구체적인 방법들이 없다. 어떤 식으로든 적군들보다 더 여러 번 적군들을 죽임으로써 이기는 것이다.

▶ 인 메디아스 레스(in medias res)는 '사건의 한가운데서'라는 뜻으로, 플롯을 사건의 기원이나 시작부터 이야기하는 것이 아니라 핵심적인 극적 행동부터 먼저 이야기하면서 풀어가는 방식이다.

공간탐색: 내러티브 경계 넘어

〈엑스(X)―비욘드 더 프론티어〉[Egosoft, 1999. 이하 〈엑스(x)〉로 표기]는 아주 머나먼 은하계의 시뮬레이션이며 거기에는 다양한 외계종들이 있고, 수많은 태양계가 '점프 게이트(jump gates)'로 연결되어 있다. 플레이어는 온갖 종류의 장비를 갖출 수 있는 우주선을 통솔한다. 기술이 앞선 장비일수록 비싸다. 장비를 살 돈을 얻기 위해 플레이어는 거래를 할 수 있고, 화물을 선적할 수도 있고, 해적을 찾거나 해적이 될 수도 있다. 하지만 가장 돈을 잘 벌 수 있는 커리어는 공장주가 되어 판매가 가능한 물품들을 생산해내는 것이다. 은하계를 탐험하고, 거래 관행을 확립하고, 공장을 세움으로써 플레이어는 여러 대의 우주선을 거느리면서 지위가 낮은 조종사에서 부유한 거물로 부상할 수 있다. 열린 결말의 게임이라서 구체적인 승리의 시나리오는 없다. 지는 경우는 우주선이 공격당하여 산산조각이 나는 것이다. 1인칭 사수, 역할놀이, 전략게임으로서 이 게임 역시 플레이어가 자유롭게 선택하는 탐색('미션')으로 구성되어 있다.

게임 시작의 컷신이 상황(낯선 은하계에서 교착 상태에 처한 실험 조종사)을 소개한 후 여러분은 홀로 남겨진다. 우주선을 조종한 후, 거래하고, 공장을 세우고, 싸우는 방법 등을 배우고 나서, 결국 비즈니스 왕국 운영을 배우거나 은하계를 탐험하는 것을 선택만 하라. 한 줌의 외계인들 중 오직 한 종족만이 완전히 적대적이다. 그래서 여러분이 충분히 강하다고 느낀다면 그들과 전면전을 벌이는 것이 하나의 목표가 될지도 모른다.

이 우주는 상당히 광대하기에 그 속에서 수백 시간을 보낼 준비를 하라. 우주의 한쪽 구석에서 당신이 일을 하고 있는 동안, 나머지 우주는 자기 사업을 진행시키므로(아마도 당신을 공격할 준비를 하면서), 플레이어가 와서 일으킬 사전에 준비된 사건들은 없을 것이다. 이 자동 조작은, 만약 당신이 우주 기지들 중 한 곳에 도킹한 다음 잠을 자거나 다른 일을 하는 동안에 시뮬레이션이 진행되도록 놔둔다면, 우주가 계속 진화하게 된다는 것을 의미한다. 몇 시간 뒤 게임으로 돌아오면 당신은 공장에서 거래와 판매로 자금이 증가한 것을 알게 될 것이다. 혹은 아마도 해적들이 당신 재산의 상당 부분을 파괴해버렸음을 알게 될지도 모른다.

태양계를 탐험하다보면 자발적 탐색이 벌어지는 것을 알게 될 것이다. 적진 깊숙한 곳의 어느 은밀한 우주 정거장에서만 사용할 수 있는 특별 기술에 관한 정보를 얻을지도 모른다. 혹은 당신의 거래에 유리한 특별 천연 자원이 풍부한 지역이 있을지도 모른다. 〈엑스(X)〉의 속편 〈엑스텐션 Xtension〉(2000)의 경우 게임이 출시된 후 탐색이 추가되었다.

〈엑스(X)〉에서 탐색은 일종의 휴가이다. 이것은 은하계에서 커리어를 추구하는 일상의 사업에서 벗어나 변화가 필요할 때 당신이 택하는 미지의 여행이다. 이런 여행들은 필수적이지는 않지만 시뮬레이션과 그 규칙에 의해서 쉽사리 제공될 수 있는 것이다. 게다가 플레이어는 어느 한 외계 종족에 도전하거나 은하계만이 생산하는 특정 품목을 넘겨받는 식으로 개인적 탐색들을 고안해낼 수 있다.

〈엑스(X)〉에서 탐색들은 특정 패턴 혹은 구조를 따르지 않는다. 탐색들은 게임에서 다른 잠재적 사건들처럼 다양하며, 그만둘 수도 보류될 수도 마음대로 다시 선택할 수도 있다. 탐색들은 무엇보다도 게임이 초대하는 탐험의 특별 하위 부류로서 묘사되는 것이 아마도 가장 좋을 것이다.

〈엑스(X)〉에서 스토리는 무엇인가? 대답은 여러분이 원할 때만 여러분 자신의 이야기를 쓸 수 있다는 것이다. 이 게임의 플레이어들과 애호층은 〈엑스(X)〉 우주에 배경을 둔 스토리, 이른바 팬 픽션(fan faction)을 써왔고, "해적 갬빗(Pirate's Gambit)"이라 불리는 현재 개발 중인 그래픽 소설이란 것도 있다.[5]

난 내 식대로 했다: 플롯에 어긋나게 게임하기

게임의 많은 유형들(예를 들면, 순서를 따라가는 전략, 실시간 전략, 모험게임, 역할놀이 게임)은 앞서 설명했던 진주목걸이 구조를 따른다. 어떤 게임의 경우에는 각각의 진주알 안에서 취하는 액션이 단순하고 일반적이지만, 다른 게임의 경우에는 진주알 내부의 특정 하위 목표들이 복잡한 대본들에 따라 계획되고 통제된다. 그러나 때로는 게임 설계자들이 진주알 안에서 진행되는 사건들의 계획을 세우기란 그리 쉽지 않다. 1인칭 역할게임 시리즈 〈데우스 엑스*Deus Ex*▸〉(Ion Storm, 1999 and 2002)의 선두 기획자들인 워런 스펙터Warren Spector와 하비 스미스Harvey Smith는, 플레이어들이 벽을 오르기 위해 부착용 폭탄('LAMS')을 사용하고 있는 점을 알아내고서 깜짝 놀랐다고 보고한다.[6] 플레이어들은 자신들의 아바타를 시켜 담벼락에 폭탄을 설치한 후 뛰어오르고 좀 더 높은 곳에 또 다른 폭탄을 놓는 식이다. 이런 식으로 그들은 장소에 도착하여, 게임 설계자들로서는 플레이어들이 적어도 그런 식으로는 하지 않으리라고 여겼던 일들을 하고 있었다. 이 점을 알아차린 후 플레이어들은 놀란 설계자들한테 자신들의 공적을 담은 화면 스냅 샷을 보냈다. 비록 〈데우스 엑스〉는 아주 닫힌 모험게임이지만, 그건 또한 시뮬레이션된 세상이고, 여기서 플레이어들은 시뮬레이션의 기계적 작동 논리를 활용함으로써 탐색 기획을 전복시켰다. 결과적으로 얻어진 즐거움은 아마도 게임을 의도된 방식대로 단순히 해결함으로써 얻을 수 있는 것보다 훨씬 클 것이다.

이런 게임 양식은 사실 아주 흔하다. 리처드 바틀Richard Bartle의 전형적인 멀티플레이어 유형학에서 보면, 이것은 분명히 바틀이 특징지은 탐험가 유형이며, 이러한 플레이어들은 "가상세계에 관해 가능한 한 많은 것을 찾

▸ 급할 때 나타나는 신. God from a Machine.

아내려고 한다. 본래 이것은 가상세계의 지세를 지도로 그리는 것을 의미하지만(말하자면 MUD의 넓이 탐험), 나중에는 게임의 '물리적 현상(physics)'을 실험하는 쪽으로 나아간다".

3D 실시간 전투게임인 번지(Bungie) 사의 〈신화 II: 소울블라이터*Myth II: Soulblighter*〉처럼 목표를 지닌 탐색게임에서 의도된 해결 구조를 뒤엎는 것은 아주 쉬울 수 있다. 시뮬레이션을 통제하는 데 필요한 복잡한 스크립팅*이 쉽사리 깨질 수 있기 때문이다. 〈신화 II〉의 여러 시나리오 중 하나의 목표는, 발각되지 않고 잠입하여 성(城) 밖에서 기다리는 자신의 군대가 출입구를 열 수 있도록 특별한 비가시적인 난쟁이를 이용하여 성을 정복하는 것이다. 난쟁이는 성문을 들어 올리는 기계 장치에 수류탄을(그는 이것을 무궁무진하게 공급받을 수 있다) 던져 이 작업을 하도록 되어 있다. 그런 다음 당신의 주 병력이 진입하여 적군을 일소한다(이것이 여전히 어려운 특별한 이유는, 당신이 통솔하는 30~40명의 군인들이 실시간으로 모두 통제되어야 하기 때문이다). 난쟁이는 유능한 전사이지만, 나는 그 난쟁이만을 사용하여 외부의 도움 없이 성안의 모든 병력을 빼내려고 애를 썼다. 난쟁이를 성벽에 두고 위에서 다가오는 군인들을 향해 수류탄을 던지게 하여 주 병력이 성문 밖에서 기다리는 동안 나는 실제로 모든 적군들을 그럭저럭 빼냈다. 가장 어려운 부분은 성벽 담의 한 곳에 줄지어 선 궁수들의 화살을 피하는 것이었지만, 수류탄을 던지는 동안(그리고 많은 수류탄을 비축하고 재장전한 후) 그들을 향해 지그재그 식으로 달려 목표가 사실상 완수된 것이다.

다른 〈신화 II〉 시나리오들 중에는 탐험가가 플롯을 뒤집을 수 있는 유사한 가능성이 주어지는데, 그 순간 죽지 않게 되어 있는, 즉 아무 일도 일어나지 않은 것처럼 다음 번 시나리오에서 다시 출현하는 주요 악당들을 죽일 수도 있다. 탐색 스크립트가 시뮬레이션의 맨 윗자리에서 규제하는

▸   처리 순서를 기술한 간단한 프로그램.

이런 게임에서 대본가들은 게임을 오로지 이기기 위해서 게임의 규칙들을 전복시키는 탐험가들로부터 결코 안전하지 않다. 시나리오 설계자들의 하향식(top-down) 내러티브 의도는 시뮬레이션의 상향식(bottom-up) 법칙에 의해 지배를 받는다.

멀티플레이어 이중탐색: 해안 침공(Beach Invasion)

탐색은 단일 사용자 게임에 국한된 것이 결코 아니다. 플레이어들에게 영감을 불어넣어 준 보드게임인 〈던전스 앤드 드래곤스*Dungeons and Dragons*〉 같은 최초의 머드(Multi-User Dungeon; MUD)게임(Trubshaw and Battle, 1979~1980)에서는, 탐색은 본래 협동적인 것을 의미했다. 여러 명의 플레이어들이 용이 지키는 보물을 찾고자 팀을 구성하고, 수적 우세 속에 용을 죽일 수 있다. 이것은 우호적인 협동을 보장해주었고 많은 멀티플레이어 게임들을 특징짓는 사교적 협력적 분위기에 기여했다. 1990년 후반 대규모로 상업적이고 그래픽이 생생한 머드게임들(MUDs)에서는 플레이어들을 조직하고 초보자들을 돕기 위해서 길드와 파벌이 형성되었다.

최근에는 팀 기반 1인칭 사수 게임인 〈퀘이크 팀 아레나*Quake Team Arena*〉(2000), 〈카운터 스트라이크*Counter Strike*〉(2000), 〈리턴 투 캐슬 울펜슈타인*Return to Castle Wolfenstein*〉(2001) 같은 새로운 형태의 멀티플레이어 탐색게임이 출현했다. 〈리턴 투 캐슬 울펜슈타인〉에서 수행된 탐색을 다음과 같이 회고조로 서술한 것이 있다.

난 엔지니어다. 나는 철조망과 전방 벙커 쪽에서 난사되는 기관총 사이를 지그재그로 달려간다. 그리고 나는 벙커 문에 다이너마이트를 설치하고 무장하는 동안 아군 동료들이 날 엄호해주길 바란다. 다이너마이트를 설치한 후 방파제가 있는 해안을 향해 달려가 그곳에 두 번째 폭약을 설치한다. 그런 다음 퓨즈가 타는 동안 기다리고, 폭발 전 폭약의 뇌관을 제거할지도 모르는 적국 엔지니어들을 주시한다. 그때 섬광과 소음이 갑자기 폭포처럼 쏟아지고 적군의 공습을 당해 난 꼼짝없이 죽는다. 엔지니어로서 작업을 끝내고, 한 사람의 팀원으로서 성난 눈초리로 광란의 전투를 지켜보는 나는 위생병으로 역할을 바꾸고 소생하길 기다린다. 4초, 3초, 2초, 1초, 그때 전방 벙커에서 치열한 전투가 진행되는 동안 난 해안 선창가로 돌아온다.

서너 명의 팀 동료들은 쓰러지고, 나는 도움을 요청하는 그들의 울부짖음을 외면한 채 돌파를 하기 위해 달린다. 여전히 6분이 남아 있고 방금 공격이 시작되었다. 그래서 여전히 기습공격의 요소가 있다. 독일군 벙커를 지키는 사람들의 수는 많지 않다. 그래서 나 혼자 몰래 잠입해서 돌파할 수도 있다. 돌파선을 지나 위쪽 벙커로 향하는 사다리를 오른다. 내가 뒤쪽 계단으로 향하는 문가로 들어서자 누군가가 날 저격한다. 나는 총에 맞았지만 쓰러지진 않고, 계단 쪽으로 계속 내려가는 동안 위생병답게 재빨리 스스로를 치료한다. 지하실에서 아무도 맞닥뜨리지 않고 전시 상황실로 곧장 향한다. 여전히 적군들은 없다. 모두가 위층에서 전투 중이다. 난 테이블 위에 놓인 서류를 손에 쥔다. 목적 달성! 내가 기밀문서를 얻자 게임이 변한다. 이제 독일군들이 나를 라디오 방송실로 가지 못하게 해야만 한다. 그곳에 내가 들어선 순간 서류들이 연합군 사령부로 전송될 것이다. 이제 무엇이 남았나?

나는 내가 왔던 길을 되돌아갈 수 있다. 아니면 지름길인 라디오 방송실로 곧장 향할 수도 있다. 그러나 그들도 이 정도는 예상할 수 있다. 그 대신 난 지하실 복도 끝에 있는 군영 막사 방으로 잠입하여 라디오 방송실 계단이 보이는 구석을 엿본다. 그런 다음 기다린다. 독일군들은 지금쯤 패닉 상태에 놓여 있겠지. 어느 방향인지도 모른 채 내가 라디오 방송실로 질주할 거라고 예상하면서. 10초 후 회색 군복의 병사가 계단을 굴러 내려와 전시 상황실을 향한다. 그는 날 보지 못한다. 해안선에는 아무도 보이질 않는다. 지금이 절호의 찬스다. 내 동료들은 앞쪽 참호에서 여전히 싸우고 있다. 나는 계단으로 달려가 위층으로 올라가면서 수류탄, 기관총, 혹은 더 심하게 기갑전차 로켓이 날아올 수도 있다고 생각한다. 그렇게 되면 나에게 끝장이다. 아무 일도 없다. 거기엔 아무도 없다! 내 전략은 들어맞았다. 즉, 누군가가 점검을 하러 아래로 내려간 뒤에, 그들은 모두 내가 다른 쪽 방향에서 오길 기대한다. 하! 계단 꼭대기 라디오 방송실에 들어설 때 난 잠시 한숨을 쉰 후 키보드에 'V-5-7'을 친다. 그리고 나의 "야호(Yeehaw)!"라는 감탄사와 함께 모든 사람의 화면에 "연합군 승리!"라는 메시지가 뜰 때 웃음 짓는다. 팀 동료들은 환호하는 반면에, 추축국°에서 몇 명이 "이건 아니야(Nein)!"라고 실망스럽게 외친다.

이 게임에서 두 팀은 전형적인 제2차 세계대전 시나리오인 노르망디 해안 침공 상황에서 서로 대항한다. 연합군은 탐색에서 다음 네 가지 목표를 갖고 있다.

(1) 폭약을 사용하여 벙커 벽 뚫기, (2) 전방의 벙커 탈취하기, (3) 지하실 깊숙한 곳 전시 상황실에서 기밀문서 훔치기, (4) 문서를 라디오 방송실로 전송하기. 추축국은 정반대의 목표를 갖는다. 연합국의 모든 움직임을 방해하고 막는 거울 이미지 탐색을 한다. 8분 동안 이 작업을 할 수 있다면 추축국이 자동으로 이길 것이다. 한 방향 탐색과는 달리 이런 이중탐색게임은 플레이 반복이 가능하다. 유일한 (그러나 긴요한) 차이는 개별 팀 구성원들이 게임마다 완전히 다를지도 모른다는 것이다. 각 팀에서 플레이어들은 엔지니어, 전투병(로켓 발사대, 저격용 총, 화염방사기 같은 특수 무기를 지닌), 위생병(부상당한 팀 동료를 치료하는), 그리고 중위(다른 이들한테 탄약을 공급하는) 역할을 선택한다. 플레이어-아바타들이 죽으면, 정해진 벌칙 기

▸ Axis Powers. 세계를 바꿀 중심축이란 뜻. 제2차 세계대전 때 나치 독일과 일본은 이탈리아와 함께 연합군에 반대하는 추축국 동맹을 자처함.

간이 지난 후 그들은 (전형적으로 4~8분 지속하는) 게임에 다시 모습을 드러낸다. 잘 짜인 팀은 게임에서 단계마다 서로 다른 역할 조합으로 구성될 것이다. 즉, 저격수들과 엔지니어들이 시작 부분에서 지배하고, 중위들과 위생병들은 끝부분에서 지배한다.

이것이 분명히 탐색게임이라 할지라도, (게임의) 반복성(duplicity)은 두 게임이 똑같지 않다는 것을 보장한다. 마치 체스처럼, 그 세계와 규칙이 아주 단순하다 할지라도 움직임과 전략은 무궁무진하게 다양해질 수 있다.

그래서 '해안 침공' 시나리오의 목표는 다른 탐색게임에서처럼 단순하지만, 플레이어의 경험과 리플레이하는 즐거움의 관점에서 보면 이중 구조는 이런 유형의 게임을 아주 다르게 만든다. 우리는 이런 게임은 매번 달라지고, 따라서 트론스타드의 용어를 사용하자면 게임의 의미가 끝없이 지연되기 때문에, 그런 게임은 다시 할 수 없다고 주장할 수 있다. "그러나 의미 역시 탐색의 죽음이기에, 의미는 탐색하는 경험을 연장하기 위해 이따금 이런 약속을 깬다"(Tronstad, 2001).

행동하는 게 전부다. 아서 새뮤얼의 인공지능 플레이어가 모든 인간 적수들을 물리치고 게임의 결정적인 속성을 보여주었을 때, 체커들은 더 이상 진지한 게임이 될 수 없었지만, '해안 침공' 같은 이중탐색은 의미를 갖지 않는다. 그래서 플레이는 영원히 계속된다.

결론: 내러티브 너머 ― 탐색게임 이론을 향하여

이 경험론적 에세이에서 나는 오락 시뮬레이션에 의해 생겨난 복잡하고 예측 불가능한 사건 구조들이 이해되려면 어떻게 서사학적 사고로부터 분리될 필요가 있는지를 보여주고자 했다. 게임을 스토리로 보는 대신에, 우리는 어떤 게임들(구체적인 목표를 지닌 게임들)을 **탐색게임들**로 바라봄으로써 이득을 얻을 수 있을지도 모른다. 지금까지 살펴본 바대로 이것은 쉽사리 정의될 장르가 아니라, 문제의 소지가 있는 질문을 해결해준다. 즉, 게임들이 과연 내러티브인지, 또한 좀 더 유용한 전문 용어를 찾는 길을 안내하는 것은 아닌지 하는 질문이다. 이런 게임들을 탐색게임들로 식별함으로써, 우리는 트론스타드의 견해에 따라 탐색게임이 왜 내러티브로 잘못 여겨지고 있는지, 그리고 왜 우리의 분석에서 계속 쓸모 있는 서사학의 양상들을 구출해내는 데 이러한 식별이 유리한지 설명할 수 있다.

'내러티브 게임'이면서 탐색이 아닌 것들도 있는가? 그렇지 않다면, 컴퓨터게임 이론에서 지금처럼 스토리텔링에 초점을 두는 대신에, 좀 더 생산적으로 탐색 행위에 초점을 둘 수 있을지도 모른다. 분명히 게임과 게임 엔진 역시 스토리를 말하는 데 사용될 수 있지만, 이것은 아마도 서술과 자유로운 플레이 사이를 오가는 스펙트럼의 극단에 있을 것이다. 둘 사이 어딘가에 규칙에 기반을 둔 게임과 탐색게임이 놓인 채 말이다. 멀티플레이어 그리고 '대규모 멀티플레이어' 게임들 같은 현상을 고려할 때, 이 스펙트럼의 내러티브 지점이 게임을 지배할 가능성은 아주 적어 보인다.

그러나 오직 시간만이 말해줄 것이다.

〈박종성 옮김〉

주

1   이것은 에드워드 카스트로노바Edward Castronova의 기사에 의거한 것으로 원래 1999
    년 BBC의 리포트였다고 한다.

2   '서사주의(narrativism)'에 관해서는 Aarseth(2004)를 보라.

3   이 항목은 http://gamespot.com(October 14, 2002)에 따른 것이다.

4   이런 문학에 관한 철저한 토론은 Aarseth(1997)을 보라.

5   ⟨http://www.egosoft.com/X/xnews/200202_44News.html#top6⟩ (October 14, 2002).

6   ⟨http://www.themushroom.com/20q/warrenspector.html⟩ (October 14, 2002).

참고문헌

Aarseth, Espen. *Cybertext: Perspectives on Ergodic Literature*. Baltimore: Johns Hopkins University Press, 1997.

_____. "Genre Trouble: Narrativism and the Art of Simulation." *First Person*. Ed. Pat Harrigan and Noah Wardrip-Fruin. Cambridge: MIT Press, 2004.

Bartle, Richard. "Hearts, Clubs, Diamonds, Spades: Players Who Suit MUDS" (1996). http://www.mud.co.uk/richard/hcds.htm (October 14, 2002).

Buckles, Mary Ann. "Interactive Fiction: The Storygame 'Adventure.'" Ph.D. diss., University of California-San Diego, 1985.

Castronova, Edward. "Virtual Worlds: A First-Hand Account of Market and Society on the Cyberian Frontier"(2002). http://papers.ssrn.com/sol3/papers.cfm?abstract_id=294828 (October 14, 2002).

Jenkins, Henry. "Video Games on the Threshold of Art." Paper presented at the Game Cultures conference, University of the West of England, Bristol, June 2001.

Juul, Jesper. "Games Telling Stories? A Brief Note on Games and Narratives." *Game Studies* I.I. http://gamestudies.org/0101/juul-gts (October 14, 2002).

Laurel, Brenda Kay. "Toward the Design of a Computer-Based Interactive Fantasy System." Ph.D. diss., Ohio State University. University Microfilms International, 1986.

_____. *Computers as Theatre*. Reading MA: Addison—Wesley, 1991.

Niesz, Anthony J., and Norman N. Holland. "Interactive Fiction." *Critical Inquiry* II.I (1984): 110~29.

Tronstad, Ragnhild. "Semiotic and Non-Semiotic MUD Performance." Paper presented at the COSIGN conference, Amsterdam, September 11, 2001. http://www.kinonet.com/conferences/consign2001/pdfs/Tronstad.pdf.

8장

쌍방향 영화라는 신화

피터 루넨펠드Peter Lunenfeld

찰리 채플린Charlie Chaplain과 레니 리펜슈탈Leni Riefenstahl이 컴퓨터 사용자들에게 지금도 인기 있는 인물이라는 사실은 나에게 충격이다. 나는 옛날이나 지금이나 광고로 먹고사는 사람은 아니지만, 컴퓨터의 변신이 시작되던 1980년대 전반기에 작은 광대(찰리 채플린)가 기업의 광고 모델로 변신하는 것과 리펜슈탈이 제작한 〈올림피아*Olympia*〉(1938)라는 기록영화에 등장하는 운동 전사들이 디지털 '혁명가'로 재창조되는 장면을 목격했다. 기술 기업들이 PC 사용자로서 '권력을 갖게 된' 대중의 편이 되기 위해 전통적인 대형 본체 컴퓨터 사업을 포기하는 바로 그 순간, 세계에서 가장 큰 PC 제조사인 두 업체 IBM(이들은 그전까지 자신들의 기업적인 성공에 결정적인 기여를 한 수수한 흰색 실험복을 필사적으로 벗어던졌다)과 애플(컴퓨터 '혁명'의 화신)은 주력 제품 광고에 영화를 직접 사용하기 시작했다. 1981년에 IBM은 신제품 광고에 찰리 채플린을 이용하기 위해 이미지 사용 독점허가를 얻었다. 그 후 채플린 연기자를 활용하여 인쇄매체용 광고와 TV 광고에서 IBM 제품을 널리 소개했다. 여자 모델이 채플린 역할을 했다는 것이 좀 이상하다는 평가가 있었지만 작은 광대 채플린을 광고 모델로 기용한 것과 같은 파격에 비추어 보면 전혀 이상한 것이 아니었다. 잔인한 기계문명의 압제 속에서 인간의 낭만적 영혼을 지키려는 투쟁의 아이콘인 채플린의 이미지를 앞으로 펼쳐질 정보시대의 시작을 알리는 상업광고에 이용했다는 것이 오히려 이상하다면 이상한 일이었다. 자신들이 거주하는 빅토리아풍 집을 산업화 이전에 제작된 각종 예술품을 사들여 화려하게 꾸며놓고 살면서도, 자신들이 운영했던 공장은 인간성이 파괴된 기계화의 요체로 만들어버렸던 저 일군의 강도 귀족(robber baron)▸처럼 IBM은 자신들의 제품을 팔기 위한 영리적 목적으로 기술과 미학 사이의 틈새를 파고들었다.

3년 후인 1984년에 애플은 IBM의 PC에 맞서 첫 번째 매킨토시 컴퓨터를 출시했다. 자신들의 제품 광고에서 영화를 이용하기는 애플도 마찬가지였다. 애플은 〈블레이드 러너*Blade Runner*〉(1982)를 감독했던 리들리 스콧 Ridley Scott에게 광고 제작을 의뢰했다. 스콧은 잡지 ≪버라이어티*Variety*≫에 의해 당대 전 세계에서 가장 영향력 있는 영화감독으로 선정되었던 경력의 소유자였고, 영국에서는 가장 뛰어난 광고영화 감독으로 인정받고 있었다. 스콧이 제작한 광고는 매년 미국에서 가장 중요하고 가장 비싼 광고를 내보내는 슈퍼볼(Super Bowl) 중계방송 시간대에 최초로 선보였는데 시청자들의 반응은 가히 폭발적이었다. 광고에서는 마치 조지 오웰George Orwell의 빅 브라더(Big Brother)의 이미지를 연상시키는, IBM의 빅 블루(Big Blue)▸▸를 상징하는 영화관 안으로 한 젊은 여성이 갑자기 뛰어 들어온다. 그 영화관은 전체주의 국가의 영화관처럼 보인다. 복도를 달려 내려오는 이 여성의 양손에는 대형 해머가 들려 있다. 여성은 앞쪽으로 돌진해서는

▸ 악덕 자본가. 유럽에서 자신의 영지를 통과하는 사람들에게 통행세를 뜯었던 귀족들의 악행을 조롱하던 말. 미국에서는 19세기 후반의 악덕 자본가들을 일컫는 말로 쓰임.

▸▸ IBM 회사를 컴퓨터 업계에서 부르는 별명 또는 별칭.

스크린을 향해 해머를 던진다. 스크린은 곧 붕괴되고 노예로 잡혀 있던 관객들은 해방된다. 이 장면은 매킨토시의 GUI(Graphic User Interface: 그래픽 사용자 인터페이스)의 힘으로 IBM 제품의 명령어 인터페이스와 c:// 프롬프트(prompt)의 압제로부터 인류를 구원한다는 메시지를 상징적으로 보여주고 있다. 브리콜라주(bricolage)▸ 예술 기법 재현에 출중한 재능이 있었던 스콧은 오슨 웰스Orson Welles의 〈시민 케인Citizen Kane〉(1941)에서부터 리펜슈탈의 파시즘 찬양 대표작인 〈의지의 승리Triumph of the Will〉(1936)에 이르는 전체주의 영화 제작 기법을 끌어다 쓰면서, 브리콜라주 기법을 자유자재로 사용했다.

그 이후의 광고 제작에 중대한 영향을 끼친 이 두 광고는 다양한 논의를 위한 재료가 될 수 있다. 예를 들어, 마셜 매클루언은 새로운 매체에 그 어떤 내용을 담든 간에 이는 결국 모든 것을 다 차지하고자 하는 극도로 발전된 자본주의의 탐욕의 표출일 뿐이고, 또한 광고 제작에서 소비자의 욕구를 극도로 자극하려면 관련성이 있든 없든 모든 기법을 다 끌어다 써도 된다는 사고와 행태는 이미 구매체도 갖고 있던 것이라고 주장한다. 그럼에도 내가 찰리와 레니를 언급한 이유는 컴퓨터와 영화의 관계를 제대로 분석하려는 바람에서다. 지금껏 행해진 컴퓨터와 영화의 관계를 분석한 연구 대부분은 진부한 미학적 분석에 그쳤을 뿐이고, 기술 일반론 혹은 미래의 시장성 같은 모호한 논의로 빠지기 일쑤였다. 현재 컴퓨터 산업과 영화 산업은 엄청나게 거대해졌을 뿐만 아니라 서로 매우 밀접하게 연결되어 있다.

▸ '손재주'라고도 한다. 프랑스 어로 '손으로 하는 수리'라는 의미다. 프랑스의 인류학자 클로드 레비스트로스가 〈야생의 사고La Pensée Sauvage〉에서 신화적 사고의 특징을 설명하기 위해 이용한 비유로, 바로 그 자리에 있는 소재를 임기응변으로 사용하여 문화를 만드는 실천을 가리킨다. 신화적 사고는 계획에 따라 일의적으로 의미가 부여된 개념을 사용한 근대적 사고와 비교되지만 민중의 보편적인 사고다. 최근에는 강제된 것을 지배층의 의도와는 다른 용도로 유용하는 브리콜라주가 지배 문화에 대한 민중의 저항이 되었다는 논의에도 사용되고 있다.

이로 인해 갖게 된 문화적 경제적 힘은 엄청나다. 따라서 이런 현상을 구체성이 결여된 일반적인 맥락에서 논의하는 것은 거의 불가능한 일이 돼버렸다. 나는 이 글에서 이 둘의 결합을 통해 이뤄낸 무한한 성공 — 컴퓨터 특수효과부터 DVD, 디지털 영화 제작에 이르기까지 — 을 논의하기보다는, 오히려 삐딱한 시선으로 지금껏 결코 성공한 적 없고 게다가 지나칠 정도로 과장되기까지 한 혼종 양식인 '쌍방향 영화'의 실패를 논의하려 한다. 흥미롭게도, 쌍방향 영화의 실패로 쌍방향 영화 지지자들의 열정이 꺾인 적은 결코 없었다. 오히려 '제대로 잘해야지'라는 더 큰 동기를 유발해왔다.

이런 상황 속에서 쌍방향 영화는 신화의 영역으로 올라가 버렸다. 쌍방향 영화에 관한 세미나가 여러 곳에서 — 샌프란시스코 주립대학교부터 시작하여 서던캘리포니아 대학교까지 — 열리고 있다. 쌍방향 영화 방법론 개발 관련 워크숍도 여러 곳에서 — 워싱턴 대학교부터 시작하여 프린스턴 대학교까지 — 열리고 있다. 쌍방향 영화 관련 학술대회도 뉴욕 대학교에서 시작하여 브라운 대학교, MIT에서도 열리고 있다. 영화제로는 콜로라도 주 소재 텔류라이드에서 열린 국제 실험영화제와 나아가 로테르담 영화제에서 개최되었고, 2001년 포르투갈 미디어 행사에서는 세계 최초의 쌍방향 영화제가 정식 프로그램에 포함되기까지 했다. 2001년 여름에 무작위로 검색 사이트에서 **쌍방향 영화**(interactive movie)라는 검색어를 입력했더니 2,000개 이상의 결과물이 나타났다. 호주 시드니의 보도매체들은 기술적인 측면에서 쌍방향 영화는 실현 가능하다는 식의 기사를 계속해서 쏟아내고 있다. "당신 앞에 펼쳐진 영화 스크린이 다음과 같은 장면을 보여준다고 상상해보세요. 파노라마 화면이 나오면 당신은 보고 싶은 액션 장면을 골라 볼 수 있고, 어떤 사건들은 크게 확대해서 볼 수도 있죠. 그리고 어떤 장면은 옆자리의 사람과 다른 영상으로 나타나는 걸 볼 수도 있어요." 여기서 **상상**이란 단어는 진정으로 엄청나게 중요한 단어가 된다. 지금부터 나는 쌍방향 영화의 신화를 탐색해볼 것이다. 이를 통해 우리 시대의 기술문화적 현재에 대한 일종의 참담한 통찰을 보여줄 것이다.

우선, 쌍방향 영화의 발전 순서에 따라 논의를 시작해보고자 한다. 매체로서의 쌍방향 영화의 역사는 오래되지 않았지만 그럼에도 우리는 세 가지 중요한 예를 들 수 있다. 첫 번째 예는 MIT의 쌍방향 영화 연구소(Interactive Cinema Group) 소장이자 이 분야의 세계 최고 권위자인 글로리아나 데븐포트Gloriana Davenport가 주도한 연구 결과다. 땅 위에서 모이를 쪼아 먹고 있는 한 무리의 새가 스크린에 보인다. 관객이 스크린 가까이 다가가면 새들은 날아오른다. 또 다른 스크린에는 복잡한 안무를 선보이고 있는 인도 무용수가 보인다. 관객이 영화관에서 나가려고 돌아설 때 스크린에는 클로즈업된 무용수의 얼굴이 보인다. 공연이 한창 진행되는 도중에 자리를 뜨려는 관객의 무례함에 화가 몹시 난 양 무용수의 콧구멍은 벌렁거리고 있다. 데븐포트는 쌍방향 영화 스토리텔링에 관한 자신만의 접근법을 다음과 같이 설명하고 있다. "새로운 접근법이란 …… 전자매체 내러티브를 저자들, 네트워크화한 재현 시스템 그리고 청중들이 의미를 공동으로 구축해가는 능동적인 협업의 과정으로서 높이 사는 것이다. …… 멀티미디어 데이터베이스에서 적절한 스토리 요소를 선별한 후 이를 역동적으로 결합하여 매력적이고 일관성 있는 내러티브로 표현해내는 데는 활성화 확산 네트워크(spreading-activation network)가 사용된다. …… 풍부한 피드백 루프(feedback loop)*와 직관적으로 이해 가능한 인터페이스를 통해서 내러티브 엔진에 연결되면 청중은 능동적으로 스토리를 구체화하고 표현하는 공저자로서 참여할 수 있게 된다."[1] 이와 같은 내러티브는 참신성과 데이터베이스 확보, 관객의 자율적 권한을 강조한다. 이 모든 것은 대학/산업체 유대를 발전시켜 기술 간의 융합을 실현하는 것을 목표로 하는 MIT의 미디어 연구소

▸ 출력의 일부를 입력으로서 사용하여 시스템을 수정 또는 제어하는 시스템의 구성 요소 또는 처리.

(The Media Lab)의 설립 취지에 딱 들어맞는다. 융합은 미디어 연구소 창설자인 니콜라스 네그로폰테Nicholas Negroponte가 늘 외우고 다녔던 일종의 주문과 같은 것이다.

〈마왕*The Erl King*〉(1986)과 〈소나타*Sonata*〉(1990)처럼 상영 시간이 더 길고 미학적으로도 좀 더 발전된 그레이엄 와인브렌Grahame Weinbren의 작품에서는 이미 알려진 스토리를 여러 고전영화의 수사법을 동원해서 반복하기는 하지만, 이러한 활용은 사용자가 장면 이동을 제어할 수 있도록 해주는 상호작용 변시전환(cutaway)*이라는 '외투'를 걸치고 있다. 〈소나타〉에 사용된 이 상호작용 변시전환은 가장 기억에 남을 만한 것인데, 와인브렌의 이 작품은 레오 톨스토이Leo Tolstoy의 소설 중에서 허무주의적 인생관이 가장 잘 반영된 『크로이처 소나타*The Kreutzer Sonata*』를 재해석하고 있다. 작품에서 남편은 바이올린 연주자인 아내가 피아노 반주자와 바람을 피운다는 생각으로 고통스러워한다. 톨스토이의 원작과 와인브렌의 쌍방향 영화, 두 작품 모두에서 클라이맥스는 남편이 연주실로 뛰어 들어가 아내를 칼로 찔러 죽이는 장면이다. 와인브렌은 이 충격적이고도 잔인한 장면의 복선으로 아내가 연주를 하는 동안 남편이 연주실 밖에서 고통스러워하는 장면을 보여준다. 이 쌍방향 영화의 관객은 두 가지 시점 중 서로에 '대하여' 제아무리 동떨어진 시점일지라도 어느 하나를 선택하여 '슬쩍 끼워 넣을' 수 있다. 이는 두 장면을 연결하는 고전적인 영화기법인 몽타주 방식으로는 얻을 수 없는 일종의 동시성 효과를 만들어낸다. 와인브렌은 자신의 작품 제작 기법을 다음과 같이 설명하고 있다.

▶ 영화의 주된 흐름과 상관없이 끼워 넣는 독립된 숏(shot). 변시전환의 목적은 한 장면 내의 시공간을 압축하거나 연기 행위의 연속성이 깨져 부자연스러울 때 관객의 관심을 딴 곳으로 돌리게 함으로써 장면 전환을 용이하도록 하는 것이다. 이러한 숏은 지루하거나 시간을 초과한 프로그램을 편집할 때 유용하게 쓰인다.

쌍방향 영화의 근거는 관객이 스크린에 나오는 장면을 어느 정도 제어할 수 있다는 점에 있다. 관객은 자신들이 행동을 하면 스크린의 내용에 변화가 생긴다는 것을 잘 알고 있다. 즉, 자신들이 다르게 행동했다면 스크린의 내용이 달라졌을 것이라는 점을 아는 것이다. 그러므로 관객은 불확정성이 영화 속에 기본적으로 존재한다는 것을 인지하고 있다.…… 관객은 특정 이미지에 대한 자신의 행동이 새로운 음향, 새로운 영상과 새로운 기술을 만들어냈다는 점을 언제나 명심함으로써 이러한 인식의 발전을 촉진할 필요가 있다. 내 판단으로는 즉시 사용할 수 있는 기법은 몽타주 기법에서 찾을 수 있다. 의도적인 필름 편집 전략을 사용하면 관객에게 구요소와 신요소, 그리고 이미 영화 속에 존재하는 요소들과 관객의 행위로 만들어진 요소들의 결합이 임의적인 것이 아니라는 점을 계속해서 납득시킬 수 있다(Weinbren, 1995, online).

와인브렌의 내러티브는 관객의 제어 능력을 강조하고 있지만, 또 한편으로는 쌍방향 영화를 매력적으로 보이게 해주는 형식 전략을 탐구하기 시작한다. 또한 내용적인 면에서는 기존과는 상이한 전략, 즉 일관성을 갖춘 스토리텔링보다는 오히려 꿈을 꾸는 활동에서 나타나는 응축과 유사한 전략을 제안한다.

만일 데븐포트와 와인브렌의 주장 속에 쌍방향 영화의 발생 신화 두 가지─공학적인 것과 미학적인 것─가 깔려 있다면 시장의 관점에서는 어떤 신화가 만들어질 수 있을까? 쌍방향 영화제작자인 맥스 휘트비Max Whitby는 다음과 같이 제안하고 있다. "사람들 특히 영화나 TV에 관해서 잘 알고 있는 사람들이 쌍방향 멀티미디어라는 개념을 처음 접할 때 그들에게 무엇인가 중요한 변화가 생긴다. 컴퓨터가 단순히 도구만이 아니라 완전히 새로운 방식으로 정보를 전달하는 신매체라는 사실을 처음으로 깨닫게 될 때 불빛이 번쩍 커지게 된다─그것은 분명 내 머릿속에서 커진 것인데 다른 사람들의 머릿속에 그 불빛이 커지는 것을 나는 보아왔다. TV 프로그램의 내용을 결정하는 높은 자리에 있는 사람들이 아니라, 바로 우리가 우리의 프로그램에 관련된 자료를 관객에게 넘겨줄 수 있으며 관객들은 그들만의 경험을 구성할 수 있다." 그러나 동시에 휘트비는 다음과 같은 이견이 있음을 인정한다. "기본적인 전제는 매우 흥미롭다. 하지만 문제는 이것이 지속 가능하지 않다는 데에 있다. 실제로 우리가 참여하여 상호작용 방식으로 무엇인가를 만들려고 할 때 이 전제는 무너져버리게 된다." 시장의 억제력이 디지털 변증법 ― 새로운 디지털 이론의 실행은 그 이론을 실행하고자 하는 힘과 그 이론의 실행을 억제하려는 힘의 절묘한 균형 속에 존재한다는 ― 을 작동하게 만들기 때문이다.

세 번째 예인 밥 베얀Bob Bejan 감독이 만든 〈아임 유어 맨I'm Your Man〉을 보면 이 점은 더욱 분명해진다. 1992년에 미국 전역에서 엄선된 몇몇 영화관에서 이 작품이 처음 상영되었을 때 이 영화는 "세계 최초의 쌍방향 영화"라는 평가를 받았다. 이 영화는 각 버전의 분량이 15분 정도밖에 되지 않는 짧은 쌍방향 영화다. 관객은 팔걸이에 있는 버튼을 눌러 특정한 내러티브 관점에 따라 특정 등장인물을 선택한 후 그 인물의 삶의 궤적을 따라간다. 〈아임 유어 맨〉는 표면적으로는 내부 고발자인 한 여성, 부패한 직장 상사, 그리고 이 두 사람 사이에 개입하는 한 FBI 수사관에 관한 이야기지만 관객의 선택에 따라 이야기는 달라진다. 영화가 진행될수록 인물들의 삶의 배경이 점점 더 많이 드러나고 이에 따른 관객의 다양한 선택으로 인해 영화의 결말은 다양해진다.

그런데 이런 설정을 통해 만들어진 작품을 과연 우리는 얼마만큼이나 상호작용적이라고 부를 수 있을까? 더구나 그 작품의 상호작용성 개념은 과연 얼마만큼 급진적인가? 레프 마노비치가 『신매체의 언어The Language of New Media』에서 지적하고 있듯이, 여러 다양한 모습으로 "모든 고전 예술은, 그리고 심지어 최근의 현대 예술까지도 다 '상호작용적'이다"(Manovich, 2001: 56). 하지만 컴퓨터가 사무실에서 집 안으로 들어왔을 때, 비선형 결합 ― 링킹(linking)이라 불러도 무방한 ― 이라는 컴퓨터의 능력은 선형성에 대한 사용자의 기대감을 무너뜨리는 대신 상호작용성을 향한 열망에 불을 지펴 이를 수단이기보다는 목적으로 만들어버렸다. 사용자와 기계 사이의 상호작용이라는 특별한 관계는 컴퓨터 기반 매체의 성배(聖杯)가 되어버렸고 상호작용성을 추구하는 일은 잠재적으로 기술적, 문화적, 경제적 내러티브가 결합될 수 있다는 믿음을 갖게 했다.[2]

그렇다면 영화 자체의 신화는 어떠한가? 영화는 매체 이상의 것이고, 신화와 불가분의 관계에 있는 시스템이다. 왜냐하면 신화는 영화를 이끌어가고 영화도 또한 신화를 만들어내기 때문이다. 스타덤이라는 신화, 번쩍번쩍 금으로 치장한 화려한 성공 신화, 차고 넘치는 부가 오히려 삶을 비참하게 만들었다는 신화, 복권 당첨이라는 신화 등이 영화 산업계에 떠돌고 있다. 영화 기술 자체와 관련된 신화들도 있다. 즉, 출처가 불분명한 이야기들에서 시작하여 ― 브라질 관객들이 스크린에 나오는 악당들을 총으로 진짜 쐈다거나, 파리 사람들이 스크린에서 기관차가 자신들 쪽으로 다가오자 실제로 몸을 피했다는 이야기 ― 앙드레 바쟁André Bazin이 주장하는 토탈 시네마(total cinema)▸라는 신화[3]에 이르기까지 여러 신화가 존재한다. 영화는 탄생 이래로 그전까지 최고의 종합예술이라 불리던 오페라를 대체하는 총괄적인 예술 형식이 되려고 노력해왔다는 바쟁의 주장은 고려할 충분한 가치가 있다. 하지만 그가 이런 주장을 했을 당시는 영화의 고전시대가 끝나가던 막바지, 즉 영화를 대체하고, 실제로 모든 방식의 소비를 종합하는 텔레비전[4]이라는 매체의 맹습이 막 시작되려는 참이었다. 물론 매체로서 텔레비전이 영화를 앞지르기 시작한 지 반세기도 되기 전에 컴퓨터의 도전을 받았다는 사실에 주목할 필요가 있다. 앞서 언급한 것처럼 컬러텔레비전이 확고한 입지를

▸ 현실을 최대한 완벽하게 재현하기 위해 음향과 색채, 와이드 스크린 같은 기술적 수단과 정교한 편집 기법을 활용해서 영화의 혁신을 이루고자 하는 경향을 가리킨 용어.

차지하고 있던 집 안으로 컴퓨터가 들어왔을 때 유용성, 연결성, 그리고 개인의 자율권에 관련된 새로운 신화가 등장하기 시작했다.

나는 이 시점에서 언젠가는 누군가가 효과적으로 개입하여 과연 이런 신화들이 살아남을 수 있는지 입증하기 위한 모든 요건들의 실상을 밝힐 수 있도록 일종의 묘안을 제시할 수도 있을 것이다. 이 해결책을 내가 말할 수도 있겠지만, 그럼에도 하지 않겠다. 왜냐하면 선구적인 러시아의 '네트 아티스트(net.artist)'인 올리아 리알리나Olia Lialina가 자기 자신의 매체에 관해 언급하면서 "네트 아트가 이제 막 시작했다고 말하는 것은 그것이 죽었다고 말하는 것과 크게 다르지 않다"[5]고 했기 때문이다. 하지만 그 묘책은 시작과 끝이 영원한 현재 속에서 공존한다는 바로 그 신화의 영역 내에 존재한다. 새로 등장하는 신화는, 영화의 내러티브 효과가 디지털의 네트워크화된 비선형성에 접목되면 자유롭고 새로운 쌍방향 영화가 창조된다고 믿는 생각의 언저리에 떠돌고 있기 때문이다.

수많은 쌍방향 영화가 존재하는 현 상황에서 단지 한 편의 쌍방향 영화만을 가지고 논의를 하는 것은 우스운 일이다. 컴퓨터 과학이 발전함에 따라 인터페이스, 정보기관, 컴퓨터 시스템 전문가 등으로 영역을 넓힌 프로젝트가 생겨났다. 전 유럽을 돌며 개최되는 미디어 축제에서 우리는 좀 더 미학적인 탐구 결과들, 실험실에서의 고독한 연구를 거쳐 개발한 디지털 기술, 혹은 캐나다에 있는 컴퓨터 활용과 예술을 위한 반프 센터(Banff Centre for Computing and the Arts) 같은 기관에 전속된 예술가들을 만날 수 있다. 마지막으로, 아주 가까운 곳의 복합상영관(최소한 내 고향 할리우드에서는)으로 어슬렁거리며 들어가 돈을 내면 〈아임 유어 맨〉 같은 '쌍방향 영화'를, 판에 박힌 플롯을 갖고 있으면서도 엔터테인먼트 산업의 강박적인 스토리 라인과 플롯 전환점을 최신 기술로 보완한 버전으로 볼 수 있다.

쌍방향 영화의 이러한 실례에 대해 들어본 사람이 거의 없고, 또한 그런 영화를 실제로 경험한 사람은 훨씬 더 적다는 사실은, 쌍방향 영화에 관해 철학적으로 심지어 유토피아적으로 접근하는 사람들에게 방해가 된 적이 없다. 이것은 기술적인 측면에서 사촌뻘이 되는 가상현실처럼 쌍방향 영화도 신화 영역 속에서 가장 잘 작동하기 때문이다. 게다가 쌍방향 영화의 신화들은 창조적이고 기술적인, 심지어 경제적인 욕구도 만족시키기 때문에 그 정체가 쉽게 폭로되는 일은 없을 것이다. 한창 만연하고 있는 실리우드(Silliwood)의 실현이라는 환상을 짚어보자. 실리우드는 1990년대 중반에 컴퓨터 기술자들과 치밀한 영화 사업가들이 추진한 요란스럽게 떠벌려진 실리콘 밸리와 할리우드의 결합일 뿐이다. 실리우드가 승리했다면 벤처 자본가와 또 다른 투자자들이 믿었던 기술 결정론적 미학이라는 신념을 정당화하는 데 많이 사용되었을 것이다. 기술 결정론적 미학은 기계가 창작 경험을 변모시킬 새로운 매체를 독자적으로 어느 정도 만들어낼 것이라는 신화를 뜻한다.

그렇다면 과연 무엇이 환상의 영역을 넘어 현실 속에 존재할 수 있는가? 내러티브의 대상 속에 존재하는 상호작용성만 생각하지 말고 증강과 커뮤니케이션에 관련된 신기술을 시스템 전반에 응용하는 쪽으로 생각을 이동시키는 것이 이 질문에 대한 답이다. 이렇게 할 때 내가 관심을 갖는 디지털 매체의 미완성의 미학을 먼저 살펴본 후, 하이퍼텍스트와 하이퍼콘텍스트로 논의를 확장할 수 있다. 현시대의 문화 생산이 마르셀 뒤샹Marcel Duchamp의 주장 ─ 한 대상을 재현하는 행위는 그 대상이 그 문화에서 어떤 기능을 하는가를 정의한다는 ─ 에 점점 맞아감에 따라, 콘텍스트를 형상화하고 드러내는 문제가 더욱 강하게 제기된다. 이것은 새로운 내용이 아니다. 그리고 실제로 최고의 현대적인 순간과 그 뒤를 잇는 순간의 차이를 규명하려는 지난 사반세기 동안의 노력이 성공할 것이냐 실패할 것이냐는 정확히 콘텍스트의 지위가 텍스트와 동등해지느냐에 달려 있다. 텔레마틱(telematic)이라는 용어는 이와 관련된 논의가 진행되는 동안 계속 사용되어 왔지만, 컴퓨터와 통신 네트워크의 결합이 어떻게 콘텍스트의 창조에 기여할 수 있는지 밝혀진 것은 불과 최근 10년 사이였다. 이렇게 만들어진 콘텍스트는 특히 대중매체 관련 분야에 여러 다양한 형식으로 존재한다. 음악 CD, TV 스핀오프(spin-off)▸, 캐릭터를 활용한 도시락통 같은 기획된 끼워팔기(tie-ins) 전략이 있는가 하면, 팬들이 조직하는 온갖 커뮤니티들도 수두룩하게 존재한다. 어떤 경우에는 이런 모든 것들이 서로 결합하여 실제 배경 이야기보다 훨씬 더 흥미로운 이야깃거리들을 만들어낼 뿐만 아니라, 시너지 효과를 내는 마케팅 전략보다 더 복잡한 것을 만들어낸다. 이와 같이 네트워크를 사용해서 일련의 콘텍스트의 이동을 도와주는, 땅속줄기처럼 역동적으로 상호 연결된 소통적 공동체를 필자는 하이퍼콘텍스트(hypercontext)라 부른다.

쌍방향 영화를 비선형 내러티브라는 신화적 성배 개념이 아니라 하이퍼콘텍스트화라는 개념으로 살펴보면, 〈블레어 윗치 프로젝트*The Blair Witch Project*〉(Daniel Myrick and Eduardo Sánchez, 1999)는 쌍방향 영화로서는 드물게 큰 성공을 이룬 영화임을 알 수 있다.[6] 개봉 당시 이 영화는 마치 다큐멘터리인 것처럼 소개되었는데, 영화의 배경을 관객에게 알려주는 문구를 보여주며 시작한다. 그 문구에 따르면, 젊은 영화제작자 세 명이 있었는데 이들이 어느 지방의 초자연적 존재를 찾아 나섰다가 실종이 됐고, 그 후 1년이 지나 메릴랜드의 숲에서 그들이 촬영한 필름이 발견되어 영화는 바로 그 필름에 담긴 내용으로 구성되었다는 것이다. 해당 장르, 주제를 다루는 독특한 방식, 의사 리얼리즘 전달 기법, 배우들의 실감나는 연기(실제로 감독은 세 명의 배우들을 일주일 동안 메릴랜드 주의 어느 외딴 숲 속에 고립시켰고 배우들은 공포에 떨어야 했다) 등 이 모든 요소들이 결합하여, 내러티브 대상물로 하여금 팬덤(fandom)이라는 현상을 이끌어내도록 하는, 이른바 브렌

▸ 성공한 인기 텔레비전 프로그램의 주요 등장인물, 특정한 주제 또는 사건을 활용하여 만들어낸 또 다른 프로그램이나 시리즈.

다 로렐의 "행동유도성(affordances)"*을 만들어냈다.[7]

이 영화는 엄청나게 적은 예산으로 제작되었지만 상업적으로 대단한 성공을 거두었다. 그 이후로 주류 영화들이 이 영화처럼 하이퍼콘텍스트 전략을 채택하기 시작했다. 이런 획기적인 기획 ― 확실히 이 영화는 획기적이라 불릴 만했고 지금도 '영화' 이상의 영화로 남아 있다 ― 의 핵심은 새로운 커뮤니케이션 매체를 사용하여 관객들에게 가짜 다큐멘터리를 진짜 다큐멘터리처럼 보게 했다는 데 있다. 하이퍼콘텍스트는 이 영화가 개봉되기 1년 전부터 이미 생겨났다. 개봉 전부터 이 영화의 주요 관객층을 대상으로 여러 대학교에 포스터가 나붙었고, 포스터에는 '실종된' 학생 영화제작자들을 찾을 만한 정보를 알고 있는 사람은 연락을 달라는 호소문이 담겨 있었다. 그러는 동안 두 감독과 그들의 조그만 작업실에서는 웹사이트를 개설했다. 이 웹사이트에는 영화의 줄거리 요약본이 담겨 있는 것은 물론이고 동영상, 뉴스 보도, 관련 음성 자료 같은 의사 다큐멘터리 요소들을 링크해놓았다. 이는 (1990년대의 상투적인 표현을 쓰자면) 정보는 자유롭길 원하는 반면 정보가 반드시 정확해야 할 필요는 없다는 생각에 충실한 행동이었다. 이런 식으로, 인터넷의 커뮤니케이션 잠재 능력이 교묘하게 활용되어 상당한 깊이의 하이퍼콘텍스트, 즉 영화 그 자체 이전과 이후에 존재하는 그 무엇인가를 만들어냈다. 웹사이트는 주요 관객층에게 미리 준비를 시켰고, 또한 영화가 극장에서 내려진 후 비디오와 DVD로 발매됐을 때도 여전히 접속이 가능했다. 〈블레어 윗치 프로젝트〉의 대표 사이트가 내러티브 대상물의 행동유도성으로 인해 생겨난 비영리 팬사이트와 영리 목적의 하이퍼콘텍스트에 링크됨으로써 새로운 층위의 하이퍼콘텍스트가 만들어졌다. 또한 이 과정에서 DVD는 다시 웹과 링크되었고 이로써 커뮤니케이션의 연결 순환고

▸ 대상의 어떤 속성이 유기체로 하여금 특정한 행동을 하게끔 유도하거나 특정 행동을 쉽게 해주는 성질. 사과의 빨간색은 따 먹고자 하는 행동을 유도하며, 적당한 높이의 받침대는 앉는 행동을 잘 지원한다는 것.

리가 완성됐다.

〈블레어 윗치 프로젝트〉가 됐든 그 후속 작품들로서 주류 영화나 심지어 '독립영화'로 통하는 유사 작품들이 무엇이든 간에, 이것들은 오늘날 하이퍼콘텍스트화의 모든 측면을 발전시키기는 힘들 것이다. 실제로 그러한 현상은 네트워크화된 자본주의 내에서 엔터테인먼트의 능력이 소비 촉진 전략이라는 큰 틀에 편입시킬 만한 것을 감당해내는 기능에 제한된 것이다. 어쨌든 〈블레어 윗치 프로젝트〉로 대표되는 하이퍼콘텍스트의 폭발은 1999년 이후로는 두드러지게 나타난 적이 없다. 우리가 여러 다양한 양식에서 발견하려 했던 쌍방향 영화의 속성은 '확대된' DVD에서 가장 많이 발견된다. 확대된 DVD에서 선형적 내러티브의 대상물은 계속 확대되는 자기 반영적인 매체 시스템 안에 내장돼 있다. 다시금 쌍방향 영화에 대한 희망의 현실적 미래상을 말하자면, 마치 곤충의 고치처럼 텍스트 바깥으로 끊임없이 확대되는 것이라 할 수 있다.

'확대된' 하이퍼텍스트 DVD는 집을 기반으로 하는 재생 기술이라는 역사의 일부이다. 이러한 역사는 1970년대에 가정용 영화 비디오가 출시되고 1980년대 들어 비디오 시장이 폭발적으로 성장하면서 시작된다. 바로 이 20년 동안 이른바 비디오 애호가(videophiles)들은 화질과 음질이 비디오보다 월등히 뛰어난 레이저 디스크에 관심을 갖기 시작했다. 레이저 디스크는 상업용 매체로서는 최초로 아무 때나 임의적이고 비선형적인 접근을 통해 내용을 보거나 들을 수 있었고, 오디오 트랙을 원할 때마다 바꿔서 들을 수 있었으며, 영화용 '대상물'에 스틸 사진이나 심지어 글 같은 보조 자료들도 덧붙였다. 이후 또 다른 신제품이 출시되었는데 이것이 확대 레이저 디스크다. 특히 크라이테리언 콜렉션(Criterion Collection) 사가 완제품으로 내놓은 확대 레이저 디스크가 대표적이다. 크라이테리언 콜렉션 사는 '예술영화' 배급사 중에서 가장 오래된 야누스 필름(Janus Films)이 멀티미디어 제작업의 선구자였던 밥 스타인Bob Stein이 운영하던 보이저 컴퍼니(Voyager Company)

와 공동으로 투자해서 세운 회사다. 당시 스타인은 크라이테리언 콜렉션의 성공에 힘입어 최초의 멀티미디어 CD-ROM을 출시했다. 이러한 증강 서사성(augmented narrativity)을 만들어내는 4세대 기술 장치가 현재 나와 있는 크라이테리언 콜렉션 DVD들이다.

그렇지만 이 모든 '부가된 특성들'이 의도적으로 오류를 조장할 수 있다는 일각의 우려는 거의 무시돼왔다. 확대 하이퍼콘텍스트 DVD가 즐거움이 많은 것은 분명하지만 이 장점들로 인해 제작자의 목소리가 평론가와 관객의 목소리보다 점점 더 강력해지는 부작용이 생겨났다. DVD의 흔해빠진 특징 중 하나는 연기에 관한 감독의 평이나 주연 배우와 스태프들의 인터뷰를 실은 사운드트랙이 첨부되는 것이다. 이같이 증강된 정보는 그 자체로 일견 매혹적인 것이고, 또한 관객들이 영화 예술을 이해하고 감상하는 폭을 확대시키고자 하는 마케팅인 것은 분명하지만, 그 안에는 관객의 영화 텍스트 읽기를 제한할 수 있는 위험이 도사리고 있다. 왜냐하면 하이퍼콘텍스트라는 새로운 개념의 기술이 반영하는 감독의 생각에 맞춰 영화 텍스트를 읽어내는 것만이 영화를 이해하는 절대적인 방식이라는 생각을 갖게 할 수 있기 때문이다.

영화제작사는 관객을 끌어 모으기 위해 온갖 다양한 행동유도성을 만들어서 노골적으로 홍보해야 할 것 같은 충동에 휩싸일 것이고, 이러한 제작물과 시스템에 익숙한 관객들이라면 최근 문화 연구의 주 관심사로 떠오른 규범 이탈적인 브리콜라주보다는 비교적 비반성적인 팬덤에 참여할 가능성이 더 크다. 쌍방향 영화와 관련된 여러 신화들 중 특별히 매혹적인 신화는 기술과 미학의 결합을 통해 영화를 예전부터 빠져 있던 진부한 내러티브 관습에서 해방시킬 것이라는 약속이었다. 이 신화는 신기술이 새로운 스토리만이 아니라 그 새로운 스토리를 전달하는 새로운 방식을 만들어낼 것이라는 신화였다. 하지만 우리가 스크린에서 직접 확인한 것은, 디지털 기술의 실제 효과는 더 강력해진 내러티브 — 선형적이든 아니든 — 가 아니라 오히려 내러티브의 대량 살해다.

오늘날 블록버스터 영화가 주목받아온 점은 그것이 할리우드 고전 시기에 발전했던 규범적 내러티브 모형에서 벗어나 있다는 것이다. 내러티브가 이 시대의 매체를 피해온 것은 사실이지만, 이는 내러티브가 죽어가고 있다는 신호이기만 한 것이 아니라 내러티브 과잉의 반영인 것이다. 끊임없이 확장되는 내러티브의 승리 한가운데서 일종의 '내러티브의 죽음'을 이야기하는 것은 뜬금없을 수 있다. 텔레비전의 영향력이 전 세계로 확대되어갈수록 인류는 더 많은 스토리를, 즉 더 많은 내러티브를 접하게 될 것이다. 30초짜리 광고에서부터 30분짜리 시트콤, 90분짜리 영화, 두 시간이 넘는 스포츠 중계방송에 이르기까지 어떤 프로그램을 시청하든 텔레비전을 본다는 것은 전파를 타고 전해지는 내러티브를 경험하는 것이기 때문이다. 주요 할리우드 영화, 특히 블록버스터 영화들에서 전통적인 내러티브 관습이 무시되고 내러티브의 일관성이 결여되고 있다는 주장은 새로운 것이 아니다. 뤽 베송Luc Beson 감독의 〈제5 원소The Fifth Element〉(1997)에서 주연을 맡은 브루스 윌리스Bruce Willis는, 한 기자회견에서 영화가 전적으로 디지털 효과로만 제작되었다는 점을 인정한다고 해도 영화의 스토리에 일관성이 너무 없다는 어느 한 기자의 지적에 웃으면서, 요즘에는 누구도 영화의 스토리에 신경을 쓰지 않는다는 점을 알아야 한다고 대답했다. 액션 영웅인 윌리스가 비록 서사학자는 아니지만 그의 판단은 적어도 부분적으로는 정확했다.[8]

그야말로 우리 주위에는 내러티브가 너무 많다. 그래서 가끔씩은 현대 음악에서 흔히 사용하는 샘플링 기법이나 기존의 것을 끝없이 참조하는 광고 문화처럼 이미 차고 넘치는 내러티브 전통을 참조하는 것만으로도 충분하다. 즉, 새로운 내러티브를 만들어내는 것에서 이미 존재하는 내러티브를 참조하는 것으로 전략이 변화하는 것은 내러티브의 절대 과잉으로 인해 자연스럽게 생겨난 현상이며, 온갖 데이터가 집적된 아카이브로 맹렬히 접근하는 현상은 그것을 가장 상징적으로 보여준다. 실제로 '24시간 일주일 내내'라는 웹 접근성은 비디오 가게를 공연물 레퍼토리 극장처럼 낡아빠진 것으로 만들어놓을 것이다. 그러나 우리가 잊어서는 안 될 것은 영화 예술과 영화 문화 자체는 현재보다 레퍼토리 극장 시절에 훨씬 더 건강하게 번창했다는 것이다. 내러티브 심지어 최고급 내러티브의 그러한 증식과 편재성은, 앞서 윌리스가 말한 "아무도 신경 쓰지 않는다"는 식으로 내러티브를 훨씬 덜 중요해 보이는 것으로 만드는 역설적인 결과를 낳을 수 있다. 이것은 커뮤니케이션 기술이 접근과 이용의 자유는 물론 담론의 자유에까지 끼친 영향이다. 1970년대 동유럽과 소련에서 성행했던 사미즈다트(samizdat)▶ 문화가 1989년 베를린 장벽 붕괴 이후 서유럽식 시장경제 방식으로 흡수됐는데, 이 과정에서 이루 말할 수 없을 정도로 중요한 무엇인가가 사라져버렸다. 웹은 엄청나게 폭발적인 접근성을 보장하지만, 이른바 비의도적 결과의 법칙은 모든 것을 얻을 수는 있어도 실제로는 특별한 것이 아무것도 없는 세계를 불러올 수 있다.

논의가 여기에서 멈춘다면 이 글은 한 편의 음울한 글로 남을 수밖에 없을 것이다. 다시 말해서, 쌍방향 영화라는 신화는 죽임을 당하고, 특정 종류의 영화 문화의 죽음으로 비통해하고, 하이퍼콘텍스화는 할리우드 영화제작사들의 견실한 홍보 도구로 사용되고, 내러티브의 일관성을 따지는 것은 마치 뉴욕 시의 틴팬 골목(Tin Pan Alley)에서 만들어졌던 팝 가사를 언급하는 것처럼 시대착오적인 것이 되고 말 것이다. 이런 상황이 종식되길 원한다면 이제는 영화가 아닌 미술로 우리의 관심을 옮기자는 제안을 하고자 한다. 20세기 중반 뉴욕 현대 미술관(Museum of Modern Art)의 전성기에 그

▶ 과거 소련에서 공간(公刊)이 허용되지 않는 상황 속에서의 자가 출판을 의미. 일제하 한국에서 행해진 지하출판과 흡사하다. 대개는 타자기를 사용하여 한 번에 4~5부 정도의 복사본을 만들어 동지나 동호인에게 1부를 배부하면 그것이 또 4~5부씩 복사되어 기하급수적으로 늘어나게 되는 구조이다.

유명한 큐레이터로 활약한 알프레드 바Alfred Barr는 파블로 피카소Pablo Picasso, 워커 에반스Walker Evans, 잭슨 폴록의 작품과 같이 뉴욕 현대 미술관을 대표하는 회화, 조각, 사진을 예로 들면서 '우리 시대의 미술'에 대한 확신을 피력하곤 했다. 바는 '아방가르드 미술'이 갖고 있는 일관성 있는 내러티브 감각을 기대했고 실제로 그는 이 문제를 담당하고 있었다. 우리가 살고 있는 시대를 나는 광포한 다원주의라고 특징지은 바 있지만, 나는 "우리 시대의 매체"를 제시할 필요가 있다는 생각에 매료되고 있다.

지난 10년은 대규모 비디오 설치 예술이 풍성하게 꽃피운 시기였으며, 바로 이런 비디오 설치 예술이야말로 이 글의 신화 서술에서 내가 다음 단계로 주목하는 것이다. 나는 샘 테일러-우드Sam Taylor-Wood, 제인 윌슨Jane Wilson과 루이스 윌슨Louis Wilson의 작품을 쌍방향 영화라는 신화와 관련지어 논하고자 한다. 이들 비디오 아티스트의 작품은 내러티브의 '과잉'을 이해하는 여러 가지 방법론을 제시하고 있다. 앞서 나는 할리우드 블록버스터 영화가 어떤 식으로 내러티브의 과잉을 다루는가를 살펴보았다. 바로 그 방식은 단순히 내러티브와 내러티브 관습을 무시한 채 오로지 관객 동원력이 큰 배우들을 써서 사람들이 재미있어하는 90분짜리 영화를 만들어내는 것이다. 컴퓨터로 구동되는 쌍방향 영화를 제작하려 했던 몇 안 되는 사람들 중에서 기존 모델과 경쟁할 정도의 수준이 되는 비선형 내러티브를 제작할 능력이 있음을 입증한 사람은 거의 없다. 나의 관심을 끄는 비디오 아티스트들은 제3의 전략을 채택했는데 그들은 일단 내러티브의 편재와 과잉을 인정한 후, 이러한 내러티브의 정제를 통해 내러티브의 과잉을 억제하는 설치예술을 새롭게 만들어냈다.

샘 테일러-우드의 〈대서양Atlantic〉(1997)은 화면 세 개를 사용하여 연애 중인 남녀 간의 갈등 이야기를 보여준다. 내러티브의 배경은 화면에 보이지 않고 단지 짧고 연속적인 감정의 변화만 응축해서 보여준다. 세 개의 화면을 직사각형의 갤러리 세 벽면에 각각 설치했기 때문에 갤러리에 입장한 관객은 우선 갤러리의 세 벽면 가운데 가장 큰 벽면에 설치된 화면에서 호화로운 식당의 내부가 보이는 설정 숏을 만나게 된다. 테일러-우드의 비디오 설치 예술은 안드레아스 거스키Andreas Gursky의 사진 작품에서 볼 수 있는 일종의 강박적 디테일을 연상시킨다. 화면 속의 비싼 고급 식당의 모습은 일종의 극장 모습을 그대로 보여주고 있다. 하지만 드라마라는 것이 시간의 흐름 속에서 전개되면서 일말의 내러티브라도 포함하고 있는 것이라면 이처럼 호화로운 식당을 무대로 펼쳐지는 드라마는 있을 수 없다. 테일러-우드가 우리에게 말하는 것은 드라마를 긍정하자는 것이다. 이를 위해 테일러-우드는 영화의 낭만적인 세계를 응축하여 이를 두 개로 연결된 시나리오가 되도록 정제한 후, 식당 화면이 나오는 스크린과 직각을 이루는 양옆의 서로 마주 보는 벽면에서 그 이야기가 나오도록 했다. 한쪽 화면에서는 눈물을 머금은 여성의 얼굴이 클로즈업되어 보이고, 다른 쪽 화면에서는 초조함을 말해주는 듯 단단히 움켜쥔 남자의 손이 극도로 클로즈업되어 보인다.

애절하게 간청하고 있는 "왜?"라는 여성의 목소리가 세 화면에서 영원히 연속적으로 이어져 들리게 해서 대사라기보다는 분위기를 강조하는 듯한 사운드 트랙으로 방이 채워진다. 신디 셔먼Cindy Sherman은 1977년부터 1980년까지, 영화적 상상력을 특정 기호학적 방식으로 참조하는 기법을 완성했다는 평가를 받는 〈무제 영화 스틸Untitled Film Stills〉 연작물을 발표했다. 이 작품에는 셔먼 자신이 완벽하게 연기한 사무직 여성, 팜므 파탈, 매춘부가 등장하는데, 세 여성 모두 절묘하게 미술품 분위기가 나는 상황에 배치돼 있다. 이런 면에서 보면 셔먼의 스틸 사진에 어느 정도 움직임이 더해진 것이 테일러-우드의 작품이라고 할 수 있는데, 그 이유는 실제로 영화화를 계속 시도한 것은 아니지만, 테일러-우드가 스틸 사진들을 공간화하면서 일정 부분 시간화하고 있기 때문이다. 그렇게 해서 결국 셔먼의 스틸 사진들은 테일러-우드가 시도한 설치 덕분에 괴상하지만 다양한 모습으로 생생하게 살아 있는 느낌을 갖게 되었다. 여기서 내러티브의 과잉은 지극히 당연한 것으로 여겨지기 때문에 우리가 알고 있는 그대로 라틴어 표현인 **사건의 한가운데로**(in medias res)라는 용어가 지칭하는 상황을 예술가는 가정할 수 있다.

테일러-우드가 서면의 내러티브 참조, 즉 우리가 너무나 잘 알고 있어서 그 존재의 필요성조차 묻지 않는 내러티브에 대한 참조를 따르고 있다면, 제인 윌슨과 루이스 윌슨 자매는 우리가 경험해왔지만 — 적어도 서구에서는 — 아직 충분히 이해할 만큼 내면화되지 않은 내러티브를 참조한다. 윌슨 자매는 가장 닮은 것들이 협력하여 빚어내는 특유의 기이함에 대해 제대로 깨닫고 있는 쌍둥이 자매이다. 〈슈타지 시티 *Stasi City*〉(1997), 〈양성자, 통일성, 에너지, 눈보라 *Proton, Unity, Energy, Blizzard*〉(2000), 〈스타 시티 *Star City*〉(2000) 같은 작품에서, 그들은 서로 뒤엉킨 것들 간의 자연스러운 근친성을 활용하여 베를린 장벽 붕괴와 소련의 종말과 같이 지난 20년간의 거대한 스토리에 내재한 장소와 정치의 상호 교차점을 다루고 있다. 이는 앞에서 언급한 것처럼 모든 사람이 다 알고 있는 이야기지만 적어도 아직까지는 진정으로 이해하는 사람은 없는 그런 종류의 이야기다. 윌슨 자매는 이러한 전략을 선택한 후 이것을 우리 시대의 핵심 질문 가운데 하나, 즉 공산주의와 자본주의 간의 거대한 분할선이 1989년에 매우 급작스럽게 끊어진 후 미술의 미래는 어떻게 될 것인가라는 질문에 적용했다. 이런 내러티브는 매우 중요하게 간주되기를 호소하고 있지만, 부유하고 평온하고 또한 다분히 산만한 서구 세계에서 비등하는 속물주의 문화, 바로 그 떠들썩한 승리주의에 의해 이내 잦아들고 마는 그런 종류의 내러티브인 것이다. 윌슨 자매는 화면을 여러 개 설치하여 감상 행위 자체를 불안정하게 만들면서 속물주의 문화의 산만함을 한층 강조하는 한편 동시에 역사와 내러티브가 서려 있는 장소와 대상에 집중하게 한다. 그들은 20세기 후반부의 내러티브를 구성하는 냉전 시대의 공간과 대상물을 나열한다. 그러한 것들은 과거 동베를린 슈타지(Stasi) 본부 건물 안에, 미국 와이오밍 주의 현재는 사용되지 않는 노라드(Norad: 북미항공우주방위사령부) 미사일 격납고 안에, 소련이 우주비행사 훈련소로 이용한 스타 시티(Star City)의 동굴과 같은 장소 등에서 발견된다. 윌슨 자매가 설정하는 공간은 국가의 안보시설의 두 가지 특성인 공격성과 불모성을 동시에 드러내고 있지만, 이들이 폭로하는 기술주의적 인공물들은 통렬한 역사주의적 이해를 가능하게 한다. 여기서 우리는 냉전 시기에 사용됐던 전자장치들을 보게 된다. 이것은 샤퍼 이미지(Sharper Image) 사의 카탈로그에 실린 매끈하게 빠진 유선형의 소비재 상품과는 다른 것이다. 그것은 결코 고립 상태를 벗어나본 적 없는 스파이들이 사용했던 투박한 장치의 묘한 매력을 보여준다. 이러한 전자장치는 철사나 혹은 목조 주택에 설치된 변압기처럼 원자재 그대로의 투박함을 띠고 있으며, 이는 이음매 없이 장착된 물건에 대한 우리 시대의 매혹, 즉 물 흐르듯 매끈하고 섹시하게 보이도록 디자인된 PDA, 웹에서 구동 가능한 핸드폰 그리고 무선 모뎀과 같은 제품의 원형을 보여주는 듯하다. 윌슨 자매는 이것들을 일종의 정치적으로 억압받은 자들의 귀환을 표현하는 수단으로 다루었다. 결국, 민간 방공을 해야 한다는 충동, 즉 생각할 수도 없는 것을 생각한다는 완벽한 목표에서 절정을 이루는 내러티브가 지배적이던 때는 불과 몇 십 년 전이었다. 윌슨 자매는 이 모든 것을 동시에 수용할 수 있는 단일 관점을 주장한다는 것 자체를 불가능한 것으로 만들어버렸다. 관객은 설치물 이쪽저쪽으로 움직이면서 작품을 감상하게 되는데 이렇게 되면 관객들이 눈으로 경험하는 것들의 총합은 마치 역사적 내러티브의 총합처럼, 늘 불가능하게 그리고 믿기 어려운 상태로 우리들 너머에 존재할 수밖에 없게 된다. 윌슨 자매의 작품은 역사, 패배, 공포, 승리와 상호작용하고 있는 한 편의 영화인 셈이다. 하지만 구체적인 실제 내용이 생략된 역사 서술과 소멸된 권력이 드러나는 이러한 공간들은 관객을 시각적으로 유혹하면서 상호작용적으로 몰입하게 만들기 때문에, 그 공간의 전체적 문화 맥락을 형성하는 혼탁해진 속물주의적 대중문화만큼이나 무척 매력적인 것이 된다.

샘 테일러-우드와 윌슨 자매가 실제로 쌍방향 영화를 제작한 것은 아니지만 이들은 쌍방향 영화라는 불운한 장르가 열망하는 신화들을 이용하고 있는 것은 사실이다. 여기서 신화란 디지털이 꿈꿀 수 있는 최상의 것, 즉 이전에 존재했던 예술 형식을 되살리고자 하는 꿈을 말한다. 나는 지난 10년간 비디오 설치 예술가들이 자신들의 진가를 발휘할 수 있었던 정확한 이유가 매체로서 비디오가 유토피아적 상황을 통과했기 때문이라고 이미 다른 글에서 주장한 바 있다. 그들은 비디오가 처음 이 세상에 나왔을 때 실현 불가능할 만큼 드높았던 기대 때문에 갖게 된 심적 부담에서 자유로워졌다. 그 점을 고려할 때, 기술 개발자, 예술가 그리고 세상 물정 모르는 꽉 막힌 할리우드의 기술 답답이들이 쌍방향 영화라는 신화를 완성하고 난 다음에야 영화와 디지털의 통합이 가능하게 될 것이다.

〈강문순 옮김〉

주

1 데븐포트의 이러한 주장은 1977년에 발간된 ≪*IBM System Journal*≫에 실린, 무르타
   그M. Murtagh와의 공저 논문 「자동 스토리텔러 체계와 변화하는 스토리*Automatist*
   Storyteller Systems and the Shifting Sands of Story」에 나와 있다. 이 논문은 방대한 자
   료를 소장하고 있는 쌍방향 영화 연구소(Interactive Cinema Group) 웹사이트에서 볼
   수 있다(http://www.citypages,com/databank/18/860/article3513.asp).
2 존 콜드웰John Caldwell이 ≪*Televisuality*≫ 지에서 상호작용성 신화를 분석한 글
   (Caldwell, 1995) 참조.
3 이런 맥락에서 보면 같은 글에서 바쟁이 "영화가 실질적으로 과학에 빚지고 있는 것
   은 아무것도 없다"라고 대수롭잖게 주장한 것은 흥미롭다(Bazin, 1967: 17).
4 사이먼 프리스Simon Frith는 텔레비전의 위상을 다음과 같이 간단명료하게 설명했다.
   "서구에서는 텔레비전이 20세기 후반을 지배하는 매체였다. 라디오, 영화, 녹음 음악,
   스포츠, 인쇄매체, 이 모두는 텔레비전에 빌붙어 살고 있다"(Frith, 2000: 33).
5 올리아 리알리나는 독창적인 〈nettime〉 리스트 서버에 자신의 논평을 게재했다. 2001
   년 2월 18일 자 http://nettime.org에서 검색했음.
6 텔롯J. P. Telotte은 〈블레어 윗치 프로젝트〉에 관해 논의하면서 이 쌍방향 영화에 존
   재하는 하이퍼콘텍스트의 예를 상세하게 언급했다(Telotte, 2001).
7 「행동유도성 이론*The Theory of Affordances*」이라는 글에서 돈 노먼Don Norman은 인
   지심리학자 깁슨J. J. Gibson의 연구를 참조하여 인터페이스 설계 내에서 **행동유도성**
   이라는 용어를 대중화시켰다. 브렌다 로렐은 자신의 책 『유토피아 사업가*Utopian*
   Entrepreneur』에서 내러티브 체계 그리고 팬 문화와 관련지어 행동유도성을 논의하
   고 있다.
8 1997 프랑스 칸에서 열렸던 브루스 윌리스의 기자회견 내용은 http://www.citypages.
   com/databank/18/860/article3513.asp에서 볼 수 있다.

참고문헌

Basin, André. "The Myth of Total Cinema." *What Is Cinema?* Vol. I. Ed. and trans. Hugh Gray. Berkeley: University of California Press, 1967.

Caldwell, John. *Televisuality: Style, Crisis, and Authority in American Television.* New Brunswick, NJ: Rutgers University Press, 1995.

Cameron, Andy. "Dissimulations: Illusions of Interactivity." *Millennium Film Journal* 28 (Spring 1995). http://mfj-online.org/journalPages/MFJ28/Dissimulations.html.

Davenport, Gloriana, and M. Murtagh. "Automatist Storyteller Systems and the Shifting Sands of Story." http://ic.media.mit.edu/Publicatioins/Journals/Automatist/html.

Frith, Simon. "The Black Box: The Value of Television and the Future of Television Research." *Screen* 41.1 (Spring 2000): 33~50.

Gibson, J. J. "The Theory of Affordances." *Perceiving, Acting, and Knowing.* Ed. R. E. Shaw and J. Bransford. Hillsdale, NJ: Lawrence Erlbaum, 1977.

Laurel, Brenda. *Utopian Entrepreneur.* Cambridge: MIT Press, 2001.

Manovich, Lev. *The Language of New Media.* Cambridge: MIT Press, 2001.

Telotte, J. P. "The Blair Witch Project: Film and the Internet." *Film Quarterly* 54.3 (Spring 2001): 32~39.

Weinbren, Grahame. "In the Ocean of Streams of Story." *Millennium Film Journal* 28 (Spring 1995). http://mfj-online.org/journalPages/MFJ28/GWOCEAN.html.

맺음말: 텍스트 이론과 매체 연구의 맹점

리브 하우스켄Liv Hausken

매체, 장르, 텍스트의 형식이 새로워지면 새로운 텍스트 이론이 필요한 가? 새로운 매체가 발명될 때마다 텍스트와 매체에 대해 그동안 알고 있던 모든 것을 폐기하고 완전히 새로 시작해야만 하는가? 신생 분야인 매체 연구는 종종 부적절하게 차용한 이론을 가지고 고투하고 있다. 이 분야는 주제와 방법론 면에서 매우 이질적이고, 연구 대상인 다양한 매체들도 끊임없이 변화한다. 이런 상황 자체가 연구자에게는 아주 큰 도전이다. 이 지점에서 가장 중요한 것은 최근의 발전을 그냥 따라가는 것이 아니라 차분하게 생각할 시간을 갖는 것이다.

어떤 시각에도 맹점은 있고 어느 정도는 그런 맹점이 필요하기도 하다. 어떤 것을 본다는 것은 다른 무엇인가를 무시한다는 뜻이다. 평소에 중점적으로 연구하던 것과는 다른 문화, 학문, 연구 대상을 검토하기 시작하면, 즉 뭔가 다른 것, 뭔가 혼란스럽거나 평범하지 않은 것을 연구하려고 결정하는 바로 그 순간, 어떤 맹점들이 뚜렷하게 부각된다. 새로운 영역을 탐색할 때는 우선 신중하게 선택해야 한다. 그렇게 하지 않으면 이론적 틀의 파라미터에 포괄되지 않는 대상을 연구하게 되어 좌절감에 싸일 것이다. 이처럼 이론적 유산이나 늘 변화하는 다양한 연구 대상에서 맛보는 좌절감은 기존의 이론 틀을 수정·보완하는 기회가 될 수도 있다. 좌절감으로 인해 이론적 중요성이나 이질성 및 변화와 연관된 일련의 문제에 대한 의식이 높아진다면 실제로는 이런 좌절감이 자신감으로 판명될 수도 있을 것이다. 두 가지 목적을 염두에 두고 다양한 연구 대상에 접근한다면, 많은 도전적인 이론 과제가 나타날 것이다. 첫 번째 목적은 연구 대상이 무엇이든 적절히 섬세하게 분석하는 것이고, 두 번째 목적은 이런 분석 결과에 의존하여 이론의 도구상자를 정리하는 것이다.

텍스트 이론의 도구상자에는 보고 사고하는 데 유용해 보이는 도구가 들어 있다[테오리아(theôria)는 '사유', '숙고'라는 뜻이고 테오로스(theôros)는 '관객'이라는 뜻이다]. 하지만 우리의 습관적인 시각에 우리 스스로가 속을 수도 있다. 계속 적절하게 분석적으로 나아간다면, 매체 연구에서 두 가지 형태의 맹목성, 즉 매체맹(media blindness)과 텍스트맹(text blindness)에 연관된 텍스트 이론 분야의 도전이 무엇인지 밝혀낼 수 있을 것이다. 이런 구분이 다소 거칠어 보이지만 이것은 마찬가지로 매체와 텍스트라는 거친 구분에 상응하는 것이다. 여기서 매체(medium)라는 용어는 텍스트를 지원하는 다양한 기술이나 장치 같은 표현 자원과 아울러 커뮤니케이션과 예술의 물질성까지 포함한다. 반면 텍스트(text)라는 용어는 단지 언어학적 의미만은 아니고 전반적인 의미로 쓰이는데, 읽힐 수 있거나 아니면 유의미하게 경험될 수 있는 표현은 모두 텍스트이다. 여기서 담론과 장르 같은 개념은 텍스트와 연관된 것으로 다룰 것이다. 이렇게 단순화하면, 광범위하게 상호 연관된 두 범주의 맹점에 초점을 맞출 수 있다.

매체맹

매체 연구 분야에서 매체맹이란 문제로 괴로워하는 것이 이상하게 보일 수도 있다. 하지만 신문이나 텔레비전에 나오는 뉴스에 대한 매체학자들의 분석을 보면, 분석 대상을 제대로 이해하기 위해 매체에 대한 고려가 꼭 필요한데도 매체의 속성에 대한 어떤 고찰도 보이지 않는다. 눈먼 학자가 시력을 회복하는 순간 이런 유형의 매체맹에 당황할 것이다. 하지만 꼭 집어서 말하기는 훨씬 더 어렵지만 다른 종류의 매체맹도 있다. 그것은 우리가 가지고 있는 개념적 장치, 즉 이론과 관점 속에 이미 있는 맹점이다. 그것은 두 가지 다른 방식으로 드러나는데, 시험적으로 그것을 **총체적인 매체맹**과 **무심한 매체맹**이라고 부르도록 하자.

총체적인 매체맹

매체와 무관한 이론과 관점에서 총체적인 매체맹을 찾아볼 수 있다. 여기서는 매체 자체가 중요하다는 사실을 단순히 무시하며, 동시에 암묵적으로 특정 매체를 가정한다. 간단히 말해서 매체를 괘념치 않는 것처럼 보이는 이론들이 보통 특정 매체와 암묵적으로 연관되어 있다.

무심한 매체맹

다른 매체의 이론적 가정에 기초한 이론이나 분석을 그대로 적용할 때 무심한 매체맹이 나타난다. 이런 무심한 매체맹이 가장 뚜렷한 경우는 다른 매체 연구 중 특정 매체에만 해당되는 아이디어나 매체에 민감한 연구의 아이디어를 무비판적으로 차용할 때이다. 종종 무심한 매체맹은 태만의 산물이며 가장 탁월한 학자들에게서도 찾아볼 수 있다. 그래서 총체적인 매체맹에 비해 더 추적하기가 어렵고 더 용서하기 쉬울 수도 있지만, 해롭기는 마찬가지다. 특히 **총체적인 매체맹**으로 특징지어지는 이론 분야에서 개념을 차용할 경우 그러하다.

앞에서 간략하게 언급된 내용을 자세히, 즉 서사이론의 다양한 측면을 구체적으로 살펴보겠다. 내가 내러티브를 택한 데는 몇 가지 이유가 있다. 내러티브는 인쇄된 문헌과 같이 오래된 매체이든 영화나 라디오와 텔레비전 같이 비교적 얼마 되지 않은 매체이든 시디롬이나 인터넷 같이 새로운 매체이든 대부분의 매체에 나타난다. 더욱이 내러티브는 대부분의 장르와 표현 형식에 의해 매개될 수 있다. 내러티브는 대규모이거나 소규모일 수도 있고, 실제 사건뿐만 아니라 허구적 사건을 재현할 수도 있다. 이러한 이종성에도 불구하고 현대 서사이론은 종종 매체나 장르와 무관한 것으로 통용된다. 서사이론은 몇몇 학문 분야, 특히 비교문학, 민담학, 인류학에서 비롯된다. 다양한 이론 전통이 학제 간 통합을 이루기도 하고 어느 한 분야가 다양한 이론적인 접근을 수용하는 것과 마찬가지로, 서사이론 분야도 점점 복잡해지고 있다. 1970년대 이래 전통 분야 전반에 점점 더 이론이 활발하게 유통되는 추세였다. 이 연구 분야는 1980년경부터 엄청나게 확대되어 전통적으로 서사이론과 연계된 적이 없던 분야인 경제학, 법학, 심리학, 사회학까지 포함하게 되었다. 동시에 학제적 분야로서의 서사이론이 주목받고 있다. 이런 상황으로 인해 각양각색의 매체맹이 발생한다.

매체 연구 안에서는 내러티브 분석에 몰입해온 분야가 둘 있는데, 하나가 영화 연구이고 또 하나가 뉴스, 특히 텔레비전 뉴스 연구이다. 전반적으로 볼 때 이 두 분야는 서로 다른 전통의 서사이론의 영향을 받았다. 뉴스 서술 연구는 무엇보다도 영미 문학 학자인 헨리 제임스Henry James, 퍼시 러벅Percy Lubbock, 웨인 C. 부스Wayne C. Booth가 주도하는 전통과 연관되어 있다. 영화 연구는, 특히 유럽에서의 영화 연구는 프랑스 구조주의의 서사이론 접근법의 영향을 받았다. 롤랑 바르트, 클로드 브레몽, 알기르다스 쥘리앵 그레마스Algirdas Julien Greimas가 대표적인 이론가들이다. 비교문학은 주로 이 두 전통의 영향을 받았다.[1] 그러나 대부분의 매체에 스토리가 재현될 수 있고 서사이론 및 분석이 여러 분야에 적용된다는 사실이 문학 내러티브를 위해 개발된 분석 이론과 전략을 다른 매체의 내러티브에 자동으로 옮기면 된다는 뜻은 아니다. 흔히 서사이론이 매체에 상관없이 적용된다고 생각하는데 그렇지는 않다.

매체 특수성의 문제는 영화 내러티브 연구, 특히 영미 이론 전통에 기반을 두거나 부분적으로 그것을 받아들인 연구에서 시급하게 해결해야 할 문제이다. 이 문제는 영화의 **화자**(narrator)라는 용어의 적절성을 둘러싼 논쟁에 잘 나타난다.

미국 영화학자인 데이비드 보드웰은 영화 연구에서 **화자**라는 용어를 사용하는 데 대해 격렬하게 반대한다[Bordwell, 1985(1997): 62]. 보드웰도 보이스오버 내레이션이나 영화 속의 인물이 다른 인물에게 이야기를 전할 경우에는 화자라는 용어를 이용해도 된다고 한다. 그러나 이런 화자들이 영화 내러티브 전체를 좌지우지하지는 않는다고 주장한다. 화자는 자신의 목소리를 가지고 있고, 그 목소리는 구두 언어로 이야기를 매개하는 사람의 목소리다. 보드웰에 따르면, 영화라는 매체 자체에 서술하는 인물이 있을 필요도 언어적 매개를 강조할 필요도 없다.

시모어 채트먼은 보드웰을 비판하면서 서사이론 전체로 볼 때 어떤 텍스트에는 화자가 있고 어떤 텍스트에는 화자가 없다는 생각에 동의하지 않는다. 그는 문학작품에 화자가 있다면, 매체의 성격에 상관없이 모든 내러티브에 화자가 있어야 한다고 한다(Chatman, 1990: 133). 채트먼은 자신의 입장을 정당화하기 위해 **화자**라는 용어를 구술 언어에 붙박여 있다거나 서술하는 인물이라는 개념에서 분리시킨다. 이때 화자란 관객의 의미 생산 행위에 기여하는 모든 것을 뜻하는 개념이 된다. 화자를 영화 내러티브에 적용해야 한다는 채트먼의 주장에 모호한 점이 있는 것은 사실이지만 그의 주장은 영미식 서사이론의 연구 방향이 변화하고 있음을 보여주는 한 징후이기도 하다. 이런 이론적 전통은 원래 **화자**라는 개념이 적절한 한 유형의 담론, 즉 현대 소설을 설명하기 위해 발달한 것이다. 좀 더 정확하게 말하자면, 책의 형태로 제시된 언어 중심의 문자화된 서술 형식을 설명하기 위한 개념이었다. 영미 서사이론은 초점을 문학작품 분석에 한정했으며 내러티브 전반에 해당하는 이론을 제시하려는 야심은 없었다. 이렇게 바꾼 사람은 채트먼이다. 화자라는 용어를 영화 내러티브에 적용하려는 그의 시도를 보면 매체와 무관한 이론을 매체 한정적인 연구 대상에 적용할 때 어떤 위험이 있는지 알 수 있다.

채트먼이 영미 서사이론을 활용한 방식은 책 이외의 다른 매체가 지닌 내러티브 연구에도 큰 영향을 미쳤다. 문학과 영화에 나타난 허구적 이야기를 비교 연구한 채트먼의 연구는 매체 분야의 내러티브 분석가들에게 중요한 참고문헌이 되었다.

영미 서사이론이 커뮤니케이션과 언어로 매개된 내러티브 활동에 초점을 맞추어왔다면, 프랑스 서사학에서는 내러티브가 일련의 사건을 담론을 통해 매개하는 것임을 강조해왔다. 따라서 프랑스 서사학이 영화 내러티브로 전이되기가 훨씬 더 쉽다. 1960년대 프랑스 서사학은 공공연히 언어 중심적인 용어를 받아들였다. 하지만 영미 비평가들의 서사이론과는 달리 프랑스 서사학은 광범위한 목표를 가지고 발전해나갔다. 선도적인 서사학자들은 1960년대의 포괄적인 구조주의적 프로젝트에 참여하기도 했다. 예를 들면, 롤랑 바르트는 언어로 된 내러티브뿐 아니라 이미지까지 이론화했다. 나아가, 바로 이 연구 공동체에서 영화 기호학도 등장했다. 이 모두가 매체 고유의 환경에 대해 인식하도록 자극했다.

일반적으로 문학 연구에 의해 영향을 받은 이론과 분석 방식은 내러티브 중심의 뉴스 연구에 그대로 옮기기가 쉽다. 라디오 뉴스는 무엇보다 가장 구어적인 매체를 거친다. 인쇄된 뉴스는 문학처럼 주로 글쓰기에 기초를 둔 매체를 거쳐 제시된다. 반면, 텔레비전 뉴스는 영화와 유사하게 시각적 청각적 이미지의 매체를 거쳐 전달된다. 텔레비전 뉴스의 내러티브를 분석할 때 영미 전통적인 서사이론보다 더 매체에 민감한 개념 장치를 사용해야 매체맹을 피할 수 있을 것이다. 구어 중심적인 영미 서사이론의 용어들을 적용할 경우 영화 연구보다는 텔레비전 뉴스에 적용할 때 더 문제의 소지가 적다. 이런 연구에서는 시각적 이미지보다는 말하는 방식, 메시지, 권력, 정당성 등에 초점을 맞추는 커뮤니케이션적 관점에서 연구 대상을 파악하기 때문이다.

이른바 상호적인 디지털 텍스트를 분석할 때 영미의 서사이론들은 문제를 일으킨다. 한 사례가 에스펜 아세스가 『사이버 텍스트: 에르고딕 문학에 대한 관점Cybertext: Perspectives on Ergodic Literature』에서 제안하고 있는 컴퓨터 모험게임 분석이다. 그는 채트먼의 내러티브 커뮤니케이션 모델의 개념들을 모조리 거부한다(Aarseth, 1997: 92~128). 아세스는 채트먼이 텍스트 외부적 요소를 분석하기 위해 사용한 **진짜 작가**와 **진짜 독자**라는 개념뿐 아니라 텍스트 내부적 요소를 분석하는 **암묵적 작가**와 **암묵적 독자**, **화자**와 **피화자**라는 개념까지 거부한다. 하지만 보드웰과 달리 아세스는 화자라는 용어가 언어적 함축성을 지니기 때문에 화자를 포기하지는 않는다. 그가 분석하는 텍스트는 대부분 언어적이다. 컴퓨터 모험게임 분석에는 화자가 적합하지 않다고 하는 것은 오히려 채트먼 모델의 화자와 다른 요소와의 관계뿐 아니라 서술하는 인물이라는 화자의 개념 때문인 것 같다. 아세스의 해결책은 채트먼의 커뮤니케이션 모델을 제거하는 것이 아니라, 그 모델의 파라미터를 대안적 개념으로 대치하는 것이다. 즉, **진짜 작가**와 **진짜 독자** 대신에 **프로그래머**와 **사용자**라는 용어를 쓰게 되면 별 문제가 발생하지 않는다. 문제가 되는 것은 텍스트 내부적인 용어이다.

처음에 아세스는 **음모**(intrigue)라는 용어를 도입했는데, 이 용어는 드라

▶ 에르고딕 문학(Ergodic Literature)이란 아세스가 만든 개념으로 독자 편에서 엄청난 노력을 해야 하는 문학을 가리킨다.

마 이론에서 차용한 것이다. 드라마에서 음모는 비극적인 파탄이나 희극적인 행복한 결말로 끝나는 위기로 가기 위한 복잡한 상황을 뜻한다. 모험게임과 관련하여 그는 채트먼의 커뮤니케이션 모델에서는 부차적인 중요성을 갖는 스토리라는 용어 대신 음모라는 용어를 사용한다. 음모라는 용어가 드라마에서 등장인물이 겪는 곤란한 상황을 가리킨다면, 아세스는 이 용어로 모험게임 중 사용자가 부딪치는 곤란한 상황을 가리킨다. 더 나아가 아세스는 곤란해진 사람과 곤란에 빠뜨리는 사람이라는 개념을 도입한다. 곤란해진 사람은 음모에 처한 사람으로 피화자, 암묵적 독자, 주인공에 맞먹는 것이고 곤란에 빠뜨리는 사람은 부분적으로는 채트먼의 화자에, 부분적으로는 채트먼의 암묵적 작가에 상응한다. 하지만 채트먼의 개념 장치와의 유사성은 더 나아가지 못한다. 무엇보다 사용자는 주인공의 성패에 전략적인 책임을 지게 될 뿐 아니라 독자나 영화 관객보다 훨씬 더 근본적인 방식으로 텍스트에서 적극적인 역할을 하기 때문이다. 아세스는 자신과 채트먼의 개념 사이의 유사성은 한정된 것이라고 하며, 엄격하게 말해서 컴퓨터 모험게임은 내러티브가 아니라는 결론에 이른다. 아세스의 논의 속에는 단지 채트먼의 모델뿐 아니라 어느 정도는 영미 서사이론 전반을 괴롭히는 매체맹에 대한 잠재적인 비판이 숨어 있음을 지적하고 싶다. 분석적인 측면에서 볼 때 독자나 시청자는 텍스트 외부에 있는 하나의 단위이지만, 그와 대조적으로 사용자는 그렇게 취급될 수 없다.

영미 서사이론을 그대로 매체 연구에 적용하면 이렇게 영미 이론 전통의 매체맹이 나타난다. 그러나 실제로 이런 접근법을 차용한 비평가들 사이에서도 맹점의 정도가 다르다. 앞에서 예를 든 화자의 문제를 좀 더 다루어본다면, 아세스와 채트먼의 접근법을 대조할 수 있을 것이다. 채트먼에게는 화자란 용어를 여러 기호론적 체계를 결합한 시청각 매체인 영화에 그대로 적용하려드는 맹목성이 있는 반면, 아세스는 텍스트의 언어 유형을 연구한 후 자신의 연구에 적합한 대안적인 용어들을 제시한다. 제3의 가능성은 화자라는 용어를 포기할 뿐 아니라 대체 용어를 찾는 것이 될 것이다. 정말이지 어떤 매체에나 다 적용될 수 있는 서사이론을 발전시키려면 이렇게 할 필요가 있으며, 이것이 채트먼의 목적이기도 하다. 그러나 화자라는 개념은 분명히 언어적인 특정 매체에만 적합하므로, 영미 서사이론을 있는 그대로 파악하여 무엇보다도 특정 매체에만 적합한 서사이론임을 인정하고 타당한 범위 내에서만 적용해야 할 것이다.

이렇게 말한다고 해서 내가 서사이론 전반을 부정하는 것은 아니다. 반대로 나는 매체와 무관한 서사이론을 발전시키기 위해서는 어느 정도 추상화가 요구된다고 생각하며 그런 이론을 지향해야 한다고 믿는다. 나아가 특정 매체에 알맞은 서사이론도 필요하며, 그것이 다양한 매체로 전달되는 내러티브 사이의 실제 차이를 정의할 수 있을 만큼 충분히 전문적인 개념 장치를 갖춰야 한다고 믿는다. 또한 두 유형의 서사이론 사이의 차이도 알아야 한다. 서로 다른 매체의 내러티브를 동시에 혹은 하나씩 비교 연구를 하면 연구 대상이 지닌 공통된 내러티브적 특징과 특정 매체에 해당하는 양상이 드러날 것이다.

내 입장을 간략하게 요약하겠다. 모든 매체에 적용되는 텍스트 이론은 추구할 수 있는 것일 뿐 아니라 추구해야만 한다. 이 일은 무엇이 텍스트와 연관된 것이고 무엇이 매체와 연관된 것인지 분명히 하기 위해서도 필요하다. 나아가 특정 매체에 적합한 텍스트 이론을 만들어낼 수 있을 뿐 아니라 만들어내야 한다. 일견 어느 매체에나 적용 가능해 보이는 이론의 오류를 바로잡기 위해서나 텍스트 분석의 방법 및 전략을 위한 적합한 이론적 기초를 갖기 위해서도 이 일은 필요하다. 하나의 텍스트는 필연적으로 특정 매체 속에 존재한다. 그러므로 특정 텍스트를 분석할 때는 어떤 매체인지를 무시하지 말아야 한다. 도전적인 과제는 텍스트 환경과 매체 환경 사이의 차이를 날카롭게 인지하는 능력을 키우는 것이다. 그렇게 해야만 매체에 민감한 텍스트 분석이 가능해진다.

텍스트맹

매체 연구에서 텍스트맹은 아마 매체맹만큼이나 널리 퍼져 있는 것 같다. 텍스트맹의 가장 확연한 예는 텍스트를 분석한다고 하면서 텍스트 환경과 연관된 분석 대상의 특징들을 무시하는 연구에서 나타난다. 예를 들면 특정 주제를 연구하면서 스타일이나 수사 같은 특정한 텍스트적 특징이 주제 이해에 얼마나 중요한지 간과하는 것이다. 하지만 정확히 파악하기 어려운 또 다른 맹점도 있으며 앞으로 그에 대해 논하겠다. 이런 형태의 맹점은 개념 장치, 이론, 관점에 스며 있다. 매체맹의 경우와 유사하게 여기서도 두 유형의 맹점, 즉 **총체적인 텍스트맹**과 **무심한 텍스트맹**으로 나누어 살펴보겠다.

총체적인 텍스트맹

총체적인 텍스트맹은 암묵적으로는 특정 유형의 텍스트에 의존하면서도 그것과 무관하다고 주장하는 이론이나 관점 속에 나타난다. 잘 알려진 예는 고전 할리우드 영화를 다루면서 마치 그것이 영화 그 자체를 대표하는 것처럼 다루는 경향이다. 물론 영화는 다양한 형태의 표현 형식을 담고 있는 매체이다. 특정한 전통의 영화 관례에서 출발했으면서 동시에 영화라는 매체 그 자체를 다룬다고 주장하는 연구가 있는데, 그런 연구에서는 특정한 내러티브 및 미학적 관례와 영화라는 매체의 특징을 혼동할 가능성이 농후하다. 총체적인 텍스트맹의 또 다른 예는 내러티브를 가리키기 위해서는 **픽션**이라는 용어를 사용하고, 책 위에 표시된 물리적인 기호 자체를 지시하기 위해서는 **텍스트**라는 용어를 쓰는 것이다. 사실 그런 텍스트 개념은 인쇄기가 발명된 이후 텍스트라는 개념이 점점 비물질화되면서 폐기된 개념이다(예를 들면, Ginzburg, 1983: 93을 보라).

무심한 텍스트맹

다른 유형의 텍스트를 분석하기 위한 이론적 전제에 기초하여 문제의 텍스트를 분석하거나 이론을 세울 때 무심한 텍스트맹이 나타난다. 완벽한 분석을 위해서는 다른 몇 가지 범주를 포함시켜야 하겠지만 여기서는 두 가지 유형만 논하겠다. 첫 번째 유형은, 예를 들면, 연구 대상인 텍스트와는 다른 유형의 텍스트에 적합한 **특정 텍스트** 이론 또는 그러한 유형의 **텍스트에만 적합한** 연구에서 개념 장치를 빌려온 연구이다. 무심한 텍스트맹의 두 번째 유형은 **총체적인** 텍스트맹으로 특징지어지는 이론을 적용할 때 생겨난다. 첫 번째 유형의 두 가지 예와 두 번째 유형의 예를 한 가지 보여주겠다.

유형 1: 첫 번째 사례

다시 영미 서사이론에 기초하여 뉴스의 내러티브를 연구한 사례를 끌어올 수 있다. 이런 유형의 연구에서는 어떤 발화 행위든 내러티브 행위로 여기는 경향이 있다. 예를 들어, 이런 내러티브 분석을 적용한 텔레비전 연구에서는 뉴스 방송에 나타나는 권위적 위계질서를 화자 간의 위계로 묘사하는 경향이 있다. 위계상 제일 꼭대기에 뉴스 앵커가 있는데, 앵커는 종종 권위 있는 화자가 된다. 즉, 행위가 일어나는 영역 외부에 있는 위치에서 사건을 다시 설명하는 관찰자의 특징을 갖게 된다. 뉴스 보도 중 소위 현장의 화자는 앵커로부터 말할 권한을 위임받은 것으로 분석된다. 현장의 화자들은 그들이 설명하는 사건에 참여하느냐의 여부에 따라 개인적일 수도 있고 권위적일 수도 있다. 이들은 자주 현장 인터뷰를 하는데, 인터뷰 대상자들도 화자의 특징을 가질 수 있지만 그것은 전형적으로 주관적이고 개인적인 화자이다. 이러한 권위적 위계질서에서는 앵커가 허락하지 않으면 다른 화자들은 이야기를 할 수 없다. 앵커는 기관의 대표로서 권위를 유지한다. 이것이 전형적인 설명이다. 그러나 왜 이 모든 사람을 "화자"로 지칭해야 하는가?

영미 서사이론에서 화자 연구는 암묵적으로 연구 대상이 내러티브 담론에 표현된 서술 행위라는 개념에 기반을 두고 있다. 그러나 뉴스 담론이 반드시 서사일 필요는 없다. 그것은 묘사적이거나, 규범이거나, 논쟁적일 수도 있는 것이다. 그런데 모든 발화 행위를 서술 행위로 보면 담론들 간의 차이를 간과하게 된다. 검토 대상과 다른 유형의 텍스트 연구를 차용한 이론에 의존하여 내러티브 분석을 한 뉴스 연구는 분석 대상을 제한하는 텍스트 환경을 보지 못하는 경향이 있다.

유형 1: 두 번째 사례

무심한 텍스트맹의 두 번째 예는 원칙적으로 앞의 유형과 같은 것이기는 하지만 좀 더 복잡하다. 앞에서 에스펜 아세스가 채트먼의 개념의 대안으로서 의도한 개념 장치를 정립하려고 한다고 말한 바 있다. 그러한 개념 장치가 채트먼이 속한 이론 전통에 나타나는 매체맹에 대한 잠재적 비판이 될 수 있다. 여기서 나는 아세스가 그러한 비판에 이르지 못했다는 점을 지적해야만 하겠다. 이미 지적했듯이 아세스는 채트먼과 자신의 개념이 제한적으로만 유사하다고 믿는다. 그가 이렇게 말하는 것은 컴퓨터 모험게임이 기본적으로 비서사적 텍스트라고 보기 때문이다. 그의 논의 중 가장 중요한 것은 컴퓨터게임이 구조적으로 이미 정해진 행위 경로를 따르지 않는다는 것이다. 게임의 텍스트가 서사적인지 혹은 어느 정도 서사적인지에 대해서는 이 자리에서 논하지 않겠다. 그것은 특정 게임마다 얼마나 서사적인지 각각 분석해야만 한다. 하지만 내가 강조하고자 하는 것은, 아세스가 내러티브는 순차적으로 조직된 담론 없이는 존재하지 않는다는 생각을 토대로 논지를 전개하는 것처럼 보인다는 점이다. 즉, 그는 내러티브를 하나의 고정된 순서에 따라 처음부터 끝까지 진행되도록 고안된 담론이라고 생각한다.

만약에 아세스가 이런 분석 대신 1960년대의 프랑스 서사학을 받아들였더라도 결과는 같았을 것이다. 만일 채트먼의 소통 이론이 아닌 다른 내러티브 모델을 적용해서 컴퓨터 모험게임, 즉 보물찾기, 괴물 죽이기, 고통 받는 처녀가 등장하는 게임 등이 내러티브가 될 수 있는지 물었다면 분명히 다른 답이 나왔을 것이다. 그러나 영미 이론이나 프랑스의 이론 전통은 모두 내러티브를 순차적으로 조직된 담론으로 보는 모델이다. 더욱이 두 전통 모두 텍스트는 의미론적으로 자율적이라는 주장을 수용하고 있다. 영미 전통에서 보면 이것은 신비평의 유산이며, 프랑스 전통에서 보면 소쉬르의 언어학이 정립한 내재성의 원칙에서 비롯된 것이다. 그 결과, 두 전통 모두 게임을 하는 사람, 독자, 관객이 지닌 내러티브 능력을 무시한다. 여기서 잠깐 멈추어서 왜 이것이 중요한지 설명하고 논의를 더 진행하겠다.

빔 벤더스Wim Wenders를 콜로키엄에 초청하여 내러티브 기법에 대한 강연을 들은 적이 있다. 그는 원래 화가로서 시각예술을 연마했으나 회화로는 뭔가 부족하다고 깨달았다. 회화는 생명력이 부족하다고 말하면 너무 단순화하는 것처럼 들릴 것이다. 그는 "부족한 것은 시간에 대한 이해였다"라고 말한다. 그래서 영화를 시작했을 때, 그는 자신이 "시간을 추구하는 공간의 화가"(Wenders, 1991: 51)라고 생각했다. 문제는 영화제작자가 되자 이야기를 할 수밖에 없게 되었다는 것이다. "나는 단지 시간과 공간만을 통합하고 있었는데, 그 순간부터 어쩔 수 없이 이야기를 해야만 했다"(52). 이것은 관객이 내러티브 능력을 갖추고 있다는 사실을 고려하지 않으면 거의 설명이 되지 않는다. 그리고 폴 리쾨르의 용어로 말하자면, 행위의 의미론적 구조, 문화의 상징적인 자원, 행위의 시간적 속성(Ricoeur, 1983: 54~64)을 믿어야 한다.

내가 보기에는 내러티브 능력은 서사성의 전제 조건이다. 물론 그것이 유일한 것은 아니지만, 사람들은 소설이나 주류 영화처럼 순차적인 담론을 직접 보고 서술적 연관성을 만들어낼 뿐 아니라, 역사 자료, 거리의 사건들, 순차적이지 않은 텍스트 더미에서도 그러한 연관을 만들어낸다. 여기서 독자 편에서는 엄청난 노력을 들이거나 그렇지 않거나(단순히 읽는) 둘 중 하나이다. 내 의견을 말하자면, 내러티브의 정의에 이런 능력이 포함되어야 한다. 우리가 내러티브 능력, 즉 텍스트에서 또는 순차적인 담론이 없이 단지 관찰된 사건에서 사람들이 이야기를 구성하는 능력을 고려하지 않고 내러티브 분석을 하게 되면(그런 분석이 불가능하다는 것을 보여주는 데 목적이 있다고 해도), 텍스트가 서사적 의미를 위해 갖는 내러티브적 잠재성을 볼 수 없게 된다.

아세스 식으로 컴퓨터 모험게임에 접근할 때 나타나는 시각적인 측면의 훼손은 무심한 텍스트맹의 한 예이다. 내러티브 분석적인 뉴스 연구에서 보이는 무심한 텍스트맹에 비교하면, 이것은 훨씬 더 추적하기는 힘들지만 쉽게 설명할 수 있다. 뉴스나 모험게임 두 경우에서 우리가 만나게 되는 이론들은 연구 대상인 텍스트와는 다른 유형의 텍스트를 다루는 이론 전통을 수용한 것들이다. 게다가 그런 이론들은 원래 매체맹의 경향을 띠고 있다. 모험게임의 경우, 우리는 마치 이런 출발점이 그다지 어렵지 않은 것처럼 여기면서, 아직 충분히 정확한 개념 장치가 발달하지 않은 연구 분야를 만나게 되는 것이다. 아세스는 이런 상황을 개선하려고 노력해온 사람들 중 하나이다. 아마도 우리는 어느 정도의 맹점을 받아들일 수밖에 없다.

유형 2

앞에서 언급한 바대로 유형 1보다 추적하기는 어렵지만 정당화하기는 쉬운 또 다른 유형의 무심한 텍스트맹이 있다. 이 유형은 총체적인 텍스트맹의 특성을 띤 이론을 수용하여 무비판적으로 사용해서 생긴 것이다.

예를 들어, 여기서 나는 일종의 이론적인 텍스트맹을 물려받은 것 같은 하이퍼텍스트 연구들을 언급하고 싶다. 이러한 연구들에서는 물적 조건을 마치 텍스트적 조건처럼 다룬다. 이것은 "선형 텍스트(linear text)"라는 개념과 대조를 통하여, 혹은 이에 기반을 두고 "비선형 텍스트(nonlinear text)"라는 개념을 정립하려는 시도에서 나타난다. 이 개념은 "선형 텍스트"를 "글자 하나하나가 한 줄로 쭉 이어져 있는 텍스트"[2]로 이해한다. 이것은 글쓰기와 구어에 기반을 둔 것일 뿐만 아니라 특정한 물적 환경에 연루된 텍스트 개념이다. 그러나 텍스트라는 용어가 정말로 글쓰기의 물리적인 재현을 가리킨다면, 그렇다면 비선형 텍스트는 무엇인가? 구어에 기반을 둔 글쓰기는 모두 읽는 행위의 매체나 전략에 관계없이 물리적으로 선적인 형태로 나타나지 않겠는가?

비선형 텍스트라는 용어에 대한 대안으로서 다선형 텍스트라는 용어를 도입하려는 시도들이 있어왔다. 이런 용어도 물적 조건을 포함하는 것처럼 보이기는 하지만, 비선형 텍스트와는 달리 무의미하다는 인상을 주지는 않는다. 텍스트라는 용어를 도표상의 공간적 선으로 이해한다면, 다선형 텍스트라는 용어는 하나로 연결된 선이 아닌 몇 개의 문어 텍스트로 구성된 물질적 표현을 뜻한다고 보는 게 옳을 것이다. 시디롬의 언어적 하이퍼텍스트 형태로 글쓰기가 물리적으로 재현되는 경우에는 이것이 유의미할 것이다. 하지만 내 생각으로는, 다선형이라는 용어는 전화번호부의 인명부에도 적용될 수 있는 용어이다. 전화번호부나 언어적 하이퍼텍스트 모두 순차적으로 조직되어 있다. 전화번호부는 알파벳순으로 정렬되어 있으나 처음부터 끝까지 읽을 목적으로 쓰인 것이 아니다. 어떤 하이퍼텍스트들 특히 시디롬에 있는 하이퍼텍스트는 전화번호부와 같은 방식으로, 즉 참조용으로 찾아보도록 의도된 것이다. 하지만 다른 언어 하이퍼텍스트, 예를 들어 서사물로 된 하이퍼텍스트는 글로 나타난 모든 표현을 읽어야 하며 단지 데이터베이스처럼 참조만 해서는 안 된다. 텍스트맹을 피하기 위해서는 (1) 모든 언어적 텍스트는 독자에게 재현될 때 선형적이다, (2) 다선형 조직은 인쇄물과 디지털 매체 양쪽 모두에 나타난다는 것을 깨달아야 한다. 또한 개별 항목을 찾는 '데이터베이스' 양식과 일관된 독서를 요구하는 내러티브 담론을 구분할 수 있는 개념을 개발해야 한다.

마치며: 초대

이 글의 의도가 맹점의 모든 범주를 밝히는 것은 아니었다. 오히려 매체 연구 전반, 특히 범매체적 내러티브 연구에서 제기되는 이론적 과제를 소개하려는 것이다. 이론적 과제는 기존 이론에서 맹점을 확인하고 가능하면 그것을 바로잡고 분석의 기초인 이론적 기반을 개선하려고 애쓰는 것이다. 나아가 더 강조하고 싶은 바는 이런 텍스트 이론에 대한 도전은 텍스트에만 관심을 갖는 연구에만 관련된 것은 아니라는 것이다. 여기서 초점을 맞춘 텍스트와 매체 사이의 어긋남 그리고 융합의 결과 생긴 맹점은 매체 연구 전반에 해당되는 한층 도전적인 과제이기도 하다. 앞서 논의한 매체맹이나 매체 약시의 예에서 반복되는 문제는, 매체맹이든 텍스트맹이든 이 둘을 합친 것이든 모두 고도의 정확성이 결여되어 있다는 점이다. 내가 이런 글을 쓰는 것은 어떤 관행을 고발하기 위해서라기보다는 좀 더 여유를 갖고 문제를 사유할 시간이 필요하다고 생각해서이다. 장 프랑수아 리오타르 Jean-François Lyotard가 이렇게 말한 적이 있다. "시간을 버는 것이 성공인 세상에서, 사유는 단 하나지만 구제불능인 결함을 안고 있다. 즉, 사유는 시간 낭비이다"(Lyotard, 1993: 36). 우리가 시간을 낭비한다고 하더라도, 사유의 여러 측면을 모두 활용할 만한 무언가가 여전히 존재한다는 사실에서 즐거움을 찾을 수 있을 것이다.

〈조애리 옮김〉

주

이 논문은 원래 "Tekstteoretiske utfordringer i den medievitenskaplige disiplin," *Norsk medietidsskrift*, no. 1(2000): 99~113에서 요약 번역한 것이다. 영어로 번역한 사람은 Asbjørn Grønstad이다.

1 어느 분야나 마찬가지지만 서사이론과 분석도 여러 가지 방식으로 전통 분야와 그 하위 분야로 나뉠 수 있다. 하지만 여기서 그것이 이슈는 아니다. 여기서 거칠게 두 전통이라고 분류한 것은 영화와 텔레비전 뉴스에 대한 내러티브 분석의 이론적 경향들에 기초를 둔 것이다.

2 나는 이른바 비선형 텍스트 중 임의적으로 고른 텍스트를 인용한다(Aareseth, 1993: 59를 보라). 아세스는 그 후 "비선형 텍스트"라는 개념을 포기했다.

참고문헌

Aarseth, Espen. "Fra I Ching til Cyberspace. Den ikkelineære tekstens retorikk"(From I Ching to Cyberspace: The Rhetoric of the Non Linear Text). *Fortellingens retorikk*(The Rhetoric of the Narrative). Ed. Gisle Selnes et al. Senter for Europeiske Kulturstudier(SEK), University of Bergen, 1993.

_____. *Cybertext: Perspectives on Ergodic Literature.* Baltimore: John Hopkins University Press, 1997.

Booth, Wayne C. *The Rhetoric of Fiction.* 1961. Reprint. Harmondsworth: Penguin Books, 1991.

Bordwell, David. *Narration in the Fiction Film.* 1985. Reprint. London: Routledge, 1997.

Chatman, Seymour. *Coming to Terms: The Rhetoric of Narrative in Fiction and Film.* Ithaca: Cornell University Press, 1990.

Ginzburg, Carlo. "Clues: Morelli, Freud, and Sherlock Holmes." *The Sign of Three: Dupin, Holmes, Peirce.* Ed. Umberto Eco and Thomas A. Sebeok. Bloomington: Indiana University Press, 1983. 81~118. Reprint of "Spie. Radici di un paradigmo indizario." *Crisi della ratione.* Ed. Aldo Gargani. Torino: Einaudi, 1979. 59~106.

Lyotard, Jean-François. "Missive on Universal History"(1984). *The Postmodern Explained.* Minneapolis: University of Minnesota Press, 1993. 23~37. Reprint of *Le postmoderne expliqué aux enfants.* Paris: Editions Galilée, 1988.

Ricoeur, Paul. *Time and Narrative.* Vol. I. Trans. Kathleen McLaughlin and David Pellauer. Chicago: University of Chicago Press, 1984. Tran. of *Temps et récit.* Paris: Éditions du Seuil, 1983.

Wenders, Wim. "Impossible stories: Talk Given at a Colloquium on Narrative Technique." *The Logic of Images: Essays and Conversations.* Trans. Michael Hofmann. London: Faber and Faber, 1991. Reprint of "Unmögliche Geschichten. Vortrag auf einem Kolloquium über Erzähltechniken." *Die Logik der Bilder. Essays und Gespräche.* Frankfurt am Main: Verlag der Autoren, 1988.

찾아보기

각 항목(하위 항목 포함)과 관련된 타 항목은 ※
로 표시함.

ㅇ

기고자들 ···

마리-로어 라이언Marie-Laure Ryan

스위스 제네바 태생이며 제네바 비평 학교의 몇몇 설립자들의 지도로 공부했다. 그녀는 콜로라도에 근거지를 두고 연구하는 독립 학자이며 소프트웨어 컨설턴트로도 활동한 바 있다. 저서로 *Possible Worlds, Artificial Intelligence, and Narrative Theory*(1991)가 있으며 *Narrative as Virtual Reality: Immersion and Interactivity in Literature and Electronic Media*(2001)는 현대언어협회(Modern Language Association)가 수여하는 2001년 비교문학 부문 진 앤드 알도 스카글리온 상(Jeanne and Aldo Scaglione Prize)을 받았다. 또한 논문 모음집 *Cyberspace Textuality: Computer Technology and Literary Theory*(1999)를 펴냈다. 그녀는 현재 구겐하임 펠로십(Guggenheim fellowship)의 수혜자로서 '문학 지도 제작(Literary Cartography)'이라는 제목으로 기획된 책 편찬 작업을 수행하고 있다.

데이비드 허먼David Herman

노스캐롤라이나 주립대학 영문학과 교수로서 담론분석, 내러티브 이론, 현대문학과 포스트모던 문학을 가르치고 있다. *Narratologies: New Perspectives on Narrative Analysis*(1999)와 *Narrative Theory and the Cognitive Sciences*(2003) 그리고 네브래스카 대학 출판부 내러티브 총서의 편찬을 담당했다. 저서로는 *Universal Grammar and Narrative Form*(1995)과 *Story Logic: Problems and Possibilities of Narrative*(2002)가 있다. 그는 노스캐롤라이나 유령 이야기의 말뭉치에 대한 지속적인 연구를 바탕으로 기고하고 있다.

저스틴 카셀Justine Cassell

MIT 미디어 연구소 교수로서 제스처와 내러티브 언어연구 그룹(Gesture and Narrative Language Research Group)을 이끌고 있다. *From Barbie to Mortal Kombat: Gender and Computer Games*(1998)와 *Embodied Conversational Agents*(2000)를 공동으로 펴냈다. 그녀는 ≪Poetics Today≫와 ≪Computer Graphics≫ 등 다양한 저널을 발행한 바 있다.

데이비드 맥닐David McNeill

하버드 대학교, 미시간 대학교에서 가르쳤으며 1969년 이후 시카고 대학교 심리언어학과 교수를 지냈다. 1980년에 시작된 발화-제스처 연쇄에 관한 그의 연구는 내러티브 담론에 나타나는 자발적인 제스처에 초점을 맞춰왔다. 최근의 연구에서 강조점을 두고 있는 것은 발화와 제스처를 만들어내는 '발생점', 발화를 예기하는 언어 계통 간의 차이들, 세계 지도자들의 제스처, 더 나아가 담론 분할의 단서로서 3차원의 제스처와 발화 및 시선을 되살리기 위한 동작 탐지와 측정 체계 등이다. 특히 후자의 연구는 컴퓨터 엔지니어들과 협동으로 진행하고 있다. 제스처에 관한 그의 저서로는 *Hand and Mind: What Gestures Reveal about Thought*(1992)가 있고 엮은 책으로 *Language and Gesture*(2000)가 있다.

데이비드 보드웰David Bordwell

위스콘신-메디슨 대학교의 커뮤니케이션 예술학과에서 영화 연구를 담당하는 자크 르두 교수 (Jacques Ledoux Professor)이다. 저서로는 *Narration in the Fiction Film*(1985), *Making Meaning: Inference and Rhetoric in the Interpretation of Cinema*(1989), *On the History of Film Style*(1997), *Planet Hong Kong: Popular Cinema and the Art of Entertainment*(2000), *At Full Speed: Hong Kong Cinema in a Borderless World*(2001)가 있으며, 노엘 캐럴Noël Carroll과 공동으로 *Post-Theory: Reconstructing Film Studies*(1996)를 펴냈다.

카밀라 엘리엇Kamilla Elliott

하버드 대학교 박사(Ph. D.)로서 빅토리아 시대 소설과 영화/텔레비전의 관계를 전공했다. 그녀는 캘리포니아-버클리 대학교의 조교수로 재직하고 있다. 저서로는 *Rethinking the Novel/Film Debate*(2003)가 있다.

신시아 프리랜드Cynthia Freeland

공포에 대한 그녀의 관심은 1960년 히치콕의 영화 〈사이코*Psycho*〉가 나왔을 때 이를 보지 못하도록 부모님에게 금지당한 경험으로 거슬러 올라간다. 결국 그 영화를 보았던 그녀의 공포 장르에 대한 양가감정과 관심은 자신의 저서 *The Naked and the Undead: Evil and the Appeal of Horror*(1999)에서 절정을 이루었다. 고전에 정통하며 현재 휴스턴 대학교 철학 교수로서 휴스턴의 예술 공동체에 적극 참여하고 있다. 최근 저서로 *But Is It Art? An Introduction to Art Theory*(2001)가 있다.

에스펜 아세스Espen Aarseth

코펜하겐에 있는 IT대학교 교수이며 *Cybertext: Perspectives on Ergodic Literature*(1997)의 저자이다. 그는 하이퍼텍스트 미학, 온라인 문화, 컴퓨터게임에 관한 수많은 논문을 발표했다. 2001년에 컴퓨터게임에 대한 학문적 연구에 집중하고자 온라인 저널 ≪*Gamestudies*≫를 창간했다(http://www.gamestudies.org). 외국어 학습에 가상환경 MOOs를 활용한 CALLMOO 프로젝트를 지도하고 있다(http://www.cmc.uib.no 참조). 최근 권력과 민주주의에 관한 노르웨이 연구 계획(Norwgian Research Survey of Power and Democracy)을 위해 디지털 문화에 관한 책을 쓰고 있다.

피터 루넨펠드Peter Lunenfeld

기술과 미학 연구소(Institute of Technology and Aesthetics: ITA) 소장이며 캘리포니아 주 패서디나에 있는 디자인 예술센터대학 내 매체 디자인 프로그램 대학원에서 가르치고 있다. 저서로는 *Snap to Grid: A User's Guide to Digital Arts, Media and Cultures*(2000)가 있으며, 엮은 책으로는 *The Digital Dialectic: New Essays in New Media*(1999)가 있다. 1998년부터 2002년까지 국제 저널인 ≪artext≫의 칼럼니스트를 지냈다. 그는 MIT 출판부의 디자인 미디어워크 팸플릿 시리즈를 담당하는 책임 편집인이다. 이러한 '이론적인 페티시 대상물'에는 미술, 디자인, 기술 그리고 시장문화가 상호 교차하고 있다(mitpress.mit.edu/mediawork).

리브 하우스켄Liv Hausken

오슬로 대학의 매체 커뮤니케이션학과 부교수이다. 그녀는 주로 내러티브, 사진, 슬라이드-모션 영화에 대해 논문을 쓰고 있다. 피터 라슨Peter Larsen과 공동으로 매체 연구 교재로 쓰일 *Medievitenskap*(1999~) 전 4권을 편집하고 있다. 다음과 같은 주제의 논문을 노르웨이 어로 다수 발표했다. 「범죄 시리즈의 수수께끼: 범죄와 경찰을 주제로 한 텔레비전 시리즈*The Riddle of the Crime Series: Crime and Police Television Series*」(1996), 「슬라이드-모션 영화의 시간성*The Temporality of Slide-Motion Film*」(1997), 「여성은 존재하지 않는다 ─ 여성 영화는 존재하는가?*The Woman Does Not Exist ─ Does the Woman's Film?*」(1997), 「매체 연구에서 텍스트 이론의 과제*Textual Theoretical Challenges in Media Studies*」(2000).

옮긴이들 ···

조애리
카이스트 인문사회학부 교수. 서울대학교 영문학 학사·석사 및 박사. 영미소설.
저서로 『성·역사·소설』, 『역사 속의 영미소설』, 『19세기 영미소설과 여성』, 역서로 『제인 에어』, 『민들레 와인』, 『헨리 제임스 단편선』, 『문화 코드, 어떻게 읽을 것인가?』(공역) 등이 있다.

이봉지
배재대학교 프랑스어문화학과 교수. 미국 노스웨스턴 대학교 불문학과 박사. 프랑스소설.
저서로 『서사학과 페미니즘』, 주요 논문으로 「루소의 반여성주의: 소피의 교육을 중심으로」 등이 있고, 역서로 『보바리 부인』, 『수녀』, 『육체와 예술』(공역) 등이 있다.

이혜원
고려대학교 미디어문예창작학과 교수. 고려대학교 국문학 박사. 한국시.
저서로 『현대시의 욕망과 이미지』, 『세기말의 꿈과 문학』, 『적막의 모험』, 『생명의 거미줄 — 현대시와 에코페미니즘』 등이 있다.

유정화
목원대학교 경제학과 조교수. 이화여자대학교 영문학 박사. 영미시.
역서로 『위대한 개츠비』, 『문화 코드, 어떻게 읽을 것인가?』(공역), 주요 논문으로 「윌리엄 블레이크의 『천국과 지옥의 결혼』과 윤리적 상상력」 등이 있다.

김진옥
한밭대학교 영어영문학과 교수. 미국 뉴욕 대학교 석사 및 박사. 영국소설.
저서로 *Charlotte Brontë and Female Desire*(미국 Peterlang 출판사), 『제인에어: 여성의 열정, 목소리를 갖다』가 있고, 역서로 『탈식민주의 길잡이』 등이 있다.

최인환
대전대학교 영문과 교수. 서울대학교 영문과 학사 및 석사, 미국 오리건 대학교 박사. 영국소설.
역서로 『와인즈버그, 오하이오』, 『해는 다시 떠오른다』가 있고, 주요 논문으로 "Empire and Writing: A Study of Naipaul's *The Enigma of Arrival*" 등이 있다.

윤교찬

한남대학교 영어교육과 교수. 서강대학교 영문학 박사. 현대미국소설.
역서로 『문학비평의 전제』, 『허클베리 핀의 모험』, 『탈식민주의 길잡이』(공역) 등 다수가 있으며, 주요 논문으로 「탈식민주의, 세계화, 비판적 영어교육」, 「부정과 중단의 미학 — 아감벤의 바틀비론」 등이 있다.

박종성

충남대학교 영문과 교수. 영국 런던 대학교 영문학 박사. 영국소설.
저서로 『탈식민주의에 대한 성찰』, 역서로 『문화 코드, 어떻게 읽을 것인가?』(공역) 등이 있고, 주요 논문으로 「이언 매큐언의 『토요일』에 드러난 차이의 정치학과 타자의 윤리학」 등이 있다.

강문순

한남대학교 영어교육과 교수. 미국 케이스 웨스턴 리저브 대학교 박사. 18세기 영문학.
역서로 『동물농장』, 『노인과 바다』, 『문화 코드, 어떻게 읽을 것인가?』(공역) 등이 있고, 주요 논문으로 "Satire and Madness in the Eighteenth-Century England" 등이 있다.

한울아카데미 1672

스토리텔링의 이론, 영화와 디지털을 만나다

ⓒ 조애리 외, 2014

엮은이 | 마리-로어 라이언
옮긴이 | 조애리 · 이봉지 · 이혜원 · 유정화 · 김진옥 · 최인환 · 윤교찬 · 박종성 · 강문순
펴낸이 | 김종수
펴낸곳 | 도서출판 한울
편집책임 | 이교혜

초판 1쇄 인쇄 | 2014년 3월 24일
초판 1쇄 발행 | 2014년 4월 7일

주소 | 413-756 경기도 파주시 파주출판도시 광인사길 153 한울시소빌딩 3층
전화 | 031-955-0655
팩스 | 031-955-0656
홈페이지 | www.hanulbooks.co.kr
등록번호 | 제406-2003-000051호

Printed in Korea.
ISBN 978-89-460-5672-5 93680(양장)
ISBN 978-89-460-4837-9 93680(학생판)

* 책값은 겉표지에 있습니다.
* 이 책은 강의를 위한 학생판 교재를 따로 준비했습니다.
  강의 교재로 사용하실 때에는 본사로 연락해주십시오.